普通高等教育系列教材

创业管理

主　编　张　肃　李　燕
参　编　于　洪　孙艺文

机械工业出版社

本书以"立创业精神—懂创业知识—善创业思考—育创业技能"为目的主线,以"开启创业认知—明理创业责任—识别创业机会—组建创业团队—整合创业资源—设计商业模式—制订商业计划—注册创立公司—管理创业企业"为内容主线,编写了4个部分共9章内容。其中,第1部分为第1章认知创业与创业精神;第2部分为把握创业要素,主要包括第2~5章,阐述创业团队、创业机会以及创业资源三要素;第3部分包括第6、7两章,重点讲解商业模式设计与商业计划编制;第4部分是开办与管理创业企业,包括第8、9两章重点阐述新公司注册,以及注册后经营中的管理问题。内容层层进阶、构成一个完整的创业系统与过程,同时嵌入进阶式思考与训练,提高读者的创业分析能力和创业技能。

本书可作为高等院校创新创业教育的通用教材,也可作为企业创业培训教材,还可作为拓宽视野、增长知识的自学用书。

图书在版编目（CIP）数据

创业管理/张肃,李燕主编.—北京：机械工业出版社,2020.5
普通高等教育系列教材
ISBN 978-7-111-65207-6

Ⅰ.①创… Ⅱ.①张…②李… Ⅲ.①创业-高等学校-教材 Ⅳ.①F241.4

中国版本图书馆CIP数据核字（2020）第052079号

机械工业出版社（北京市百万庄大街22号　邮政编码100037）
策划编辑：裴　泱　责任编辑：裴　泱
责任校对：赵　燕　封面设计：张　静
责任印制：常天培
北京虎彩文化传播有限公司印刷
2020年7月第1版第1次印刷
184mm×260mm·15.5印张·384千字
标准书号：ISBN 978-7-111-65207-6
定价：39.80元

电话服务　　　　　　　网络服务
客服电话：010-88361066　机　工　官　网：www.cmpbook.com
　　　　　010-88379833　机　工　官　博：weibo.com/cmp1952
　　　　　010-68326294　金　书　网：www.golden-book.com
封底无防伪标均为盗版　机工教育服务网：www.cmpedu.com

前　言

随着我国创新创业浪潮向纵深发展，创业群体更加多元，创新创业正成为全社会的一种价值导向、生活方式和时代气息。伴随着体制机制改革深入推进，科技成果转化、体制制度等重点领域改革取得突破性进展，创新创业生态得到进一步优化。在创新创业浪潮的推动下，共享经济、绿色经济、数字经济等新业态、新模式蓬勃发展，新兴产业快速发展壮大，传统产业加速转型升级，创新创业必定成为引领经济社会发展的重要力量。

在高校中，创新创业教育已经开始与专业教育积极融合，成为专业教育的重要内容。各学科专业人才培养都将创业精神、创业能力作为其培养目标体系的重要组成部分，纷纷开设了"创业基础""创业管理"等相关课程，设置了不同形式的、多样化的创业训练与创业实践。

在这样的背景下，我们编写了本教材，旨在为高校开展创新创业教育提供创业知识讲授与创业实践指导，为社会上有抱负的创业者提供相关理论与方法。本书具有以下特点。

1. 内容结构清晰，创业过程完整

教材着眼于新一轮科技革命、产业变革以及我国经济发展的需要，以创业精神、创业伦理为立足点，撰写了4个部分，共9章内容。第1部分是认知创业与创业精神，明晰社会责任与创业伦理，第2部分是构建创业团队、评估创业机会以及整合创业资源，第3部分是设计商业模式、制订商业计划；第4部分是开办企业、管理运营企业。这样一条"认知创业与创业精神、把握创业要素、设计商业模式与制订商业计划、开办与管理创业企业"的内容主线，环环相扣、逻辑严密、思路清晰，涉及创业者、创业机会、创业资源三个最为基本的创业要素，涵盖了创业模式、计划、管理三个关键的创业环节，进而构建了一个完整的创业活动和过程。

2. 立意长远，注重提升创业理念格局

这一点主要体现在本书注重创业中的社会责任和创业伦理。虽然字数不多，但是有关创业中的社会责任、创业伦理列在开篇的第一章，在第二章创业者和创业团队中延续，并在后续章节中扩展。教材提倡创业与社会责任、伦理的融合，通过创业伦理理论研究、实际案例、思考问题、实际调研等命题与环节加以实现与巩固。

3. 环节繁简合理、深浅得当

一方面，在本书每一章的环节版块设计时，避免了每一章的环节版块过多。设置的环节版块烦琐，看似多样生动，实则使人眼花缭乱，抓不到主题。所以本书每一节内容只设计了"知识点＋阅读材料"两个版块。整个章节由教学目标、学习建议、导入案例、章节内容、本章小结、思考题、本章案例实训几部分构成。使其不过于繁杂，并符合教育规律和要求。

另一方面，本书在深度上力求深浅得当，通过实践案例、理论研究阅读材料等，调整教材整体深度和覆盖面，既不过于基础简单，也不过于晦涩深奥。

4. 强化深入思考、行动学习

教材每一章通过案例分析实训、创业项目调查研究实训，引导读者展开创业分析、加深创业思考、提高创业技能。同时通过导入案例等环节，贯彻创业教育中的反思学习。

5. 强调运行管理，创业过程与管理兼具

如果创业者认为有了好的创业机会、创业资源与创业团队，独特的商业模式、严密的创业计划，企业一经注册创业就完成了，那么这样的认知在实际创业中是非常危险的。可以说，创业者真正的挑战来源于企业成立之时、经营之中。这就需要通过管理运营中的各项要素和活动，才能保证企业持续经营、成长发展壮大。所以，本书在开办注册新企业内容之后，在第9章增加了有关企业运营管理的基本问题与内容，对有关战略、组织结构以及人力资源管理进行概述。在此基础上，又对生产运作管理、财务管理基础知识进行了讲解和训练。有关企业基本职能活动的营销部分的知识，则主要放在商业计划中进行讲解。

本书由4人团队完成撰写。其中主编张肃教授负责全书的规划组织及全稿审核工作，并撰写了第1章；李燕撰写了第6、7、9章；于洪撰写了第4、5章；孙艺文撰写了第2、3、8章。

由于作者水平有限，书中难免存在疏漏和不足之处，敬请各位指正。

编　者

目 录

前 言

第 1 部分　认识创业与创业精神

第 1 章　认知创业与创业精神 ························ 2
  1.1　创业概述 ······································· 3
  1.2　创业精神与人生发展 ······························ 8
  1.3　知识经济时代发展与创业 ························· 12
  1.4　社会责任与创业伦理 ····························· 19

第 2 部分　把握创业要素

第 2 章　打造创业者与创业团队 ······················ 28
  2.1　创业者 ·· 30
  2.2　创业团队 ······································ 39

第 3 章　识别创业机会与创业风险 ···················· 52
  3.1　创业机会的内涵 ································· 53
  3.2　创业机会的类型与来源 ··························· 54
  3.3　创业机会的识别 ································· 62
  3.4　创业机会的评价 ································· 66
  3.5　创业风险 ······································ 69

第 4 章　整合创业资源 ····························· 84
  4.1　创业资源概述 ··································· 85
  4.2　资源拼凑与创业资源的获取 ······················· 91
  4.3　创业资源的开发与整合 ··························· 96

第 5 章　谋划创业融资 ····························· 103
  5.1　创业融资需求与融资困境 ························· 104

5.2　创业融资的主要方式及其选择 …………………………………… 108
5.3　创业融资策略 ………………………………………………………… 124
5.4　创业企业的估值 ……………………………………………………… 128

第 3 部分　设计商业模式与制订商业计划

第 6 章　设计商业模式 ………………………………………………………… 136
6.1　商业模式概述 ………………………………………………………… 137
6.2　商业模式设计 ………………………………………………………… 144
第 7 章　制订商业计划 ………………………………………………………… 159
7.1　商业计划概述 ………………………………………………………… 161
7.2　商业计划撰写要求与基本要素 ……………………………………… 167
7.3　商业计划的核心内容 ………………………………………………… 171
7.4　商业计划的撰写技巧与展示 ………………………………………… 184

第 4 部分　开办与管理创业企业

第 8 章　开办新企业 …………………………………………………………… 194
8.1　新企业属性 …………………………………………………………… 195
8.2　企业组织形式的选择 ………………………………………………… 197
8.3　新企业选址、取名 …………………………………………………… 202
8.4　新企业的登记注册 …………………………………………………… 206
8.5　新企业的社会责任 …………………………………………………… 208
第 9 章　管理创业企业 ………………………………………………………… 215
9.1　战略与战略管理 ……………………………………………………… 217
9.2　创业企业的组织问题 ………………………………………………… 222
9.3　企业职能管理 ………………………………………………………… 228

第1部分

认识创业与创业精神

第 1 章
认知创业与创业精神

 教学目标

通过本章的学习,使学生形成对创业意义的感性与理性认识,掌握创业的基本定义、特征与类型,深刻理解创业精神以及创业者应承担的社会责任,树立创业与伦理融合的创业观。

 学习建议

1. 选取成功创业与失败创业的实际案例,结合本章所学习的创业内涵、价值,分析案例中创业的基本要素。
2. 小组讨论:大学生创业、培养创业精神的意义所在。
3. 小组讨论:创业者与社会责任、创业伦理的关系及其如何落地。

 基本概念

创业　蒂蒙斯模型　创业要素　创业精神　社会责任　创业伦理

 导入案例

小罐茶:一款现象级的茶叶产业是如何诞生的?

中国茶业界近来出现一款现象级产品。上市仅三年的小罐茶不仅销量超出预期,而且令茶业界完全转变三年前对它的质疑态度,竞争者们转而开始模仿小罐茶的包装、广告和核心诉求。但小罐茶的创始人杜国楹并未感到志得意满,反而有些忧虑。

小罐茶是杜国楹和他的团队经过三年多的酝酿,在 2016 年 7 月推出的茶叶品牌,当年即实现销售回款 1 亿元。2017 年,一则小罐茶的纪录片式广告占据了央视的屏幕——"小罐茶,大师作"的口号让人过目不忘。小罐茶突破中国传统茶按工艺和地域建立品牌认知的思路,通过统一包装、统一标准、统一售价,树立一款以统一形象为显著特点的全品类茶品牌。这个诞生不久的品牌在 2017 年销售收入达 6.8 亿元,在全国建立了 460 余家专卖店、3 000 家分销店。2018 年春季,小罐茶又推出新品小罐绿茶,延续着旺销势头。

让杜国楹忧虑的是,中国茶的礼品属性一直以来都很高,特别是高端茶,虽然小罐茶通过时尚化的产品形态和品牌形象赢得了顾客好感,但在整体销量中,用作礼品的购买还是占据了 60% 以上的份额,且春季、春节、中秋三个旺季的销售占据了全年大部分的销量。这有悖于他想让中国的年轻人爱上喝茶、打造中国茶的世界品牌的初心。小罐茶将如何在策略上作出调整以吸引年轻人群爱上小罐茶呢?

中国是茶的故乡。我国茶产业在茶园面积、茶叶产量方面均位居世界第一,但是也面临着大而不强、缺乏高端品牌的尴尬处境。随着社会的发展与变革,在新思维、新技术面前,要想发展茶叶经济,应对消费升级,精准的定位便不可或缺。小罐茶在这样的背景下应运而生,"小罐茶,大师作",其富有特色的设计和营销策略对接了茶叶消费的高端空位,引领着中国茶叶消费的新时尚。

(资料来源:宋学宝,曹珊珊.小罐茶:一款现象级的茶叶产业是如何诞生的? [J]. 清华管理评论, 2019.5.)

请思考: 作为一个传统产业,小茶罐是如何定位其创业项目的?
何为创业?创业的基本要素是什么?

以创业精神与创业活动作为经济增长关键驱动因素的创业型经济,对增强自主创新能力、转变经济增长方式、扩大社会就业作用显著,对国家的经济发展和繁荣亦至关重要。但是,什么是创业?什么是创业精神?创业有哪些类型?创业精神对个人成长的意义又是什么?如何理解作为一名创业者,应该持有的社会责任以及创业伦理?

1.1 创业概述

1.1.1 创业的定义

对于创业,不同的学者从不同的角度作出过各种解释。例如,有的学者从创业过程角度定义创业,有的学者从识别机会的能力角度去解释创业,有的学者从企业家个性与心理、创业机会、创建新组织等方面为创业下定义。综合上述定义和教育部大纲的要求,我们将创业定义为:不拘泥于当前资源,寻求机会,进行价值创造的行为过程。

该定义包括以下四个方面的内容。

(1) 创业是一个创造新事物的过程。创业创造出某种有价值的新事物。这种新事物必须是有价值的,不仅对创业者本身而且对其开发的目标对象也是有价值的。

(2) 创业需要消耗大量的时间并付出极大的努力。创造新的、有价值的事物是一个艰巨的、复杂的过程,不付出大量的时间和极大的努力是不可能成功的。

(3) 创业必须承担一定的风险。创业是一个充满不确定性的过程,在这个过程中,创业者可能会遇到各种各样的风险。因此,要想取得创业成功,就必须具备承担风险的勇气和能力。

(4) 创业是一个实现价值增值的过程。创业成功会丰富社会的产品或服务,推动社会进步;同时,也会使创业者获得一定的物质方面和精神方面的回报。

1.1.2 创业的要素与功能

1. 创业的要素

创业是一项艰苦的事业,也是一个复杂和复合的系统,创业需要很多前提、条件、资源和要素。有着"创业教育之父"美誉的杰弗里·蒂蒙斯(Jeffry A Timmons)是创业教育的先驱,他在长期研究的基础上,提出了创业要素模型——蒂蒙斯模型,见图1-1。

蒂蒙斯模型在创业领域有着深远的影响。

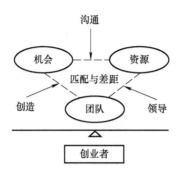

图 1-1　蒂蒙斯模型

（资料来源：蒂蒙斯，斯皮内利．创业学（第 6 版）．北京：人民邮电出版社，2005．）

首先，该模型简洁明了，提炼出创业的关键要素：机会、创业者及其创业团队、资源。这三个要素是任何创业活动都不可或缺的。没有机会，创业活动就成了盲目的行动，根本谈不上创造价值；机会普遍存在，没有创业者识别和开发机会，创业活动也不可能发生；合适的创业者要把握住合适的机会，还需要有资源，没有资源，机会就无法被开发和利用。

其次，该模型突出了要素之间匹配的思想，这对创业来说十分重要。蒂蒙斯认为，在创业活动中，不论是机会，还是团队，抑或是资源，都没有好和差之分，重要的是匹配和平衡。这里说的匹配，既包括机会与创业者之间的匹配，也包括机会与资源之间的匹配。机会、创业者、资源之间的平衡和协调，是创业成功的基本保证。蒂蒙斯说的这些道理虽然很简单，但对创业活动而言，却非常重要，而且要真正做到也不是一件很容易的事情。

最后，该模型具有动态特征。创业的三要素很重要，但不是静止不变的。随着创业过程的展开，其重点也会相应地发生变化。创业过程实际上是创业的三个因素相互作用，由不平衡向平衡方向发展的过程。成功的创业活动，不但要将机会、创业者及其创业团队、资源三者作出最适当的搭配，而且要使其在事业发展过程中始终处于动态的平衡状态。

2. 创业的功能

创业对一个国家和地区的经济发展具有巨大的推动作用。一方面，创业能够迅速催生大批新企业，另一方面，创业能够造就快速发展的新行业。美国经济学家罗斯托的"经济成长阶段论"把人类社会的发展划分为六个依次更替的成长阶段，每个阶段都有与之相适应的、起主导作用的、带动经济起飞的部门，即"主导部门"，而企业家正是"富有创新精神""不怕冒风险"，能够完成"主导部门"创立过程的带头人。

企业家的创新、创业活动，既是对原有产业结构均衡的创造性破坏，又预示着产业结构演进发展的趋势。例如，在 20 世纪 30 年代，创业革命不但推动了美国经济的高速发展，而且改变了美国的经济结构。在今天的美国财富中，超过 95% 的财富是由 1980 年以后，以比尔·盖茨为代表的 E-Generation 创造的。小企业承担美国税收总数的 54%，鼓励和扶持创业已经成为美国经济发展的动力源泉。

我国自改革开放以来，人们的创业激情得到了充分的释放，中小企业蓬勃发展。中小企业在繁荣经济、推动创新、扩大出口、增加就业等方面发挥了重要的作用。而在我国的中小企业中，创业者的学历层次也在逐渐提高，越来越多的大学生加入了创业的洪流，成为创办中小企业的主力军。

创业不仅对社会经济发展有着巨大的推动和促进作用，而且对创业者个人发展也有重大的影响。创业可能给创业者带来比从事其他任何工作都多得多的物质财富，创业也能够使创业者更充分地实现自己的想法和更充分地发挥个人的创造力。但是，创业者也必须承担失败的风险，以及比一般人更大的责任和压力。在市场经济大潮中，机会与风险共存。只要从事创业活动，就必然会有某种风险伴随。事业的范围和规模越大，取得的成就越大，伴随的风险也越大，需要承受的心理压力也就越大。因此，在决定是否创业之前，既要看到创业成功可能带来的收益，又要看到创业失败可能带来的损失，不要凭无知形成的无畏去创业。

1.1.3 创业类型

随着创业活动的日益广泛，创业活动的类型也呈现出多样化的趋势。了解创业类型，比较不同类型创业活动的特点，有助于我们更好地理解和开展创业活动。创业类型的划分方式很多，例如，根据创业动机的不同，可以将创业划分为生存型创业、机会型创业和发展型创业。在这里，我们仅从有助于创业者选择以何种方式创业的角度出发，从方式和主体两个维度，对创业的类型进行划分。

1. 基于创业方式的分类

根据创业方式对创业进行分类，是一种比较常见的分类形式。这种分类有助于创业者了解不同创业方式的优势、劣势以及对创业者的要求，关注创业活动的效果及其可能面临的风险，进而提升创业活动的效益和成功率。在这方面，芬兰经济学家克里斯琴·格罗路斯（Christian Gronroos）教授的分类颇具代表性。克里斯琴等人依照创业对市场和个人的影响程度，将创业分为4种基本类型，即复制型创业、模仿型创业、安定型创业和冒险型创业。

（1）复制型创业

复制型创业是在现有经营模式的基础上进行简单复制的过程，例如，某人原本在一家化工品制造企业担任生产部经理，后来离职创立一家与原化工品制造企业相似的新企业，且生产的产品和销售渠道与离职前的那家企业相似。在现实生活中，复制型新创企业的比例较高，且由于前期经验的积累，这种类型创业的成功率也很高。但是，在这种类型的创业活动中，创新的贡献比较低，对创业精神的要求也比较低，因此，在以往的创业研究中，对这种类型的创业关注得比较少。

（2）模仿型创业

模仿型创业是一种在借鉴现有成功企业经验基础上进行的重复性创业。这种创业虽然很少给顾客带来新创造的价值，创新的成分也很低，但对创业者自身命运的改变还是较大的。它与复制型创业的不同之处在于，其创业过程对于创业者而言，具有很大的冒险成分。例如，某软件工程师辞职后，模仿别人开一家饮食店。这种形式的创业具有较高的不确定性，学习过程长，犯错误的机会多，试错成本也较高。不过，创业者如果具备较高的素质，那么只要他得到专门的系统培训，注意把握进入市场的契机，创业成功的可能性也比较大。

（3）安定型创业

安定型创业是一种在比较熟悉的领域所进行的不确定因素较少的创业。这种创业虽然为市场创造了新的价值，但是对创业者而言，并没有太大的改变，其所从事的仍是比较熟悉的工作，这种创业类型强调的是创业精神的实现，也就是创新的活动，而不是新组织的创造。企业内部创业即属于这一类型。例如，企业内的研发团队在开发完成一项新产品之后，继续在该企业内开发另一款新的产品,这种创业形式强调的是个人创业精神的最大限度的实现,而不是对原有组织结构进行设计和调整。

(4) 冒险型创业

冒险型创业是一种在不熟悉的领域进行的不确定性较大的创业。这种创业除了对创业者具有较大的挑战,并会给其带来很大的改变外,其个人前途的不确定性也很高。通常情况下,那些以创新的方式为人们提供具有自主知识产权的新产品、新服务的创业活动,便属于这种类型的创业。冒险型创业是一种难度很高的创业类型,有较高的失败率。尽管如此,因为这种创业预期的回报较高,所以对那些充满创业精神的人来说,它仍极具诱惑力。这里需要提醒大家的是,创业者只有在具备超强的个人能力,拥有非常有竞争力的产品,恰逢适宜的创业时机,且制定了合理的创业方案,并能进行科学的创业管理的条件下,才有可能获得创业的成功。

2. 基于创业主体的分类

根据创业活动主体的不同,创业还可以划分为个体创业和公司创业。个体创业主要指不依附于某一特定组织而开展的创业活动。公司创业主要指在已有组织内部发起的创业活动,这种创业活动可以由组织自上而下发动,也可以由员工自下而上推动,但无论推动者是谁,公司内的员工都有机会通过主观努力参与其中,并在这种创业中获得报酬并得到锻炼。从创业本质来看,个体创业与公司创业有许多共同点,但是由于创业主体在资源、禀赋、组织形态和战略目标等方面各不相同,因而两者在创业的风险承担、成果收获、创业环境、创业成长等方面存在较大的差异。两者的主要差异见表1-1所示。

表1-1 个体创业和公司创业的主要差异

个体创业	公司创业
创业者承担风险	公司承担风险,而不是与个体相关的生涯风险
创业者拥有商业概念	公司拥有概念,特别是与商业概念有关的知识产权
创业者拥有全部或大部分事业	创业者或许拥有公司的权益,但可能只是很小一部分
从理论上说,创业者的潜在回报是无限的	在公司内,创业者所能获得的潜在回报是有限的
个体的一次失误可能意味着整个创业失败	公司拥有更多的容错空间,能够吸纳失败
受外部环境波动的影响较大	受外部环境波动的影响较小
创业者具有相对独立性	公司内部的创业者更多的是受团队的牵制
在过程、试验和方向的改变上具有灵活性	公司内部的规则、程序和官僚体系会阻碍创业者的策略调整
决策迅速	决策周期长
低保障	高保障
缺乏安全网	有一系列安全网
在创业主意上,可以沟通的人少	在创业主意上,可以沟通的人多
至少在创业初期,存在有限的规模经济和范围经济	能够很快实现规模经济和范围经济
严重的资源局限性	在各种资源的占有上都有优势

(资料来源:Morris M H, Kuratko D F. Corporate entrepreneurship. Orlando, FL: Harcourt College Publishers, 2002.)

1.1.4 创业过程的阶段划分

创业过程包括创业者从产生创业想法，到创办新企业或开创新事业并获取回报的整个过程。这个过程涉及的活动和行为较多，如寻找创业机会、组建创业团队、筹集创业资金、制订创业计划，等等。为了帮助大家更好地把握创业过程的关键环节，我们按照时间顺序，将创业过程划分为机会识别、资源整合、创办新企业、新企业生存和成长四个阶段。

1. 机会识别

识别创业机会是创业过程的核心，也是创业管理的关键环节，识别创业机会包含发现机会和评价机会的价值两个方面的活动，其中有许多问题值得研究。

第一，创业机会来自哪里？或者说，创业者应该从何处识别创业机会？

第二，为什么某些人能够发现创业机会而其他人却不能？或者说，哪些因素影响甚至决定了创业者能否识别机会？

第三，创业机会是通过什么形式和途径被识别的？是经过系统的搜集资料和周密的调查研究，还是偶然被发现的？

第四，是不是所有的机会都有助于创业者开展创业活动并创造价值？

通过这些问题，可以看到创业者在识别机会阶段经常要开展的活动。为了发现机会，创业者需要多交朋友，并经常与朋友沟通交流，这样做有助于创业者更广泛地获取信息。创业者还需要细心观察，从以往的工作和周边的事物中发现问题，看到机会。在发现机会之后，创业者还需要对机会进行评价，以判断机会的商业价值。

2. 资源整合

整合创业资源是创业者开发机会的重要手段。强调资源整合，是因为创业者可以直接控制的可用资源少，许多成功的创业者都有过白手起家的经历。对创业者来说，整合资源往往意味着通过整合外部的资源、别人掌握控制的资源，来实现自己的创业理想。

人、财、物是任何生产经营单位都要具备的基本生产要素，创业活动也是如此。对打算创业并识别了创业机会的创业者来说，要想成就一番事业，就要组建创业团队、筹集创业资金、搭建创业平台、建立销售渠道、理顺上下游关系。如果是创建生产性企业，还需要租用场地、建造厂房、购置设备、购买原材料等。

创业活动是创业者在资源匮乏的情况下开展的具有创造性的工作，势必面临很大的不确定性。在很多情况下，创业者自身对事业的未来发展也不清楚，所以外部组织和个体当然不敢轻易地将自己的资源投给创业者。因此，不少创业者在创业初期乃至新企业成长的很长一段时间里，都要把主要的精力投入整合资源的努力中。

3. 创办新企业

新企业的创建和新事业的诞生，往往是衡量创业者创业行为的直接标志，有人甚至将是否创建了新企业作为个人是不是创业者的衡量标准。创建新企业有不少事情要做，包括公司制度的制定、企业注册、经营地址的选择、确定进入市场的途径，等等，有时甚至要在是创建新企业还是收购现有企业等进入市场的不同途径之间进行选择。

企业内创业可能没有公司制度设计问题，但同样要设计奖惩机制，甚至需要制定利益分配原则；可能没有企业注册问题，但同样要解决资金投入及预算控制机制等问题。创业初期，迫于生存的压力，也由于对未来发展无法准确预期，创业者往往容易忽视制度和机制建设，结果给以后的发展带来许多问题。

4. 新企业生存和成长

从表面上看，新企业的运营与有多年经营历史的企业相比，没有什么本质的区别，都要做好生产销售等类似的工作。但真正创办过新企业的人都知道，它们之间的差异还是巨大的。对已经存在的企业来说，其销售工作的核心任务是注重品牌价值，维护好老顾客，提升顾客的忠诚度。而对新创建的企业来说，它虽然也要考虑品牌价值等问题，但首要的任务是争取到第一个顾客。这意味着新企业要为顾客创造更大的价值，意味着要为获得同样的收益付出更大的代价和成本。

确保新创建的企业生存，是创业者必须面对的挑战，从某种意义上说，只有活下来才能谈其他的问题。但是，强调生存的重要性，并不意味着不考虑成长和发展。"人无远虑，必有近忧"，不考虑成长就无法生存得更长远，在竞争激烈的环境中尤其如此。新企业的成长是有规律的，创业者需要了解企业成长的一般规律，预想企业不同成长阶段可能面临的问题，并采取有效的措施予以防范和解决，使机会价值得到充分实现；同时不断地开发新的机会，把企业做大、做强、做活、做长。

1.2 创业精神与人生发展

1.2.1 创业精神的概念和主要特征

1. 创业精神的概念

创业精神这个概念最早出现于18世纪，其含义一直在不断变化。综合已有的创业精神定义，本书如此界定创业精神：创业精神是创业者在创业过程中的重要行为特征的高度凝结，主要表现为勇于创新、敢担风险、团结合作、坚持不懈等。创业精神的基本内涵可以从哲学层面、心理学层面、行为学层面三个方面加以理解。从哲学层面看，创业精神是人们对创业行为在思想上、观念上的理性认识；从心理学层面看，创业精神是人们在创业过程中体现的创业个性和创业意志的心理基础；从行为学层面看，创业精神是人们在创业行为中所表现的创业作风、创业品质的行为模式。

创业精神是创业者各种素质的综合体现，它集冒险精神、风险意识、效益观念和科学精神为一体，体现了创业者具有开创性的思想、观念和个性，以及积极进取、不畏失败和敢于担当等优秀品质。创业精神不仅是一种抽象的品质，而且是推动创业者创业实践的重要力量。其意义表现在：第一，创业精神能让创业者发现别人注意不到的趋势和变化，看到别人看不到的市场前景；第二，创业精神能让创业者在新事物、新环境、新技术、新需求、新动向面前具有较强的吸纳力和转化力；第三，创业精神能让创业者不断地寻找机会，不断地创新，不断地推出新产品和新的经营方式。

2. 创业精神的主要特征

经济学家约瑟夫·熊彼特专门研究了创业者创新和追求进步的积极性所导致的动荡和变化，将创业精神看作一股"创造性的破坏"力量。因为创业者采用的"新组合"使旧产业遭到淘汰，原有的经营方式被新的、更好的方式摧毁。管理学家彼得·德鲁克将这一理念更推进了一步，称创业者是主动寻求变化、对变化作出反应并将变化视为机会的人。

综观各个学派、各方人士对创业精神的理解，通过对古今中外创业者的创业活动和人格特征的深入分析，我们将创业精神的特征概括为以下几个方面。

（1）综合性。创业精神是由多种精神特质综合作用而成的。诸如创新精神、拼搏精神、进取精神、合作精神等，都是创业精神的重要特质。

（2）整体性。创业精神是由哲学层面的创业思想、创业观念，心理学层面的创业个性和行为学层面的创业作风构成的整体，缺少其中任何一个层面，都无法构成创业精神。

（3）先进性。创业精神的最终体现就是开创前无古人的事业，所以它必然具有超越历史的先进性，想前人之不敢想、做前人之不敢做。

（4）时代性。不同时代的人们面对着不同的物质生活和精神生活条件，创业精神的物质基础和精神营养也就各不相同，创业精神的具体内容也就不同。

（5）地域性。创业精神还明显地带有地域特色，例如，作为改革开放前沿的广东，其创业精神明显带有"敢为天下先""务实求真""开放兼容""独立自主"等特性。

1.2.2 创业精神对个人生涯发展的影响

创业精神不是与生俱来的，而是在后天的学习、思考和实践中逐渐形成的。创业精神一经形成，就会对人一生的发展产生重要影响。这种影响既体现在创业者创业准备和创业活动的始终，也体现在普通人的日常工作、学习和生活中。从某种意义上说，创业精神不但决定个人生涯发展的态度，而且决定个人生涯发展的高度和速度。

1. 创业精神决定个人生涯发展的态度

作为一个社会人，其生涯发展必然要受到各种社会因素的影响。但是，不同的人由于其生涯发展的态度不同，所以在面临各种各样的发展机遇时，其选择也不相同，而创业精神作为一种思想观念、个性心理特征和行为模式的综合体，必然会对其生涯发展态度具有重要影响。例如，创业精神中思想观念的开放性、开创性，容易让人接受新思想、新事物，形成开放的态度，敢于开风气之先，从而想他人未曾想，做他人不敢做，成为事业上的领跑者。再如，创业精神中的创新精神、拼搏精神、进取精神、合作精神等，能使人树立积极的生活态度，在顺境中居安思危、不懈奋进，在逆境中不消沉萎靡、排除万难、励精图治，重新找到人生发展的方向。有道是"态度决定一切"，在相同的个人禀赋和社会条件下，有创业精神的人因为有更积极的人生态度，所以更有可能发现和把握机会，更有可能取得事业上的成功。

2. 创业精神决定个人生涯发展的高度

创业精神是一个人核心素质的集中体现，它不仅决定了一个人在机遇面前的选择，而且决定了一个人的生活目标和事业追求。具有创业精神的人，无论是创办自己的企业，还是在各种各样的企事业单位就业，都会志存高远、目光远大、心胸宽广。这样的人不但在事业上会取得更大的成绩，在个人品德和修为上，也会达到更高的境界。随着国家经济、政治、文化、社会、生态"五位一体"的深入改革，社会结构将发生重大调整，各行各业将在变革中重新达到利益均衡，这既为个人的发展提供了更多的机会，也给其带来了更大的挑战。在这种背景下，大学生如果能够有意识地培养自己的创业精神，让个人理想与社会发展的趋势和节奏相吻合，就有可能使自己事业的发展，达到全新的高度。但是，大学生如果在个人发展上仍然沿袭传统的思维模式，不去主动规划自己的生涯发展，一切等着家长、学校和政府安排，一心想找个安稳、轻闲的"铁饭碗"，就很有可能一辈子也找不到理想的工作，甚至毕业就"失业"。

3. 创业精神决定个人生涯发展的速度

创业精神是一种主动精神和创造精神，这种精神能让人积极主动、优质高效地做好自己承担的每一份工作，从而在平凡的岗位上作出不平凡的贡献。实践证明，具有创业精神的人，不管在什么岗位，不管从事什么职业，其强烈的成就动机，其追求增长、追求效益的欲望，都将转化为内心强劲的追求事业成功的动力。在这种动力驱使下，人们会将眼前的工作作为未来事业发展的起点，把好生命中的每一个机会，做好自己从事的每一项工作。创业精神也是一种求真务实的精神，这种精神的本质，就是实事求是、讲求实效，就是实干苦干、反对浮夸、反对空谈，在人类社会的发展史上，许多企业家正是凭借这种精神，创造了从白手起家到富可敌国的财富神话。许多科学家、思想家、政治家、教育家和劳动模范，也正是凭借这种精神，从一个普通学子成长为举世瞩目的业界精英。当前，我国正处于改革开放的攻坚时期，改革是一条从来没有人走过的路，既不能在"本本"中找到现成的答案，也无法从前人的经验中寻找固有的模式，更不能靠幻想和争论来解决出路问题。在这种背景下，富于创业精神的人，敢于靠自己的实践探索，"摸着石头过河"，会接受更多的挑战，完成更多的任务，取得更大的业绩，因而会得到更快的发展。

1.2.3　创业精神对社会发展的作用

创业是一个国家经济活力的象征，一个国家的经济越繁荣，它的创业活动就越频繁。西方发达国家的经济繁荣发展史，也是一轮又一轮的创业史。因此，创业被认为是一个国家经济发展和社会发展的推动力，创业精神被誉为人类最宝贵的精神。

1. 创业精神是经济发展的原动力

创业精神对一个国家和地区的经济发展，都具有非常大的推动作用。创业精神不仅能够催生大批创业者和新企业，而且能够造就快速发展的新行业。美国是举世瞩目的经济强国，而它之所以能从一个新兴的以农业为主的移民国家，变成世界最先进的工业化国家，靠的就是美国人民的创业精神。

"大众创业、万众创新"（以下简称"双创"）是在经济发展新常态背景下为实现创新驱动发展战略而采取的一项重要举措。

2015年的《政府工作报告》提出以"双创"释放新需求，创造新供给，推动新技术、新产业、新业态发展，通过企业、高校、政府等多方共同努力促进"双创"成为经济发展的"新动力""新引擎"。

2016年10月，国务院总理李克强在出席2016年全国"大众创业、万众创新"活动周时强调："双创"是实施创新驱动发展战略的重要抓手，是推动供给侧结构性改革的重要体现，是培育新动能的有力支撑。

创业与创新结合，会使发展动力更加强劲。尤其在当今"互联网＋"蓬勃发展的时代，万众创新可以把千千万万"个脑"联结成创造力强大的"群脑"，在智慧碰撞中催生创意奇妙、能更好满足多样化需求的供给，这正是中国发展巨大潜力所在。"双创"覆盖第一、第二、第三产业各个领域，不仅小微企业可以做，大企业转型升级也需要通过"双创"更好地适应个性化设计、定制化生产的趋势。不仅要有丰富的想象力，还要依靠脚踏实地的苦干，把企业家精神和工匠精神结合起来。

2. 创业精神是解决就业问题最有效的措施

今天大多数经济学家认为，创业精神是刺激经济增长和创造就业机会的必要因素，倡导创业精神，营造有利于创业的环境和氛围，是解决就业问题最有效的措施。

在发展中国家，成功的小企业是创造就业机会、增加收入和减少贫困的主要力量。因此，政府对创业的支持是促进经济发展的一项极为重要的策略。诚如经济合作与发展组织（经合组织）商务产业咨询委员会2003年所指出的，"培育创业精神的政策是创造就业机会和促进经济增长的关键"。政府可以实施优惠措施，鼓励人们不畏风险创建新企业，这类措施包括实施保护产权的法律和鼓励竞争的市场机制等。美国麻省理工学院的戴维·伯齐教授对1969~1976年美国小企业的研究发现，雇员不到20人的小企业创造了美国66%的新工作机会，从1969~1976年，新的较小型、成长型企业创造了美国经济中81.5%的新就业机会。1993~1996年，诞生了800万个就业机会，而且占比仅5%的年轻、快速成长型公司，创造了77%的就业机会。这些数据足以说明，雇员少于100人的小企业创造了美国经济中大多数的就业机会。

就业难是近年来我国面临的最大的社会问题之一。据统计，2018年我国普通高校毕业生人数已达820万人左右，还有大量农村剩余劳动力需要转移。在这种情况下，完全依靠政府和现有的企业，根本无法解决就业问题，因此，借鉴国外的成功经验，弘扬创业精神，鼓励和扶持创业者创业，也已经成为解决中国就业问题的根本性措施。

3. 创业精神是促进科技成果产生和转化的根本动力

科技是第一生产力，但要发挥出这一生产力的作用，一是要促进科技成果的产生，二是要促进科技成果快速、顺利地转化为现实的生产能力。而倡导创业精神，鼓励更多的有创业意愿的人去创业，则是实现上述两个促进的根本性措施。

据美国国家科学基金会、美国商务部等机构统计，第二次世界大战以后，美国50%的创新、95%的根本性创新是由小型创业公司完成的。事实上，20世纪，60%的发明创造来自独立的发明者和小企业，复印机、胰岛素、真空管、青霉素、拉链、自动变速装置、喷气式发动机、直升机、彩色电视、圆珠笔等许多新产品，都是由小企业创造的。据测算，小企业的创新成本比大企业的更低，小于1 000人的小型企业的创新成本大约是大型企业（1 000~10 000人）的四分之一，是超大型企业（10 000人以上）的二十五分之一。小型公司在研究和开发上每花1美元，可以产生大型公司2倍以上的革新项目，产生员工数超过1万人的超大型公司24倍的革新项目。如果把创业比作经济发展的发动机，那么创新就是发动机的汽缸。据统计，美国无论是高新技术产品（如计算机软件）还是一般的民用产品（如食物），其新品种都是由个体企业发明的。日本的研究也表明，一半的企业创新是由小企业提供的。而且，新企业不仅创新效率高，创新的商品化效率也高，小企业可以在较短时间内使创新进入市场，平均只需2.2年，而大公司则需3.1年。

综上所述，倡导创业精神，加强知识创新和技术创新，发展高科技，实现产业化，是我国经济发展面临的深层次问题，是提高国民经济整体综合实力，实现跨越式发展的紧迫要求，也是应对国际竞争，确保中华民族在21世纪立于不败之地的战略抉择。

1.3 知识经济时代发展与创业

如今的经济是世界经济一体化条件下的经济,是以知识决策为导向的经济,它促使人们重新审视与认识身边发生的一切事物。知识经济形态是科学技术与经济运行日益密切结合的必然结果,是经济形态更人性化的表现形式。

知识经济使人类的社会生活、产业组织形式、企业的组织与运行方式都发生了巨大变化。在知识经济时代,创业的概念已经不局限于创办一个企业。

1.3.1 经济转型与创业热潮的关系

纵观全球创业发展的历史,大体经历过三次创业热潮。第一次创业热潮产生于资本主义的工业革命时期;第二次创新热潮是第二次世界大战后复苏的商业经济使大量的创业活动不断出现;第三次创新热潮是20世纪80年代以来的新经济创业革命风暴,是以经济全球化扩张、信息技术高速发展以及知识经济时代的到来为背景的创业热潮。在经济转型背景下,创业热潮兴起的原因主要有以下几个方面。

1. 科学技术革命引发创业热潮的兴起

20世纪50年代末,计算机的出现和逐步普及,把信息对整个社会的影响逐步提高到一种绝对重要的地位,人类进入了信息化时代。20世纪80年代,科学技术获得了前所未有的进步,以生物医药、光电子信息、航空航天技术、新材料等为代表的科技革命成为经济增长的技术基础,使资源优势日益让位于技术优势,推动了科技创业活动。传统企业注重生产要素的投入,科技创业型企业则将重心放在生产前端、技术项目转移和知识要素的配置上,即创业企业依托高技术创新成果实现对创业资源的重新配置,并孵化出新企业。同时,在软件开发和大规模信息产业发展的带动下,物业和通信费用的降低和便捷化使得中小企业经营成本骤降,创业变得愈加容易。在以计算机、信息技术发展为先导的现代制造业领域,最佳规模较小或者不存在规模经济,进入壁垒较少,创业门槛较低,为创业提供了大量的机会。新科技革命为创业热潮的发展提供了可能,推动了创业热潮的发展。

2. 生产方式变革引领创业热潮的方向

经济全球化是指世界经济活动超越国界,通过对外贸易、资本流动、技术转移、提供服务、相互依存、相互联系而形成的全球范围的有机经济整体。经济合作与发展组织前首席经济学家希尔维亚·奥斯特雷认为,经济全球化主要是指生产要素在全球范围内广泛流动,实现资源最佳配置的过程。

经济全球化体现着一体化特征的世界经济增长关联和依存体系,世界经济正走向一个"增长条件共同体",各国经济增长在很大程度上得益于全球化的程度。经济全球化不仅促进了生产要素的重新配置,还加剧了各国的竞争。产业阶梯式转移成为世界经济不断发展的重要机制。发达国家高科技产业化程度高、技术成果多,与发展中国家形成了"势差",这种"发展势差"和"技术势差"往往存在着"互动机制",发达国家的某些产业可能向发展中国家,特别是新兴发展中国家转移。伴随着发达国家的某些产业向发展中国家,特别是新兴发展中国家转移,发展中国家也会获得相对先进的技术和管理经验。

另外，新兴技术的发明和发展，也使生产呈现分散化、小型化趋势。由于来自国外竞争对手的不断增加，发展中国家各自的市场行情更加不稳定，一些抓住机遇的创业企业会迅速成长起来。20世纪90年代以后，新兴发展中国家在第三次创业浪潮中表现出色，随之，一批具有高速发展潜力、成长前景好的创业型企业脱颖而出。

3. 创业环境变化推动创业热潮的发展

创业环境在创业者创立企业的整个过程中有非常重要的影响。在垄断体制时代，中小企业的竞争优势与发展潜力受到了限制，其重要性得不到认可。第二次世界大战后，垄断经济体制的崩溃为广大中小企业发展提供了广阔的空间，中小企业在吸纳社会就业、提高市场竞争性、培养企业家等方面的作用都得到了各国政府的认可。

近些年来，由于很多国家进一步放松了管制，市场体制和市场结构更加灵活和开放，生产要素的流动与配置更加自由，市场需求和供给也面临着更大的不确定性，这使得规模经济的优势逐渐让位于知识优势和信息优势。

众多新兴创业型企业能把科技发展的前沿性与市场需求的前瞻性准确地对接起来，不仅满足了消费者的个性化需求，还开辟了许多新兴市场，催生了许多新兴产业。可以说，创业适应了科技时代市场价值发现和竞争机制由"生产导向，供给推动"向"服务导向，需求驱动"转变的发展趋势。

知识和技术作为最重要的生产要素，只有与创业资本相结合，才能使创业成为一国经济发展的主导因素。创业需要社会风险资本和政府政策性融资的支持。20世纪80年代，美国中小企业的成功，电子、信息等新兴产业的蓬勃发展，在很大程度上得益于风险资本和技术创新基金的资助。各国政府纷纷出台扶持政策，推动了创业活动的发展。

1.3.2 创业活动的特殊性

创业至少有两层含义。

第一层含义是活动，主要指创业者及其团队为孕育和创建新企业或新事业而采取的行动，扩展开来，包括新企业的生存和初期发展；另一层含义是精神，也可以称为企业家精神，主要指创业者及其团队在开展创业活动中所表现出来的抱负、执着、坚忍不拔、创新等品质以及一些相对独特的技能。

创业活动本身属于商业活动范畴，也是一种普遍存在的社会现象。人们经常从精神层面谈论创业活动，一个重要的原因是创业这种商业活动具有较强的特殊性。

1. 创业活动较多地依赖创业者及其团队的个人能力

管理学科产生的主要驱动力量是集体活动的存在和需求，研究对象主要是组织活动。大公司和相对规范的经营管理工作需要靠组织的力量来完成，创业活动则不同，特别是初期的创业活动更多地靠个人的力量和智慧。长期以来，一种普遍存在的认识是：创业的成败主要取决于创业者的个人禀赋，一些客观事实也印证了这一点。柳传志之于联想、马云之于阿里巴巴等都是如此。尽管这样的创业会给企业发展带来一些问题，但创业者对创业活动的重要性甚至决定性作用是客观存在的，今后很长一段时间仍会如此。目前，学术界争论甚至驳斥创业成败取决于创业者天赋的论断，不是否定创业者的作用，而是关心创业者所具有的品质与技能是否是天生的，能否学习和后天培养。

2. 创业活动是创业者在高度资源约束下开展的商业活动

大多数创业者都经历了"白手起家"的过程，如果一个人拥有丰富的资源，也许就失去了创业的动力。实际上，有些创业活动活跃的地区往往不是资源丰富、交通便捷的地区，例如创业活跃的温州恰恰资源贫瘠、交通不便。为什么会这样？原因是多方面的。

创业经常是变不可能为可能。大家都认为不可能，自然也就不愿意提供资源给创业者，个人和单一的组织所拥有的资源总是有限的，创业者在创业初期所能筹措到的资源也是有限的，不得不白手起家。由于资源的限制和约束，创业者经常要寻找那些不需要大量资源投入的机会开展创业活动，结果是大多数的创业活动启动资本都不是很高，甚至用很少的资金就可以启动。创业活动的这一特点带来了完全不同的结果：有的创业者因为资源约束干脆形成了自力更生的个性和习惯，长期不向银行谋求贷款并以此感到自豪，极大地约束了事业的发展；有的创业者为了摆脱资源约束的困境，积极寻求资源获取渠道和整合手段的创新，探索出创造性整合资源的新机制，成为成功创业的重要保证。

3. 创业活动是在高度不确定环境中开展的商业活动

高度不确定性是创业活动最突出的特点。始于40多年前的中国改革开放本身也是典型的创业活动。回顾改革开放的历程，"摸着石头过河""不管白猫黑猫，抓着老鼠就是好猫"这两句话应该说给人们的印象最为深刻。在微观层面的许多创业活动也是这样开展的。为什么要这样做，而不是按照明确的目标有计划地开展创业活动？因为创业者面对着高度不确定性，具体表现在以下方面：

（1）颠覆性、创造性和混乱的状况难以准确计划和预测

计划和预测只能基于长期的、稳定的运营历史和相对简单、静态的环境，这些条件是创业者及其新创企业所不能企及的。创业是开拓新事业的过程，未来很多情形都不可知，即使有过创业经历的创业者，也不可能直接将过往的经验简单复制到新的环境中。当然，大公司所面临的环境也是不确定的，但大公司运用自身的资源优势和丰富的经验、已经确立的合法性等，能够降低不确定性，新创企业由于自身的缺陷和外部条件的制约，所面临的环境不确定性更强。

（2）顾客是谁、顾客的价值何在等都是未知数

创业存在的必要性是借助向顾客提供利益来创造价值的，离开顾客谈创业没有任何意义，但是很多情况下，顾客并不清楚自己需要什么。亨利·福特借助汽车的制造和销售改变了世界，他回忆说："如果当年我去问顾客他们想要什么，他们肯定会告诉我需要一匹跑得更快的马而不是汽车。"苹果公司的创始人史蒂夫·乔布斯的认识更加透彻，他指出，消费者没有义务去了解自己的需求，消费者只知道自己的抽象需求，例如好吃的、好看的、舒服的、暖的、冷的、好的、坏的等。需要把抽象的需求具体化，把潜在的需求显现化，把缓慢的需求紧迫化，把片面的需求全面化，把次要的需求重要化。著名管理学家彼得·德鲁克则强调企业存在的唯一目的就是"创造顾客"。

（3）模糊性和快速变化

创业活动的结果经常不可知，当面临多个方案需要选择而每个方案出现的结果不确定、发生的概率也不清楚的情况下，严格地说，这无法作出科学的决策。不确定性还表现为"不连续性"，今天并不是昨天的延续，不连续性在现实中经常表现为快速变化。

不确定性客观存在，也和主观认识有关。同样的市场环境条件下，有长期经营经验的企

业感觉容易掌控；对于新进入市场的新手，可能会无所适从。面对不确定的环境，成功的创业者通常要积极地承担风险而不是设法规避风险，他们利用而不是规避偶然事件，快速行动、善于学习、注重合作和联盟，以应对不确定性。大公司在研究战略时会考虑五年甚至更长的目标，而对于创业者来说，一年的想法也许就是真正意义上的战略。

1.3.3 创业与经济增长和社会发展

知识经济，是以知识为基础的经济，是与农业经济、工业经济相对应的一个概念，是一种新型的富有生命力的经济形态。知识经济时代是以知识运营为经济增长方式、知识产业为龙头产业、知识经济为新的经济形态的时代。

1. 创业是国家发展战略的需要

就业是民生之本，创业是富民之源。近年来，党中央、国务院高度重视创业工作，把全民创业摆在突出的位置。党的十八大明确提出，要统筹推进各类人才队伍建设，实施重大人才工程，加大创新创业人才培养支持力度。要关注青年、关爱青年，倾听青年心声，鼓励青年成长，支持青年创业。当前，我国正处于全面建成小康社会的关键时期和深化改革开放、加快转变经济发展方式的攻坚时期，鼓励创业，对于提高自主创新能力、建设创新型国家具有重要的战略意义。

2. 创业是社会就业的扩容器

创业是就业的基础和前提，就业离不开创业，以创业带动就业。任何一个社会，其创业者越多，其生产要素组合就越丰富、活跃，就业也就越容易。彼得·德鲁克在研究美国经济与就业关系时发现，创业型就业是美国经济发展的主要动力之一，也是美国就业政策成功的核心。在《创新与企业家精神》一书中，德鲁克开宗明义，分析了1965—1985年美国的就业结构，发现美国年龄在16~65岁的人口从1.29亿增加到1.8亿多，增长了38%，同期就业人数从7100万增加到1.06亿，增加了约50%。德鲁克指出，所有这些就业岗位，基本上都是由中小企业所提供的，由此可以看出创业对于促进就业的积极作用。

3. 创业是科技创新的加速器

知识经济的兴起，使知识上升到社会经济发展的基础地位。知识成了最重要的资源，"智能资本"成了最重要的资本，在知识基础上形成的科技实力成了最重要的竞争力，知识已成了时代发展的主流，尤其是以高科技信息为主体的知识经济体系，其迅速发展令世人瞩目。创业还可以使创新带来的高科技潜在的价值市场化，使创新成果转化为现实生产力等。

4. 创业是解决社会问题的有效途径

当前，我国进入全面建成小康社会的关键时期，创业能够增加社会财富从而促进经济发展和社会繁荣，能够提供就业岗位从而缓解社会就业压力，能够实现先进技术转化从而促进科技创新和生产力提高，能够充分发挥才干从而实现人生价值，能够积累财富从而满足个人对物质的追求，能够在回报社会、贡献社会等方面发挥重要作用，成为解决社会问题的有效途径之一。

1.3.4 知识经济时代创业方式的嬗变

创业是促使知识经济时代到来的决定性因素。经济的知识化和知识的资本化使创业行为发生在社会生活的各个角落，使创业成为更多有志者的生活选择。在知识经济时代，创业行为实现的价值以及实现其价值的机会几乎是无限的。计算机、通信等信息技术的发展，改变了人们对时间、空间、知识（智力）的认识，同时也改变了人们对需求、市场、管理、价值、财富等概念的基本认知。在知识经济时代，由于企业与社会界限模糊化，因而出现了许多创业的新模式，例如在公司内创业，公司鼓励与吸纳新创业的企业，公司支持员工在社会上创业，等等。

1. 团队创业比例日益增加

创业团队的概念将被普遍接受，创业团队是技术、管理、资金在创办人员方面的组合。一个根据市场需求分析形成创业构思的创业者，不管他是管理者还是技术掌握者，都可以去寻求技术掌握者或者管理者而形成创业团体。

高新技术产业的创业活动更多地采用团队创业的模式，有技术的创业者希望寻求有管理经验、市场经验的合伙人组成创业团队共同寻求资金创办企业；同样，有管理经验、了解市场、有创业构思的创业者希望寻求能支撑创新构思的核心技术人员加盟创业团队共同发展；有资金的个人投资者、风险投资家同样希望寻找到拥有核心产品或服务、有管理经验、有技术能力的创业团队作为其投资对象。

利益共享、风险共担的经营理念不仅体现在企业内部，更加重要的是体现在企业外部，即体现在与供应商、经销商的战略伙伴关系上。

2. 企业内创业日益普遍

企业内创业是企业的管理者及员工在企业内部进行的创业，是一种更广泛意义上的创业。这种创业的动机来源于市场经济条件下，企业谋求生存和发展的渴望。在激烈的市场竞争条件下，一方面，企业承受着"优胜劣汰"这一市场法则的压力；另一方面，又充满了创造财富、壮大力量、实现自我价值的强大动力。

因此，企业会不断通过管理机制创新、技术创新、开拓新市场、采用新战略等手段，来改善和发展自己。这种创业与独立创业相比，显然会更安全和更具有普遍性。企业内创业，既包括通常意义上所理解的当企业面临困境时的革命性的战略改变，如我们常说"民营企业的第二次创业、第三次创业"等，也包括企业在正常甚至良好经营状态下，为维持现状及进一步发展所进行的创造性努力。企业一旦成立，企业内的创业就不会停止，否则，企业要么停滞不前，要么面临亏损倒闭的危险。

3. 母体脱离型创业渐成风气

母体脱离型创业是公司或企业内部的管理者从母公司中脱离出来，新成立一个独立公司、子公司或业务部门。母体脱离创业现象也比较常见。例如，母体发展规模扩大，为追求生产专业化而分出新的业务部门或子公司；共同创业的团体在企业做大后出现意见不统一，因而把母体分割成若干部分各自经营；母体资本积累充足，为扩大经营规模及领域而投资建立新企业。相比之下，母体脱离型创业的成功率更高。因为分出来的新企业，创业者具备一定的经营管理经验，能够吸取母体的经验教训，少走弯路；分出来的新企业，在产品和服务上都不会脱离母体企业太远，多数都在一个行业，甚至只是一个产品的不同部分，因而在产品技术、管理团队的经验和客户资源上，都具备一定的基础；母体脱离企业多数在资金上要比独立创业企业充足，而且因为有过去稳定的客户资源，还可以通过赊销等方式节省创业资金。

阅读材料 1-1

全球创业观察（GEM）2017/2018 中国报告

2018年11月16日，清华大学二十国集团创业研究中心和启迪创新研究院联合完成的《全球创业观察（GEM）2017/2018 中国报告》，由清华大学经管学院创新创业与战略系教授、清华大学二十国集团创业研究中心主任高建，在厦门市清华海峡研究院举行的2018年二十国集团创业圆桌对话上正式发布。

《全球创业观察（GEM）2017/2018 中国报告》是2002年以来发布的第15份年度中国报告。该报告基于过去15年的年度调查数据，从中国创业活动的结构特征、变化趋势、质量、环境和区域差异五个方面分析了中国创业活动15年来的变化与发展。《全球创业观察（GEM）2017/2018 中国报告》主要研究观察如下：

1. 中国创业活动的结构特征

中国创业者中最为活跃的群体是25～34岁的青年。创业动机以机会型为主，大部分创业者选择在以批发或零售为主的客户服务业创业，具有高附加值的商业服务业创业比例低。

具体来看，中国超过30%的创业者为25～34岁的青年，18～34岁的群体约占创业者总数的一半。创业动机分为生存型和机会型两类，平均来看，中国创业活动中机会型动机占到总体的60%以上，并持续提高。以批发或零售为主的客户服务业是中国创业者选择创业的主要领域，超过60%的创业者在该行业创业，其次为制造业和运输业。

2. 中国创业活动的变化趋势

2002—2017年的15年中，中国低学历创业者比例逐步下降，高学历创业者比例有所提高，收入高的人群创业增多。虽然中国创业失败的比例呈现出下降趋势，但创业者对自己创业能力的认可程度有所下降，恐惧失败的比例逐步提高。

具体来看，中国创业者中初中及以下学历的创业者比例从2003年的14.2%逐步下降到2017年的6.3%。创业者的受教育程度与创业动机显著相关，2017年未受过正式教育或受教育程度为小学的创业者中，仅25%的创业动机是机会型创业，而这一比例在本科及以上学历创业者中为81.8%。2002年，仅25.5%的高收入人群参与创业，而2017年，高收入人群创业的比例是30.5%。

中国终止创业（过去一年内将企业关闭）的比例也呈现下降的趋势，2003年终止创业的比例为8%，而2017年这一比例约为2%。同时，中国创业者认为自己具备创业能力的比例有所下降，从2002年的37%下降到2017年的28%。

但是，对创业失败的恐惧比例有所上升，从2002年的25%上升到2017年的41%。导致这一现象的可能原因是随着技术进步和社会发展，成功创业所要求创业者的能力也不断提高，越来越多的创业者认识到自己存在的不足。

3. 中国创业活动的质量

2002—2017年的15年中，中国创业活动的质量在提高，但与G20经济体中的发达国家相比，仍存在差距。

创业质量包括创业企业的创新能力、成长性和国际化程度。创业企业的创新能力与企业产品的新颖性和新市场开拓有关。

在我国，2006年顾客认为创业企业提供的产品/服务是新颖的，且企业在市场上没有或只有较少竞争对手的比例仅为7%，2017年这一比例增长到27%。高技术创业比例相对更低，为3%。虽然中国创业企业的创新能力有提高，但无论是创新能力还是高技术创业比例，与G20经济体中的发达国家相比仍然落后，也低于G20平均水平。

2006年，中国有超过40%的新创企业能提供的就业岗位很低甚至为零，而这一比例2017年下降到1.3%。同时，2006年可提供6个及以上就业岗位的高成长企业比例为20%，2017年这一比例增长到27%。

总体来说，中国创业企业创造就业岗位的能力不断提升。与G20经济体对比，中国高成长创业企业的比例处于G20平均水平以上。中国创业企业中约三成拥有海外客户，这一比例与G20经济体中的发达国家相比差距明显，例如美国创业企业拥有海外客户的比例超过80%。

4. 中国创业环境

中国创业环境在不断改善。有形基础设施、市场开放程度、社会文化规范等是创业环境中一直表现较好的三个方面，而政府项目、商务环境、研发转移和教育与培训等是中国创业环境中一直表现较弱的四个方面。

具体来说，有形基础设施是中国创业环境中最好的一环。市场开放程度和社会文化规范也表现较好。金融支持早期是中国创业环境中较为薄弱的一环，随着天使投资和创业投资在中国的活跃以及互联网金融和众筹等新形式融资渠道的出现，中国创业活动的金融支持开始改善，已经呈现出较好的表现。

政府项目、商务环境、研发转移和教育与培训是表现较弱的方面。其中，中央和地方政府的创业政策表现较好，但其中涉及的高效行政、规范行政和政策优惠等表现有待改善。创业教育与培训尤其是中小学启蒙教育（鼓励、关注和指导）表现比较弱。研发转移的评分不高，研究成果和新技术商业化过程存在障碍。技术获取难，获取后转化速度慢。

5. 中国创业活动的区域差异

2002—2017年的15年中，中国城乡创业活跃程度比较均衡，但城市机会型创业的比例相对高一些。区域创业活动的差距还没有显著缩小。

具体来说，2010年前农村地区创业活动较城市更为活跃，2005年城市样本中每100个18~64岁的成年人口只有10名早期创业者，而农村样本的创业者数量是16人。2017年城市样本中每百名成年人创业者数量是11人，而农村样本为10人，基本相同。

城市地区创业者中机会型创业的比例为67%，而农村地区创业者中机会型创业的比例为61%。

北京、上海、天津、广东、浙江和江苏六地区（以下简称"六地区"）和其他地区每万名成年人在过去三年中新增的私营企业数量都在增加，但"六地区"的增长更快。2002年中国"六地区"的每万人拥有的新增创业企业数为24家，其他地区的为4家。到2017年，"六地区"每万人拥有的新增创业企业数为212家，其他地区为81家。造成创业活动区域差异的主要因素是创业文化氛围、产业结构变化、人力资本和技术发展水平。

研究表明，私营企业就业人数多、第三产业GDP占比高、劳动力人口中本科以上学历比重高以及发明专利授权量多，则该地区的创业活动可能更加活跃。市场需求和人口变化对区域创业活动的影响程度相对较弱。

（资料来源：https：//www.sohu.com/a/276717944_609558，2018-11-20.）

1.4 社会责任与创业伦理

1.4.1 创业者改变世界

我国的改革开放给创业者提供了创业机会，创业者又借助创业活动推动了经济增长。今天，单纯靠胆量、冒险和资本实力已很难再取得成功，还需要靠知识、协作精神等。因此，过去单打独斗的精神需要由团结协作、奋发向上、积极进取、不断学习的新创业精神所替代。创业对中国经济的影响力日益增强。

创业者改变了人们的世界，如果你在沃尔玛购物，这说明萨姆·沃尔顿实现了自己创业远见的一部分；你的电脑里的软件和微处理器也许就和比尔·盖茨、安德鲁·格罗夫（英特尔公司的前CEO）有密切关系；像雷·克洛克（麦当劳公司创始人）和沃尔特·迪士尼这样的幻想家在去世多年后，仍对人们的生活持续产生影响。著名管理学家彼得·德鲁克曾经强调指出，顾客不是上帝创造的，而是企业创造的。关于企业，唯一正确的定义是创造顾客的组织。企业又是谁创造的呢？是创业者。

创业者具备改变世界的能力，是创新以及经济与社会发展的重要力量。因此，创业者在创业过程中一定要成为遵守道德伦理并积极承担社会责任的典范，这是创业成功的重要保证，也是成功创业者的基本素质要求。

1.4.2 社会责任

加拿大不列颠哥伦比亚大学尚德商学院院长、创业学教授丹尼尔·莫佐克非常强调社会责任对于创业者的重要性，"没有人能脱离社会、脱离社区而取得成功。但不幸的是，现在有相当数量的年轻企业家们，他们认为自己的责任只是使股东权益最大化，除此之外别无他物。但这真是大错特错了"。

企业社会责任问题日益受到广泛关注，并在《中华人民共和国公司法》（以下简称《公司法》）中有明文规定。《公司法》第五条明确要求，公司从事经营活动必须"承担社会责任"，公司理应对其劳动者、债权人、供货商、消费者、公司所在地的居民、自然环境和资源、国家安全和社会的全面发展承担一定责任。《公司法》不仅将强化公司社会责任理念列入总则条款，而且在分则中设计了一套充分强化公司社会责任的具体制度。由此可见，企业社会责任在我国具有法律地位。

1.4.3 创业伦理

创业者的任务是创造财富。"君子爱财，取之有道。"创业者在创业过程中一定要遵守伦理道德，这是创业能够成功并持续发展的关键。管理学意义上的"伦理"一般也称为"商业伦理"，它是指组织处理与外界关系，处理内部成员之间权利和义务的规则，以及在决策过程中所体现的人与人之间的关系和所应用的价值观念。

创业者作为创新实践者，一方面，通过创造新产品、新服务和提供就业机会，极大地推动了社会的进步和发展；另一方面，创业者又常常被批评片面追求商业成功，甚至在必要时牺牲道德价值观。例如，有的创业者延迟偿付厂商和其他债权人的账款，有时候对雇员也采取同样的方法，延迟工资的发放。创业者使用这种方法，有的是因为陷入困境，而有的则不是。有些创业者常常是在未经他人允许和同意的情况下，使用人家的资源来弥补自身资源的不足。这些行为会因为违背相关法律规定和市场经济原则而受到惩罚，如果创业者有意这样做，首先是不道德，而且有悖商业伦理。时间长了，人们会认为这样的创业者诚信有问题，吃亏的还是创业者自身。

与企业社会责任相比，强调伦理规范是更高层次的素质要求。伦理主要应对和处理国家法律、政策和企业制度等明文规定和约束所无法覆盖的一些问题。事实上，法律再健全的国家，也不可能对人类的一切行为都予以明确的规范，"天理""国法""人情"的顺序本身就说明这一点。有些行为本身并不违法违规，但对健康的商业环境和优秀的组织文化不利，仍然要求创业者能够自我约束，这不仅是一种境界，也有利于企业健康可持续发展。

阅读材料 1-2

创业与伦理相关研究述评

创业与伦理，是影响新组织生成及其成长方向的重要问题。在环境高度不确定、社会规范复杂多变的今天，二者关系日益受到学术界关注，学者们希望探寻出创业与伦理之间的关系机理，实现更多的创业与更好的伦理之间的平衡。

无论是创业情境下的伦理研究，还是伦理情境下的创业研究，一般都将伦理和创业视为两个相对独立的要素，分析二者之间可能的因果联系或是作用关系。在"创业影响伦理"和"伦理影响创业"两个不同方向的研究前提下，学者们分别开展了实证检验，取得了各自的研究发现，但也正是由于前提假设的差异，使得一些研究结论难免存在矛盾或偏差。为此，辨明创业与伦理关系研究的逻辑思路，对理解和应用研究成果具有意义。

当前，创业领域涌现出一些新兴主题，将创业与伦理两个有些对立的概念结合在一起。这些新兴研究领域，将创业和伦理融合在一起，就意味着把两种相互冲突的力量整合在一个概念体系中，因此，该研究日益受到学者关注。有关研究如表1-2所示。

表1-2　新兴研究主题及其对创业与伦理的融合

研究主题	理论内涵	对创业与伦理的融合
制度创业	制度创业把动因、利益和权力等概念引入组织制度分析，创业者关注特定制度安排，利用资源创造新的制度或改变现行制度，形成新的价值体系	制度有规范、规制和认知三个维度，伦理道德是规范的重要内容；制度创业者强调社会结果而非经济回报
社会创业	社会创业致力于解决自由市场体系和政府没有解决的社会问题的创业活动，用创业手段解决重要社会问题并坚持不懈地履行自己的社会使命	社会创业的本质在于社会创业者受创造社会价值这一神圣使命的驱动而开展创业活动，通过采取创业行动来履行自己的使命

(续)

研究主题	理论内涵	对创业与伦理的融合
生态创业	生态创业是一种建立在环境创新基础上的具有主动创新性和市场导向性并由个体推动的价值创造形式，或是出于绿色化目的创建环境友好型新企业	生态创业者与区域生态意识、环保导向消费乃至家庭成员之间依存度等伦理规范密切相关
公共创业	公共创业意味着改变制度环境和游戏规则，创建新的公共组织，创造和管理新的公共资源，利用私人行为的溢出效应创新公共产品	公共创业需要伦理体系作为通道，既可以为创业者提供能量去创造新价值，还可以传递对创业者的回报
绿色创业	绿色创业是可持续创业者识别和开发将未来产品和服务变为现实的机会的过程，最终创造的是兼顾经济、心理、社会和环境多方面利益诉求的新价值	绿色创业者对环境信号的认知经历"他人机会信念"和"自我机会信念"过程，涵盖并整合了经济和社会伦理角度的影响

（资料来源：李华晶，张玉利，郑娟. 情境与融合：创业与伦理关系研究述评［J］. 华东经济管理，2014.7，有删减。）

大学生创业伦理培育

近年来，随着国家"大众创业、万众创新"战略的大力推进，创新创业热潮在我国迅速兴起，其中大学生成为创新创业的主力军和先锋力量，大学生创业者的创业伦理水平不仅直接影响其个人及其创业组织的健康成长，更关系到经济社会的稳定发展与创新型国家的战略转型。

创业伦理培育是塑造创业者良好道德品质的有效途径和重要载体，其价值在于它是建设健康创业生态系统的必然选择，是"双创"时代提升高校育人针对性、实效性的迫切需要，是促进个体创业成功的客观要求；其内涵在于它是教育工作者通过组织适合教育对象创业伦理水平提升的价值环境，在教育对象的创业伦理意识、创业伦理知识、创业伦理情感、创业伦理意志四个维度上不断建构和提升的教育活动；其进路在于实现高校创新创业教育中创业伦理培育的全程贯通，即方向主导、内容框定和方法创新。

（资料来源：刘志. 大学生创业伦理培育的价值、内涵及进路［J］. 中国高教研究，2019.5，有删减。）

【本章小结】

在本章中，首先，阐述了创业的基本定义、特征以及创业要素。创业是一个创造新事物的过程，需要消耗大量的时间并付出极大的努力，创业必须承担一定的风险。同时，创业是一个充满不确定性的过程，在这个过程中，创业者可能会遇到各种各样的风险。因此，要想取得创业成功，就必须具备承担风险的勇气和能力。创业是一个复杂和复合的系统，创业需要很多前提、条件、资源和要素。蒂蒙斯提炼出创业的关键要素：机会、创业者及其创业团队、资源。这三个要素要相互匹配，这对创业来说十分重要。

其次，本章重点讲述了创业精神是创业者各种素质的综合体现。它集冒险精神、风险意识、效益观念和科学精神为一体，体现了创业者具有开创性的思想、观念和个性，以及积极进取、不畏失败和敢于担当等优秀品质。创业精神决定个人生涯发展的态度，是促进科技成果产生和转化、经济发展的根本动力和原动力。

最后，本章重点强调了创业者的社会责任和创业伦理，阐明了创业者应具有高度的社会责任意识、遵守创业伦理，形成将自身创业与伦理融合的创业观。

【思考题】

1. 请从国家、企业的角度，思考创业的意义所在。
2. 从个人成长发展的角度，思考创业精神为何重要，其意义所在是什么。
3. 何为创业？蒂蒙斯的创业模型描述的内涵是什么？
4. 试对大学生创业实际进行调查，从调查中重点分析机会创业与生存型创业的现状，并对创业质量进行分析研究，从而对大学生创业实践形成感性认知和理性认知。
5. 创业的关键要素有哪些？这些要素应该如何相互匹配？
6. 创业者应遵循哪些社会责任与创业伦理？创业与伦理如何融合？

【案例分析实训】

小罐茶：一款现象级的茶叶产业是如何诞生的？

初心：打造中国茶品牌，做大消费品

小罐茶的创始人杜国楹在创立小罐茶之前，曾创造过多个爆款品牌。背背佳、好记星、E人E本、8848钛金手机，无不是当时市场上耳熟能详的品牌。在这么多创业经历中，杜国楹都能够快速切入市场、精准定位、大胆投入广告、快速建立品牌，极少失败。尽管收获颇丰，但并没有建立一个持久的品牌，而这恰恰是杜国楹搏击市场的初心。

2012年，杜国楹决定结束此前的所有业务，从零开始进入茶行业。曾经跟着他一起打天下的创业伙伴，也义无反顾地追随他开创新的事业。同年6月，小罐茶产品经理徐海玉带着另外两个队友开始上山下乡拜访茶农，了解茶行业的状况。第一批出发的团队成员全部都是北方人，谁都没有茶行业的经验。在最初的几年时间里，徐海玉等人几乎跑遍了中国所有著名茶叶的核心产区，拜访了无数相关企业，每年行程超过10万公里。

杜国楹的思路是把中国茶做成大消费品，他的团队正是带着这个思路上山寻茶，筛选出有合作希望的茶企和茶场。2013年年底，杜国楹在武夷山拜访一位做有机茶的行家，在她家里偶然看见门口挂着一个牌子：大红袍制作技艺非遗传承人。通过询问，他了解到原来茶也有非遗传承人。杜国楹认为可以借助官方认可的"非遗传承人"（他们被尊称为"大师"）来建立好茶的认知标准，因为其既代表了特定品类的制茶技艺的历史传承，也代表了当下市场的品质标准。同时，这些非遗传承人也都有自己的茶厂和制茶车间，能够大批量供应高品质的原茶。就这样，杜国楹的团队开始寻找不同品类的制茶大师。

对选择合作的大师有几个基本标准。首先，必须是非遗传承人；其次，能够认同小罐茶的操作方法和价值观，愿意同小罐茶一起振兴和创新中国茶产业，共同塑造中国茶的品牌，将中国茶品牌推向全世界；第三，其制茶能力必须在业界有极好的口碑；第四，其制茶工艺必须是标准化、规模化的，能够保证产品品质稳定；第五，寻找未被资本化的行家，以便将来可以通过合资、参股等方式建立更稳定的合作关系。在筛选出各种茶品类的大师后，杜国楹团队花了两年多的时间拜访完所有大师，最终确定每个茶品类的合作大师。

产品出炉——把复杂留给自己，把简单留给用户

在杜国楹看来，国内茶的消费人群有三类，第一类是"茶小白"，不怎么懂茶，偶尔会喝茶，也会喝咖啡；第二类是"茶习惯"，天天喝茶，对"有味道的水"形成习惯，但对茶却依然一知半解；第三类是"茶领袖"，他们是茶叶发烧友，对不同品类的茶的产区、工艺等行业知识了如指掌。小罐茶所针对的主要是第二类群体，同时也希望未来能带动更多的第一类消费者走进茶消费市场。

茶叶的核心消费场景包括买、喝、送。喝茶的场景也是三种：招待他人、自己在家饮用、移动状态（如旅途）饮用。从顾客的角度来分析，中国茶行业最大的问题在于没有品质与价格标准。杜国楹认为，解决消费者的痛点也应围绕这三个场景展开：买的时候没有标准，不了解价格与行情；送的时候价格不统一，收礼的人很难判断礼品价值；喝茶的时候则不知道如何泡茶、如何品茶、如何享受茶带来的愉悦。

由此，小罐茶的核心战略便是让复杂的中国茶变得简单化：认知简单、购买简单、饮用简单。在杜国楹团队看来，单纯讲传统茶文化是没有意义的，传统茶必须与当下的生活方式完美融合才有意义。在中国的传统语境中，茶的含义是不同的。"柴米油盐酱醋茶"的茶，是农产品的茶；"烟酒茶"的茶，是消费品的茶；"琴棋书画诗酒茶"的茶，这是文化的茶。小罐茶做的是第二种——作为消费品的茶。具体做法是，彻底改变传统中国茶的外在形态，把不同品类的茶的包装、重量、价格、品质标准全部统一，冠以"小罐茶"的品牌，弱化茶的品类，实现消费认知的简单化。

小罐茶采用每罐4克的统一标准。徐海玉认为小罐茶统一单次饮用重量标准是中国茶进入真正工业时代的标志。"经过工业化洗礼的行业，均存在着统一的包装标准。例如烟1包20支，1条10包，酒500毫升1瓶，大米5公斤1袋。只有建立了包装的标准化以后，才能建立品质和价格的认知。例如一个茶饼和一包茶叶是很难横向比较价格的，在重量一定的情况下才能横向对比哪种茶更贵，哪种茶更好。"徐海玉说。

刚刚推出4克茶标准的时候，几乎所有的同行专家都在攻击小罐茶，认为不懂茶才会有这样的设计。因为乌龙茶类每一泡都要放8克，茉莉花茶每一泡放5克比较好，绿茶放3克，红茶一泡放3~5克不等。不同品类的茶统一成4克会影响茶的味道。事实上，4克是小罐茶团队经过多次试验所获取的一个最佳值。他们认为只要采用科学的泡茶方式、合适的茶水比例，4克也能冲泡出好喝的茶汤，而且还解决了刚入门的消费者可能一次喝不完8克的问题。另外，为了简化冲泡体验，小罐茶对每一种茶都有冲泡提示。配合小罐茶推出的茶壶茶具，可以直接做到傻瓜式泡茶，不懂茶的消费者也能泡出好茶。

为了对小罐茶的包装和产品定位进行市场测试，团队选取在重庆、济南、北京开设三家专卖店进行盲测。专卖店的装修和陈列风格设计也来源于日本的设计师。此时，小罐茶还没有进行任何外部宣传，仅有店面和店内的海报。盲测的核心目的有两个：一是测试消费者对产品的接受程度。杜国楹说："茶一直都是穿唐装的，我们给它穿上西服，消费者能接受吗？"二是看消费者是否能接受50元一罐的价格。2015年9月，重庆小罐茶专卖店最先开业，该店开到第三个月的时候，单店月销售额突破了20万元。这让杜国楹和他的团队信心大增，随后他们便着手准备投放广告、招商，并在全国复制店面。

广告策略不断升级

2016年7月，央视节目间陈里突然出现了这样一则广告："说起茶，每个人都很熟悉。

在中国叫得上来的历史名茶，可能有几百种。喝到名茶很容易，但要想喝到真正的好茶，却不那么容易。"伴随着哈尼族民歌《花恋》的悠扬曲调，徐海玉在三分钟的时间里，将公司三年半以来的探索与八位制茶大师的故事娓娓道来。"小罐茶，大师作"的广告语在结尾处出现。

这则吸引无数目光与诸多赞誉的广告，成为小罐茶散给万千顾客的第一张名片。然而成功故事的背后往往充满曲折。最终选择这样一则纪录片式的广告来做推广，对于几个月前的小罐茶创始团队而言充满了不可思议。

后来复盘这一广告为何会成功时，团队内部异口同声地回答是"真实"。放下了所有的脚本、演技，由当时最前线的产品经理和所有的大师出镜，记录他们自然的聊天过程，以及有关茶品的产地、工艺、原料等内容，以真人真事的自然对话形式描摹出小罐茶的形象，剪辑出一则纪录片式的广告。"最真实的才是最打动人心的。"这样一则原始而质朴的广告，2016年6月测试反馈非常好，就此定下广告宣传方案，正式拉开了营销推广的大幕。

快速落地

经营背背佳和8848时，杜国楹团队大多采用省级代理制的经销体系，即一省设置一个代理商。这种渠道模式所积累下的30多个比较固定的合作伙伴，也顺势成为小罐茶全国招商会上的第一批代理商。所不同的是，小罐茶从本质上来说是消费品，因此在上市第一天公司就打算放弃省代而采用扁平化地代模式。因此，原来的30多个代理商签下了80%的当地省会城市，空出来其他的周边城市。随着咨询合作者的增加，公司不断补足其他地级市的代理。2017年第一季度末，全国已签下近200个城市，初步实现代理商的全覆盖。截至2018年5月，小罐茶经销商已覆盖全国超过230个城市或地区。

一般而言，厂商都会采取线上价格比线下价格优惠的策略，小罐茶却反其道而行之。为了维护各地经销商利益，线上平台始终和渠道终端保持价格一致。即使在旺季做促销也不会低于线下价格，甚至有时线下的折扣幅度还更大一些。在总体销售占比上，电商约占25%。从电商销售的市场反馈来看，小罐茶的消费者中男女比例基本持平，年龄35岁以下的消费者约占70%，消费者的平均年龄比整个茶行业年轻10岁；平均客单价在1 200~1 400元，是茶行业平均水平的12倍。

发展全产业链——反向操作，纵向整合

创业三年多以来，小罐茶采取"反向操作、纵向整合"的策略发展全产业链，推动茶行业完成产业分工。2016年小罐茶启动市场，2017年自建工厂，2018年自建茶园。"不是从山上到市场里来，而是从市场到山上去。"因此，在初始阶段，小罐茶的供应模式主要依赖于与外部种植方、制作方和生产方的合作。随着市场需求的稳定增长和公司业务规模的扩大，再布局全产业链，推动茶行业完成产业分工。强势品牌可以推动整个上游完成分工，小罐茶的目标是从市场到工厂到茶园，把整条产业链全部打通。

小罐茶通过参股、控股合作大师的公司，用三年时间，完成八大名茶基地的整合和所有上游茶园的建设；通过建立1 000亩的示范茶园，带动周边茶农进行标准化的种植与管理。上游茶园通过自建小型气象站、生物农药工厂等，实现茶园的科学化、规范化管理，最终"带动整个茶行业进行一场颠覆式的上游的革命"。在这样的组合布局下，小罐茶对茶叶原料与初级产品的掌控将得到前所未有的强化。

在中游制茶生产环节，小罐茶也加大标准化、工业化的升级力度。2017年年底，公司投资15亿元在安徽黄山建设智能中央工厂，占地321亩，预计2019年投产。工厂包括行业共性技术研发平台，产品精加工及保鲜包装、产品质量安全监测平台，行业标准化服务平台以及产业链配套系统。未来，从初制到精制再到生产包装环节，小罐茶将通过智能化设备实现高标准、高效率的生产方式；通过整合全球科技资源，以现代智能机器操作代替人工加工茶，改变传统手工作坊的生产方式。同时，黄山中央工厂建成后，也将是国内规模最大、功能最全、设施最先进、配套最完善的名优茶产品创新基地，集产业技术研发、标准化服务、保鲜包装、质量安全检测及仓储物流为一体的公共服务平台。杜国楹坚信，产业链的专业化与共享化，一定是中国茶行业的未来。

从产品升级到产业链升级，小罐茶能否成为茶行业真正的变革者，我们拭目以待。

（资料来源：宋学宝，曹珊珊．小罐茶：一款现象级的茶叶产业是如何诞生的？清华管理评论，2019.5.）

结合上述案例资料，试进行分析思考：

1. 案例对比：进一步收集资料，对比小茶罐创业项目定位与我国传统茶叶产业企业的异同，分析小茶罐创业的成功之处。

2. 案例深探：知识经济时代、第四次产业革命对传统产业创业带来哪些挑战与机遇？

3. 案例追踪：小茶罐的创业模式与举措可持续吗？采取持续观察与研究，关注小茶罐今后走过的道路。

【创业项目调查研究实训】

实训导航：

组建一个调研团队，针对某一特定地区或领域的实际创业企业进行深入调研，完成调研报告，并进行汇报分享。报告形式以文本报告为主，交流分享以组间研讨为主。

实训项目：

1. 各组请选择一个感兴趣的行业领域，进行创业企业的深入调查研究。

2. 对创业企业人员进行访谈，了解创业中所面临的诸多困难、创业的意义所在。探求社会责任与创业伦理的现实困境与解决之道。

实训建议：

1. 建议采用小组讨论、头脑风暴等方法，并与创业企业、创业者对接。

2. 小组间互相点评，并由专业教师或创业导师给予评价。

【参考文献】

[1] 蔡莉，单标安．中国情境下的创业研究：回顾与展望［J］．管理世界，2013（12）．

[2] 尹珏林，薛红志．创业伦理研究：现状评价与未来趋势［J］．科学管理研究，2010（1）．

[3] 李华晶，张玉利，姚琴．伦理与创业活动关系的实证研究：基于CPSED的调查［J］．经济管理，2011（12）．

[4] FRANCIS T H. Entrepreneurship and Ethics：A Literature［J］. Review Journal of Business Ethics，2003，8：99-110.

[5] 李华晶，张玉利，郑娟．情境与融合：创业与伦理关系研究述评［J］．华东经济管理，2014，28

(07): 153-156.

[6] 张玉利,陈寒松,薛红志,李华晶. 创业管理 [M]. 4版. 北京：机械工业出版社,2017.

[7] 张帏,姜彦福. 创业管理学 [M]. 2版. 北京：清华大学出版社,2018.

[8] 吴晓义,等. 创业基础 [M]. 2版. 北京：中国人民大学出版社,2019.

[9] 张玉利,李政. 创新时代的创业教育研究与实践 [M]. 北京：现代教育出版社,2006.

[10] 切尔. 企业家精神：全球化、创新与发展 [M]. 李裕晓,赵琛微,译. 北京：中信出版社,2004.

[11] 杨俊,田莉,张玉利,等. 创新还是模仿：创业团队经验异质性与冲突特征的角色 [J]. 管理世界,2010（3）：84-97.

[12] 刘沁玲,陈文华. 创业学 [M]. 北京：北京大学出版社,2012.

[13] 李时椿. 创业管理 [M]. 2版. 北京：清华大学出版社,2010.

[14] 刘平,李坚. 创业学：理论与实践 [M]. 北京：清华大学出版社,2009.

第2部分

把握创业要素

第 2 章
打造创业者与创业团队

教学目标

通过本章的学习,使学生形成对创业者的理性认识,纠正神化创业者的片面观点,了解创业者应具备的基本素质,认识创业团队的重要性,掌握组建和管理创业团队的基本方法。

学习建议

1. 选取成功创业者与失败创业者的具体案例,结合本章所介绍的创业者所具备的基本素质,分析案例中创业者成功或失败的原因。

2. 小组讨论:大学生创业应如何组建创业团队?

基本概念

创业者　创业者的人格特征　创业者的知识和能力结构　创业团队　创业团队管理

导入案例

小米公司创业团队的成功特质

小米公司,全称北京小米科技有限责任公司,是一家专注于智能硬件和电子产品研发的移动互联网公司。2010年10月,小米手机启动研发,2011年8月16日研发完成,正式发布小米手机,自此开创了手机销售的"狂潮"。小米手机历次几十万台的开放购买和预订都在很短的时间内完成。小米公司在如此短的时间内,在企业人员规模、产品销量、融资规模等方面获得惊人的成长速度,离不开创办该公司的优秀创业团队。小米公司的创业团队是由雷军带头组建,共有7名成员,分别是董事长兼CEO雷军,总裁林斌,副总裁黎万强、周光平、黄江吉、刘德以及洪峰。这支创业团队由来自谷歌、微软、金山等公司的顶尖管理人员和技术人员组成,被誉为"超豪华"的创业团队,对小米科技的创业过程起到了巨大的推动作用。

1. 团队能力维度

雷军透露,当初自己决定组建超强的团队,前半年花了至少80%时间找人,幸运地找到了8个"牛人"合伙,全部拥有技术背景,平均年龄42岁,经验极其丰富。3个本地加5个海归,来自金山、谷歌、摩托罗拉、微软等,土洋结合,充满创业热情。

(1)创业团队中领导的丰富经验和领导才华。雷军是小米公司的灵魂人物,他在创办小米公司前已所取得出色的成就,并通过广泛的社会关系网物色和组建了小米公司的创业团队。

（2）能力互补的超豪华创业团队。在小米科技的核心创业团队中，成员们都是专业领域内的顶尖人才，专业实力十分突出，多位团队成员都曾在世界顶级的高科技企业中担任要职；团队成员在专业能力和技术上也形成了优势互补的格局，有负责开发手机系统的，有负责开发手机软件的，有负责设计手机以及做手机硬件的，分工十分清晰明明。同时，小米公司创业团队成员具有不同的专业背景，使得这个团队具有多元化的因素，具有更加广泛的认知来源，在实际工作中，多元化的创新包容及合理的冲突水平，大大提高了小米公司的战略决策质量。

（3）团队成员广泛的社会关系。小米公司创业团队成员凭借过往出色的工作经历，在其专业领域内积累了广泛的社会关系，这些社会关系使得他们能比普通创业者更容易识别和开发潜在的商业机会，能更快速顺畅地向外界传达企业信息而减少双方的信息不对称，让外部资源所有者对新创企业作出正确评估，降低外部机构的信息识别成本和获取成本，从而更容易获得外部企业和机构的支持，为小米公司有效调动资源和高速发展提供良好基础。

2. 团队文化维度

（1）明确的共同愿景。在小米公司创业之初，所有创业成员们就已经明确了小米公司的发展目标是要成为一家世界500强的公司，并明确"使手机取代电脑，做顶级智能手机"的公司愿景。这个共同的愿景促使专业背景差异较大的团队成员能凝聚在一起，共同奋进，充分调动着团队成员的主观能动性并时刻激发团队成员的创业激情。

（2）良好的工作氛围。小米公司崇尚创新、快速的互联网文化，拒绝冗长的会议和流程，喜欢在轻松的伙伴式工作氛围中发挥自己的创意，形成了小米公司轻松的伙伴氛围。在这种氛围下，团队成员彼此共享信息，从而不断产生新的知识，形成一种良性循环。

（3）信任是关键。创业中最重要的因素是信任，信任的关键词贯穿着投资方、供应商、创业团队三个重要的环节。与中国大多数创业公司不同，小米公司完美的团队阵容让投资商在不清楚创业细节时，就选择了资本注入。在强大的资本背景支持下，小米公司推出了以真实身份、智能匹配好友、交流方式多样化为特色的新型网络沟通工具"米聊"，并很快推出小米手机。

创业路上并非一帆风顺，刘德描述了与供应商合作的过程，因为与苹果公司有90%的供应商重合，所以在合作初期还是需要展示很好的合作诚意。刘德总结了当初被问到过最多的几句话："你们做过手机吗？你们成功地做过手机吗？你们做手机失败过吗？我们如何信任你？"不过，这种过程其实并没有持续太久时间。用刘德的原话就是："开始找人吃无数闭门羹，到少数人同意合作，到最后很多人主动来找我们合作"，现在小米公司的供应链已经开始步入稳定的合作期。

3. 团队制度维度

（1）宽松、扁平化的组织结构。小米公司在组织架构上将"强专业弱管理"的理念制度化，建立宽松、扁平化的组织结构。

很多公司由于产品稀缺，经营粗放，做很多事，很累，一周工作7天，一天恨不得工作12个小时，结果还是干不好，就认为雇用的员工不够好，就得搞培训。但从来没有考虑把事情做少。互联网时代讲求单点切入，逐点放大。扁平化是基于小米公司相信优秀的人本身就有很强的驱动力和自我管理的能力。设定管理的方式是信任的方式，员工都有想做最好的东西的冲动，公司有这样的产品信仰，管理就变得简单了。

当然，这一切都源于一个前提：成长速度。速度是最好的管理。少做事，管理扁平化，才能把事情做到极致，才能快速。小米公司的组织架构没有太多层级，基本上是三级：7个核心创始人—部门负责人—员工。而且不会让团队太大，稍微大一点就拆分成小团队。从小米公司的办公布局就能看出这种组织结构：一层产品，一层营销，一层硬件，一层电商，每层由一名创始人坐镇，能一竿子插到底地执行。大家互不干涉，都希望能够在各自分管的领域给力，一起把事情做好。

除七个创始人有职位，其他人都没有职位，都是工程师，晋升的唯一奖励就是涨薪。不需要你考虑太多杂事和杂念，没有什么团队利益，一心在事情上。这样的管理制度减少了层级之间汇报沟通浪费的时间。小米公司现在2 500多人，除每周一的1小时公司级例会之外很少开会，也没什么季度总结会、半年总结会。成立3年多，7个合伙人只开过3次集体大会。2012年"8·15"电商大战，从策划、设计、开发、供应链仅用了不到24小时准备，上线后微博转发量近10万次，销售量近20万台。

（2）促进营销、研发等部门开展跨部门合作。小米公司的创业团队成员之间经常进行密切沟通，相关的营销人员、产品经理等甚至经常被整合到一个团队，以小组形式促进跨部门沟通合作，从而对市场作出最快的反应。

（3）合理的激励制度。小米公司实行透明化分配机制，形成物质激励与精神激励双管齐下的激励原则。物质方面，在金山公司工作时，雷军就以宝马汽车激励网游团队而受到广泛关注，在小米公司中，雷军更是为创业团队成员和普通员工提供了优于同行的薪酬和福利；在精神激励方面，金山曾经的"互联网精神""做到极致""用户口碑"和小米公司时下的"为发烧而生"等口号无不彰显雷军在精神和愿景激励方面的丰富经验。

（4）透明的利益分享机制。小米公司有一个理念，就是要和员工一起分享利益，尽可能多地分享利益。小米公司刚成立的时候，就推行了全员持股、全员投资的计划。小米公司最初的56个员工，自掏腰包总共投资了1 100万美元——均摊下来每人投资约20万美元。

小米公司给了足够的回报：第一是工资上在行业内有竞争力；第二是在期权上真的是有很大的上升空间，而且每年公司还有一些内部回购；第三是团队做事确实有时候压力很大，但他会觉得有很强的满足感，很多用户会极力追捧他。

（资料来源：http：//wenku.baidu.com/view/a1b8416c25c52cc58bd6bece.html.）

请思考：从雷军身上可以看到创业者的哪些人格特质？

如何理解创业团队的作用？

根据清华大学中国创业研究中心历年发布的《全球创业观察中国报告》，中国属于创业活动比较活跃的国家。然而，真正能够让企业存活并取得成功的创业者却凤毛麟角。如何成为成功的创业者，如何组建和激励创业团队，是所有创业者都关心的话题。是否人人都可以成为创业者？具备哪些资源或人格特征才可能创业？创业者应如何组建创业团队？

2.1 创业者

2.1.1 创业者的概念

创业者一词由法国经济学家理查德·坎蒂隆（Richard Cantillon）于1755年首次引入经

济学。1800 年，法国经济学家让·巴蒂斯特·萨伊（Jeah-Baptiste Say）首次给出了创业者的定义，他将创业者描述为将经济资源从生产率较低的区域转移到生产率较高区域的人，并认为创业者是经济活动过程中的代理人。著名经济学家约瑟夫·熊彼特则认为创业者应为创新者。这样，创业者概念中又加了一条，即具有发现和引入新的更好的能赚钱的产品、服务和过程的能力。在当前，国内外学者将创业者的定义分为狭义和广义两种。

1. 狭义的创业者

创业者在欧美学术界和企业界被定义为组织管理一个生意或企业并承担其风险的人。创业者有两个基本含义：一是指企业家，即在现有企业中负责经营和决策的领导人；二是指创始人，通常理解为即将创办新企业或者是刚刚创办新企业的领导人。

关于狭义的创业者概念，目前有两个已被广泛接受的观点很值得注意。一是创业者并不等于企业家，因为大多数创业者并不具备企业家的眼界、格局和个人品质。从创业者转变为企业家，需要一个逐渐成长和完善的过程。二是狭义的创业者是指参与创业活动的核心人员，而不仅限于企业的法人代表或领导者、组织者。因为在当今的创业活动中，高新技术企业、合伙制企业所占的比例越来越大，离开了核心技术专家和主要合伙人，很多创业活动根本无法进行，所以核心技术专家与主要合伙人也应被视为创业者。

什么样的人能成为狭义的创业者呢？在对古今中外创业者进行研究的基础上，我们从创业者所承担的责任、义务的角度，将成为狭义的创业者的基本条件概括为：愿意承担创业过程中的所有不确定性和风险，并有激情和勇气克服创业中的各种困难，持之以恒地为实现自己的创业目标努力奋斗的人。当然，在科学技术飞速发展、产品和技术老化周期日益缩短、社会分工日益细化的今天，创业者还应熟悉自己所从事的创业领域，并具有较强的创新意识、创新精神和创新能力。

2. 广义的创业者

关于广义的创业者概念，目前主要有两种界定方式。一种是从人们在工作中所扮演的角色的角度，将创业者界定为参与创业活动的全部人员。在这种界定方式下，创业活动的发起者、领导者与创业活动的跟随者，都被视为创业者。另一种界定方式是从人们所从事的工作的性质的角度，将创业者定义为主动寻求变化，对变化作出反应，并将变化视为机会的人。这种界定方式打破了传统的创业概念，将其外延扩大为所有主动寻求变化并对变化作出反应的活动，在这种界定方式下，企业创办者、企业内创业者、个体劳动者、自由职业者、项目合作者等以各种身份从事具有创新性活动的人，都可以称为创业者。

在我国普通高等学校的"创业基础"课教学中，虽然会对狭义创业活动、创业要素、创业过程，以及狭义的创业者将要面对的问题、应该具备的素质和能力等进行探讨，但在大多数情况下，我们说的创业者是广义的创业者，而且这个概念的外延包含了参与创业活动的全部人员，以及以各种身份从事具有创新性活动的所有人员。从这个概念的外延中可以看出，它整合了上述两种广义的创业者概念，具有极大的包容性。在这一概念下，普通高校的所有学生都可以成为创业者，都可以在"创业基础"课中找到自己未来发展与课程内容的结合点，都可以从课程学习中直接受益。

2.1.2 创业者的人格特征

说起创业者，人们自然会关注他们独特的人格特征，例如强烈的成功欲望，敢于承担风险，以及超强的意志力。不少人总感觉创业与自己无关，是遥不可及的事情，那些成功创业者所完成的事业，是常人所难以模仿、无法学习的。创业成功是否取决于创业者的天赋？创业者是否可以培养？事实上，成功的创业者身上具有一定的共性，他们一般会具备以下五个方面的人格特征。

1. 志向远大、目标明确

（1）愿景。成功的创业者明确自己的目标，并且能够随着长期的战略导向不断地调整并选择更高难度的目标（Litzinger，1965），他们对企业的未来有一个愿景，如苹果公司的史蒂夫·乔布斯就希望他的企业能够提供所有人都能使用的计算机，不论是在校的学生还是商业人士。这种计算机不仅是一台机器，还是学习与沟通的媒介和工具，应该成为个人生活中不可缺少的部分，这个愿景曾帮助苹果公司成为计算机行业的领导者，然而并不是所有的创业者都能在创业之初就预先设定好了企业愿景，更常见的情况是，往往随着时间的流逝，创业者才逐渐意识到他们的企业是什么、应该是什么以及将成为什么，到这时企业的愿景才得以明确。

（2）机会和目标导向。优秀的创业者不仅对成功有清晰的认识，而且有成熟的心态。他们关注的是机会而不是资源、结构或战略。他们从一个机会起步，通过对机会的理解来指导其他重要的事项。在追逐机会时，他们一般以"跳一跳就够着"的目标为导向。这种较高但能达到的目标使他能够集中精力、剔除其他的机会，适时拒绝。目标导向够帮助他们清晰地定义各种行动的优先权，同时提供一种具有可操作性的判别业绩好坏的尺度。

阅读材料 2-1

科大讯飞刘庆峰：做喜欢而且能做的事情

1999 年，26 岁的中国科技大学博士二年级学生刘庆峰带领十几名同学创立科大讯飞。当时创业的初衷很简单，就是让机器设备像人一样能听会说。

科大讯飞创业的第一年，几乎颗粒无收。"我们到底要不要做语音？"团队中很多人提出疑问，有人说刘庆峰的团队不如做语音里面的服务器，甚至有人说不如做房地产。

刘庆峰却非常固执，科大讯飞只做他们喜欢而且能做的事情——中国乃至全球语音产业的龙头。2008 年，科大讯飞在深圳证券交易所上市，成为中国在校大学生创业的第一家上市公司。如今，在中国移动语音领域，科大讯飞已经占据 70% 的市场份额，总市值超过 360 亿元，成为国内绝对的行业领头羊。面对外企和中国互联网企业的潜在竞争，科大讯飞也在积极寻求转型，在 2B 和 2C 中摸索前行。

目前，在 2B 领域，科大讯飞在教育、医疗、汽车、客服四个领域已经有不少积累和优势。刘庆峰认为，人工智能将不仅仅是替代简单重复的劳动，未来越来越多复杂的高级脑力活动可以被人工智能替代。

2. 创新驱动、自我激励

（1）原创性与独立性。创业者一般被认为是独立且自主的创新者。大多数的研究者均赞同这样的观点：创业者是高效率的创新者，他们积极地寻求和实现首创性。创业者愿意在失败风险的活动中承担个人责任，喜欢那些能够清晰反映个人影响力的场合。在解决问题或填补空白时，创业者喜欢采取原创性的动作。这是创业者表现自我的一种天性。对独立的渴望是创业者的另一驱动力。许多创业者在创业之前曾经在其他机构就职，他们向往采取自己的方式来做自己想做的事。

(2) 自我激励。很多国外学者如 Gartner, Bird 和 Starr (1992)、Begleyand Boyd (1987)、Carland (1991)、Lachman (1980)、Ray (1981)、Schere (1982) 等都认为，创业者比一般的管理者具有更高的成就动机，这种成就动机往往会影响创业的决策和所创企业的存续能力 (Waddell, 1983)。这样，创业者一般都会具有强烈的成就需求和自我驱动。这些内在驱动因素包括强烈的竞争欲、超越自我设定的标准、追逐并达到挑战性的目标等。

3. 乐观自信、百折不挠

(1) 自信与理性。成功的创业者一般都充满自信、乐观开朗、不易为困难所胁迫。他们认为没有解决不了的问题，只是需要花费时间去研究分析而已。即使遇到重大的困难，创业者也不对自己的能力表示怀疑，不认为事业会被命运、运气或类似的力量所左右。他们相信成功与失败都源于自己，自己的态度和行动可以影响甚至改变事情的结果。成功的创业者还能够在自信的同时保持清醒，他们不会无休止地攻克一个困难和障碍以至于延误商业行动，如果某个任务极其简单或发觉不可完成，创业者会迅速放弃。此外，尽管创业者一般都很有主见，但是在处理做与不做的问题时，他们往往会采取十分现实的方法，并且积极寻求各种渠道的帮助以迅速解决问题。

(2) 百折不挠。创业成功的最终标志就是克服各种障碍和困难，达到目标。坚定不屈的意志和矢志不渝的精神，使创业者战胜看似不可逾越的困难。这些特征也可以弥补创业者个人能力的一些缺陷。

(3) 挑战不确定性。不确定是指由于缺乏足够的信息，人们对事物的认识不够十分明确 (Budner, 1962)。挑战不确定性就是要在模糊的情景中作出积极的反应。Macdonald (1970) 发现在完成模糊的任务时，对高度不确定性的承受能力与实现绩效之间存在正相关关系，创业企业面临各种各样的不确定性，挫折和意外不可避免，组织、结构和秩序的缺位，甚至需要面临企业破产和失业的威胁。成功的创业者往往在应对这种不确定性的过程中积累经验、激发斗志并最终茁壮成长。

(4) 评估并理性承担风险。成功的创业者不是赌徒，相反，高成就的创业者倾向于中性风险，他们在挑战不确定性的时候还会理性地分析各种可能发生的情况，评估可以提高获胜可能性的合适方案，然后抓紧实施。他们会做各种可能有利于创业的事情，同时规避不必要的风险。创业者往往会采取相应的策略，让他人在获得收益权利的时候同时分担金融风险和商业风险。例如，创业者会劝说合伙人和投资者提供现金、说服债权人提供特殊条款、要求供应商预交商品。这样，创业者往往能够将对普通商业人士来说是高风险的决策转化为中等风险的决策。

(5) 从失败中学习，在困境中成长。创业者把失败当作一种学习经验。成功创业者往往都经历过失败与颓丧，然而，成功的创业者能够理性地面对这种困难。他们不会为此而灰心丧气、失去勇气或者意志消沉，而是会在困境中寻觅机会。大多数成功的创业者认为从早期的失败中学到的知识会比从早期的成功中获得的更多。借鉴文学巨匠列夫·托尔斯泰在其名著《安娜·卡列尼娜》中的一句名言，"幸福的家庭是相似的，而不幸的家庭各有各的不幸"！有投资人总结了一句创业界的名言：失败的企业大都是相似的，而成功的企业各有各的成功之道！

阅读材料 2-2

刘小平：百折不挠的创业人

刘小平，出生于湖南省临澧县烽火乡山清水秀的小山庄跑马村。由于小时候他家中兄妹较多、家境贫寒，刘小平未读完高中就辍学，开始了在外漂泊打工的生活。通过十多年的打拼，他和妻子积累了一些资金，看到家乡日新月异的变化，东常高速穿村而过，乡间水泥公路直到家门口，因此，2015年春节回家后，他决定放弃在外打工，义无反顾地回乡创业。

万事开头难，创业伊始，刘小平经常彻夜难眠。当他踏上故乡这片热土开始创业时，困难接踵而至，刘小平由于缺文化、缺技术、资金又不够雄厚，一时间他犹豫不决，不知干什么好。刘小平看到村里的黄豆沉甸甸，一派丰收景象，想到小时候爷爷奶奶在家里开过豆腐坊，于是他把目光投向了豆腐加工。开始只能靠手工小打小闹，用传统的手工工艺做出的豆腐又香又醇，深受欢迎。他先是在集镇上叫卖，慢慢地扩大到了县城几个市场。由于货真价实，受到广大消费者的青睐。于是，刘小平下定决心、坚定信念、执着创业，扬帆自己的人生，干出自己的一番事业。

然而，天有不测风云。一天，刘小平由于起早贪黑疲劳过度，加上天未亮，天气又不太好，满车豆腐连人带车一起翻到路边，在医院里躺了半个多月，既耽误了生产，又蒙受了经济损失，创业劲头受到了打击。当地乡领导和村支书知道后到医院看望他，带着关怀，鼓励他坚持就是胜利。出院后，刘小平和家人更加努力、辛勤劳动，近几年基本打入县城市场，慢慢地，生产规模逐渐扩大。

刘小平通过几年创业，再加上经常到外地开会学习，眼界拓宽了，他请来湖南农业大学专家，依托高校的技术和人才优势，在政府的领导和关怀下，依靠乡亲们的帮助，2015年8月投资300万元，占地2 000多平方米，建起了刘豆腐食品厂，2016年3月建成投产，主要从事豆制品加工。现在有长期从事食品加工的员工28人，主要是安置返乡农民工，既解决了他们的就业问题，又解决了留守儿童缺少父爱母爱的问题。功夫不负有心人，2016年就实现年产值300多万元，年发放工资达90多万元。

说干就干，干就干出点名堂来。刘小平办厂坚持以人为本、诚信经营。产品质量是企业生存的关键，他指派专人负责验收原材料进出，严把质量关，发霉变质的原材料杜绝收购，生产过程中有专人负责质量验收，不合格产品杜绝入库，坚决销毁。加工程序按照传统的豆制品加工方法和现代科技相结合，生产豆腐所用的原材料黄豆全部来自当地，为当地老百姓增加了收入，食品又深受他们的喜爱。

临澧县是湖南绿色食品基地县、全国无公害农产品示范县。刘小平的豆腐属纯天然食品，原汁原味，不添加防腐剂和色素，深受广大消费者喜爱。为做大做强刘豆腐食品厂，刘小平和他的团队使出浑身解数，在厂部设立了市场营销部，由有多年销售经验的员工担任经理，打破过去"酒香不怕巷子深"的做法，走出厂门、走出临澧、走出湖南，推介产品，并在有一定知名度的酒店、商场设立展示窗口，让南来北往的客人了解刘豆腐食品，了解临澧特产。有耕耘就有收获，一时间全国各地的大酒店、采购商纷至沓来。

刘小平和他的刘豆腐食品厂目前正在湖南农业大学专家的帮助下,研发鲜豆腐的保鲜和运输,让在外打拼的游子们一饱口福,能够吃到家乡脍炙人口的新鲜豆腐。

(资料来源:颜银平. 劳动保障世界[J], 2018.2:49.)

4. 团队精神、善于学习

(1) 团队合作。对独立和自主的渴求并不妨碍创业者组建成功的团队。成功的创业者往往是团队工作方式的倡导者。作为 CEO 或者最高决策人,创业者应该体现出团队领袖所应具备的果敢和坚毅,并表现出礼贤下士、不谋小利的气度,团结每个成员,保持在团队中的核心地位。作为团队中的其他成员,如技术总监或财务主管,创业者应该以平和的心态看待利害与得失,以团队和企业利益的最大化为目标,努力发挥自己的才能并充分尊重团队领袖和其他成员。

(2) 快速学习、兼听众长。成功的创业者一般都具有很强的学习能力,他不仅能够快速学习和掌握所需的各种背景知识,还能够从其他团队成员、顾问、员工、投资者甚至是竞争对手那里学习到各种经验和策略。他们在坚持自己主见的同时,还能够积极地向外寻求反馈并利用这些反馈,作为克服困难、避免挫折并取得成功的重要途径。

5. 诚实正直、精力充沛

(1) 诚实可靠。俗话说:"诚信招财。"诚实可靠是保证个人成功和良好商业关系的一种黏合剂,并使这种关系历久常新。投资者、合伙人、顾客及债权人非常在意创业者这方面的历史记录。诚实可靠还有助于建立和维持商业信任与信用关系,特别是对小型企业的创业者。

(2) 精力旺盛。繁杂的事物和极端不确定的环境,使创业者几乎需要"7×24"全天候地处理各种事物,承受巨大的生理和精神压力。这要求创业者有强健的体魄和饱满的精力。成功的创业者往往天生具有超人的精力,并且在创业过程中以积极的态度调理身体和精神。

2.1.3 创业者的知识和能力结构

创业虽然没有想象的那么难,但创业也绝非易事,创业者不可能随随便便就能取得成功。有关研究表明,要想取得创业成功,创业者除了要勇于创业,有所担当之外,还必须具备一定的相关知识和能力。

1. 创业成功者的知识结构

创业者的知识结构对创业起着举足轻重的作用。在商业竞争日益激烈的今天,单凭热情、勇气、经验或只有单一的专业知识,要想取得创业成功是很困难的。有关调查结果显示,各学历层次创业成功者所占比例从大到小排列分别是:高中学历者占39.7%,初中学历者占24.5%,专科学历者占22.3%,本科学历者占7.8%,研究生学历者占1.0%,其他占4.7%。这一调查结果虽然不一定具有普遍性,却至少说明如下两个问题:一是,即使最简单的创业,也需要一定的文化基础;二是,并非学历越高,取得创业成功的概率就越大。创业不是搞学术研究,它需要的知识是能解决实际问题的知识,这种知识从结构上说包括常识性知识、来自实践的经验性知识和创业活动所涉及的专业性知识。

(1) 常识性知识。常识性知识主要涉及商业常识、社会常识和管理常识。具体地说,商业常识有助于创业者了解经济发展的基本规律,遵守商业活动的基本规则,维护企业自身的正常运行。社会常识有助于创业者理解自身的社会角色,了解和满足消费者的个性化需求,理解和用好国家的政策,以及维护好自己的合法权益。管理常识有助于创业者理解人类的特性和行为方式,了解科学的经营管理知识和方法,提高管理水平。

(2) 经验性知识。经验性知识主要涉及商业经验、社会经验和管理经验。这里说的经验是指通过亲身实践所获得的经验,因为创业活动所需要的上述经验,只有通过自己亲身实践、亲身体验才能真正领会。有些同学说,我看过很多创业成功者的故事,有很"丰富"的经验了。但是过来人都知道,不经过亲身实践,这些成功者的经验是没法变成个人经验的,书读得再多也没有用,因为创业的成功是不可直接复制的。

(3) 专业性知识。专业性知识主要涉及与创业活动密切相关的具有较强专业性的知识。创业是开创一番事业。这个事业不管规模如何,都需要从事它的人比其他人做得更好、更专业,而要做到这一点,创业者必须具备从事这个事业所需要的专业性知识。在创业界有个不成文的戒律——"不熟不做"。为什么"不熟不做"?因为各行各业都有一些特殊的地方,如果对它不熟悉,不具备从事这个行业所必须具备的专业知识,就很难把它做好。

2. 创业成功者的能力结构

对从事创业活动而言,能力比知识和素质更重要。因为知识和素质都是潜在的,它们只有转化为能力,才能变成从事创业活动和实现创业目标所必须具备的本领,才能在创业实践中真正发挥作用。创业者所需要的能力虽然是多种多样的,但从总体上说,它主要包括如下五个方面的能力,即机会捕捉能力、决策能力、执行能力、经营管理能力、交往协调能力。

(1) 机会捕捉能力。创业机会是创业的切入点和出发点,能否发现一个好的创业机会,是创业成功的关键因素。纵观古今中外的创业成功案例,可以发现,绝大多数创业成功者具有非常强的机会捕捉能力。他们能够看到日常生活中被人忽略的细节,并在看似平常的反常现象中抓住问题的关键;他们有爱问问题和重新界定问题的习惯,能够从不同角度看问题,并善于挖掘隐藏在偶然事件中的必然规律。

(2) 决策能力。决策能力是创业者根据主客观条件,正确地确定创业的发展方向、目标、战略以及具体选择实施方案的能力。创业者的决策能力,具体包括分析能力和判断能力,即创业者要能够在错综复杂的现象中,通过分析理清事物之间的联系,通过判断把握事物的发展方向。从某种意义上说,创业者的决策能力就是良好的分析能力加上果断的判断能力。

(3) 执行能力。好的决策必须有好的执行才能变成现实。创业者与梦想者的最大区别,就在于创业者不但有发现商业机会的眼光,而且能够果断地决策和坚定不移地执行。好的执行能力首先是一种行动能力,不能光想、光说、不去做,而是有了想法就马上去做,正所谓心动不如行动。好的执行能力还是一种能够克服重重困难执行到位的能力,遇到困难就放弃不是好的执行,执行不到位等于没有执行。

(4) 经营管理能力。成功的创业者不仅要眼光锐利、决策果断、执行到位,而且必须善于经营管理。经营管理能力是一种较高层次的综合能力,是运筹性的能力。它涉及人员的选择、使用、组合和优化,也涉及资金聚集、核算、分配和使用等。经营管理也是生产力,它不仅会影响创业活动的效率,甚至会决定创业的成败。

(5) 交往协调能力。在社会分工日益细化的今天,创业者很难靠个人的单打独斗取得成功,必须具备交往协调能力。交往协调能力既包括妥善处理与政府部门、新闻媒体和客户之间的关系的能力,也包括平等地与下属交往和善于协调下属部门各成员之间关系的能力。企业与外界的接触越多,企业的规模越大,对创业者交往协调能力的要求就越高。

阅读材料 2-3

俞敏洪：创业者最重要的能力

俞敏洪是一个高明的创业家。在他的《愿你的青春不负梦想》一书中，俞敏洪记录了很多创业的感悟。以下内容是俞敏洪结合自己的创业实践，总结了一个创业者要成功，应该具备的几种能力。

1. 目标能力

俞敏洪认为，创业时要问自己一个问题：你为什么要创业？你有什么样的目标？你想做成什么样的状态？

就他个人而言，当初创办新东方的时候，有一个非常明确的目标。那个时候他从北京大学辞了大学老师的工作以后出来做培训机构，他希望自己能做成一家真正有意义的培训机构。也正是因为有了这个目标，新东方的培训事业才蒸蒸日上，不断前进。随着培训的开展，新东方的目标也在不断改变，从最初的做一所学校变成在全国各地开设新东方学校，直到现在做成了美国上市公司。总而言之，目标是上升的，但基础是不变的。

2. 专业能力

当创业者白手起家、身无分文或者资金有限时，有一个重要前提：你必须是你创业的这个领域的专家，是一个能控制住专业局面的人。例如你打算开一家软件设计公司，如果你自己都不懂软件，你首先把控不了质量，其次把控不了人才，会很麻烦。因此，俞敏洪认为，创业者必须在想创业的这个领域具备相当的专业知识，达到专业水平，才能有对专业的把控能力。

3. 营销能力

俞敏洪认为，营销分两部分：实的营销和虚的营销。对新东方而言，实的营销是新东方的课程，而新东方能做大，靠的是虚的营销——品牌塑造。他谈到，在中国做企业，品牌营销往往还跟个人的道德、行为和企业的道德、行为结合起来。例如很多人讲到新东方的时候会说，新东方就是俞敏洪，俞敏洪就是新东方；讲到联想的时候会说，联想就是柳传志，柳传志就是联想。所以，一家公司要成功，品牌营销有时候甚至比产品营销还要重要，品牌营销的价值是无限的。所以，利用营销能力把产品推销出去，把品牌推销出去，把自己推销出去，变成了企业发展的一个重要手段，也是创业者必须具备的能力。

4. 转化能力

俞敏洪认为转化能力一方面是科学技术转化成生产力，即使拥有了技术，拥有了能力，但没法转化成产品卖出去，也是不行的。另一方面则是要转化个人的能力。他指出，一般情况下，知识型创业者创业都有一个前提条件，就是能把在大学里学的专业知识转化为社会能力、管理能力。

5. 社交能力、用人能力

俞敏洪认为创业者不能显示出不愿意跟社会打交道的样子，但你看事情的眼光又应该是超越一般社会眼界的。与此同时，创业者要具备用人能力，他认为仅仅一个人做事情不能叫创业，那叫个体户。要想创业的话，就得找一帮人，例如合作伙伴、同事、下属等。他谈到阿里巴巴的马云之所以能成功，很大程度要归因于他的个人魅力，他有能力把一帮人聚在一起，给他们不高的工资，给他们承诺未来，这个未来到最后不知道能不能实现，但大家会有一个期盼。所以，用人能力是有巨大力量的，是领导能力的一个典型体现。

6. 把控能力

把控能力包括几个方面，首先，是对企业的把控。企业的发展速度是什么，发展节奏是什么，什么时候该增加投入，什么时候应该对产品进行研发，等等。其次，是对人的把控。当一个人走进你的公司之后，他会根据自己的能力和贡献每天衡量自己到底应该得到什么，人与人之间永远会寻找一种平衡关系。

7. 革新能力

俞敏洪指出，所谓革新能力，就是 Reform、Renovation 等这样的能力，也就是需要不断把旧的东西去掉，把新的东西引进来，进行体制上的革新、制度上的革新、技术上的革新以及思想上的革新。

（资料来源：凤凰网，https：//tech.ifeng.com/a/20180307/44898598_0.shtml.）

2.1.4 创业者、职业经理人与商人的区别

作为一个商业领域，创业致力于理解创造新事物（新产品或服务、新市场、新生产过程或原材料、组织现有技术的新方法）的机会是如何出现并被特定个体所发现或创造的，这些人如何运用各种方法去利用或开发它们，然后产生各种结果。这群人就是创业者。职业经理人则是被雇用来控制、组织、指导整个业务活动或整个组织，或部分业务活动或组织的某一部分。创业者与职业经理人有什么区别呢？

通过观察，可以很容易地识别出创业者与职业经理人的区别：创业者为自己打工，职业经理人是为他人打工；创业者很自然地将公司当作自己真正的家，职业经理人加班再晚还是会将公司与家严格区分开来；对创业者来讲，赚到一分钱都是自己的，职业经理人不会认为一分钱的利润对公司有多重要；创业者养成的习惯是凡事亲力亲为，职业经理人的习惯就是尽量把工作布置给下属等。

创业者和职业经理人最重要的区别在于，创业者从事的是开拓性的工作，职业经理人则侧重于经营性活动；创业者发现机会，创造新事物，而经理人在维持现状的基础上，保持事物的持续和演进；创业者承担财务风险，而经理人则不会也不可能承担此类风险。按照1号店创始人于刚的说法，职业经理人"相对是一个大螺丝钉，拧在那个地方让大机器可以高效运转"，而创业者是"发动机，要用愿景、领导力和经验，去驱动企业的成长，要想各种方法，不断去创造价值"。

至于创业者和商人，他们在创新、冒险、谋利这三个问题上没有太大区别，区别在于社会责任与担当，也就是创业者在谋利之外还有更高的价值诉求。任正非做华为，显然不是为了个人谋利，因为他在华为只有不到2%的股份。柳传志做联想，追求显然也不在个人财富的多寡，他在联想控股大概只有3%的股份。创造基业长青的百年老店，在企业深层商业伦理上，只有对利润的追逐无法支持企业大厦。中国富豪排行榜上从来没有出现过柳传志和任正非的名字，但柳传志和任正非在中国商业界的影响力却是一般富豪难以匹敌的。

创业者和商人另一个显著区别，就是在企业组织建设和管理规范化上。商人习惯于在生产要素控制、市场牌照获取、交易等短线环节获利，他很少考虑通过组织成长、培养人才、管理规范化来获得企业的长远发展，而创业者更注重技术创新、企业管理规范化、组织建设、人才培养和企业文化建设。华为的"虚拟持股制度"、联想的"建设没有家族的家族企业"的

文化理念，都是支持企业长远发展的基石。这些境界，都不是一般的富豪和商人能达到的。

当然，也有很多知名企业家是从商人或生意人开始积累资金和经验的，然后上升到企业家的高度开始关注整个社会的需求。从这个角度来说，企业家必然也是一个商人，而商人则不一定是企业家。

2.2 创业团队

一个好的创业团队对新创企业的成功起着举足轻重的作用。新企业的发展潜力与企业管理团队的素质之间有着十分紧密的联系。一个喜欢独立奋斗的创业者固然可以谋生，然而一个团队的营造者却能够创建出一个组织或一个公司，而且是一个能够创造重要价值并有收益选择权的公司。创业团队的凝聚力、合作精神、立足长远目标的敬业精神会帮助新创企业渡过危难时刻，加快成长步伐。另外，团队成员之间的互补、协调以及创业者之间的补充和平衡，对新创企业能起到降低管理风险、提高管理水平的作用。那么，什么是创业团队？创业团队与群体有何区别？创业团队又应该担负怎样的社会责任？

2.2.1 创业团队的概念、作用与社会责任

1. 创业团队的概念

创业团队是在创业初期（包括企业成立前和成立早期），由一群才能互补、责任共担、愿为共同的创业目标而奋斗的人所组成的特殊群体；由两个或两个以上具有一定利益关系的，共同承担创建新企业责任的人组成的工作团队。军队是典型的团队，军队有保卫祖国的共同目标和使命，有严明的纪律，军队中的每个成员都将密切合作，分别担任哨兵、侦察兵、狙击手等不同的角色，某个军事任务的成功取决于所有成员的共同努力。

创业团队按其成员构成的不同，可以分为狭义的创业团队和广义的创业团队。狭义的创业团队是有着共同的奋斗目标，共同承担责任与风险，并共同分享创业收益的新创企业的合伙人团队。合伙人团队是由创业初期就投资并参与创业的多个个体组成的，是创业团队的核心部分。合伙人团队的技术、知识、经验、社会关系网络等资源是新创企业最有价值的资源。是否拥有较高的受教育程度、前期的创业经历和相关的产业经验、广泛的社会关系网络等是合伙人团队日后能否取得成功的重要决定因素。广义的创业团队不仅包括合伙人，还包括创业过程中的各种利益相关者，如风险投资机构、董事会成员和专家顾问等。

2. 创业团队的作用

创业分为个体创业和团队创业两种形式。当今创业，由于外部环境复杂多变、竞争程度加剧，已经不再是单打独斗、个人逞英雄创业的时代，而是群狼作战、团队创业的时代了，越来越多的创业活动是以团队形式开展的。国内的有关研究表明，60%以上的创业活动都是以团队形式开展的。国外研究表明，高成长企业中，高达80%的初创企业是以团队创业的形式开展的。为什么团队创业的比例越来越大？这是因为相比个体创业来说，团队创业具有整合资源能力强、抵抗风险能力强和发展后劲大等优势，能在创业过程中发挥关键作用。具体表现在如下几点。

（1）团队创业有助于初创企业打破创业过程中的资源约束。一个企业刚诞生的时候，往往面临着众多的资源约束，处于"无钱、无人、无客户"的"三无"境地，破除这些资

源约束是新创企业必须解决的问题。由于一个人的能力、资金、关系网络毕竟有限,所以解决这些问题的过程往往漫长而艰辛。相比个体创业来说,团队创业由于创业团队成员具有不同的经验、能力和关系网络,其整合资源的能力会成倍增加,这无疑有助于初创企业突破创业过程中的资源限制,实现快速成长。

(2) 团队创业有助于提升初创企业的决策质量。据不完全统计,我国大学生创业成功的比例仅为2%~3%。而在导致创业失败的诸多因素中,决策失误高居榜首。创业团队由于其成员具有不同的教育背景、知识经验和个性特征,决策的速度会比个人慢,看问题的角度也会更加多元,这不但会降低决策失误的概率,而且会有助于用创新的方式解决复杂问题,从而提高新创企业的决策质量,降低新创企业的失败概率。

(3) 团队创业有助于获取风险投资和银行贷款。风险投资商对于新创企业的发展具有重要的推动作用。风险投资商不仅能够带给新创企业发展所需要的资金,还能够带来具有国际视野的管理经验、渠道和网络。美国的研究表明,风险投资商投资的新创企业的存活率高于美国全国的平均水平。对风险投资商来说,投资新创企业的最大风险来自创业者和创业团队的管理。由于团队创业在决策质量和工作绩效方面往往优于个人创业,所以风险投资商投资的大多数是拥有良好创业团队的项目。

3. 创业团队的社会责任

企业社会责任(Corporate Social Responsibility,CSR)是指企业在创造利润、对股东承担法律责任的同时,亦要考虑到对各相关利益者造成的影响。企业社会责任是企业通向可持续发展的重要途径,它符合社会整体对企业的合理期望,不但不会分散企业的精力,反而能够提高企业的竞争力和声誉。企业的社会责任要求企业必须超越把利润作为唯一目标的传统理念,强调在生产过程中对人的价值的关注,强调对消费者、对环境、对社会的责任和贡献,从而获得在社会、经济、环境等领域的可持续发展能力。这意味着企业不仅要实现经济利益,还需要兼顾社会和环境的因素,实现可持续发展。

中国社会科学院2011年的《中国企业社会责任报告》,从责任管理、市场责任、社会责任和环境责任等四个方面,对中国创业的社会责任发展水平进行了评价。这里的责任管理是指企业所制定的企业社会责任发展规划、反商业贿赂制度与措施等;市场责任是企业的成长性、收益性以及产品合格率等指标;社会责任包括社保覆盖率、安全健康培训以及评估运营对企业的影响;环境责任则包含了企业的环境管理和节能减排方面的指标。

强调企业的社会责任不仅是社会对企业的要求,也是企业自身发展的需要。阿里巴巴创始人马云指出:"生意人是唯利是图,有钱就赚;商人有所为,有所不为;而企业家必须承担社会责任,创造价值。""每一个企业都要承担社会责任,并把这个社会责任贯穿于企业的工作中。这种使命感不仅仅是统一思想、凝聚人心、统一行动、提高效率、减少交流成本、激发员工斗志的力量,更是企业的血液、基因和品格。"而要真正做到这一点,创业团队在一开始创业时就要有这种社会责任意识,即使遇到再大的困难,也不能忘记自己的社会责任。

2.2.2 创业团队的特征与构成

1. 群体与团队

团队并不等同于一般意义的"群体"。二者的根本差别在于,团队中成员的作用是互补的，而群体中成员之间的工作在很大程度上是互换的。简单地说，在团队中离开谁都不行，在群体中离开谁都无所谓。具体表现在，团队的成员对是否完成团队目标一起承担成败责任并同时承担个人责任，而群体的成员则只承担个人成败责任；团队的绩效评估以团队整体表现为依据，而群体的绩效评估则以个人表现为依据；团队的目标实现需要成员间彼此协调且相互依存，而群体的目标实现却不需要成员间的相互依存性。此外，团队较之群体在信息共享、角色定位、参与决策等也更进了一步。

因此，团队是群体的特殊形态，是一种为了实现某一目标而由相互协作并共同承担责任的个体所组成的正式群体。具体而言，团队是由两个或两个以上拥有不同技能、知识和经验的人组成，具有特定的工作目标，成员间相处愉快并乐于在一起工作，互相依赖、技能互补、成果共享、责任共担，通过成员的共同协调、支援、合作和努力完成共同目标。真正的团队不是徒有其名的一群人，而是总能超过同样的一组以非团队模式工作的个体集合，当绩效由多样的技能、经验和判断所决定时更是如此。

2. 创业团队的特征

创业团队是一种特殊群体。创业团队首先是一种群体，创业团队成员在创业初期把创建新企业作为他们共同努力的目标。他们在集体创新、分享认知、共担风险、协作进取的过程中，形成了特殊的情感，创造出了高效的工作流程。

创业团队工作绩效大于所有个体成员独立工作时的绩效之和。虽然个体创业团队成员可能具有不同的特质，但他们相互配合、相互帮助，通过坦诚的意见沟通形成了团队协作的行为风格，能够共同地对拟创建的新企业负责，具有一定的凝聚力。曾有研究得出这样的结论：工作群体绩效主要依赖于成员的个人贡献，而团队绩效则基于每一个团队成员的不同角色和能力而尽力产生的乘数效应。

创业团队是高层管理团队的基础和最初组织形式。创业团队处在创建新企业的初期或企业成长早期，现实中往往被人们称之为"元老们"。而高层管理团队则是创业团队组织形式的继续。虽然在高层管理团队中既可能还存在着部分创业时期的元老，也可能所有的创业元老都不再存在，但高层管理团队的管理风格在很长一个时期内是很难彻底改变的。

3. 创业团队的构成

狭义的创业团队是有着共同目的、共享创业收益、共担创业风险的一群创建新企业的人，即初始合伙人团队；广义的创业团队则不仅包括狭义创业团队，还包括与创业过程有关的各种利益相关者，如风险投资家、专家顾问等。

（1）初始合伙人团队。初始合伙人团队由在创业初期就投资并参与创业行动的多个个体组成。初始合伙人团队的知识、技术和经验往往是企业所具有的最有价值的资源。正是由于这个原因，人们经常通过评估初始合伙人团队的素质来预期企业未来发展的前景，这些素质特征包括受教育程度、前期创业经历、相关产业经验、社会网络关系等。

（2）董事会。如果创业者计划创建一家公司制企业，就需要按规定成立董事会——由公司股东选举产生以监督企业管理的个人小组。董事会一般由内部董事和外部董事构成。如果处理得当，公司董事会能够成为新创企业团队的重要组成部分，可以通过提供指导和增加资信两种方式帮助新企业有一个良好的开端并形成持久的竞争优势。

（3）专业顾问。在许多情况下，创建者还需要依靠一些专家顾问，通过与他们的互动交流获取重要的建议和意见。这些专家顾问通常都成为创业团队的重要组成部分，在外围发挥着重要作用。例如，顾问委员会是对企业经营提出建议的专家小组；贷款方和投资者会为企业提供有用的指导和资信，咨询师可以对专利、缴税计划和安全规章等复杂问题提供建议。

阅读材料 2-4

马化腾和他的创业团队

从当年的 5 条电话线和 8 台计算机所组成的局域网，到今天为超过 11 亿注册用户提供各种通信服务、全球市值名列第三位的创新型互联网企业；从当初只是 5 个人的创业团队、5 万元创业起步，到 2018 年全年实现营业收入 3 126.94 亿元，同比增长 32%，全年净利润 774.69 亿元，同比增长 10%。腾讯创造出奇迹靠的是团队。1998 年的秋天，马化腾与他的同学张志东"合资"注册了深圳腾讯计算机系统有限公司。之后又吸纳了三位股东：曾李青、许晨晔、陈一丹。这五个创始人的 QQ 号，据说是从 10001 到 10005。为避免彼此争夺权力，马化腾在创立腾讯之初就和四个伙伴约定清楚：各展所长、各管一摊。

马化腾是 CEO（首席执行官）、张志东是 CTO（首席技术官）、曾李青是 COO（首席运营官）、许晨晔是 CIO（首席信息官）、陈一丹是 CAO（首席行政官）。

之所以将创业五兄弟称之为"难得"，是因为直到 2005 年的时候，这五人的创始团队还基本是保持这样的合作阵形，不离不弃。直到腾讯做到如今的帝国局面，其中四个还在公司一线，只有 COO 曾李青挂着终身顾问的虚职而退休。在企业迅速壮大的过程中，要保持创始人团队的稳定合作尤其不易。在这个背后，工程师出身的马化腾一开始对于团队合作的理性设计功不可没。

从股份构成上看，五个人一共凑了 50 万元，其中马化腾出资 23.75 万元，占了 47.5% 的股份；张志东出了 10 万元，占 20%；曾李青出了 6.25 万元，占 12.5% 的股份；其他两人各出 5 万元，各占 10% 的股份。

虽然主要资金由马化腾出，但他自愿把所占的股份降到一半以下。"要他们的总和比我多一点点，不要形成垄断、独裁的局面。"而同时，他自己又一定要出主要的资金，占大股。"如果没有一个主心骨，股份大家平分，到时候也肯定会出问题，同样完蛋。"

保持稳定的另一个关键因素，就在于搭档之间的"合理组合"。据《中国互联网史》作者林军回忆说："马化腾非常聪明，但非常固执，注重用户体验，愿意从用户的角度去看产品。张志东是脑袋非常活跃，对技术很沉迷的一个人。马化腾技术上也非常好，能够把很多事情简单化，而张志东更多是把一个事情做得完美化。"

2.2.3 创业团队的类型

1. 星状创业团队

在团队形成之前就有一个核心人物，他的创业想法形成团队的思想，团队也因他的思想而组建，成员也由他来选择，成员在团队中更多的时候是担当支持者的角色。特点：组织结构紧密，向心力强，组织者对其他成员影响巨大；决策程序相当简单，组织效率较高；权力相对集中；决策失误风险较大；组织者拥有绝对的权威，当成员与其冲突时，成员往往选择脱离团队。

2. 网状创业团队

成员一般在创业之前就有密切的关系，例如同学、亲友、同事、朋友等，全体成员形成共识后进行共同创业,在企业内部,没有权威,成员根据各自的特点进行自发角色定位。特点:团队没有明显的核心,结构较为松散;决策时,一般通过大量沟通和讨论达成一致意见,因而组织效率相对较低;团队成员地位平等,一般容易形成多头领导;团队成员冲突时,一般采用协商解决,不会轻易离开,如果冲突升级,则会导致团队涣散。

2.2.4 创业团队的组建

1. 创业团队的组建原则

(1) 目标明确合理原则。目标必须明确,这样才能使团队成员清楚地认识到共同的奋斗方向是什么。与此同时,目标也必须是合理的、切实可行的,这样才能真正达到激励的目的。

(2) 互补原则。创业者之所以寻求团队合作,其目的就在于弥补创业目标与自身能力间的差距。只有当团队成员相互间在知识、技能、经验等方面实现互补时,才有可能通过相互协作发挥出"1+1>2"的协同效应。

(3) 精简高效原则。为了减少创业期的运作成本、最大比例地分享成果,创业团队人员构成应在保证企业能高效运作的前提下尽量精简。

(4) 动态开放原则。创业过程是一个充满不确定性的过程,团队中可能因为能力、观念等多种原因不断有人离开,同时也不断有人要求加入。因此,在组建创业团队时,应注意保持团队的动态性和开放性,使真正完美匹配的人员能被吸纳到创业团队中来。

2. 创业团队的组建方式

在组建团队时必须对自身、对方和你们将要从事的事业有清醒的认识。首先,创业者必须认识到自身的优势和局限:你的性格和能力适合承担什么样的工作?你掌握哪些资源?你不擅长或不喜欢做什么?然后,创业者必须对你们将要开办的公司和将要从事的事业进行分析:我们的主要业务是什么?我们想成为一家怎样的公司?我们通过什么取得利润?我们如何使自己的竞争力得到持续改进?最重要的,要做到以上这些,我们需要具备怎样的能力和资源?最后,你或许会列出一个清单:公司在走向成功的过程中所需的哪些能力和资源是你自己不具备的?其中有哪些是能够通过组建团队弥补的?你认识谁具备这些能力或资源?你是否会考虑邀请他加入公司?只有经过这样的思考,创业者才能更清楚自己需要找什么样的人一起创业,以及能找到什么样的人加入。这其实就是创业者组建团队的最基本思路。当然,实际操作起来会复杂得多。

通过对大量团队形成方式的调查,我们发现这些千变万化的组成方式中蕴含着共同之处,可以将其总结为以下 3 点。

(1) 相似性。相似性是指团队成员在一些性格特征和创业动机上的相似,尤其是价值观和信念方面的相似。创业是一个充满艰辛和风险的过程,会经历各种各样的挫折和诱惑,而创业团队能否在面对困难时通力合作、同舟共济,将很大程度上决定创业的成败。另外,当创业取得一定成绩之后,所有团队成员能否依然保持继续奋斗的激情,也关系到企业最终能达到的高度。

通常,有相同经历或曾一起共事的人往往能相互信任,并且在价值观和思维方式上有一定相似性。实际上,也有很多创业发起人选择在此前已经建立良好工作关系的人作为创业伙伴,他们彼此之间有较深的了解和信任,这种选择有助于团队的相对稳定。因为创业过程常常会遇到很多困难和矛盾,企业创始人之间可能在一些大大小小的决策问题上出现分歧,如果没有良好的了解和信任,创业团队很容易为此散伙。由于主观上个人的喜好和客观上社会网络资源的有限,许多创业者常常倾向于选择那些背景、教育和经历都与自己非常接近的合作创业者,或者干脆完全就是老乡、大学或中学同学等。这样做也许在许多方面来得更容易,但不可能最大化地获得新创企业所需的人力资源;而且,处理不好很容易进入"误区",如义气为重,缺乏制度建设和执行等。

(2) 互补性。互补性是指团队成员在性格、能力和背景上的互补。团队成员之间可以有一定的交叉,但又要尽量避免过多的重叠。从一般意义上来讲,一个新创企业的团队是由它的创始人组织的。而创始人不可能也没有必要对企业经营中所有的方面都精通,他可能在某些方面存在不足之处,例如营销或财务,那就有必要利用其他团队成员或是外部资源来弥补。故如果团队成员能为创始人起到补充和平衡的作用,并且相互之间也能互补协调,则这样的团队对企业才会做出很大的贡献。

(3) 动态性。一开始就拥有一支成功、不变的创业团队是每个创业企业的梦想。然而这种可能性微乎其微。即使新创企业成功地存活下来,其团队成员在前几年的流动率也会非常高。在创业企业发展过程中,由于团队成员有更好的发展机会,或者团队成员能力已经不能满足企业需求,团队成员也需要主动或被动调整。在团队组建的时候就应该预见到这种可能的变动,并制定大家一致认同的团队成员流动规则。这种规则首先应该体现公司利益至上的原则,每个团队成员都认可这样的观点:当自己能力不再能支撑公司发展需求的时候,可以让位于更适合的人才。此外,这种原则也应体现公平性,充分肯定原团队成员的贡献。承认其股份、任命有相应级别的"虚职"以及合理的经济补偿都是安置团队成员退出的有效方式。团队组建的时候应该有较为明晰的股权分配制度,而且应该尽可能地预留一些股份,一部分用来在一定时间内(如1年或3年)根据团队成员的贡献大小再次分配;另一部分预留给未来的团队成员和重要的员工。

但是,实际情况可能远没有这么简单。我们经常听到创业者的抱怨:"我知道自己需要什么样的能力,但我认识的人并没有人具备这种能力,或者我无法吸引他们加入。"找不到合适的人来组建团队,这可能是大多数创业者都会遇到的问题。这时候,或许你必须对自己的要求做一个折中。为了及时组建团队以免延误商机,你可能不得不接受一个并不是最理想的人加入你的团队。此时你最需要考虑的问题是:什么样的人是可以接受的?而什么样的人我是一定不能让他加入团队的?因为,没有合适人选的后果可能只是你的公司无法迅速达到预定的发展目标,而引入一个不合适的人可能使企业陷入长期而烦人的冲突、争权夺利中而无法自拔,这些问题即使不会摧毁一个企业,也必定会严重损害其发展潜力。

3. 创业团队的组建步骤

(1) 评估人才需求。创业者选择好创业项目并下决心要创业之后,就需要根据创业项目和创业者个人的情况,来确定创业团队的人才选择标准。对任何新创企业而言,资源都是稀缺的,未来都是不确定的。在这种情况下,创业者必须在对个人的优势和劣势进行分析的基础上,根据创业项目运营的实际需要,缺少什么资源和能力,就选择拥有这种资源和能力的人才。例如,运作创业项目需要市场营销方面的资源和能力,而创业者本人恰恰又缺乏这方面的资源和能力,那就需要寻找拥有市场营销方面资源和能力的人才共同创业。

(2) 寻找合作伙伴。在评估完人才需求之后,创业者就可以通过亲戚朋友介绍、媒体广告、互联网、各种招商洽谈会等形式,寻找创业合作伙伴。为了使创业合作伙伴了解创业项目和新创企业的未来发展,创业者应该认真准备一份周详的创业计划书。一份周详的创业计划书不但有助于吸引创业合作伙伴,而且能够帮助创业者更好地理清创业思路、个人已有的资源以及迫切需要的资源。另外,在寻找创业合作伙伴过程中,创业者既需要考虑创业团队成员间的资源和能力互补,更需要考虑创业合作伙伴的人品,因为人品是创业团队成员相互信任的基础。

(3) 落实合作方式。在寻找到有创业意愿的合伙人后,双方还需就具体的创业计划、股权分配等合作事项进行全面深入的沟通,以确定创业团队成员之间的正式合作方式。具体来说,首先,要妥善处理创业团队各成员之间的利益分配关系,注重用与长期绩效有关的利益分配方式激励团队创业成员为了团队的共同的目标而持续努力;其次,要制定创业团队的决策机制和冲突处理机制,该机制要具有可操作性和前瞻性,不仅要考虑到创业初期团队管理的实际需要,也要兼顾未来企业壮大后的情况。

阅读材料 2-5

创业团队由以下五个要素组成(5P)

目标(Purpose)

创业团队应该有一个既定的共同目标,为团队成员导航,知道要向何处去。如果没有一个共同的目标,创业团队就没有存在的价值。在创业企业管理中,创业团队的目标通常体现为创业企业的远景和发展战略。

人(People)

人是构成创业团队最核心的力量。三个及三个以上的人就形成一个群体,当群体有了共同奋斗的目标就形成了团队,在创业团队中,人力资源是所有创业资源中最活跃、最重要的资源,应充分调动创业者的各种资源和能力,将人力资源进一步转化为人力资本。

定位(Place)

创业团队的定位包含两层意思:一是创业团队在企业中处于什么位置,由谁选择和决定团队的成员,创业团队最终应对谁负责,创业团队采取什么方式激励下属;二是创业者的定位,即作为成员在创业团队中扮演什么角色,是发起人、合伙人,还是仅仅为出资人。

权限(Power)

创业团队当中领导人的权力大小与其团队的发展阶段和创业实体所在行业相关。一般来说,创业团队越成熟,领导者所拥有的权力相应会越小,在创业团队发展的初期,领导权相对比较集中。高科技实体多数实行民主的管理方式。

计划(Plan)

计划有两层含义:一是目标的最终实现,需要一系列具体的行动方案,可以把计划理解为达到目标的具体行动方案;二是只有按计划行动才能保证创业团队目标的达成,即强调创业团队工作的计划性,将计划作为最终实现创业团队目标的手段。

(资料来源:吴晓义. 创业基础 [M]. 2 版. 北京:中国人民大学出版社,2019:57.)

2.2.5 创业团队的冲突与管理

1. 冲突的表现

冲突的发生是企业内外部某些关系不协调的结果,表现为冲突行为主体之间的矛盾激化和行为对抗。有些学者把团队内的冲突分为两大类,即认知冲突与情感冲突。有效的团队知道如何进行冲突管理,从而使冲突对组织绩效的改善产生积极贡献。在无效或低效的创业团队中,团队成员在一起总是极力避免冲突的形成,默认或者允许冲突对团队有效性和组织绩效的提高形成的消极影响。

(1) 认知冲突。认知冲突是指团队成员对有关企业生产经营管理过程中出现的与问题相关的意见、观点和看法所形成的不一致性。举个生活中的例子:例如说"海水",如果不知道的人会觉得如果在海上航行渴了就喝海水呗,可事实却不是这样的,因为海水中的盐分使人们身体不能继续保持平衡,如果人们口渴就喝海水,人们就会越来越渴,这就是所谓的认知冲突。从本质上说,只要是有效的团队,这种团队成员之间就生产经营管理过程的相关问题存在分歧是一种正常现象。而且,在一般情况下,这种认知冲突将有助于改善团队决策质量和提高组织绩效。当团队成员分析、比较和协调所有不同的意见或看法时,认知冲突就会发生。这一过程对于团队形成高质量的方案起着关键性作用,而且,关于认知冲突的团队方案也容易被团队成员所理解和接受。正是因为如此,认知冲突有助于改善团队有效性。

认知冲突是有益的。因为它与影响团队有效性的最基本的活动相关,集中于经常被忽视的问题背后的假设。通过推动不同选择方案的坦率沟通和开放式的交流,认知冲突鼓励创造性的思维,促进创造性的方案。作为冲突管理的一种结果,认知冲突将有助于决策质量的提高。事实上,没有认知冲突,团队决策不过是一个团队里最能自由表达的或者是最有影响力的个别成员决策。

除了能提高决策质量以外,认知冲突还能够促进决策本身在团队成员中的接受程度。通过鼓励开放和坦率的沟通,以及把团队成员的不同技术和能力加以整合,认知冲突必定会推动对团队目标和决策方案的理解,增强对团队的责任感,从而也有助于执行团队所形成的创业决策方案。

(2) 情感冲突。情感冲突是人积极活动的心理动力源泉,排斥性情感使人与人之间互无交往的愿望,因而也就谈不上彼此的吸引和良好关系的建立。冲突有时候也是极其有害的。当创业团队内的冲突引发团队成员间产生个人仇恨时,冲突将极大地降低决策质量,并影响到创业团队成员在履行义务时的投入程度,影响对决策成功执行的必要性的理解。与那些基于问题导向的不一致性相关的认知冲突不同,基于人格化、关系到个人导向的不一致性往往会破坏团队绩效,冲突理论研究者共同把这类不一致性称之为"情感冲突"。通俗地讲,情感冲突是论人不论事。

由于情感冲突会在成员间挑起敌对、不信任、冷嘲热讽、冷漠等表现,所以,它会极大地降低团队有效性。这是因为,情感冲突会阻止人们参与到影响团队有效性的关键性活动,团队成员普遍地不愿意就问题背后的假设进行探讨,从而降低了团队绩效。情感冲突培养起了冷嘲热讽、不信任和回避,因此,将会阻碍开放的沟通和联合。当它发生时,不只是方案质量在下降,而且团队本身的义务也在不断地受到侵蚀,因为团队成员不再把他们与团队活动相联系起来。

有效的团队能够把团队成员的多种技能结合起来。相反,那些团队成员间彼此不信任或者冷嘲热讽,就不会愿意参与到那些必须整合不同观点的讨论中,结果势必会造成在集体创新、分享认知、共担风险、协作进取等创业团队企业家精神方面的压制,从而创业团队逐渐变得保守起来,创业决策质量也大受损失。

同样，那些敌对的或者是冷漠的团队成员不可能理解，也很少对那些他们并没有参与的决策履行相关的义务。因此，在多数情况下，团队成员也不会很好地执行决策，因为他们没有很好地理解决策。在最坏的情况下，由于这些团队成员甚至不愿意按照创业团队所设计的思路去执行决策，从而降低团队在未来有效运作的能力。

2. 团队内部的冲突管理

在一定范围内，冲突有助于团队成员激发和分享不同的观点，进而形成更好的决策，但如果冲突超越了认知的范畴，就可能会导致创业团队的决策失效，甚至会引发团队分裂和解散。因此，管理团队冲突是核心创业者必须具备的才干之一。

创业团队结构优势在很大程度上可能转化为更具有创新性的进入战略选择，但这种优势的发挥则依赖于恰当的冲突方式与之匹配。具体而言，产业工作经验差异更大、注重营造合作式冲突氛围的创业团队更容易开发出面向顾客需求的创新性产品或服务，而职能背景差异更大、注重营造对抗式冲突氛围的创业团队则往往能设计出不同于产业内在位企业的市场交易结构，将产品或服务推向市场。

3. 创业团队的股权分配和激励

（1）创业团队的股权分配。创业企业的股权分配是一个非常重要的问题。一些企业在创业之初，内部没有进行清晰的股权分配；等到企业开始做大的时候，他们发现这时候股权分配难度非常大。企业创始人没有股份或者非常少，是一些大学、科研院所企业难以做大的重要原因；而企业内部缺乏清晰的股权分配也是一些发展相当不错的民营企业走向解体最重要的原因。因此，在创业之初，创业团队成员（以及核心利益相关者）之间应当签订合适的初始合约，这对新创企业的产权保护非常重要。

签订股权分配合约的目标是：①提高当前的治理效率，特别是决策效率，以便及时抓住商机，把事情做起来；②为企业未来的发展奠定一个初步的、良好的治理基础。

股权分配的核心问题是：剩余索取权和控制权的配置。

企业共同创始人之间股权分配的基本依据是每个创始人对创业企业的贡献度、重要性和他所承担风险的程度（包括创业所放弃的机会成本和创业资金投入等）。国内创业中常见可行的做法是，创业发起人如果的确有能力和威望成为创业团队核心，创业之初，他通常拿较多的股份，其他创始人按照其重要性和加入团队的早晚分配相应的其他股份。这种模式可定义为"雁行股权结构模式"。在这种模式下，创业发起人在企业多轮融资后仍可能持有较大额度股份，从而保证对他产生足够的激励，并且创业发起人仍然对企业的发展重大决策有重要的影响力。

那么，在一个创业团队中，某个共同创始人凭什么在创业企业中拥有相对集中的股权和最大的"话语权"呢？很显然，这个要成为"核心"的创业者，必须拥有良好的能力和素质；更为重要的是，他要想"服众"，就必须多付出，例如，他是创业企业最初商业模式、技术的核心拥有者、早期客户的开发者、早期资金的全部或者主要投入者。

如果核心创业者没有足够的资金创业，必须得到其他合伙人的投资才能创业，并可能因此丧失控股权，怎么办？一种可行的办法是，一开始，注册资本可以考虑少些，并且自己尽可能出资，其他合伙人的股权投资少些，创业发起人尽可能争取拥有较大的股权，同时企业可以向其他合伙人通过借款方式获得流动资金。如果还是不能解决，可以争取和其他合伙人签订股权回购协议，在企业发展到一定程度后，以事先规定的合适溢价回购（部分）企业股份。

不过，对于那些受到过硅谷创业文化熏陶的创业团队，其股份分配可能可以相对平均些。另外，以高成长为导向的创业企业特别是技术创业企业最好预留一部分股份以便吸引未来的重要员工。

(2) 创业团队的激励。创业者在创业过程中始终都需要考虑的一个问题是：如何更合理地激励创业团队？毕竟，取得合理的收益是创业收获的具体表征。能否解决好这个问题直接关系到创业企业的存亡。

关于创业团队的激励，不同类型的创业企业，在不同的发展阶段，采取的具体激励方式可能有很大的差别。但是，在管理实践中，激励存在一些一般原则，包括：物质激励与精神激励相结合原则、正激励与负激励相结合原则、内在激励与外在激励相结合原则、按需激励原则、组织目标与个人目标相结合原则、严格管理与思想工作相结合原则。(陈国权，2006)

对于高新技术创业企业，人力资本是其发展的关键要素，因此，激励必须重视这一点。在物质激励方面，对于核心技术人员和高层管理人员，应当重视股权和期权激励，这可以使他们的个人利益和企业发展息息相关；必要时还应当给予更大范围的员工股票期权。在精神激励方面，应当更多地为有能力的员工提供良好的成长舞台，使得他们的个人发展和企业的成长乃至中国的产业发展密切联系。那些与联想、华为、中兴等当年的创业企业一起经历了"风风雨雨"走过来的早期员工，不但在物质方面得到了较好的回报，而且在个人职业发展也取得了很大的成功。

阅读材料 2-6

东方博远创立初期的激励安排

东方博远公司创立初期，团队内部就签署了协议，明确了每个团队成员的名义股份以及按服务时间逐步释放的原则。例如，技术总监名义股份为 10%，则这些股份应该在 3 年工作之后，发挥相应作用之后才能够得到。一开始的时候他能够得到该名义股数的 34%，以后每工作满一年的时候，能够得到另外的 22%。如果工作满 2 年，那将得到 10% × (34% + 22% +22%) =7.8% 的股份，剩余 2.2% 将添加到由 CEO 代持的预留股份中。名义股份的具体调整在工商行政管理部门变更公司章程时得以实现。这种做法较好地实现了团队成员的持续激励，而且能够较好地解决团队成员中途离开公司所可能出现的问题。

(资料来源：张帏，姜彦福. 创业管理学 [M]. 2 版. 北京：清华大学出版社，2018：162.)

【本章小结】

本章主要包含创业者和创业团队两个方面的知识。在创业者方面，主要介绍了创业者的概念、人格特征；具体介绍了创业者所应具备的知识和能力结构，并对创业者、职业经理人与商人加以区别。在创业团队方面，探讨了创业团队的概念、作用和社会责任，分析了创业团队的一般特征和基本构成，明确如何进行创业团队的组建，并明确对创业团体可能出现的冲突如何进行有效的解决和管理。

【思考题】

1. 如何理解创业者？为什么要成为创业者？

2. 你认为大学生创业需要重点培养哪些技能？
3. 什么是创业团队？创业团队的重要性体现在哪些方面？
4. 如何组建创业团队？

【案例分析实训】

复星集团"五虎将"

在《福布斯》公布的 2005 年中国富豪榜中有 74 位浙商上榜，而在这 74 位浙商中，有 4 位来自复星集团早期创业的团队。38 岁的复星集团董事长郭广昌位列第 7 位，37 岁的副董事长梁信军位列第 25 位，36 岁的汪群斌和范伟同列第 115 位（5 人创业团队中，35 岁的谈剑未进入富豪榜）。

当年创办广信科技（源于郭广昌和梁信军的名字，1993 年更名为复星科技）时，郭广昌是复旦大学团委干部，梁信军是校团委调研部部长，汪群斌是生命学院团总支书记，范伟是学校复印社的经理，谈剑还在读书。如今，在复星集团多元化的产业链条中，郭广昌成了整个企业集团的灵魂；梁信军是副董事长兼副总裁，成为复星投资和信息产业的领军人物；汪群斌是复星实业总经理，专攻生物医药；范伟掌管房地产；谈剑负责体育及文化产业。

在梁信军眼中，郭广昌是个极有魄力的领导者。21 年前，郭广昌带着一帮刚走出校门的年轻人靠 38 000 元开始创业，如今已经坐拥 200 多亿元资产，复星集团也进入中国民营企业前三甲，并在医药、房地产、钢铁、商业四个领域都有出色表现。虽然涉及的行业不少，但郭广昌有其原则：能买的不租，能租的不建。他选择扩张对象的底线是：非要行业龙头不可。2005 年，复星集团董事会的人数已由最初的 5 人增加到 7 人，新增的是财务、法律、人力资源等方面的专家。"做重大决策我们从来不举手表决，遇到矛盾时通过充分沟通以达成共识，没有形成共识的就放弃，以做到科学决策。"梁信军说。

在 2004 年 5 月，复星集团投资的宁波建龙项目被曝光后，作为领军人物的郭广昌更是在风口浪尖上展现了一个领军人物的魄力。舆论一度猜测宁波建龙可能成为"铁本第二"，同时坊间对复星集团的资金链也一度产生疑问。面对这次危机，郭广昌果断地采取了两条应对措施：聘请国际著名会计师事务所安永对复星集团（包括非上市部分）进行了全面的财务审计，把有关的报告提供给利益关系人；对战略进行了调整，提出适度的多元化，但要坚决贯彻经营的专业化，同时请国务院发展研究中心对复星集团的竞争力作评估。后来，郭广昌把这一场风波看成是对复星的"体检"：检查民营企业的心态是否健康，体质是否健康。事实证明，复星集团经受住了宏观调控的考验，宁波建龙也没有成为"铁本第二"。

当年推举郭广昌做领头人时，梁信军这样表述他的理由：郭广昌情商高，能很好地整合与协调团队。另外，在战略思考上，每当一件事达到一个水准，我们觉得可以歇一口气的时候，他都能提出一个新的像大山一样的目标。他善思辨，新奇的想法从来不断。2004 年，在王均瑶去世后，浙江东阳人郭广昌接任上海浙江商会会长。"在我和郭广昌身上表现出来的更多是浙商的共性。"梁信军说。

梁信军坦言，浙商以"四千精神"（走遍千山万水，道尽千言万语，想尽千方百计，吃尽千辛万苦）著称。台州商人有浙商的共性，也有差异，例如低调，例如喜欢单打独斗

(很多在外地的台州商人，当年都是背着修鞋机、挑着货郎担白手起家的)。但在复星集团，他们把企业文化与团队精神放在一个战略高度。

梁信军的口才好、反应快、精力充沛、善于沟通交流，这些特点几乎是复星集团创业团队公认的，所以他做了复星集团的党委书记和新闻发言人。梁信军称，自己其实也是性情中人，他坦言今天很多人都看到了复星集团成功的一面，"其实是一将功成万骨枯"，梁信军慨叹，"复星集团走过的13年中，民营企业面临的难题我们都经历过，只是在大的成功面前，外界都习惯于把小的失败淡化。"

当年"五虎将"里的另外3个，如今都在复星集团多元化产业里独当一面。"当年分工时就考虑到汪群斌、范伟和谈剑可能更适合做产业，做具体事情。"梁信军说，"如果没有汪群斌、范伟和谈剑他们就兢兢业业地去操劳，再好的战略也等于零。"在复星集团的五人核心团队中，英俊的范伟略显沉默，也极少在媒体露面，不过他麾下的复地集团在房地产业界倒是让人刮目相看。"他做的比说的要多。"梁信军评价道。

在五人之中，梁信军、汪群斌、范伟均为复旦大学遗传学专业毕业，这样的一个团队注定会与医药行业结下不解之缘。汪群斌最早和研究部门的技术人员成功开发了复星集团第一个核酸试剂——乙肝DNA核酸试剂，为复星集团进军医药行业打下了坚实基础，后来他提出的"生物医药新经济"概念也引起了业界的广泛关注。1995年，PCR乙型肝炎诊断试剂的成功为复星集团的"五剑客"赚到了第一个1亿元。

而五人中唯一的女性谈剑的特殊优势则在政府公关等事务上，同时她还是上海星之健身俱乐部总经理。从2000年复星房地产在开发楼盘时，为了制造卖点，在小区内建设了一个足球场的无心插柳开始，至今，星之已有了12家门店，她的身影出现在很多住宅小区的会所中。这样的选址，既避开了市中心商务楼昂贵的租金压力，也让健身与普通市民走得更近，这样一举多得的策略是谈剑成功的秘籍之一。

对此，梁信军称，他们五个人就像五根手指，哪根也少不得。五根手指攥紧，就是一只拳头。复星集团强调的是团队管理。梁信军认为，创业团队要经得起成功、失败的考验，仅靠友谊是不够的。除了他们几个人在学校就建立起来的良好关系之外，浙商的精神也在他们身上有所体现，由这种共同的文化演绎而成的企业文化，是五人同心的最大基础。

（资料来源：魏宗凯，复星集团的五人创业团队［J］．浙江商业周刊，2005-12-28．）

1. 案例对比：进一步收集资料，对比其他创业团队，复兴集团的五人创业团队的突出优势有哪些？
2. 案例深探："复星集团核心创业团队"取得如此辉煌的成绩缘于哪些重要原因？
3. 案例决策：优秀的创业核心领导者如何协调团队合作？

【创业团队组建设计实训】

实训导航：

1. 组建一个创业团队，应坚持以下两个基本原则：①职权划分要明确，避免职权的重叠和交叉，也要避免工作无人承担造成疏漏；②随着团队成员的变化，职权要根据需要不断地进行调整。

2. 请组建一个6~7人的团队，完成以下实训项目。建议先分小组讨论（如条件允许，可以实地演练），之后由各小组进行简要的汇报分享，汇报形式为PPT展示。

实训项目：

请各组选择一个感兴趣的行业领域，进行创业团队的组建。熟悉创业团队组建的基本流程和关键要领，在实训过程中总结心得。

实训建议：

1. 建议采用小组讨论、头脑风暴等方法，集思广益。
2. 尝试模拟创业情境进行创业角色扮演。
3. 小组间互相点评，并由专业教师或创业导师给予评价。

【参考文献】

[1] 张玉利，陈寒松，薛红志，等. 创业管理［M］. 4 版. 北京：机械工业出版社，2017.

[2] 张帏，姜彦福. 创业管理学［M］. 2 版. 北京：清华大学出版社，2018.

[3] 吴晓义，等. 创业基础［M］. 2 版. 北京：中国人民大学出版社，2019.

[4] 木志荣. 创业管理［M］. 北京：清华大学出版社，2018.

[5] 张玉利，李政. 创新时代的创业教育研究与实践［M］. 北京：现代教育出版社，2006.

[6] 切尔. 企业家精神：全球化、创新与发展［M］. 李裕晓，赵琛微，译. 北京：中信出版社，2004.

[7] 杨俊，田莉，张玉利，等. 创新还是模仿：创业团队经验异质性与冲突特征的角色［J］. 管理世界，2010，（3）：84-97.

[8] 高振强. 大学生创业管理教程［M］. 北京：科学出版社，2009.

[9] 李家华，郑旭红，张志宏. 创业有道：大学生创业指导［M］. 北京：高等教育出版社，2011.

[10] 李时椿. 创业管理［M］. 2 版. 北京：清华大学出版社，2010.

[11] 刘平，李坚. 创业学：理论与实践［M］. 北京：清华大学出版社，2009.

[12] 刘沁玲，陈文华. 创业学［M］. 北京：北京大学出版社，2012.

[13] SHRADER，R，SIEGEL D S. Assessing the Relationship between Human Capital and Firm Performance：Evidence from Technology-Based New Ventures［J］. Entrepreneurship Theory Practice，2019，31：893-908.

[14] HOWARD H S，MICHAEL J，ROBERTS H，et al. 新企业与创业者［M］. 高建，姜彦福，雷家骕，等译. 北京：清华大学出版社，2002.

[15] ROBERT A B，MICHAEL D E. Opportunity recognition as the detection of meaningful patterns：evidence from comparisons of novice and experienced entrepreneurs［J］. Management Science，2006，52（9），1331-1344.

[16] ROBERTS P W，STERLING A D. Net work progeny? prefounding social ties and the success of new entrants［J］. Management Science，2012，58（7）. 1292-1304.

[17] ZAHRA S A，GEDAJLOVIC E，Neubaum D O，Shulman J M. A typology of social entrepreneurs：motives，search processes and ethical challenges［J］. Journal of Business Venturing，2009，24（5），519-532.

[18] ZOTT C，HUY，Q N. How entrepreneurs use symbolic management to acquire resources［J］. Administrative Science Quarterly，2007，52（1），70-105.

[19] 石书德，张韩，高建新. 企业创业团队的治理机制与团队绩效的关系［J］. 管理科学学报，2016（5）.

第 3 章
识别创业机会与创业风险

 教学目标

通过本章的学习,了解创业机会的特征和主要类型;掌握识别创业机会的一般过程和行为技巧;掌握创业机会的评价方法;了解创业风险的特征和主要类型;掌握创业风险管理的方法和策略。

 学习建议

1. 结合自身学习生活,描述自己潜在的创业机会有哪些,通过本章学习对上述创业机会进行评价。

2. 小组讨论,大学生创业有哪些风险?如何规避和控制这些风险?

 **基本概念**

创业机会 创业机会的类型与来源 创业风险 创业风险的特征与分类

 导入案例

创业于创业投资的热门领域

自从李克强总理明确指出要把"大众创业、万众创新"打造成推动中国经济继续前行的"双引擎"之一以来,创业如千层浪潮般地席卷而来,一大波的创业人士踊跃出现,一批批的企业如雨后春笋般创立。

接下来,编者根据新浪科技网披露的数据对 2015—2017 年创业与创业投资的热门领域进行汇总如下。

2015 年,电子商务、在线教育、本地生活等 O2O 互联网领域,其中本地生活主要包括美食餐饮、家政服务、社区服务、美业服务、宠物服务、上门维修等。

2016 年,聊天机器人、VR/AR、无人机、移动互联网、无人驾驶汽车、共享经济、直播 SaaS 等领域。

2017 年,知识付费、企业服务、汽车交通、消费生活、文体娱乐、旅游酒店、智能硬件、医疗健康等领域。

值得一提的是,在不同的时点和发展阶段,创业项目虽纷繁但也值得投资者和创业者进行深度思考。从积极的视角看,这更像是一场大浪淘沙,筛选出一批优质的创业项目,在市场和时间长河中进行检验;从消极的视角看,创业领域虽热,但最终能够胜出的公司并不多,初创企业甚至遭遇一阵空前猛烈的倒闭潮。

综上所述，纵使创业过程意味着不确定性、艰辛和坚持，但也不必悲观，创业者和投资人可将目光转向同具潜力的其他领域。不管怎样，创业者都要始终如一地保持着高涨的热情，共同期待着在下一个风口能够获得丰厚的回报。

（资料来源：木志荣. 创业管理［M］. 北京：清华大学出版社，2018：70.）

请思考： 当前的热门创业领域有哪些？

如何才能更容易地识别出创业机会？

创业机会识别是创业过程的起点，也是创业过程中的一个重要阶段。许多好的创业机会并不是突然出现的，而是对"一个有准备的头脑"的一种"回报"。成功的创业者能及时捕捉创业机会，并在众多的创业机会中选择适合自己的进行创业。在创业机会识别和评价阶段，创业者需要弄清楚如下问题：创业机会在哪里？如何识别创业机会？如何评价创业机会？

3.1 创业机会的内涵

3.1.1 创意与商业概念

创意是一种通过创新思维和创新意识，进一步挖掘和激活资源组合方式，进而提升资源价值的方法。创意与点子的不同之处在于创意具有创业指向。在创意没有产生之前，机会的存在与否意义并不大。

创意没有绝对意义上的好与坏，但具有价值潜力的创意一般会具有三个基本特征：一是新颖性。这意味着新的技术和新的解决方案；差异化、领先性，具有模仿的难度。二是真实性。有价值的创意绝对不会是空想，而要有现实意义，具有实用价值，能够开发出可以把握机会的产品或服务，而且市场上存在对产品或服务的真实需求，或可以找到让潜在的消费者接受产品或服务的方法。三是价值性。创意的价值特征是根本，好的创意要能给消费者带来真正的价值。创意的价值要靠市场检验。好的创意需要进行市场测试。

产生创意后，创业者会把创意发展为可以在市场上进行检验的商业概念。商业概念既体现了顾客正在经历的也是创业者试图解决的种种问题，又体现了解决问题所带来的顾客利益和获取利益所采取的手段。这种利益是顾客认可并愿意为此支付的价值。顾客在与企业的互动中体验到的任何事与物，都应该被认定为公司的产品，无论是杂货店、电子商务咨询网站、咨询顾问服务，还是非营利性社会服务机构，都概莫能外。当然，产品本身并不是目的，关键是学会如何解决顾客的问题。

产生创意并发展成清晰的商业概念，意味着创业者正在找到解决问题的手段，是启动创业活动所需具备的基本前提。至于发展出的商业概念是否值得投入资源开发，是否能成为有价值的创业机会，还需要认真论证。随着论证工作的深入，商业概念可能会变得丰富，甚至接近后面介绍的商业模式，但商业概念一定要简洁，要能吸引人，要能有助于创业者整合资源。电梯演讲（Elevator Pitch）是商业概念描述的方式之一，要求创业者对创业构思、商业模式、公司组织方案、市场战略、投资者要求等进行简短概括的说明。它起源于利用投资人乘电梯期间扼要地跟他说明自己的项目情况，并在电梯到达前引起对方的兴趣。

3.1.2 创业机会的概念

创业机会主要是指具有较强吸引力的、较为持久的有利于创业的商业机会，创业者据此可以为客户提供有价值的产品或服务，并同时使创业者自身获益。从这个概念可以知道，创业机会并不简单等同于新产品、新服务、新原材料和新的组织方式。换言之，创业机会就是通过把资源创造性地结起来，迎合市场需求（或兴趣、愿望）并传递价值的可能性，因此，创业机会实际上是一个动态发展的概念，其中蕴含"原本模糊，但会随着时间的推移逐步明确起来"的意义。

随着市场需求被创业者精确定义出来，未得到利用或充分利用的资源也被更精确地定义为潜在的用途，创业机会就从其最基本的形式中发展起来，形成了一个商业概念（Business Concept）。这一概念的核心观点是如何满足市场需求或如何利用资源。这一商业概念在创业者的开发下将变得更加复杂，包括产品/服务概念（提供什么）、市场概念（提供给谁）、供应链/市场营销/经营概念（如何将产品/服务提供给市场）。

随着商业概念不断成熟，创业机会就发展成为商业模式（Business Model）。如果从市场需求角度出发，这个模型就要确认满足市场需求所需资源的类型和数量。如果从未充分利用的资源角度出发，这个模型则需要明确价值创造能力带给特定使用者的利益和价值。一个完整的商业模式不仅包括详细的和相互有差别的商业概念，还包括一个财务模型，用来估计所创造的价值以及这些价值如何在股东之间进行分配。随着进一步的发展，财务模型的详细程度和准确性逐渐得到提高，为以后编制现金流量表和识别影响现金流的主要风险因素提供基础。

于是，创业机会发展到其最复杂的形式，正式的现金流、活动日程安排和资源的需求都被添加到模型中来。这些附加物使商业概念变成了一个完整的商业计划。一些企业就是从不完整或不系统的商业计划中产生的，更有一些企业是在商业计划刚刚明确和细化后就创立了。

从创业机会的最初形式到商业机会和新企业的形成，理论上是一个有序的系统化过程。但在实践中，这一过程很少是有序或完全系统化的。在创业者的不断开发下，机会从一个简单的概念发展得越来越复杂。

3.2 创业机会的类型与来源

3.2.1 创业机会的类型

1. 识别型、发现型和创造型机会

根据目的—手段关系的明确程度，可以将创业机会划分为识别型（目的—手段关系明确）、发现型（目的—手段关系有一方明确）和创造型（目的—手段均不明确）三种类型（图3-1）。

识别型机会是指市场中的目的—手段关系十分明显时，创业者可通过目的—手段关系的连接来辨识机会。例如，

图3-1 根据目的—手段关系明确程度的机会分类

当供求之间出现矛盾或冲突时,不能有效地满足需求,或者根本无法实现这一要求时辨识出新的机会。常见的问题型机会大都属于这一类型。

发现型机会则指当目的或者手段任意一方的状况未知,等待创业者去发掘机会。例如,一项技术被开发出来,但尚未有具体的商业化产品出现,因此需要通过不断尝试来挖掘出市场机会。激光技术出现数十年后,其相关产品才真正为人们所用。

创造型机会是指目的和手段皆不明朗,因此创业者要比他人更具先见之明,才能创造出有价值的市场机会。在目的和手段都不明朗的状况下,创业者想要建立起连接关系的难度非常高。但这种机会通常可以创造出新的目的—手段关系,将能为创业者带来巨大的利润。

在商业实践中,识别型、发现型和创造型三种类型创业机会可能同时存在。一般来说,识别型机会多半处于供需尚未均衡的市场,创新程度较低,这类机会并不需要太繁杂的辨识过程,反而强调拥有较多的资源,就可以较快进入市场获利。把握创造型机会就非常困难,它依赖于新的目的—手段关系,而创业者拥有的专业技术、信息、资源规模往往相当有限,更需要创业者的创造性资源整合与敏锐的洞察力,同时还必须承担巨大的风险。而发现型机会则最为常见,也是目前大多数创业研究的对象。

结合我国经济发展实践不难发现,在改革开放之初,巨大的市场需求瞬间释放,识别型机会占主导地位,"倒爷"成为改革开放后第一代创业者的代名词。逐渐地,市场需求饱和,市场竞争压力增大,识别型机会迅速锐减,发现型机会比例加大。这时,人们创业不仅需要勇气和投机心理,还需要理性地分析市场环境来找寻市场空缺。可以大胆假设,在未来,创造型机会将回归到主导地位,成为推动我国经济社会发展的新兴力量。

阅读材料 3-1

挂号网:机遇识别——创造互联网医疗真正的独角兽

廖杰远是国内智能语音领域内的一流专家,创办挂号网之前,他已经是一个资深创业者。他曾创立电话搜索语音服务平台——中国绿线。几年后,该项目发展受挫,创始团队谋求转型,2010年他又创办了互联网预约挂号平台——挂号网。

对于医疗领域,技术出身的廖杰远是一个十足的门外汉。不过因为对技术的理解,他对如何运用互联网工具有着深刻的理解。他认为,中国医疗的核心症结在于,医疗资源的配置不均衡。而互联网医院的实质就是借助互联网这一工具,优化和重组医疗资源。

从挂号这一高频需求切入,挂号网很快建立起了自己的入口价值,并获得了资本的追捧,先后获得赛伯乐、复星、腾讯等知名机构的多轮融资。

2015年12月,挂号网宣布获得3亿美金E轮融资,并更名为微医集团。这轮融资由复星医药领投,国开金融、高瓴资本、高盛集团(中国)、腾讯、联新资本跟投。融资后,微医集团估值超过15亿美金,成为中国互联网医疗领域真正的独角兽。

过去几年,微医集团主要做了三件事。

第一件事,通过互联网把医院窗口外移至手机端,形成基于移动互联网的就医流程优化体系。借此,挂号网与全国29个省份2 400多家重点医院建立了信息系统的深度连接,拥有超过1.5亿实名注册用户和26万名重点医院的专家,累计服务人次超过8.5亿。

第二件事,借助微医APP平台,通过互联网均衡医疗资源的配置,也就是分级诊疗,把顶级医院资源和专家经验下沉,把基层医生的服务能力和患者满意度显著提升。

第三件事,是推出互联网医院,并开出"第一张互联网医院电子处方"。

至此,借助互联网技术,微医能够为中国上亿用户提供预约挂号、在线问诊、远程会诊、电子处方、药品配送等互联网医疗和会员服务。

面向未来,微医已经在"医、药、险"全产业链布局,涵盖互联网医院、健康消费、健康金融、会员服务和家庭医生等领域。

2. 问题型、趋势型和组合型机会

依据目的的性质,机会可以分为问题型机会、趋势型机会和组合型机会三种类型。

问题型机会,是指由现实中存在的未被解决的问题所产生的一类机会。问题型机会在人们的日常生活和企业实践中大量存在。在这些问题的解决中,存在着价值或大或小的创业机会,需要用心发掘。好利来的创始人罗红先生就是因为当年买不到表达自己对母亲挚爱的生日蛋糕,而创建了自己的糕点店。一般人看到的是问题,而创业者看到的是机会。

趋势型机会,就是在变化中看到未来的发展方向,预测到将来的潜力和机会。这种机会一般容易产生在时代变迁、环境动荡的时期。在这种环境下,各种新的变革不断出现,但往往不被多数人所认可和接受,一般处于萌芽阶段。一旦能够及早地发现并把握变革机会,就有可能成为未来趋势的先行者和领导者。趋势型机会可以出现在经济变革、政治变革、人口变化、社会制度变革、文化习俗变革等多个方面,一旦被人们所认可,它产生的影响将是持久的,带来的利益也是巨大的。美国米勒啤酒公司开发生产淡酒就是一个很好的例子。

组合型机会,就是将现有的两项以上的技术、产品、服务等因素组合起来,实现新的用途和价值而获得的创业机会。这种机会类型好比"嫁接",对已经存在的多种因素重新组合,往往能实现与过去功能不大相同或者效果倍增的目的(1+1>2)。如芭比娃娃就是将婴幼儿喜欢的娃娃和少男少女形象结合起来,形成了一个新组合,满足了脱离儿童期还未成年的人群的需求,最终获得了创业上的巨大成功。

3. 模仿型、改进型和突破型机会

从目的—手段组合的手段角度分析,又可以分为模仿型、改进型和突破型机会。这种分类比较容易理解,事例也很多。不少生存型的创业活动采取的是模仿性的行为,模仿他人、他地的成功模式,满足当地的要求。"山寨"行为多数具有改进性创新。数码相机相对于胶卷相机、电子手表相对于机械表等则属于突破性创新,甚至可以说是"创造性的破坏"。

4. Getzels 分类方法

有研究表明,机会的类型也可能影响开发的过程和创业的成败。根据 Getzels 关于创造性的理论,可以按照机会的来源和发展程度对机会加以分类(见图 3-2)。以市场需求为横轴,可能是已识别的(已知的)需求或未能识别的(未知的)需求;以资源和能力为纵轴,可能是确定的或不确定的资源。确定的资源和能力包括对一般的知识、人力资源、金融资源的情况了解或对自然资源(如产品/服务的技术条件)的情况了解。在这个矩阵中,市场需求表示存在的问题,资源和能力表示解决问题的方法。

矩阵左上方部分是"梦想"(机会类型Ⅰ):市

图 3-2 机会的类型

场需求未得到识别且资源和能力不确定（问题及其解决办法都未知），表现的是艺术家、梦想家、一些设计师和发明家的创造性。他们感兴趣的是将知识的发展推向一个新方向和使技术突破现有限制。

矩阵右上方部分是问题解决（机会类型Ⅱ）：市场需求已识别但资源和能力不确定（问题已知但其解决方法仍未知），描述了有条理地收集信息并解决问题的情况。在这种情况下，机会开发的目标往往是设计一个具体的产品/服务以适应市场需求。

矩阵左下方部分是技术转移（机会类型Ⅲ）：市场需求未得到识别但资源和能力确定（问题未知但可获得解决方法），包括人们常说的"技术转移"的挑战，如寻找应用领域和闲置的生产能力。这里的机会开发更多强调的是寻找技术或者资源应用的领域而不是产品/服务的开发。

矩阵右下方部分是企业形成（机会类型Ⅳ）：市场需求已识别且资源和能力已确定（问题及其解决方法都已知），这里机会的开发就是将市场需求与现有的资源匹配起来，形成可以创造并传递价值的新企业。

从理论上来说，这个矩阵描述了一个发展的过程：从问题和解决办法都未知（左上方部分）到问题和解决方法两者已知其一（右上方和左下方部分），再到两者都已知（右下方部分）。从理论上来说，在问题和解决方法有一个未知或两者都未知的情况下形成的企业，其成功的概率比两者都已知的情况下形成的企业成功的概率要小。

3.2.2 创业机会的来源

1. 外部环境的持续变化

创业机会发现理论认为，创业机会存在于客观环境中，等待企业家发现和认同，市场失灵理论和非均衡理论可以解释为什么企业家机会存在于社会环境中。经济学的均衡是帕累托最优状态，但经济运行的正常状态是不平衡状态，如果不能实现帕累托最优，就是市场的失灵和失败，那么创业就有机会实现潜在的帕累托改进。也有学者认为，创业机会的动态竞争过程是系统地从非均衡到均衡的过程，创业者对盈利机会的发现是市场机制运行的关键。

约瑟夫·熊彼特认为，真正有价值的创业机会来源于外部环境的变革，这些变化为人们带来创造新事物的潜力，使人们可以做以前没有做过的事情，或使人们能够以更有价值的方式做事。彼得·德鲁克也指出，创业是由于环境改变所引起的机会发掘与利用行为，"改变"为人们提供了创造新颖、与众不同事物的机会，当"改变"出现，创业家可以利用机会去创造新的价值。

作为创业机会来源的外部环境包括很多方面，但是追随熊彼特的研究者们明确了外部环境中4个主要的机会来源。

（1）知识技术变化。知识和技术的变革可以使人们获得新的做事方法、工具或者力量，或者以更有效率的方式做过去的事，从而打破现有的社会均衡。例如，过去30多年互联网技术的发明成为一个有巨大价值的机会来源，掀起一波又一波的创业浪潮。新技术的出现也改变了企业之间竞争的模式，使得创办新企业的机会大大提高。技术变革越大越普遍，技术变革越具有商业发展潜力，创建新企业的机会就越多。当然，有些技术如航天飞机的商业利益是相当有限的。

阅读材料 3-2

TCL 与孙良：鹰的海外重生

作为一家有着 35 年历史的老牌制造企业，TCL 是中国智能产品制造企业中的佼佼者，产品线涵盖电话、电视、手机、冰箱、洗衣机、空调、小家电、液晶面板等领域，在智能设备方面也有着长时间的积累。TCL 集团现有 8 万多名员工，23 个研发机构，21 个制造基地，在 80 多个国家和地区设有销售机构，业务遍及全球 160 多个国家和地区。

近年来，在互联网创新创业的大潮下，TCL 面临着新的冲击，它希望能实现一次自我的重生。

2015 年 TCL 集团成立了豪客互联网有限公司，孙良出任了 TCL 集团副总裁、互联网事业本部总裁、豪客互联 CEO。为什么叫豪客？就是英文 Hawk 这个单词，既强调了鹰的重生，也继承了 TCL 鹰的文化。

作为中国早期从事海量信息检索和搜索引擎技术的研究者，孙良在搜索领域拥有 10 多项国内和国际专利，是国内从事海量搜索引擎技术研究的专家。从 2006 年初开始的 4 年内，他曾从无到有创立 SOSO 团队，让 SOSO 快速发展为国内第二大中文搜索引擎。2015 年，与 TCL 走到一起，孙良也寄托着一个互联网创业者新的期望——打造起移动端工具类应用产品矩阵，布局海外市场，打造全球领先的互联网生态公司。对于为什么要离开腾讯，孙良曾表示："我是喜欢挑战的人，在 BAT 公司工作对我来讲挑战不大了，来之前我自己创过业，我希望给自己完全不一样的生涯。"

TCL 在海外拥有很强的硬件渠道和销售能力，孙良敏锐地发现了其中的价值，他希望将渠道优势和互联网产品的优势结合起来，一方面为更多的海外消费者提供更加立体全面的服务，另一方面将 TCL 的硬实力逐渐转化为互联网时代的软实力。目前，豪客已建立起了包括浏览器、杀毒、流量优化、云平台等一整套完善的工具类产品矩阵。孙良希望未来将豪客打造成一个用户资产管理公司（既不是一个简单的软件公司，也不是一个简单的硬件公司），最终帮助 TCL 这个传统的优秀制造企业，能够真正地实现"智能＋互联网"的战略转型，建立起"产品＋服务"的商业模式。

（2）政府管制和政治变革。政府管制和政治变革是创业机会的来源，因为这些变革意味着冲破过去的禁区和障碍，使创业者可以进入一些被禁止的行业，同时也清除了许多不利于生成新企业的官僚政治障碍，或者将财富从一部分人重新分配给另一部分人。例如，放松对电信业、银行业、铁路业、航空业等行业的管制使现存企业更难以阻止新竞争者的进入。另外，政府通过提供补助或其他资源的方式支持特定类型商业活动的规章政策，可以鼓励创业者从事这些活动。如环境保护和治理政策出台，会将资源转移到保护人类环境的创业机会上来。

（3）经济社会变革。一个国家的经济增长、居民收入、汇率、周期性变化等经济因素是创业机会的重要来源，社会趋势、人们偏好、观念、人口、时尚等变化使警觉的创业者能够提供人们需要的产品和服务。例如，人们的流行时尚在社会中经常变化；人口的老龄化为创业者提供了向老年人生产产品的机会。当前，中国经济转型升级、供给侧改革、消费升级等这些经济和社会变革孕育着诸多创业机会。

（4）市场产业变化。消费者的需求瞬息万变，消费热点、方式、特点等消费行为日新月异，新兴市场的兴起、主流消费者群体的转移等变化意味着新的创业机会。行业内部有时因为兼并、收购、消亡等原因，行业结构会发生变化，这种变化转变了行业的竞争态势，并由此提供了创业机会。

总之，持续变化是创业机会的重要来源（当然有的变化不具有太大的商业价值），没有变化，就没有创业机会。因此，潜在创业者要善于通过系统地搜寻具有商业价值的变化，捕捉变化的信息或信号，进而通过理性的行为产生大量的创业点子。德鲁克认为所有的创新机会都来自外界环境的变化，他甚至强调捕捉企业内部细小的变化征兆，如意外之事、不协调的状况、流程变化等。

阅读材料 3-3

大疆汪滔：新技术环境下打造无人机神话

圆框眼镜、小胡子、鸭舌帽，汪滔貌不惊人。但正是这个 80 后，带领大疆从只有几个人的创客团队，成长为一家有 4 000 多名员工、客户遍布全球 100 多个国家、估值超过 100 亿美元的高科技公司。

2006 年，汪滔在攻读研究生的同时，与两位同学一起创立大疆，并招募了几位成员，研发生产直升机飞行控制系统。李泽湘也成为大疆的早期投资者，一度持有公司 10% 的股份。

汪滔在大疆创立初期的主要工作是技术研发，他在本科毕业设计成果的基础上继续开发飞行控制系统，公司最初只有五六个人，在深圳一间民宅里办公。

2008 年，大疆研发出第一款较为成熟的直升机飞控系统 XP3.1，随即在市场上兜售这套系统。前几年大疆处境比较困难，但因为能够采用自动悬停技术的产品十分稀缺，价格相对较高，大疆能够保持正常盈利。

当时，多旋翼飞行器已经开始兴起，这给汪滔带来了灵感。

大疆很快把在直升机研发上积累的技术运用到多旋翼飞行器上，植入自己的飞控系统进行出售，得到初步的资金收入。之后，汪滔开始研发云台技术，他们的云台系统可以在飞行中调整方向，在各种环境下保证稳定拍摄。

大疆在接下来的时间里不断攻克各种技术，拥有了开发一款完整无人机需要的所有技术，并成功将无人机的成本从数千美元降低至不到 400 美元。

2012 年年末，大疆推出了一款包含飞行控制系统、四旋翼机体以及遥控装备的微型一体机——"精灵"（Phantom），只需要简单调试就能轻松驾驭，在机身上架设摄像机之后即可进行航拍。如今，大疆的领先技术和产品已被广泛应用于航拍、遥感测绘、森林防火、电力巡线、搜索救援、影视广告等工业及商业用途。

汪滔说，中国制造业大部分是"用七分的商术，对自己的三分产品进行包装，把精心包装的东西在社交圈、媒体圈中宣扬"，而大疆则是"七分技术，三分商术"。"一直以来，中国都缺少一个能够打动全世界的产品。"汪滔希望通过大疆对产品的精益求精，让中国制造贴上高质量、高品位的标签。

2. 人们需求的无限性

创业机会并不会明显地存在于外部环境中，而是需要创业者的创造性想象能力构建一个创业机会，并利用社会化技能，促使市场和社会接受其商业创意。但是，我们不能就此认为创业者可以闭门造车，凭空想象出一个商业创意来。盛田昭夫曾经说过，在索尼公司推出随身听之前，没有人知道有这种需求，因而需求是被创造的。事实上，在随身听产品出现之前，人们的确不可能产生对这种具体产品的需求。但是，人们的内心深处具有随时随地便捷地听音乐的需求，索尼公司不过是用一种具体的产品唤醒和满足了这种人性需求。因此，创业机会的构建必须建立在满足人的需求，尤其是人性需求的基础之上。

人性需求是指由人的本性产生的想达到某种目的的要求或欲望，这是消费者或者用户各种需要和动机的底层来源。人类需求的广度和深度都无穷无尽，人们有更美好、更便宜、更便捷、更适用、更愉悦、更快、更酷等需求，人性需求永不满足，为创业者洞察人性从而构建创业想法提供了机会。

（1）需求的形式。需求有多种形式，创业者要发现和探寻这些需求及其特点，从而构造创业想法满足这种需求。

即时需求（Immediate Demand）是指人们不但有明确意识的欲望，并且明确地显示出来的渴望马上需要得到满足的需求。如在候机的时候，肚子饿了，即便一碗面条卖四五十元，也有很多人为了满足这种即时需求，不得不去消费它。显性需求（Manifest Demand）是指人们已经有明确的购买欲望，并且有能力购买某种产品或服务的有效需求。潜在需求（Latent Demand）是指人们虽然有明确意识的欲望，但由于种种原因还没有明确地显示出来的需求。潜在需求是十分重要的，在消费者的购买行为中，大部分需求是由消费者的潜在需求引起的。如人们对无害香烟、安全的居住区、节油汽车的需求。隐性需求（Recessive Demand）是指人们还没有认识到的要求，由于这些要求处于潜意识层次，人们没有直接提出、不能清楚描述、不能完全清晰明确的需求。隐性需求没有直接显示出来，而是隐藏在显性需求的背后，必须经过创业者仔细分析、挖掘和引导才能将其显示出来。

隐性需求的挖掘对识别创业机会很重要，当用户的显性需求被满足时，用户一般不会兴奋；而不满足时，用户则会产生抱怨，例如给等位的顾客提供椅子坐。当用户的隐性需求被满足时，用户一般会兴奋或惊喜；而不被满足时，用户却不会产生抱怨，例如等位过程中提供的水果和糕点。

关于创业机会的产生有两种解释：创业机会发现说和创业机会构建说，一般来说，基于即时需求和显性需求的创业机会，往往需要通过观察而被发现；而基于潜在需求和隐性需求的创业机会，往往需要通过创业者的主观思维构建出来。

（2）人性需求的层次。马斯洛需求层次理论将人类需求像阶梯一样从低到高次分为五种，分别是生理需求、安全需求、社交需求、尊重需求和自我实现需求（见图3-3）。创业者要识别顾客的需求处在哪个层次，从而构建合适的创业想法去满足这种需求。

人类最基本的生理需求是衣食住行，若无法满足，人类无法生存。这也是我们提及最多的用户刚需，每一天都离不开，也就蕴含着巨大的市场空间，是众多创业公司和巨头一直抢占的山头。随之产生的是安全需求，希望生活有所保障，避免被物理伤害。这两个需求得到满足后，个体会产生友谊、爱情、亲情等各种感情诉求，也渴望成为集体的一部分，几乎没有人希望过着孤独、不与外界产生联系的生活。随后希望被人尊重，得到认可和赞赏，名

第3章 识别创业机会与创业风险

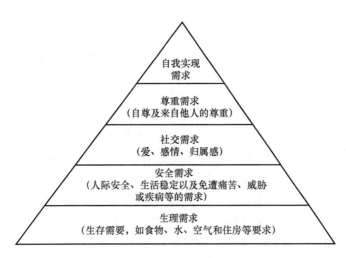

图 3-3　马斯洛的需求层次论

（资料来源：亚伯拉罕·马斯洛，动机与人格［M］．许金声，等译．北京：中国人民大学出版社，2007．）

誉、声望和地位的尊重需求，这种需求很少得到充分满足。自我实现是最高层次的一种需求，是实现个人抱负、理想、价值的需要。

马斯洛的需求层次理论具有抽象性和一般性，它指出的是人们一般意义上根本需求的层次。但是，对于创业者而言，需要了解人们对产品或服务的具体诉求是什么。在一个经济社会，消费者对产品或服务的人性需求也呈现功能需求、品质需求、体验需求、参与需求等层次性。

功能需求是指消费者或用户对产品（服务）所具有的基本效用和使用价值的需求。任何产品都有一个基本用途，如汽车可以代步，冰箱能保持食物新鲜，门户网站可以提供咨询，社交软件可以联系朋友等。产品的基本功能包括产品特性、寿命、可靠性、安全性、经济性等，是满足人们对该产品基本需要的部分，是顾客需求的中心内容。

品质需求是指消费者对产品或服务的水准和质量方面的需求，产品的品质包括高水平功能、鲜明的特点、高信赖度、高耐用度、品牌内涵丰富、高美誉度、高知名度等内容。

体验需求是指消费者或用户通过感官、情感、情绪等感性因素和知识、智力、思考等理性因素对在购买的产品或服务的前、中、后等环节中所响应出的需求。也就是说，企业应注重与顾客之间的沟通，发掘顾客内心的渴望，以顾客的真实感受为准，站在顾客体验的角度，去建立体验式服务。例如，打造一些主题博物馆、主题公园、游乐区或以主题为设计导向的一场活动等。

参与需求是一种在产品或服务生产过程中，消费者或顾客承担一定生产者角色而获得情感、个性化需求、自我创造及自我实现等方面需求。其中，涉入性的资源包括智力、精力、金钱、情绪等资源的投入。例如，在加油站采用自助服务。

总之，伟大的创业家都是对人性有深刻理解的人。如果没有对人性的深刻理解，了解客户的需求根植于人性的哪一个部分，乔布斯创造不出 iPhone 这样革命性的产品，贝佐斯不会超前提出电子商务商业模式，张小龙不可能做出微信这样的产品，江南春创造不了电梯户外广告。

阅读材料 3-4

第一波发展过程中的"机会之窗"迁移

1994年中国正式接入国际互联网，但当时中国国内还没有"互联网信息高速公路"。"互联网信息高速公路"的概念实际上是美国副总统戈尔于1993年才正式提出来的。

要发展互联网产业，首先得有互联网，所以，互联网基础设施建设是互联网产业早期一个非常重要的机会。1994年亚信创建，曾经有一段时间，中国互联网基础设施中的60%左右是亚信建设的。亚信被誉为中国早期互联网的"建筑师"，它于2000年在纳斯达克上市。

有了"互联网信息高速公路"后，大家如何上这个"高速公路"呢？这就需要互联网接入服务。当年，张树新在中关村大街上竖了个很大的广告牌："中国人离信息高速公路还有多远？向前1500米！"实际上，前面1500米就是她所创建的公司瀛海威——做互联网接入服务的。

那大家上"互联网信息高速公路"去干吗？人们总不能在"高速公路"上瞎逛吧！这时候，互联网的信息门户网站成为非常重要的机会。当年中国互联网出现了三大门户网站：新浪、搜狐和网易。这几个企业都于2000年在美国纳斯达克上市。

信息门户网站好比是高速公路边上的"大卖场"。逐渐地，互联网用户开始有新的需求，这时候陆续出现了各种B2B、B2C和C2C等更加专业的垂直门户网站——好比高速公路边上的"专卖店"。早期比较知名的创业企业有阿里巴巴、易趣网、搜房网、8848.com、当当网等。

随着互联网的各种网站的出现，信息也越来越多，如何准确、快速地找到所需要的信息就成了一个大问题。这时候，做搜索引擎服务的百度应运而生。随着信息搜索变得越来越重要，百度得以快速发展。百度于2005年在纳斯达克成功上市。

当然，在中国互联网产业发展过程中，既有成功的大明星企业，又有昙花一现的公司，更多的公司则是默默无闻，这其实也是任何一个产业发展的客观规律。

（资料来源：张帏，姜彦福.创业管理学［M］.2版.北京：清华大学出版社，2018：74-75.）

3.3 创业机会的识别

马克·吐温曾说过："我极少能看到机会，往往在我看到机会的时候，它已经不再是机会了。"作为创业者，难能可贵之处就在于能发现其他人看不到的机会，并迅速采取行动，把握创业机会创造价值。掌握识别创业机会的知识，虽不能保证人们一定能够发现创业机会，但确实能给人们的行动提供思路和指导。

3.3.1 识别创业机会的一般过程

创业机会识别是创业者与外部环境（机会来源）互动的过程，在这个过程中，创业者利用各种渠道和各种方式掌握并获取有关环境变化的信息，从而发现在现实世界中产品、服务、原材料和组织方式等方面存在的差距或缺陷，找出改进或创造目的—手段关系的可能性，最终识别出可能带来新产品、新服务、新原材料和新组织方式的创业机会（见图3-4）。

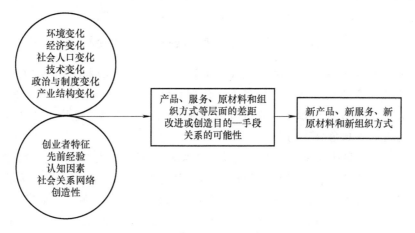

图 3-4　创业机会的识别过程

（资料来源：张玉利，创业管理［M］. 2 版. 北京：机械工业出版社，2011.）

3.3.2　影响创业机会识别的主要因素

影响创业机会识别的因素主要有以下四类。

1. 先前经验

特定产业中的先前经验有助于创业者识别机会。同时，创业经验也非常重要，一旦有过创业经验，创业者就很容易发现新的创业机会，这被称为"走廊原理"，指创业者创建企业，他就开始了一段旅程，在这段旅程中，通向创业机会的"走廊"将变得清晰可见。也就是说，某个人一旦投身于某产业创业，他就将比那些从产业外观察的人更容易看到产业内的新机会。

2. 认知因素

机会识别可能是一项先天技能或一种认知过程。多数创业者以这种观点看待自己，即认为自己比别人更警觉。警觉很大程度上是一种习得的技能，拥有某个领域更多知识的人，往往比其他人对该领域内的机会更警觉。例如，一位计算机工程师就比一位律师对计算机产业内的机会和需求更警觉。

3. 社会关系网络

个人社会关系网络的深度和广度影响着机会识别。建立了大量社会性与专家联系网络的人，比那些拥有少量关系网络的人容易得到更多的机会和创意。在社会关系网络中，按关系的亲疏远近，可以大致将各种关系划分为强关系与弱关系。强关系以频繁相互作用为特征，形成于亲戚、密友和配偶之间；弱关系以不频繁相互作用为特色，形成于同事、同学和一般朋友之间。研究显示，创业者通过弱关系比通过强关系更可能获得新的商业创意。

4. 创造性

创造性是产生新奇或有用的创意的过程。从某种程度上讲，机会识别是一个创造过程，是一个连续的创造性思维过程。在听到更多趣闻逸事的基础上，你会很容易看到创造性包含在许多产品、服务和业务的形成过程中。

阅读材料 3-5

摩拜单车：被资本追逐的骑行创新

对于饱受"最后一公里"困扰的大城市来说，基于移动互联网的无桩共享单车无疑是2016年一个重要的商业模式创新。摩拜单车作为其中的代表企业，在上线仅8个月时间里，连续完成了从A轮到D轮的融资，在资本寒冬中受到投资机构的追捧，估值超过100亿人民币，也正式迈入"独角兽"行列。

摩拜单车创始人胡玮炜毕业于浙江大学城市学院新闻系，之后在汽车行业做了近10年的媒体记者。2013年年初，在拉斯维加斯的CES展览上，她被各大汽车公司展出的人车交互、车车交互及未来交通出行产品和概念所触动，回国后不久创办了"极客汽车"。随着极客汽车的发展壮大，胡玮炜结识了越来越多汽车行业里的先锋派，开始畅想未来的出行方式，她认为个人交通工具将会回归，例如自行车和电动车。

偶然一次，胡玮炜和蔚来汽车董事长李斌聊起智能单车，李斌问她要不要做共享自行车，胡玮炜当时有一种被击中的感觉，立刻就答应了。

胡玮炜在极客公园的GIF 2017大会上说："我很喜欢骑自行车，在我看来，一个城市如果能有自行车骑行，那是幸福指数很高的一件事。"她提及自己以前在国内外一些城市旅游的时候，看到路边的公共自行车想骑，但是不知道去哪里办卡、怎么退卡、到哪里还车，"我要做的自行车首先要用技术手段解决这些痛点"。

2014年12月，胡玮炜迅速组建了团队。2015年1月，"互联网+科技"思维的摩拜单车横空出世。胡玮炜渐渐发现有一大群人也认为摩拜单车是个很酷的想法，自愿降薪加入摩拜单车，最著名的是优步中国上海前负责人王晓峰，加入后担任CEO。

摩拜单车APP在2016年4月正式上线，并于当月在上海正式运营，9月份摩拜单车全面登陆北京，随后进驻广州、深圳、成都、宁波、厦门、佛山、武汉等城市。

胡玮炜是一个很瘦小的女生，她并不像现如今大多数年轻创业者那样侃侃而谈，而是看起来很安静，甚至充满了感性。她不止一次说，摩拜单车更像是一场城市复兴运动，改变了城市的生态，而不只是交通出行本身。

3.3.3 识别创业机会的技巧

1. 二级调查

二级调查也称为"新眼光"调查：阅读某人的发现及其出版的作品、利用互联网搜索数据、浏览寻找包含你所需要信息的报纸文章等，都是二级调查的形式。在通过二级调查对顾客、供应商和竞争对手有了基本的了解之后，你就可以开始进行初级调查了。与人交谈时，不要假设，要学会问问题，如：希望在本地的书店买什么？会选择网上购物吗？这样的业务需要什么样的广告？什么产品比较热销？

2. 市场调研

借助市场调研，从环境变化中发现机会，是机会发现的一般规律。人们可以从企业的宏观环境（政治、法律、技术、人口等）和微观环境（顾客、竞争对手、供应商等）的变化中发现机会。如社会老龄化产生的老年需求热、独生子女产生的校外特长教育需求热、环境污染产生的优良环境需求热、食品安全问题产生的绿色食品需求热、下岗失业问题产生的就业需求热、网络时代的到来产生的网络游戏热等。类似的还有单亲家庭问题、城市扩大与农民转入城市问题、个体创业现象等。创业者可结合新热点和新需求，识别创业机会。

3. 问题分析

问题分析从一开始就要找出个人或组织的需求及其面临的问题，这些需求和问题可能很明确，也可能很含蓄，表3-1列出了奥斯本的问题分析项目。一个有效并有回报的解决方法对创业者来说是识别创业机会的基础。这个分析需要全面了解顾客的需求，以及可以用来满足这些需求的手段。一个新的机会可能会由顾客识别出来，因为他们知道自己究竟需要什么。顾客们会提出一些诸如"如果那样的话不是会很棒吗？"这样的非正式建议，留意这些有助于发现创业机会。

表3-1 奥斯本的问题分析项目表

问 题 项 目	是	否
1. 是否能改变它？如功能、形状、颜色、成本、速度等		
2. 是否能替代它？如采用其他材料、零件、能源、色彩等		
3. 是否能改进它？如更方便、更正确、更完美、更便宜等		
4. 是否能放大它？如增加、扩大、加长、加厚、加大等		
5. 是否能缩小它？如省去、减轻、缩短、缩小等		
6. 是否能颠倒它？如上下、左右、正反、里外、前后等		
7. 是否能以某种方式重组它？如叠加、复合、化合、混合、综合等		

（资料来源：刘平，李坚. 创业学：理论与实践［M］. 北京：清华大学出版社，2009.）

4. 通过创造获得机会

这种方法在新技术行业中最为常见，它可能始于明确拟满足的市场需求，从而积极探索相应的新技术和新知识，也可能始于一项新技术发明，进而积极探索新技术的商业价值。通过创造获得机会比其他任何方式的难度都大，风险也更高，然而，如果能够成功，其回报也更大。

阅读材料 3-6

旷视科技：机会识别打造 AI 尖兵

1998年软件业巨头微软成立了首个海外研究院——亚洲研究院（Microsoft Research Asia，MSRA）。连当时的微软决策者也无法预料，十几年后这家研发机构对中国信息技术界产生的深远影响，它为中国培养的领军人才在创业领域叱咤风云，为业界带来了远胜于带给微软自身的价值。李开复、张亚勤、王坚、张宏江、赵峰、芮勇等都是其中赫赫有名的高手，领国内信息技术界风气之先。

印奇也是其中一员，他在2011年创立的旷视科技（Face++）已经走在中国人工智能研发的前列。从在清华大学读本科开始，他便在微软亚洲研究院开始了半工半读的历程，接触重大项目，参与研发了当时核心的人脸识别系统，后来被广泛应用在X-box和Bing等微软产品中。

在微软亚洲研究院与人脸识别的结缘，是后来印奇创业之路的真正原点。

2016年12月，旷视科技完成了新一轮超过1亿美元的融资，投资者来自建银国际与富士康集团等，旷视也成为人工智能尤其是图像识别领域的代表性创新企业。

Face++其实是旷视科技创立的一个技术服务平台，面向开发者和企业级用户提供一体化的人脸识别产品在智能监控等领域的解决方案及服务。

面向人工智能的未来，印奇想做的还有很多。印奇与他的团队很早便制定了"三步走"的发展战略——第一步是搭建Face++的人脸识别云服务平台，目标是识人；第二步则是Image++，识别万物；第三步则是实现"所见即所得"的机器之眼。

3.4 创业机会的评价

3.4.1 创业者视角的评价

1. 创业者与创业机会的匹配

无论创业机会是企业家自己发现的还是别人建议的，无论是偶然发现的还是系统调查发现的，我们应该问自己的第一个问题是：这个机会适合我吗？为什么我应该开发这个机会而不是其他机会？

机会并非都适合每个人，即使看到了有价值的创业机会，个体也可能因为没有相应的技能、知识、关系等而放弃创业活动，或者把机会信息传递给其他更合适的人，或者是进一步提炼加工机会从而将其出售给其他高科技企业。也并非所有的机会都有足够大的价值潜力来填补为把握机会所付出的成本。

总体而言，创业活动是创业者与创业机会的结合。一方面，创业者识别并开发创业机会；另一方面，创业机会也在选择创业者，只有创业者和创业机会之间存在着恰当的匹配关系时，创业活动才最可能发生，也更可能取得成功。

2. 创业者对创业机会的初始判断

认定创业机会适合自己，还要对创业机会进行评价。这里涉及一个重要的概念——机会窗口。机会窗口是指将创意市场化的时间。你可能有许多创意，但是如果其他竞争者也存在类似的创意并且已经将其市场化，机会窗口就关闭了。

创业者对创业机会的初始判断，有时看似简单得不可信，但也经常奏效。机会转瞬即逝，如果都要进行周密的市场调查，有时会难以把握机会，或者有时会在调研中发现很多的困难，最后反而失去了创业的激情。假设加上简单计算只是创业者对机会的初始判断，那么进一步的创业行动还需依靠调查研究，对机会价值作进一步的评价。

3.4.2 系统分析视角的评价

系统评价类似于常见的可行性论证分析。

1. 蒂蒙斯创业机会评价指标体系

蒂蒙斯教授提出了比较完善的创业机会评价指标体系，认为创业者应该从行业和市场、经济因素、收获条件、竞争优势、管理团队、致命缺陷问题、个人标准、理想与现实的战略差异8个方面评价创业机会的价值潜力，并围绕这8个方面形成了53项指标（见表3-2）。

表 3-2　蒂蒙斯创业机会评价指标体系

评价方面	评价指标
行业和市场	1. 市场容易识别，可以带来持续收入 2. 顾客可以接受产品或服务，愿意为此付费 3. 产品的附加价值高 4. 产品对市场的影响力高 5. 将要开发的产品生命长久 6. 项目所在的行业是新兴行业，竞争不完善 7. 市场规模大，销售潜力达到 0.1 亿~10 亿美元 8. 市场成长率在 30%~50% 甚至更高 9. 现有厂商的生产能力几乎完全饱和 10. 在 5 年内能占据市场的领导地位，达到 20% 以上 11. 拥有低成本的供货商，具有成本优势
经济因素	12. 达到盈亏平衡点所需要的时间在 1.5~2 年 13. 盈亏平衡点不会逐渐提高 14. 投资回报率在 25% 以上 15. 项目对资金的要求不是很大，能够获得融资 16. 销售额的年增长率高于 15% 17. 有良好的现金流量，能占到销售额的 20%~30% 18. 能获得持久的毛利，毛利率要达到 40% 以上 19. 能获得持久的税后利润，税后利润率要超过 10% 20. 资产集中程度低 21. 运营资金不多，需求量是逐渐增加的 22. 研究开发工作对资金的要求不高
收获条件	23. 项目带来的附加价值具有较高的战略意义 24. 存在现有的或可预料的退出方式 25. 资本市场环境有利，可以实现资本的流动
竞争优势	26. 固定成本和可变成本低 27. 对成本、价格和销售的控制较高 28. 已经获得或可以获得对专利所有权的保护 29. 竞争对手尚未觉醒，竞争较弱 30. 拥有专利或具有某种独占性 31. 拥有发展良好的网络关系，容易获得合同 32. 拥有杰出的关键人员和管理团队
管理团队	33. 创业者团队是一个优秀管理者的组合 34. 行业和技术经验达到了本行业内的最高水平 35. 管理团队的正直廉洁程度能达到最高水准 36. 管理团队知道自己缺乏哪方面的知识
致命缺陷问题	37. 不存在任何致命缺陷问题
个人标准	38. 个人目标与创业活动相符合 39. 创业家可以做到在有限的风险下实现成功 40. 创业家能接受薪水减少等损失 41. 创业家渴望进行创业，而不只是为了赚大钱 42. 创业家可以承受适当的风险 43. 创业家在压力下状态依然良好

(续)

评价方面	评价指标
理想与现实的战略差异	44. 理想与现实情况相吻合 45. 管理团队已经是最好的 46. 在客户服务管理方面有很好的服务理念 47. 所创办的事业顺应时代潮流 48. 所采取的技术具有突破性，不存在许多替代品或竞争对手 49. 具备灵活的适应能力，能快速地进行取舍 50. 始终在寻找新的机会 51. 定价与市场领先者几乎持平 52. 能够获得销售渠道，或已经拥有现成的网络 53. 能够允许失败

（资料来源：杰弗里·蒂蒙斯，小斯蒂芬·斯皮内利. 创业学案例 [M]. 6 版. 周伟民, 吕长春, 译. 北京：人民邮电出版社，2005：84-87.）

2. 市场测试评价创业机会

市场测试不同于市场调研。一般市场调研关心的是顾客认为他们想要什么，市场测试却能获得更精确的顾客需求数据，因为测试是站在一个和真实顾客互动交流的位置上了解顾客的要求，能观察到真实的顾客行为，而不是通过提出假设性问题来估计；另外还可以意外发现一些突如其来的顾客行为，以及一些以前可能没有想到的问题。

由于测试是一项处于产品和服务开发早期阶段的工作，通常需要较少的资源，所以项目的早期阶段往往高度关注测试和假设验证工作。测试的结果包括：获知完善产品和服务特性的信息，进一步明确产品或服务的定位，明确开发的经济成本，以及其他关键决策信息。

在产品开发领域，为了给资源配置和产品选择提供信息并推动开发阶段顺利渡过"模糊前端"，需要针对新产品开发设计一套概念生成、检测和选择的流程。通过对各种产品属性的重要性、消费者价格敏感度和其他问题的定量分析，概念测试有助于降低不确定性，帮助设计者权衡和优化产品特性水平。在实践中，概念测试的目的是在打算对产品进行大幅投资之前，预测消费者对这个产品创意的反应。

为此，创业者需要遵循"创建—测试—学习"的步骤，步步为营地检测创业机会的愿景，目的是快速获取重要的顾客信息，通过迭代性的进程推动商业概念以及最终的商业模式得以有效实施。循环必须通过小批量的快速原型制作来完成；这会促进学习并鼓励假设的检验，从而作出改变或者调整商业模式的决定。在测试中，两个基础假设需要被验证：一是价值假设，即测试产品或服务是否真的能够在消费者使用时向消费者传递价值；二是成长假设，即测试新的消费者如何发现一种产品或服务。目的是找到一个可重复和可以升级的模型，最为核心的环节在于成型制作以及对消费者接受度和产品可行性的现场检测。

3. 创业机会评价的定性原则

创业机会定性评价，通常依据以下 5 项基本标准：①机会对产品有明确界定的市场需求，推出的时机也是恰当的；②投资的项目必须能够维持持久的竞争优势；③投资必须具有一定程度的高回报，从而允许一些投资中的失误；④创业者和机会之间必须互相合适；⑤机会中不存在致命的缺陷。

创业机会定性评价，通常分为 5 个环节：①判断新产品或服务将如何为购买者创造价值，判断新产品或服务的使用的潜在障碍，如何克服这些障碍，根据对产品和市场认可度的分析，得出新产品的潜在需求、早期使用者的行为特征、产品达到创造收益的预期时间；②分析产品在目标市场投放的技术风险、财务风险和竞争风险，进行机会窗口分析；③在产品的制造过程中是否能保证足够的生产批量和可以接受的产品质量；④估算新产品项目的初始投资额，以确定使用何种融资渠道；⑤在更大的范围内考虑风险的程度，以及如何控制和管理那些风险因素。

阅读材料 3-7

创业是创业者的"想象"

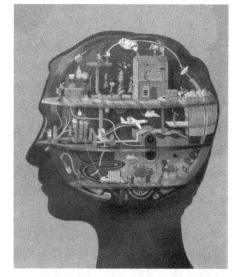

披头士乐队主唱约翰·列侬演唱的 *Imagine*，是苹果公司创始人史蒂夫·乔布斯最钟爱的歌曲之一。乔布斯是披头士乐队的"发烧友"，这首 *Imagine* 一直珍藏在乔布斯的 iPod 和 iPad 里面。歌曲开篇唱道："想象这个世界没有天堂，只要你想象这事很轻松。想象这个世界没有地狱，在我们的头顶只有天空。想象世间所有的人，只为今天而活着。想象这个世界没有国家，只要你去做，这事并不难。"结尾处，更加契合乔布斯身上的创业特质："你也许会说，我是个梦想者，但是我不是唯一的一个。我希望有一天你会加入我们，那世界将会合一。"创业者是创业的起点，乔布斯的传奇和他钟爱的这首歌，也为我们开启了一幅浩瀚的创业画面。场景中心是王者般的创业者，他们在"想象"的引领下前行。

创业者是创业过程的起点要素，更是最富生命力、最具能动性的要素。美国哈佛大学在 20 世纪 60 年代创办了创业历史研究中心，时任中心主任阿瑟·科尔教授曾感叹："十余年时间，我们执着于定义'谁是创业者'，但是，却一直没有成功，因为我们每个人都有着各自的定义，而且我坚信，其他学者也都在对创业者进行着不同的界定。"这种创业特质研究的前提就是，创业者是天生而非后天塑造的，可是，学者们至今没有找到那套基于先天人口统计特征的创业基因"密码"。不过，心理特征视角已经为创业者研究打开了大门，而心理特征或素质在一定程度是可以改变和培养的，是可以通过后天实践习得并提高的。*Imagine* 这首歌唱出的那股无形却能震撼人心的"想象"力，不就是创业者心理世界中能够创造奇迹的无限潜能吗？最重要的，歌中还唱道："如果你愿意，这个奇迹会实现。"

（资料来源：李华晶. 创业大佬们的演唱会 [J]. 中欧商业评论.）

3.5 创业风险

创业风险是来自与创业活动有关因素的不确定性。在创业过程中，创业者要投入大量的人力、物力和财力，要引入和采用各种新的生产要素与市场资源，要建立或者变革现有的组织结构、管理体制、业务流程、工作方法。这一过程中必然会遇到各种意想不到的情况和各种困难，从而有可能使结果偏离创业的预期目标。

3.5.1 创业风险的特征与分类

1. 创业风险的特征

（1）客观性。创业风险的客观性，首先表现在它的存在是不以人的意志为转移的。风险是客观存在的自然现象和社会现象所引起的，无论是自然界中的洪涝、雷击、地震、海啸等自然灾害，还是社会领域的战争、车祸、破产等都是客观存在的，是无法回避和消除的。通常所说的规避风险有两重含义：一是指改变或消除所从事的活动，既然活动对象改变了，风险就自然不同；二是指将风险所造成的经济损失通过各种经济的、技术的手段转移。

（2）不确定性。创业风险的不确定性是指创业风险的发生是不确定的，即风险的程度有多大、风险何时何地有可能转变为现实均是不确定的。这是由于人们对客观世界的认识受到各种条件的限制，不可能准确预测风险的发生。创业过程是创业者将自己的创意或创新技术变为现实的产品或服务的过程。在这一过程中，创业者面临着各种各样的不确定性因素，例如原来预测的市场需求发生了变化、新的技术难以实现、竞争对手采取了有效的对策、需要的资金难以到位等都可能导致创业的失败。

（3）可测量性。尽管风险具有不确定性，但是任何事物的发生都不是偶然的，而是有规律可循的，因此，随着科技的进步和人们素质的提高，风险的规律性是可以被认识和掌握的。企业可以通过定性或定量的方法对风险进行评估和测量，为风险的管理提供可靠的依据。

（4）相对性。创业风险是相对的、变化的，不同的对象有不同的风险，而且随着时间、空间的改变，创业风险也会发生变化。不同的创业主体，面对同一风险事件，会产生不同的风险体验和风险结果，因为他们对风险的认知是有差异的，所拥有的创业资源的数量、质量和结构不一样，风险承受能力各不相同，所采取的风险管理决策也不尽一致。

（5）双重性。自然灾害和意外事故等带来的风险只会产生损失，而创业活动中的风险则是和潜在的收益共生的。在创业活动中，对创业者来说风险和利益是必然同时存在的，即风险是利益的代价，利益是风险的报酬。

2. 创业风险的分类

（1）按风险来源的主客观性划分，可分为主观创业风险和客观创业风险。主观创业风险，是指在创业阶段，由于创业者的身体与心理素质等主观方面的因素导致创业失败的可能性。客观创业风险，是指在创业阶段，由于客观因素导致创业失败的可能性，如市场的变动、政策的变化、竞争对手的出现、创业资金缺乏等。

（2）按风险的内容划分，可分为技术风险、市场风险、政治风险、管理风险、生产风险和经济风险。技术风险，是指由于技术方面的因素及其变化的不确定性而导致创业失败的可能性。市场风险，是指由于市场情况的不确定性导致创业者或创业企业损失的可能性。政治风险，是指由于战争、国际关系变化或有关国家政权更迭、政策改变而导致创业者或企业蒙受损失的可能性。管理风险，是指因创业企业管理不善产生的风险。生产风险，是指创业企业提供的产品或服务从小批量试制到大批量生产的风险。经济风险，是指由于宏观经济环境发生大幅度波动或调整而使创业者或创业投资者蒙受损失的风险。

(3) 按风险对所投入资金即创业投资的影响程度划分，可分为安全性风险、收益性风险和流动性风险。创业投资的投资方包括专业投资者与投入自身财产的创业者。安全性风险，是指从创业投资的安全性角度来看，不仅预期实际收益有损失的可能，而且专业投资者与创业者自身投入的其他财产也可能蒙受损失，即投资方财产的安全存在危险。收益性风险，是指创业投资的投资方的资本和其他财产不会蒙受损失，但预期实际收益有损失的可能性。流动性风险，是指投资方的资本、其他财产以及预期实际收益不会蒙受损失，但资金有可能不能按期转移或支付，造成资金运营的停滞，使投资方蒙受损失的可能性。

阅读材料3-8

缺少定位，融资过多：亿唐网

1999年，第一次互联网泡沫破灭的前夕，刚刚获得哈佛商学院MBA学位的唐海松创建了亿唐公司，其"梦幻团队"由5个哈佛MBA和两个芝加哥大学MBA组成。

凭借诱人的创业方案，亿唐从两家著名美国风险投资DFJ、SevinRosen手中拿到两轮共5 000万美元左右的融资。

亿唐宣称自己不仅仅是互联网公司，也是一个"生活时尚集团"，致力于通过网络、零售和无线服务创造和引进国际先进水平的生活时尚产品，全力服务18~35岁之间所谓"明黄e代""定义中国经济和文化未来"的年轻人。

亿唐网一夜之间横空出世，迅速在各大高校攻城略地，在全国范围快速"烧钱"：除了在北京、广州、深圳三地建立分公司外，亿唐还广招人手，并在各地进行规模浩大的宣传造势活动。2000年年底，互联网的寒冬突如其来，亿唐钱烧光了大半，仍然无法盈利。此后的转型也一直没有取得成功，2008年亿唐公司只剩下空壳，昔日的"梦幻团队"在公司烧光钱后也纷纷选择出走。2009年5月，"http：//etang.com"域名由于无续费被公开竞拍，最终的竞投人以3.5万美元的价格投得。

3.5.2 创业风险管理的流程与管理方法

要创业就一定要在风险和收益之间进行抉择和权衡，既不能为了收益而不顾风险大小，也不能因为害怕风险而错失良机，而是要在争取实现目标的前提下，识别风险管理风险，控制风险，规避风险，这才是创业者对待风险的正确态度。

创业风险管理是指创业者对创业风险进行识别、衡量、分析、评价，并在此基础上有效地处置风险，以最低成本实现最大安全保障的科学管理方法和管理过程。创业风险客观存在，不可避免，但有规律可循。这就要求创业者主动地认识风险，积极地管理风险，有效地控制风险，以保障创业企业的生存和健康成长。但和成熟企业往往有一个专门部门和高级经理主管企业所面临的风险不同，创业企业由于规模较小，其风险管理的任务主要落在创业者身上。

1. 创业风险的管理流程

在长期的生产实践中，人们已经形成了风险管理的基本原则和基本程序，企业通常依此来管理其所面临的风险。风险管理的程序一般包括风险识别、风险评估、风险管理方法的选择、实施效果的评价,而上述程序实施的目的,就是要使风险始终处于受监控状态,即通过跟踪已识别的风险、监视残余风险和识别新的风险,保证创业活动按既定的计划不断推进。风险管理的流程如图3-5所示。

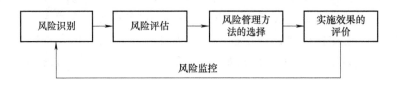

图 3-5　风险管理的流程

(资料来源:张玉利. 创业管理 [M]. 2版. 北京:机械工业出版社,2011.)

(1) 风险识别。风险识别是指在风险事件发生之前,风险管理人员在搜集资料和调查研究的基础上运用各种方法对尚未发生的潜在风险进行系统归类和全面识别。风险识别是风险管理的基础,其任务是查明各种不确定性因素和风险来源,辨析各种风险之间的关系预估,各种风险事件的可能后果,确定哪些因素对创业构成威胁,哪些因素可能带来机会,为风险管理做好准备。风险识别的主要内容:包括识别风险存在的主要领域、识别引发风险的主要因素、识别风险性质、识别风险概率和识别风险后果。常用的风险识别方法有:环境分析法、财务状况分析法、流程图法、保险调查法。

(2) 风险评估。风险评估是指在风险识别的基础上对可能发生的某类风险的预计、度量和后果估计等工作,也可以对企业总体的风险水平进行测量和评估。在这一阶段,可按照相关风险发生的概率进行分类,进行风险概率的评估,同时对风险事件带来的损失规模与幅度进行分析,从而使风险分析科学化。把风险事件发生的概率、损失的程度与其他综合因素结合起来考虑,确定风险发生的可能性及其危害程度,通过比较管理风险所支付的费用,决定是否需要采取风险控制措施以及控制措施采取到什么程度,从而为管理者进行风险决策、选择最佳风险管理方法提供可靠的依据。

(3) 风险管理方法的选择。在风险评估的基础上,为实现风险管理的目标选择最佳的风险管理方法,是风险管理的实质性内容。风险管理方法分为控制型和财务型两大类。控制型方法的目标是降低风险事件发生的频率和减少风险事件造成的损失的程度,重点在于改变引发风险事件发生的各种条件,同时创造防止损失扩大的各种条件。财务型方法的目标是以提供专项资金的方式,消化发生损失的成本,即对无法控制的风险进行财务安排。

(4) 实施效果的评价。风险管理是一个持续的过程,对风险管理方法的实施效果进行评价无疑是必要的。新的风险暴露出来,或者预期的损失概率或损失幅度发生了显著的变化,就需要对原有决策进行重新评价。风险管理的效果评价是指对风险管理技术的适用性及其收益情况进行分析、检查、评估和修正。通过效果评价,企业可以保证具体的管理方法与风险管理目标相一致,并使具体的方法具有可操作性和有效性。

2. 创业风险的管理方法

创业风险的管理方法,是指通过不同的手段和措施,使因创业风险而发生的损失最小化,以达到最大安全保障的过程。创业风险的管理方法有很多,但最常见的有风险回避、风险预防、损失抑制、风险转嫁和风险自留等几种。

(1) 风险回避。风险回避是指放弃某一计划或方案,以中断风险来源,从而避免由此带来的损失后果。风险回避是一种从根本上消除特定风险的办法,但也是一种消极的处理方法。因为除了只有"损失"一种结果的纯粹风险外,多数风险都和收益相连,没有风险就没有收益,所以回避风险虽然简单易行,但它往往意味着收益机会的流失。风险回避通常在两种情况下采用:一是在某种特定风险所导致的损失概率和损失幅度相当高时;二是在用其他方法处理风险得不偿失时。

(2) 风险预防。风险预防是指在风险事件发生前,为了降低风险发生的概率和控制风险发生带来的损失幅度,采取各种具体措施以消除或减少可能引发风险的各种因素。风险预防是风险管理的最常规方式,其具体措施可分为工程物理法和人类行为法两种。工程物理法就是损失预防措施侧重于风险预防的物质因素的一种方法,如防火结构的设计、防盗装置的安装等;人类行为法是指损失预防侧重于人们行为教育的一种方法,如职业安全教育、消防教育等。

(3) 损失抑制。损失抑制是指在风险发生时或风险发生后,为缩小损失幅度或损失强度而采取的各种措施,它也是处理风险的有效技术。损失抑制的一种特殊形态是隔离,这是指将风险单位隔离成独立的小单位而达到缩小损失幅度的一种方法。损失抑制法通常在损失幅度高且又无法避免和转嫁的情况下采用,如损失发生后的各种自救措施和损失处理等。

(4) 风险转嫁。风险转嫁是指为了避免承担风险损失,利用合法的交易方式和业务手段,有意识地将风险全部或部分地转移给他人的一种风险管理方式。转嫁风险的方式主要有两种:保险转嫁和非保险转嫁。保险转嫁是指向保险公司缴纳保险费的同时,将风险全部或部分地转嫁给保险公司。非保险转嫁又细分为两种方式,一是转让转嫁,二是合同转嫁。转让转嫁一般适用于投机风险,如当股市行情下跌时卖出手中的股票。合同转嫁是指将具有风险的生产经营活动外包给他人,并在合同中规定由对方承担风险损失,如通过承包合同将某些高风险的研发活动外包给合作单位。

(5) 风险自留。风险自留是指行为主体对风险的自我承担。风险自留有主动自留和被动自留两种。主动自留是指在风险所导致的损失概率和幅度较低、损失较好预测,以及最大损失不影响企业财务稳定的情况下,企业主动将风险自留下来。在这样的情况下采用风险自留的成本要比其他风险处理方式的成本低,而且方便有效。被动自留是指风险无法回避,无法排除,也无法将风险转嫁给第三方,只能采取自留的方式。

风险管理者通常会尽可能地回避并排除风险,把不能回避或排除的风险转嫁给第三方,不能转嫁的或损失幅度小的风险则可采取自留的方式。对于创业企业而言,究竟选择哪种风险管理方式更合理,需要根据风险评估的结果和具体的环境进行选择。对于损失金额很小的风险适宜采取自留的方式;对于那些出现概率大、损失金额高的风险,如财产责任风险,则宜采取转嫁的方式;而对诸如项目选择风险、人力资源风险、财务风险、环境风险等则宜采取预防和抑制的方法来处理。

阅读材料 3-9

财务风险导致退市:亚洲互动传媒

2004年7月,亚洲互动传媒在英属百慕大群岛设立。亚洲互动传媒自称是"中国提供跨媒体平台电视节目指南解决方案的领导者"，其销售收入中，以电视广告代理业务为主，TVPG（电视节目指南）和 EPG（电子节目指南）为辅。

2005 年 10 月，公司获得红杉资本的投资。在红杉资本之后，亚洲互动传媒先后吸纳了包括新加坡野村证券公司、美林日本证券公司、日本最大的广告公司电通、NTT 移动通信公司、日本最大的卫星通信公司 JSAT、伊藤忠商事 Itochu 等日本著名的金融、广告公司。2007 年 4 月，亚洲互动传媒在东京证券交易所上市，根据其上市《招股说明书》，2005 年该公司净利润达到 4.65 亿日元（约 3 000 万元人民币），净资产 18.97 亿日元（约 1.26 亿元人民币）。但仅过了一年，亚洲互动传媒就令人哑然地无奈退市。导火索是由于亚洲互动传媒的会计师事务所拒绝为其 2007 年年报出具审计意见，并暴露出了其 CEO 崔建平挪用公司资产的丑闻。亚洲互动传媒的退市，让 11 家财务投资人同时失手，退出平台。其后，公司尴尬退市，红杉资本创始合伙人张帆也引咎辞职。

3.5.3 创业风险的管理策略

创业企业是风险集中的组织。在创业过程中，创业者和新创企业主要面临着创业项目选择风险、人力资源风险、市场风险、财务风险和技术风险等，下面将对这些主要创业风险的管理策略逐一进行解读。

1. 创业项目选择风险的管理策略

项目选择是创业活动的开端，选择一个好的创业项目，是防范创业风险的第一步和关键所在，也就是说，风险回避是创业风险管理的第一策略。尽管在创业项目的选择上多数创业者都经过了一段相对较长时间的考虑，或者按照相应的标准进行了认真筛选，但由于各种主客观因素的影响，不少创业者选错了创业项目，使创业一开始就出现了方向性的错误。在我们分析很多创业失败的案例时就会发现，由于项目选择不当，失败的命运在创业之初就已经注定，让人扼腕叹息。该如何规避创业项目选择的风险？以下策略值得关注。

（1）掌握创业规律。要选择好的创业项目，从源头上防范和规避创业风险，关键是要提高创业者发现、分析、选择创业项目的能力。很多人创业失败，是因为其对商业的本质缺乏认知，不懂创业规律，也不具有创业的相关知识和技能。这样的创业者，实际上是缺乏历练的创业者，是没有创业基础的创业者，是盲目的创业者。在选择创业项目选择时，这样的创业者往往只有一腔热情，没有理性的思考能力，也没有成熟的商业眼光，无法选择好的创业项目是必然的，选择了好的创业项目反而是偶然的。因此，要规避创业项目的选择风险，首先要提高创业者自身的素质，做一个合格的创业者。

（2）充分调查研究。当创业者初步选定某一创业项目后，要对该项目进行全面细致的调查研究。每一个行业都有不同于其他行业的内在规律，俗话说，"隔行如隔山"，就是说一个行业独特的内在规律，行外人是很难了解的，创业者必须成为"内行人"，成功的概率才能变大，这也就是人们所说的"不熟不做"。当然，要做到充分的调查研究和深刻的审视所选的创业项目并不容易，因为这不仅要创业者花费大量的精力和付出艰苦的劳动，还要创业者抛掉类似"某某项目很有前景"的先入为主的看法，冷静客观地作出判断。例如，著名企业家、软银集团总裁孙正义当初从美国毕业后回到日本，选择了 40 个可能的创业目标，花了整整一年的时间逐个进行考察，写出了几尺厚的资料，经过反复论证，最后选择了软件行业，成为他商业传奇的起点。

（3）实现与商机的相互匹配。商业机会是一种客观的存在，好的创业项目是创业者和商业机会良性互动的起点，而成功则是两者相互匹配的必然结果。创业者是一个充满个性的群体，创业者之间在性格、能力、经验、财富、社会资源等方面有着巨大的差异。而商业机会也各不相同，有的机会大，有的机会小；有的机会长久，有的机会短暂；有的机会需要的投入大，有的机会需要的投入小；有的机会回报快，有的机会回报慢；等等。但有一点很清楚，即创业者只有做到"知己知彼"，选择自身可以掌控和驾驭的商业机会，创业才能有迈向成功的基础。因此，创业选项目，其实选择的是自己，是让创业者自己的优势和资源与商机的特点和要求相互匹配，并形成良性互动，共同成长。

（4）谨慎选择项目。遵循创业项目风险防范的基本原则：遵循优势利用原则，不盲目追求热门生意。遵循市场导向原则，不盲目追求技术的先进性。遵循趋利避害原则，不违背政策潮流。创业者要有宽广的视野，对国家政策和社会经济的发展趋势一定要有掌握，才能顺势而为，趋利避害。遵循找准切入口原则，不贪大求全。遵循量力而行原则，不大量借贷投资。因为大量借贷风险大，心理压力很大，极不利于创业者经营能力的正常发挥。

阅读材料3-10

路线之争的牺牲品：酷6网

优酷、土豆和酷6网是当年的视频网站三杰。其中优酷的古永锵和酷6网的李善友都是搜狐系，土豆网的王微是文艺青年，一度风风火火。然而，经过几年的发展，酷6网掉队了。创始人离职，亏损逐年变大，血腥大裁员，再转型……陈天桥派驻的酷6新CEO施瑜公开表示："酷6从此不再购买长视频版权，包括电影和电视剧等，将关注于社区化、UGC（用户生成内容）和短视频。"

在李善友离职，盛大大规模清理了创始团队之后，陈天桥与李善友就酷6网的发展战略产生的分歧浮出水面。陈天桥希望酷6网的发展方向是"视频资讯新闻"，而李善友则更希望坚持购买正版版权的"大片模式"，两者最终不欢而散。

视频行业一向以"烧钱"著称，盛大在酷6网身上已经投入了将近两亿美元，却颗粒未收。而这或许正是促使酷6网转型的最直接原因。烧了两亿美元，落得个尴尬转型。管理方与创始人的理念不同，企业就不会有正确的方向和终点。

2. 人力资源风险的管理策略

创业人力资源风险是指在创业初期和成长期，由人力资源原因而导致的经营风险，主要包括创业团队风险和关键员工流失风险。创业团队风险主要是指团队成员的素质、团队的组织协作能力、团队的稳定性、团队的环境适应能力等方面的风险。关键员工流失风险是指那些具有特殊才能、负责核心业务、控制关键资源的员工离开创业企业而导致的风险。下面分别对这两类风险的管理策略进行阐述。

（1）创业团队风险的管理策略。一是要谨慎选择创业团队成员。创业团队的主要成员，尤其是团队领导，应该以足够的理性来选择团队成员，而不能因为是兄弟姐妹、亲朋好友、同学同事、战友老乡等就草率决定。二是要形成团队的共同价值观和愿景。要让所有的团队成员对于"我们是谁""我们要做什么""我们为什么要创业""我们创业的使命是什么""我们的共同目标是什么"这些关键命题达成一个清晰的共识，并用这些共识去指导整个团队和每个成员的行为。三是要明确团队成员的权利和责任，建立良好的利益协调机制，以达成责权利的统一。四是要制定并遵守团队规范和团队纪律。五是要建立创业团队的动态调整机制。随着时间的推移，创业团队最初的很多安排会变得不合时宜，具有发展观念的创业团队要建立一套相对完善的调整机制，进行团队内部调节，这样既有利于成员体面离开，也有利于新成员顺利加入。创业团队的动态调整机制包括公平的业绩衡量机制、合理的股份转让机制、良好的晋升机制、科学的股票期权机制等。

（2）关键员工流失风险的管理策略。首先，要识别关键岗位和关键员工。在不同的企业，关键岗位和关键员工的数量是不同的，需要根据企业自身的特点将这些关键岗位和关键员工识别出来，给予重点关注。其次，采取措施激励和留住关键员工。如提供有竞争力的薪酬待遇，提供良好的进修与培训机会，规划良好的职业上升通道，弘扬正确的企业价值观，制定并传递公司发展战略和发展愿景，改进公司的管理机制和管理制度，塑造良好的企业文化，等等。最后，用契约约束关键员工，减少流失可能带来的损失。虽然创业企业可能在关键员工管理方面采取了多种多样的方法，但关键员工的流失现象依然存在。为了防止关键员工流失给企业带来更大的损失，企业可以采取防范措施，与关键员工在合同中明确阐明双方的权利、责任和义务，一旦出现问题可以诉诸法律。

3. 市场风险的管理策略

市场风险是指由市场情况的不确定性导致的创业失败或创业企业收益不确定带来的风险。从广义上说，市场风险也涵盖创业项目的选择风险，但这里是从狭义的角度来看的，主要包括市场营销风险和市场竞争风险，是指由于新创企业制定、实施的营销策略与市场营销环境的发展变化不协调，从而导致目标市场难以开发，产品难以顺利销售，赢利目标无法实现，在竞争中无法取胜的风险。创业企业防范市场风险的主要策略包括如下几条。

（1）充分的市场调研和严谨的市场分析。所谓"没有调查就没有发言权"，充分的市场调研和严谨的市场分析是防范市场风险的基本策略。市场调研和市场分析包括市场营销环境分析、市场机会分析、行业结构分析、竞争对手分析、消费者需求分析和消费者行为分析等。在市场调研和市场分析的基础上，要对潜在市场风险进行全面客观的评价，以便在接下来的营销规划的制定过程中，明确要抓住的市场机会和要防范的市场风险，做到有的放矢。

（2）市场细分和选择适合的目标市场。创业企业一般都比较弱小，暂时打不开大市场，也经不起大的挫折，因此创业营销尤其强调精细和准确。这就要求创业者在市场调研和市场分析的基础上，精确地做好市场细分，并考虑自身和竞争对手的规模实力、优势劣势、竞争策略等，合理地选择目标市场，并准确地进行市场定位。对目标市场的选择和定位是创业营销规划的关键，一旦选择错误，所有未来的营销努力都将付诸东流，也很可能意味着创业失败。一般来说，创业者多选择自己最熟悉的、有吸引力的那个细分市场作为创业初期的市场切入口，站稳脚跟后再采取措施逐步地、有计划地向其他市场扩展。

阅读材料3-11

不顾国情的模仿：若邻网

若邻网创建于2004年，由软银投资。目标是模仿LinkedIn，做中国最大的商务社交网站。在 2004~2006 年间商务 SNS（社交网络服务）的 Copy 2 China 高潮中，若邻网还算是活下来的。不过中间经历了多次的波折，创始人邹岭二进二出。网站也一度裁员，几乎关站。

若邻网和其他的商务 SNS 一样，用户一直上不来。大家一度相信的所谓六度交友的人际关系理论，在实践中毫无成功的希望。一个普通人可能通过六度能联系到奥巴马，但是这不代表他能认识奥巴马并寻求到实际的帮助。因此六度理论和庞氏骗局也差不多。

更大的差别在于，美国是一个专业社会，尊重个人的履历和专业能力。这是 LinkedIn 崛起的社会学原因，而中国是个关系社会，不顾国情的模仿注定了若邻网必然失败。

（3）制定可行的市场营销方案和营销策略。在明确目标市场选择和市场定位的基础上，创业企业必须科学地制定可行的营销方案，创业者需要不断地思考要以什么样的产品、什么样的价格、什么样的分销渠道、什么样的促销方式来进入目标市场，从而引发目标客户的购买行为。营销策略组合中的四个要素相互依存，相互影响。在开展营销活动时，不能孤立地考虑某一要素，因为任何一个要素的特殊优越性，并不能保证营销目标的实现，只有四个要素优化组合，才能创造最佳的市场营销效果。与此同时，创业企业所制定的营销方案一定要切合实际，注重细节，注重方案的可行性、可操作性和经济性，切不可好高骛远，脱离实际。

（4）建立市场监控和营销策略调整机制。市场环境具有动态性，随着时间的推移，市场环境会连续不断地发生或快或慢的变化，如果企业的市场营销策略没有适应市场环境的变化就会带来风险。建立市场监控及营销策略调整机制是指在企业运营过程中，定期重复市场分析过程，保持对关键市场信号的敏感度，结合产品的试销推广和大规模投放，不断调整先前制定的市场营销策略，以保证营销策略对市场环境的适应性（见图3-6）。

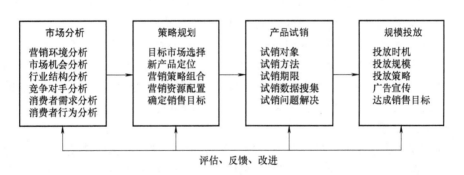

图 3-6　市场监控和营销策略调整机制

（5）加强营销合作，分担市场风险。在创业初期，消费者对新创企业所提供的产品或服务不够了解，缺乏品牌信任，而创业企业往往受制于资源条件，无法做大规模的营销推广，哪怕新创企业的产品或服务有独特的卖点，也很难快速地唤起消费者的需求，迅速占领市场。因此，创业者要以开放、合作、共赢的心态，不断链接和整合各种营销资源，加强与经销商、零售商、广告商等的合作，尤其是要借助目标市场区域内优势企业的渠道优势和营销能力，借船出海，在快速启动市场的同时，也将相应的市场风险在合作伙伴之间进行合理转移和分担。

阅读材料 3-12

APUS 李涛：两年 10 亿用户创中国出海第一品牌

过去几年间，中国移动互联网的每一条赛道都经历过血腥厮杀，纵使美团、滴滴、小米等脱颖而出者，也无不面临新的瓶颈与挑战。相比之下，有一家中国公司却在悄无声息中意外崛起，仅用两年就在全球拿下 10 亿用户，成为最年轻的独角兽公司和全球发展最快的移动互联网公司。这家公司叫 APUS，一家面向海外的 Android 智能手机用户系统公司。创始人李涛曾是奇虎 360 公司高管，为人低调，却是一个善于决策、精于执行的创业家。

2016 年，在 APUS 等一批出海标杆公司带动下，中国资本与模式加速向全球扩张。美团点评王兴、今日头条张一鸣、滴滴出行程维，纷纷将全球化、国际化作为突破口。李涛却已经提前抓住了这个机会，形成了出海品牌、一整套的打法及完善的布局。

随着智能手机普及，全球将有超过 30 亿人陆续接入移动互联网，而用户需要好的工具、内容和服务。李涛决定抓住这次机会。尽管再过半年，他就能兑现当时市值 700 万美金的 360 股票，但他仍然果断辞职，在 2014 年 6 月创立了 APUS。2016 年 6 月，APUS 系统及产品集群全球总用户数突破 10 亿，分布于全球 200 余个国家和地区。

随着 APUS 的用户增长与产品创新，李涛开始搭建 APUS 生态系统，尝试商业化变现。如何让流量变现，这是出海流量型企业面对的共同挑战。在 APUS 布局生态系统这一点上，李涛非常坚决。2016 年一季度开始，APUS 开始构建其整个生态系统。

据报道，2016 年年初 APUS 正式开始商业化变现，1 月份当月收入即突破千万人民币。此后几个月收入保持连续高速增长，6 月份当月收入接近 1 亿人民币。根据预计，此后三年 APUS 的收入将以每年 100% 的增幅强劲增长，到 2018 年总收入预计达到 20 亿人民币。

为了实现这种生态打通，APUS 进行了大量投资布局：在英国投资全球视频广告平台——LoopMe；在印度投资当地的科技媒体 iamWire；在越南投资当地游戏平台——鹿米互动；在印尼投资最大的 Wifi 运营商——ZOOMY；等等。这不仅让 APUS 成为一家带有孵化和投资基因的公司，更打通了当地的生态和渠道。但李涛的野心不止于此。他透露，APUS 生态系统建设仍在全球展开布局，未来要打造 30 亿的用户平台。

4. 财务风险的管理策略

财务风险是指由于企业财务结构不合理、融资不当，使企业丧失偿债能力而导致收益下降或破产的风险。对创业企业而言，除了创业项目本身的投资风险外，其财务风险主要表现为融资风险和现金流风险。下面分别就这两种风险的管理策略进行论述。

（1）融资风险的管理策略。要高度重视融资工作，但绝不可忽视经营工作。创业需要资金，企业的创立、生存和发展，必须有一定数量的资金来支撑。第一，对于创业者而言，融资问题的解决，特别是创业启动资金的落实，是关系能否创业成功的关键因素之一，必须高度重视。第二，要确定合理的融资规模，防止过大或过小融资。第三，要把握合理的融资时机，防止过晚或过早融资。第四，既要融资也要融智，选择最佳的融资对象。第五，要因时因地制宜，选择最有利的融资方式及其组合。第六，创业投融资市场不完善，要谨防融资陷阱。创业投融资市场是一个信息高度不对称的市场，由于我国总体市场经济环境不完善，信用体系不健全，创业投融资市场在呈现蓬勃发展态势的同时，也存在鱼龙混杂的情况。

（2）现金流风险的管理策略。首先，应确立现金流在企业财务管理中的核心地位。其次，利用现金流量表分析现金流短缺的原因。现金流量表（见表3-3）是现金流管理的核心工具，也是分析和防范现金流风险的有效手段。企业的现金流包括经营活动产生的现金流、投资活动产生的现金流和融资活动产生的现金流等。通过对现金流量表的分析，可以清晰地知道企业现金流的短缺到底出在什么地方，并分析其产生的原因。第三，强化经营活动的现金流管理。新创企业在市场开拓上遇到的困难，包括需求不稳定、销售低迷等都会直接影响现金流入。这就要求企业采取加强研究与开发、提升产品市场竞争力、增强赢利能力等措施。第四，要合理规划投资，防止盲目投资占用过多资金。最后，要科学规划融资，确保合理的财务结构。要根据创业企业经营活动的实际需要，合理规划债务融资和股权融资，确保整体财务结构的科学合理，以及融资结构和投资结构的相互匹配。

表3-3 现金流量表

项　　目	金额	备注
一、经营活动产生的现金流		
销售商品、提供劳务收到的现金 收到的税费返还 收到的其他与经营活动有关的现金		
现金流入小计		
购买商品、接受劳务支付的现金 支付给职工以及为职工支付的现金 支付的各项税费 支付的其他与经营活动有关的现金		
现金流出小计		
经营活动产生的现金流净额		
二、投资活动产生的现金		
收回投资所收到的现金 取得投资收益所收到的现金 处置固定资产、无形资产和其他长期资产收回的现金净额 收到的其他与投资活动有关的现金		
现金流入小计		
购建固定资产、无形资产和其他长期资产所支付的现金 投资所支付的现金 支付的其他与投资活动有关的现金		
现金流出小计		
投资活动产生的现金流净额		
三、融资活动产生的现金		
吸收权益投资所收到的现金 借款所收到的现金 收到的其他与筹资活动有关的现金		
现金流入小计		

(续)

项　　目	金额	备注
偿还债务所支付的现金		
分配股利、利润或偿付利息所支付现金		
支付的其他与筹资活动有关的现金		
现金流出小计		
筹资活动产生的现金流净额		
四、汇率变动对现金的影响		
五、现金及现金等价物净增加额		

5. 技术风险的管理策略

技术风险是指由技术的不确定性以及技术与经济互动过程的不确定性所带来的风险。技术成功的不确定性、技术前景的不确定性、技术寿命的不确定性、技术保护的不确定性等都可能带来巨大的风险，需要加以防范。下面主要通过以下4种策略来管理技术风险。

（1）强化论证以减少技术开发的盲目性。要根据企业技术能力的强弱和综合实力的高低来开发新技术。总体而言，由于创业企业的资金实力较弱，研发能力不强，在技术研发上要以应用型开发和模仿性创新为主。同时，要以满足市场需求为导向，紧紧围绕消费者的需求来选择合适的技术，并将新技术转化为消费者喜欢的新产品，减少技术开发和技术选择的盲目性。这就要高度重视技术创新的前期市场调研，从目标顾客认为重要性程度较高的产品特性入手进行研发，使研发瞄准、响应和满足顾客的需求。

（2）建立技术发展趋势的监测系统。要建立技术发展趋势的监测系统，加强情报信息的搜集，实时追踪国内外相关技术的发展状况和发展前沿，并判断其未来的发展趋势。要客观评估自己企业在技术创新体系中的坐标，分析本企业面临的机会和威胁，并明确下一步的创新方向和可能采取的创新策略。要监测竞争对手的研发投入、研发方向、研发进展及其产业化进展，并关注市场对不技术产品的种种反应。

（3）高度重视本企业的专利技术保护。创业企业要树立专利、技术、生产工艺等知识产权的保护意识，适时向政府部门申请专利保护，防止技术外流和技术侵权，最大限度地将技术创新的优势转化为市场竞争优势，以保障企业自身利益。

（4）建立技术创新联盟。增强企业自身研发能力的建设可降低技术风险，而建立或加入技术创新联盟，则可以降低研发投入，分散技术投资风险，形成协同创新效应等，是新创企业以开放的心态进行联合技术创新的有效途径。

【本章小结】

本章主要介绍了创业机会的概念、特征，阐述了创业机会的来源与类型，明晰了识别创业机会的一般过程和影响因素以及识别创业机会的行为技巧。本章从创业者和系统分析的视角介绍了评价创业机会的方法，分析了创业风险的特征与分类，阐述了创业管理的基本流程和管理方法，介绍了创业风险管理的相关策略。创业者应当能够辨识、评价创业机会，并在整合资源满足不断变化的市场需求的过程中，逐渐形成科学有效的风险管理机制。

第3章 识别创业机会与创业风险

【思考题】

1. 如何理解创业机会？
2. 机会、创意、商业概念、创业机会之间存在着什么样的区别和联系？
3. 识别创业机会受到哪些因素的影响？
4. 如何评价创业机会？
5. 大学生创业有哪些风险？如何规避和控制这些风险？

【案例分析实训】

经营彩色钥匙：小本生意的失败教训

随着经济的发展和人们生活水平的提高，如今时尚的装饰品遍及生活的方方面面。钥匙也成为时尚大做文章的载体。彩色钥匙，既保留了传统钥匙的使用功能，又具有时尚绚丽的外表，还成为彰显个性的绝好方式，那它是不是一个绝好的商业机会呢？

与此同时，特许经营作为一种快速扩张的商业模式，逐步为国内企业界所认识，越来越多的企业开始采用特许经营的方式拓展市场。广大中小投资者也对加盟创业这样一种创业方式越来越熟悉，越来越认同。那么，在特许经营体系——经营培训、统一品牌形象、统一采购、统一配送、统一宣传推广的模式下，加盟创业者是不是就没有风险了呢？

2004年8月，小李看准了彩色钥匙这个小本经营项目，经过认真的考察和细致的分析，他选择了一个叫千色的彩色钥匙品牌，成为千色彩色钥匙的加盟商。千色彩匙使用超硬度的合金材质，采用韩国新型的高分子喷涂技术生产，与其他同类产品相比不易折断，喷涂层不易脱落，不易磨损，进出锁孔200次以上仅有轻微划痕。虽然千色彩匙成本较高，但它贵在质量值得信赖。小李认为，作为主要卖点的彩色涂层是每个消费者首先关心的问题，在图案花色相差不大的情况下，相对于选择那些甚至可以用指甲刮脱表层图案的产品，选择一个质量有保证的品牌，对于消费者在接受这个产品的过程中建立起他们的消费信心是至关重要的。

千色公司的加盟费是3 000元，配送卧式和立式配匙机各1台，工作服2套，小饰品展架4个，以及名片和宣传画等物品，首次进货必须在3 000条匙胚以上，而普通匙胚单价加上运费和损耗相当于2.1元。小李走访了一些配匙点，找好常用的匙型订了货，又向千色公司进了一些钥匙包、钥匙扣等小精品，付了加盟费和货款共计12 000元。接下来又在市中心最旺的商业步行街租下了一间约6平方米的小店面，月租2 800元，押金是2个月租金，租期为半年。小李预计每天的营业额在400元左右，产品成本和销售费用约230元，净利润可达每月5 000元，5个月即可收回全部投资。

在开业之前，小李请人到各大学校、商业旺区有目的地派发了宣传单，每张宣传单上都标明了店铺地址和开业日期，因此开业那一天，店里人气很旺，可是配了一些钥匙出去以后，出现了顾客回家开不了锁的情况，小李请人检查了2台配匙机才知道，其中那台卧式配匙机的精度不准，需要调校，而另一台立式配匙机更是需要修理后才能使用。原来千色公司为了压缩成本，采购的是价格低廉的劣质配匙机器，精度差到了无法使用的程度。而且为了保守所谓的商业机密，删除了生产配匙机厂家的地址和联系方式，想请求厂家维修或者是调换能够正常使用的机器根本就不可能。万般无奈之下，小李只得花了800多元重新购买了2台配匙机。

小李原来预计每天销售彩色钥匙40条左右，但实际上每天只能销出10余条。其实许多顾客进店后有消费的意向，但最终都放弃了购买。一方面彩色钥匙有数百种图案，50余种匙型，上万种搭配，有喜欢的图案吧，匙型却对不上，有合适的匙型吧，却不喜欢那些现有的图案。另一方面，各地的钥匙型号千差万别，不同的型号之间往往有非常细微的差别就会对不上，于是有的顾客在一大串钥匙里只能配上一两条的情况下放弃了消费，也不再问津。在配制钥匙的过程中，开齿位表面必须磨去一层作修整，虽然这是正常现象，不影响匙柄的公仔图案，但是有很挑剔的顾客却以此为由拒绝付款，小李只能先收款再配钥匙。更多的顾客则是觉得价格偏高，配一条彩色钥匙需要10元，而配一条普通钥匙只要1~2元，两相比较，看一看也就走了。

经过一番思考，小李把单品价格从10元降到了8元，又请那些没有找到合适匙型的顾客留下联系方式，跟千色彩匙公司定制了以后再通知顾客购买，但效果还是不理想。

顾客对于单价从10元到8元的价格降幅并不敏感，当时没有找到合适匙型的顾客消费欲念只是一闪而过，事后很少愿意专程回去购买，只有极个别顾客抱着千金难买心头爱的心理接受了定制的货品。可是以每盒50条为单位的进货方式也使小李的积货越来越严重。

最令小李头疼的是他没有专业技术，没办法做到以相似的匙型改制成所需的匙型。而且彩色钥匙的材质是超强硬度的合金，不但对配匙机有相当严重的磨损，而且对于加工者的技术要求也更高，即使是请熟练的配匙师父也无法避免配出的钥匙开不了锁的情况。特别是使用立式配匙机配制的电脑匙、防盗电脑匙以及特种电脑匙等20余种匙型经常会出现这种情况，修整和重配都不能解决就只好退款给顾客，蒙受了不少损失。

小李想到一些精品店和配匙点做彩色钥匙的批发业务，但在推销过程中发现，精品店没有配匙服务根本无法销售，而配匙点又兼营修单车、补皮鞋等业务，彩色钥匙陈列在那样简陋的摊点上也无法以精品的价格销售。批发的利润每条只有约0.6元，每个月能批出去600条左右，这笔300多元的收入还不够支付交通和通信费，更不用说广告费用了。

虽然使出浑身解数，但小李每天的营业额仍然只有100余元，可是营业开支却需要近200元，在苦苦支撑了3个月之后，小李最终放弃了彩色钥匙的经营。

（资料来源：http：//www.studentboss.com/html/news/20112-14/97863_1.htm.）

结合上述案例资料，试进行分析思考：

1. 案例深探：小李创业失败的主要原因是什么？给了我们哪些启示？
2. 案例决策：如何识别创业机会和规避创业风险？

【创业机会识别设计实训】

实训导航：

1. 许多企业的失败不是因为创业者没有努力工作，而是没有遇到真正好的机遇开展项目。在创业伊始，要了解创业创意是否填补了某种市场需要，是否具有发展潜力。
2. 请组建一个6~7人的团队，完成以下实训项目。建议先分小组讨论（如条件允许，可以实地演练），之后由各小组进行简要的汇报分享，汇报形式为PPT展示。

实训项目：

请各组作为大学生创业团队，对身边的市场需求进行挖掘，识别和描绘所挖掘到的创业机会，并基于此提出本小组拟开展的创业项目，对创业项目进行市场分析。

实训建议：

1. 建议采用小组讨论、头脑风暴等方法，集思广益。
2. 尝试进行有效的市场调研进行机会挖掘和识别。
3. 小组间互相点评，并由专业教师或创业导师给予评价。

【参考文献】

[1] 张玉利，薛红志，陈寒松. 创业管理 [M]. 北京：机械工业出版社，2015.
[2] 姜彦福，张韩. 创业管理学 [M]. 北京：清华大学出版社，2005.
[3] 张玉利. 创业管理 [M]. 2版. 北京：机械工业出版社，2011.
[4] 刘平，李坚. 创业学：理论与实践 [M]. 北京：清华大学出版社，2009.
[5] 蒂蒙斯，斯皮内利. 创业学案例 [M]. 6版. 周伟民，吕长春，译. 北京：人民邮电出版社，2005.
[6] 李华晶. 创业大佬们的演唱会 [J]. 中欧商业评论，2015：7.
[7] 吴晓义，等. 创业基础 [M]. 2版. 北京：中国人民大学出版社，2019.
[8] ECKHARD T J T, SHANE S A. Opportunities and entrepreneurship [J]. Journal of Management, 2003, 29 (3)：333-349.
[9] 高振强，大学生创业管理教程 [M]. 北京：科学出版社，2009.
[10] 韩国文. 创业学 [M]. 湖北：武汉大学出版社，2007.
[11] 李家华，郑旭红，张志宏. 创业有道：大学生创业指导 [M]. 北京：高等教育出版社，2011.
[12] 李时椿. 创业管理 [M]. 2版. 北京：清华大学出版社，2010.
[13] 刘沁玲，陈文华. 创业学 [M]. 北京：北京大学出版社，2012.
[14] 刘亚娟. 创业风险管理 [M]. 北京：中国劳动社会保障出版社，2011.
[15] 夏清华. 创业管理 [M]. 湖北：武汉大学出版社，2007.
[16] 杨安. 创业管理：大学生创新创业基础 [M]. 北京：清华大学出版社，2011.
[17] 杨华东. 中国青年创业案例精选：第二辑 [M]. 北京：清华大学出版社，2012.
[18] 张耀辉，朱锋. 创业基础 [M]. 广州：暨南大学出版社，2013.

第 4 章
整合创业资源

 教学目标

通过本章的学习,了解创业资源的内涵、种类和获取的主要途径,理解创业资源与一般商业资源的异同及资源拼凑在创业活动中的关键作用,掌握创业资源的开发方式与整合原则。

 学习建议

1. 结合案例,开展小组与集体讨论,找出创业成功的关键资源,并分析创业成功与获取资源的方式之间的关系。
2. 通过课后个人或者小组作业,完成一个完整的创业资源获取方案。

 基本概念

资源　创业资源　显性资源　隐性资源　资源拼凑　资源整合

 导入案例

牛根生的创业资源整合

没有任何资源,难道就不能做事情,不能创业吗?我们不能被眼前的困难吓倒了,要明白一个道理,资源是可以整合的,没有工厂,可以借别人的工厂生产;没有品牌,就先做别人的品牌,积累了一定基础后,然后做自己的品牌,同时也可以整合其他品牌资源。例如怕上火就喝王老吉,你就说,上火就喝"降火王",当别人喝王老吉的时候,同时也会想到你。所以基本上企业的任何资源都可以整合。

现在这个时代,靠一个企业独立经营,单打独斗,力量是十分有限的,一定要整合各方面的资源才能把一个企业做大。

牛根生是这方面的牛人,牛根生刚开始只是伊利的一个洗碗工,凭着自己的勤奋和聪明做到生产部门的总经理。后来因为各种原因辞职了,但是他那个时候都40多岁了,去北京找工作,人家嫌弃他年纪大。没有办法又回到呼和浩特,邀请原来伊利几个同事,一起出来创业。人有了,但现在面对的是没有工厂,没有品牌,没有奶源,每一项都是致命的。

第一个问题,没有工厂怎么办?牛根生开始资源整合了,通过人脉关系找到哈尔滨一家乳制品公司,这家公司设备都是新的,但是生产的乳制品质量有问题,同时营销渠道这一块没有打通,所以产品一直滞销。牛根生马上找到这家公司的老板说:"你来帮我们生产,我们这边都是伊利技术高层,帮忙技术把关,牛奶的销售、铺货我们也承包了。"这位老板一听,马上答应下来。这样他们几个一起出来创业的伙伴也就有了落脚的地方,解决了生存的问题。

第二个问题,没有品牌怎么办?在乳制品这个行业,没有品牌很难销售,因为品牌代表着安全可靠。借势、整合,打出口号"蒙牛甘居第二,向老大哥伊利学习!"口号一出,让伊利哭笑不得。一个不知名的品牌马上挤入全国前列。牛根生不只是盯着伊利,而是把自己和内蒙古的几个知名品牌联系起来,说:"伊利、鄂尔多斯、宁城老窖、蒙牛为内蒙古喝彩!"因为前三个都是内蒙古驰名商标,蒙牛放在最后,给人感觉就是内蒙古的第四品牌。牛根生整合品牌资源,让蒙牛没有花一分钱,就迅速成为知名的品牌。

第三个问题,没有奶源怎么解决?如果自己买牛去养,牛很贵,也没有那么多人员去照顾,于是蒙牛整合了三方面的资源:农户、农村信用社、奶站的资源。让信用社借钱给奶农,蒙牛担保,而且蒙牛承诺包销路。奶牛生产出来的奶由奶站接收,蒙牛找到奶站收购奶。蒙牛定时把信用社的钱还了,把利润又给了奶农。蒙牛还趁机喊出一个口号:"一年养10头牛,过的日子比蒙牛的老板还牛。"

我们能做事情,不是自己能做就做,有些事情即使自己做也很难做好,而且会花费太多的人力物力。这个时候,我们就要整合资源。发挥自己的长处,整合别人的优势。用更少的成本创业,或者说零成本创业都有可能。

(资料来源:https://www.douban.com/note/608306843/.)

请思考: 案例中牛根生是如何整合创业资源的?

创业资源有哪些种类?

牛根生整合创业资源的故事可以说是一个"传奇",极好地演绎了创业企业获取、开发与整合创业资源的真谛。他通过创新地运用各种资源,四两拨千斤,整合调动了大量的外部资源,使其为我所用,实现了蒙牛的成功。这个创业故事充分说明了创业企业获取资源、开发与整合资源的重要性。创业需要的是整合资源。创业者不是在拥有资源的时候才去创业,而是在没有资源的情况下去获取资源来创业,创业家的资源开发与整合能力决定了他的竞争力。

创业者能否成功地开发机会,进而创建新企业或开拓新事业,在很大程度上取决于他们掌握和能整合到的资源以及对资源的利用情况。创业活动的显著特点之一是在资源高度约束的情况下开展商业活动。大多数创业者在启动创业活动之初资源都相当匮乏,因此,资源整合能力必然成为创业者开展创业活动的必修课程。在现实生活中,优秀的创业者在创业过程中所展现出的卓越的创业技能之一是创造性地整合资源。那么,创业者该如何整合资源,如何培养与提升其资源整合能力呢?

4.1 创业资源概述

4.1.1 创业资源的内涵

资源,是指一个主体可以开发利用创造价值的各种要素的总称。对于创业者言,凡是对其创业有所帮助的要素,都可以归为创业资源的范畴。因此,创业资源的内涵是:创业者在创业过程中可以获取与开发利用的各种要素的总称。

创业是通过整合资源将机会转变为价值的过程，创业离不开资源，但要正确理解拥有资源的含义。创业者可以获取与开发利用资源，不等于创业者一定需要拥有资源的所有权。大量创业成功的案例表明：创业成功，资源的所有权并非关键，关键是对资源的控制和利用。

阅读材料 4-1

创业资源的获取与整合

从管理学的角度来说，资源就是企业作为一个经济实体，在向社会提供产品或服务的过程中，所拥有或者所能够支配的能够实现公司战略目标的各种要素以及要素组合（Mattare, 2016；Dunkelberg, 2013）。资源早期的研究可以追溯到 1933 年，Chamberlin（1933）和 Robinson（1933）在进行组织竞争行为的研究中发现资源在企业的竞争过程中具有重要的作用，并且在研究中指出企业的特有资源是能决定企业超额盈利的重要因素。随后，Penrose（1995）在其著作中也指出企业可以看作是由多种资源组合而成的集合，而且指出了资源作为一个重要因素为企业竞争提供了有力的保障。Macpherson（2015）在其发表的文章中提出"资源基础观"，并且说明了资源是提供企业营收的根源，是一定时间内企业可以利用的所有具有优势和劣势的东西，是属于公司的有形资源和无形资源的总和，通过资源端发掘廉价的资源来源也能为公司从成本战略上提升提供参考。Conner（1991）、Prahalad & Hamel（1990）、Teece et al.（1990）等对企业资源进行了详细的研究，界定了资源是企业竞争力的来源，同时也指出了资源不仅仅包括实体物资方面也包含企业的能力方面。Corbett（2013）在其研究中认为，资源是企业所具有控制权的，并且能被企业在目标的制定、开发、运营和实施中应用和提高其效率的所有的资产、信息、知识、企业属性、组织流程、能力等。并且也指出了不能辅助企业进步的物质或其他形态的条件也可能属于企业资源，只是在一定时间内没有参与到项目应用中。

资源对于企业至关重要，对于创业企业更是如此。创业资源是新创企业在形成发展过程中拥有的或者可以支配的各种有形资源和无形资源的汇总。但是由于创业企业的新生劣性即对于资源的利用相对不完善，所以在整个新创企业运作过程中不断地投入和整合其他企业或者其他个体提供的资源，正是这种资源的引入、利用、交换、调配，才使得创业企业对于目标的实现有了可能（Limei, 2014）。

（资料来源：孙亚清. 跨界创业联盟资源整合机制研究, 2016.）

4.1.2 创业资源的种类

对创业资源的分类有助于创业者理解资源整合的过程。创业资源的分类有很多种。资源可以根据不同维度进行划分，如有形资源和无形资源，离散资源和系统资源，生产资源和工具资源，等等。迈克尔·布拉什（Michael Brush）等人在上述分类基础上进一步将资源划分为简单资源和复杂资源，简单资源是指有形的、离散的、以产权为基础的资源；复杂资源是指无形的、系统的、以知识为基础的资源。生产资源是可以直接用于生产过程的资源，工具资源是用于获得其他资源的资源，如财务资源可以归为简单、工具资源。

也可根据资源的性质分为显性资源和隐性资源，显性资源是看得见摸得着的人、财、物，而隐性资源是看不见但实际起作用的社会、信息与政策资源。

1. 显性资源

（1）实物资源。实物资源是开办企业所需要的具有实物形态的资产，如企业的生产经营设施和工具、生产与经营场所、原材料与产成品等存货等，它们是创业的必备条件，但不是关键资源，因为这些资源可以用其他资源来换取。创业需要实物资源，但并非意味着要拥有实物资源的所有权，而更多看重的是对实物资源的实际控制与利用。

（2）资金资源。资金资源是开办企业所需要的货币资金，它是创业的重要资源，但往往也不是关键资源。创业初始的资金来源主要来自创业者个人和家庭以往的资金积累，朋友和亲戚的借款或入股，项目技术含量高或综合实力较强的创业者还可能获得政策扶持资金、银行贷款和天使基金投资等资金来源。许许多多的创业者都是在不具备丰厚资金或者是白手起家的情况下创办企业的，后续的持续资金筹集显得更为重要。

（3）人力资源。人力资源对于新创企业的成长和发展越来越重要，它是创业的基础资源，尤其是高素质人力资源的获取和开发，已经成为现代企业可持续发展的关键。对于高科技企业来说，人力资源则更为重要。人力资源可分为核心人力资源与一般人力资源。核心人力资源包括创业者、核心业团队、关键技术与关键资源掌握者。一般人力资源是创业企业所需的但并不掌握关键技术与关键资源的人员。

（4）技术资源。技术资源是创业所需的专业技术、专业洞察力、专业技能、专业知识、专业经验及社会关系等。技术资源与人力资源是分不开的，创业企业所需的技术资源往往掌握在核心人力资源成员的手上，所以两者常常紧密结合。

2. 隐性资源

（1）政策资源。政策资源是指与创业企业有相关性的一切政策，包括各级政府职能机构制定和发布的政策与法规、各级行业管理机构制定和发布的政策信息等。它是公共资源，既可以为初创企业带来发展机遇，也可能带来经营风险。

（2）信息资源。信息资源是对创业企业有所帮助的所有信息，包括市场信息、项目信息等。信息往往能起到四两拨千斤的作用，一条信息就可能决定创业的成败。

信息资源来源广泛，有时候可称为情报，有时候又化身为数据。但是如果信息资源完全由创业者通过市场调研分析获取，成本可能过高，因此，常常由专业机构提供。

（3）社会资源。社会资源特指社会中人与人之间的关系创造价值的资源特性，也称为社会资本。对于创业企业来说，社会资源具有重要的意义，社会资源虽然是外部的，但又可以被创业企业获取、开发和利用，往往起到关键甚至决定性的作用。

社会资源可分为客户资源、供应商资源和渠道商资源等。客户资源是创业企业所经营的商品与服务的购买者；供应商资源是创业企业经营所需上游商品与服务的提供者；渠道商资源是创业企业经营的商品与服务的下游分销商。

阅读材料 4-2

蒙牛创业初期的显性资源和隐性资源

创业资源开发是通过独特的创业行为，实现创业资源的优化整合，并且进一步整合成企业的竞争优势。蒙牛创业初期，显性资源几乎是一无所有，也就是资金、奶源、厂房、销售渠道一无所有，后来牛根生和他的团队利用自己在伊利创建的人脉资源、信誉资源以及内部团队的智力资源,通过这些隐性资源,把各种显性资源一一整合起来,到了2009年年初,蒙牛实现增长575倍。

牛根生曾说,蒙牛企业文化中有"四个98%":资源的98%是整合,品牌的98%是文化,经营的98%是人性,矛盾的98%是误会。在这里,第一个98%就是资源整合,可见资源整合在创业资源开发中的重要性。

(资料来源:青岛创业网(qdchuangyew).)

4.1.3 创业资源在创业中的作用

1. 技术资源和人力资源是决定性资源

技术资源是决定新企业产品的市场竞争力和获利能力的决定性因素。人力资源包括创业者及其团队的特长、知识和激情,以及创业者及其团队拥有的能力、经验、意识、社会关系、市场信息等。创业团队自身的人力资源为创业时期最为关键的因素。创业者及其团队的洞察力、知识、能力、经验及社会关系影响到整个创业过程的开始与成功。

同时,在创业初期,专门的知识技能往往掌握在少数创业者手中,因而此时的技术资源在事实上和人力资源紧密结合,并且上述两种资源可能成为新企业竞争优势的重要来源。

2. 资金资源和实物资源是根本资源

资金资源及实物资源在创业中起到重要作用。新企业的经营活动,从原材料采购、运输、组织加工到产成品销售等各项活动的顺利进行,取决于各个环节的资金保障。在创业初期,创业者一般没有太多的资金,而且新企业在初创期需要购置较多的资产,所以一些新企业常常会出现资金短缺现象,进而制约企业成长,而合理的资金资源能够为新企业解决后顾之忧。而有了资金保障后,重要的就是将资金转化为实物资产,通过实物资产的价值增值为企业赚取更多的经济效益。

3. 社会资源和政策资源是关键资源

社会资源也称社会资本,在创业中起到关键作用。因为创业成功的关键是获得社会资源的支持,包括客户上游供应商和下游渠道商。而政策资源是在社会资源的基础上,把握好国家和政府的相关政策要求,保证企业的经营活动处于合规合理的状态。

4. 信息资源是重要资源

新企业要想在复杂多变的社会经济环境中生存和发展,就必须有准确、真实、便利的信息作保障。尤其在创业的早期阶段,信息对创业者来说更为重要。特别是对于计算机、通信和网络等高科技企业来说,良好的信息资源能为新企业提供快捷、便利、全面的技术信息、创新信息、市场信息等,使新企业在激烈的市场竞争中得到快速的发展。

4.1.4 创业资源的特征

一般商业资源是指经济学意义上的资源,即具有经济价值或能够产生新的价值和使用价值的客观存在物。从这个意义上说,具有经济价值并能够创造新的价值,这是创业资源与一般商业资源的共同点。首先,二者都具有资源的稀缺性。资源无论对于新创企业,还是长期持续经营的企业来说都是稀缺的。长期持续经营的企业并不会因为拥有较多的资源,就使资源不再稀缺,因为相对于无限的商业机会来说,资源总是稀缺的。资源用于一种机会,就不能再投入另一种机会,资源总是具有这样特质的机会成本,使得资源总是相对稀缺的。其次,二者都包含相同的资源种类。无论是创业资源还是一般商业资源,其所包含的资源种类都是相同的,都包含显性资源和隐性资源,显性资源都包含实物资源、资金资源、人力资源与技术资源,隐性资源都包含政策资源、信息资源与社会资源,只是二者在构成上有差异,而这种差异在不同企业间也明显存在,不构成创业资源与一般商业资源间的差异。

但资源的通用性无法使企业获得高水平绩效和持续的竞争优势,也无法实现创业企业的成长。与一般商业资源相比,创业资源具有如下特征。

(1) 创业资源的外部性。创业资源大多为外部资源,新创企业普遍资源短缺,创业者往往只拥有少量的资源,甚至两手空空。因此,创业者获取资源的有效途径就是使外部资源内部化,特别是对于关键性创业资源要能够有效地获取与整合。成功的创业者大多都是资源整合的高手,创造性地整合外部资源是他们成功的关键因素之一。

(2) 创业资源的异质性。资源基础理论认为企业的竞争优势源于企业拥有的异质性资源。Markt 和 Casson(1982)指出:创业者就是为了协调稀缺资源而实施判断性决策的人。企业内部拥有的那些异质性资源和能力是新企业成长的重要原因。所谓资源异质性,是指其具有价值性、稀缺性、难以模仿性和难以替代性,从而构成了企业竞争优势的内生来源。包括创业者在创业过程中形成的有特色的创意、创业精神、愿景目标、创业动力、创业初始情境等,都是属于这类具有异质性和固定性的资源(Barney,1991)。

(3) 创业资源使用价值的差异性。人类知识不仅总是对于具体事物而言,而且总是分属于不同的认识主体,相互之间难以完全统一,这就是所谓的知识分散性。分散性知识的存在,意味着对于同样的资源创业者会看到他人未能发现的不同效用,产生不同期望,作出不同的投入产出判断,从而产生超出一般商业资源的新价值,甚至是超额利润的效果。

(4) 创业资源能实现新效用。资源价值来自资源属性的效用,而资源效用不是一成不变的东西,会在社会活动中不断被发现。创业者按自身发现的效用对所获资源进行开发利用,把发现的资源新效用变成产品或服务的新功能,以此获得价值增值甚至是超额利润。这种发现和实现资源新效用的过程,就是创业活动的本质(Sarasvathy 和 Dew,2007)。由此可见,创业资源是指经由创业者识别并开发利用,充分实现其新效用、获得新价值甚至是超额利润,具有异质性的商业资源。创业者必须注重控制、整合和充分利用创业资源,以建立新创企业的竞争优势。

阅读材料 4-3

朱华侨办班赚学费:折腾的大学生活

一暑假一军训,赚到两桶金

2005 年,高考复读了一年的朱华侨终于被海口经济学院录取了,但一年 8 500 元的学费让他犯了难。父母务农,家里还欠着外债,那个暑假,他思来想去,竟然想出了一招。他敏锐地发现当地流行办各种培训班,他同学中有一个考上了中央美术学院,是当地创业的典型人物,知名度挺高。他向一个要好的同学借了 500 元,就去找那位考上中央美术学院的同学。

带着借来的500元，朱华侨就敢对同学承诺："我打着你的旗号去招生，你只需每天为我上一节课，结课之后我给你发1500元工资。"同学答应了。另一位同学的父亲看朱华侨不容易，借给他一套空房子，他还从补习班找来几位高考落榜的美术考生帮忙，美术培训班就开起来了。培训班招生特别火爆，不仅小学生，连高三的学生都跑来学。到开学时，他怀揣着赚来的1.6万元，来到了海南岛。

火热的军训结束，他又一次嗅到了商机，班上有位来自浙江的女生，家里开有化工厂，想收集军训服装给家里企业当制服，请朱华侨帮忙，答应每套按25元收购。朱华侨请了五六位同学，买来了明信片、笔记本等一堆小礼品，就在校园宿舍里四处换军训服，"军训服本身质地不太好，加上穿得很脏，看见能以脏衣服换礼品，就都拿了出来。"他一共换了好几百套军训服装，又赚了8 000元，这最初的两桶金，给了他无比的信心。

也曾失败陷低谷，旋又抓住商机反败为胜

2006年的春节以及随后的那个半年，是他人生的低潮。学校附近开了许多小饭馆，他也想自己开一家。当时他把自己挣来的所有钱投进去，转来一个小饭店，请了个师傅开张了。起初生意很红火，但因为口味单调很快就门庭冷落。他想把店盘出去，可刚收了人家交的500元订金，对方因为听说小饭店面临拆迁，就不肯再付转让费，也不肯交出店。

2006年下半，他为返乡的大学生代办大巴票，那时，火车还没有直通海南，很多学生回家要到广州去中转。赚了去程，为啥不赚返程？一念之下，他又办起接返乡大学生回琼的业务。他包旅游车，并在广州的宾馆开了十几间房接待学生，白天返乡学生可以在宾馆里洗去旅途的风尘，晚上房间可作为工作人员的宿舍。"最多的一天，我送了500多名学生回海南，7天赚了五六万元。"他说。

2008年毕业时，他不但替老爸还了三四万元的债，包括学费在内他自己花费了十万，还揣着五六万元毕业了。忙碌的课余生活也没让他耽误学习，他没挂过科，顺利毕业，成绩中等。大学里他读了100多本书，基本以名人传记、兵法和商战类书籍为主，从书上学到不少思路和点子。

（资料来源：张惠宁. 朱华侨"创一代"大学生的传奇经历 [N]. 海南日报，2013-06-17.）

【案例分析】

在本案例中，朱华侨的创业经历在创业资源获取方面给我们的启示有以下几点。

(1) 创业者自身是最重要的创业资源。朱华侨一次次的赚钱与创业成功，都是由他个人敏锐的商业嗅觉和组织能力决定的。他赚到第一桶金时压根就没有钱，完全靠他个人能力。而当他有了钱的时候，他并不能保证自己会更成功，开饭馆失败就是他自己决策失误造成的。

(2) 创业资源倚重整合外部资源。朱华侨的每一次成功，无不倚重整合外部资源，第一次办美术培训班表现尤其明显，他向同学借来了500元，用未来的工资承诺换来了考上中央美术学院那位同学的旗号和劳动，又获得同学父亲借给他的空房子，加上几个落榜考生来帮忙。除了他自己，没有一项资源是他自己所拥有的。

(3) 创业资源中隐性资源更重要。朱华侨的创业成功，显示隐性资源更重要，他回收军训服能成功，主要是因为获得了社会资源和信息资源，首先是他的同学提供了一个关键信息——需要回收的军训服，然后他利用学校的社会资源，发动五六名同学去回收。

4.2 资源拼凑与创业资源的获取

4.2.1 资源拼凑

1. 资源拼凑的核心概念

"拼凑"（Bricolage）一词最早由 1967 年人类学家克洛德·列维-斯特劳斯（Claude Levi-Strauss）提出，说明早期人类对现实世界的理解是一个递进的过程。而资源拼凑是由美国创业学者 Baker 和 Nelson 于 2005 年提出，主要内容为：创业者面临资源约束时的一种行动战略，通过现有资源的将就利用，从而实现新的创业机会或应对挑战（Baker 和 Nelson，2005）。资源拼凑的主要特征是脱离传统的资源环境分析范式，不拘泥于资源属性，从一个全新的视角审视现有资源的价值，通过"将就"与重新整合构建新的手段目标导向关系，以把握创业机会或迎接挑战。该理论主要涉及三个核心概念：现有资源（Resources at Hand）、资源将就（Making Do）以及资源重构（Combination of Resources for New Purposes）。

创业实践中，多数创业者都需面临"新生弱性"与"小而弱性"双重约束。拼凑所要解决的关键问题正是在"内忧外患"的环境下突破资源约束、推动创业机会开发、提升资源配置能力并获得生存成长优势等。

2. 资源拼凑在创业活动中的作用

（1）突破环境资源约束。作为一种全新的资源利用行为与价值发掘战略，拼凑突破占主导逻辑的资源属性定义，通过创业者现有资源的将就与重新整合以突破约束（Baker 和 Nelson，2005）。实践中，拼凑者一方面辩证看待现有资源的有限性，另一方面摈弃资源的无效组合与惯性思维，通过各样有限资源之间的创造性拼凑，产生不同的资源结构、不同的资源用途、不同的资源社会化属性及其新的使用价值，并且决定了创业者、创业机会、创业行动及资源约束环境等之间并行不悖的建构功效。从有限资源出发，并不强调资源特质及其"应有的"价值，突破资源环境约束及融合新企业非比寻常的成长能力。

（2）推动创业机会开发。创业者对机会的识别很大程度上来自自身知识结构与警觉性，而对机会的开发利用却十分依赖资源的掌控能力（Tardieu，2003）。拼凑和企业成长的过程模型强调，面对稀缺的资源环境，创业者或者通过搜寻获得适当级别和种类的外部市场标准化资源满足机会开发，在这个过程中一些企业尝试资源搜寻但最终以失败收场，转而放弃机会，以致维持现状、缩减规模甚至解散团队等。而拼凑者善于利用现有非标准化资源、开发新颖的服务、拒绝惯性的限制，通过将就立即行动有益于创业机会的开发（Baker 和 Nelson，2005）。

（3）提升资源配置能力。根据 Politics（2005）的观点，创业者面临的最大困境是如何获得所需资源并予以开发，而该过程中的资源能力扮演着关键角色。拼凑也被看作一种特殊的资源能力（Phillips 和 Tracey，2007；Di Domenico 等，2010；Gundry 等，2011），提供全新资源整合和创造性利用过程的生动图景，这也意味着具有企业家能力的创业者应当充分创新和发掘资源所隐含的价值。在这个意义上，资源拼凑能力（Bricolage Capability）无疑是创业能力的一个重要维度。创业者及其团队注重拼凑能力的形成，对于评价该新企业的资源整合能力和发展潜质具有重要价值（梁强和李新春，2012）。另外，Baker 和 Nelson（2005）

亦强调资源拼凑过程中创造力、即兴能力、整合能力、对不确定性与混乱挫折的承受力、社会网络与人际关系构建能力等对新企业成长的重要影响。

(4) 获得生存成长优势。通过现有资源的创造性利用，强调即兴、知足决策及重构的积极作用，创业拼凑并非不同资源的简单累加，而是复杂多维的，其实质是一种资源套利(Resource Arbitrage)行为：对现有零碎、忽视价值资源的创造性利用，并未产生较大的成本投入，却获得更高的性价比、更快的顾客响应速度及更广的市场覆盖率以支持新企业生存与成长。不仅如此，即兴与满意原则有助于创业者快速行动，为持续成长提供丰富的资源和决策依据，避免因资源约束导致的创业机会丧失与失败。在全新拼凑模式下，创业者通过质疑、颠覆与解构，创造出独特的产品和服务，赢得广泛的市场，即在追求生存的过程中实现新企业的持续成长。

3. 全面拼凑与选择性拼凑

很多新企业在创办之初都不自觉地采取了拼凑策略。拼凑策略分为全面拼凑和选择性拼凑。

所谓全面拼凑，是指创业者在物质资源、人力资源、技术资源、制度规范和顾客市场等诸多方面长期使用拼凑法，在企业现金流步入稳定后依然没有停止拼凑的行为。这种行为导致企业在内部经营管理上难以形成公正有力、符合标准的规则章程，在外部拓展市场上也会因为采用低标准资源遇到阻力，使企业无法走上正轨。

此外，全面拼凑的企业还表现出如下特点：往往过分重视"零碎"，经常收集储存各种工具、材料、二手旧货等；偏重个人技术、能力和经验；不太遵守工艺标准、行业规范、规章制度；也不遵守在社会网络中的传统角色，顾客、供应商、雇员、亲戚、朋友等角色都是可以互换的，并且形成了一种"互动强化模式"。创业者在每个领域都采用拼凑手段，久而久之容易被大众认定成标准低、质量次的"拼凑型企业"，一旦拼凑型企业定位形成，企业往往在同一群人际关系圈中打转，很难拓展新的市场，因而也丧失了更有利润的顾客群，阻碍了企业进一步成长。

与全面拼凑的表现和效果大不相同的是另一种方式：选择性拼凑。顾名思义，选择性拼凑是指创业者在拼凑行为上有一定的选择性，有所为，有所不为。在应用领域上，他们往往只选择在一到两个领域内进行拼凑，以避免全面拼凑的那种自我加强循环；在应用时间上，他们只在早期创业资源紧缺的情况下采用拼凑，随着企业的发展逐渐减少拼凑，甚至到最后完全放弃。由此使得企业摆脱拼凑型企业的阴影，逐步走向正规化、满足更广泛的市场需求。

阅读材料 4-4

小成本大制作背后的"拼凑理论"

在资本市场的追逐下，电影行业俨然成了"热钱"的新宠、冒险家的乐园。一些人因为投资电影一夜暴富，但更多的投资人是血本无归。2017 年，全国生产电影 970 部，但在影院上映的新片，包括进口片在内，总计 483 部。约一半的国产片无法进入影院，而上映的影片也不一定就有好运：《健忘村》成本（本文的成本指制作加宣传发行成本）8 000 万元，票房只有 1 604.8 万元；《上海王》成本 6 000 万元，票房只有 1 365.3 万元……

大片也"尴尬"

2001年,全国电影总票房仅8.9亿元,随即中国取消了电影市场的民营化投资限制。到了2017年,全国电影总票房达559.11亿元,电影行业井喷式发展。

快速增长并没有改变电影行业长期"高投入、低回报"的现状。以最早进入中国电影市场的民营企业华谊兄弟来说,尽管近两年电影市场热度持续提升,票房一路上涨,但其电影领域的营业利润却持续下跌,2016年扣除非经常性损益后净亏损达4 018万元,2017年第一季度亏损6 842万元。

以华谊兄弟为代表的中国电影制造商一直对"大制作"电影有偏爱。受好莱坞大片的影响,电影通常采取"大制作"的高额投入方式,以豪华的演员阵容、震撼的视觉效果、精美的后期制作、广泛的电影宣传等高成本的资源投入让观众形成高期待。但这种方式风险极高,一方面,制造商试图通过堆砌优质资源吸引市场关注,但往往会分散对于电影内容本身的关注,很多大片并未因此获得良好的市场口碑;另一方面,随着电影市场的热度提升,电影制作成本持续走高,扣除电影票房分账后,留给制造商的利润所剩无几。因此,越来越多的大片出现"高投入、低回报"的现象,使高成本电影成为"烧钱"电影。

无中生有:拼凑的启发

纵观2017年的电影市场,"大成本"电影的票房都不尽如人意,而《七十七天》《冈仁波齐》等一系列"小成本"电影(小成本电影仅是与"大片"相对的概念。美国电影学会将1 000万美元设定为小成本电影的标准。除了考虑成本因素,小成本电影也指那些导演为新生代青年导演,鲜有大牌明星加盟,以喜剧片、惊悚片、爱情片等题材为主的影片)都取得了过亿元的票房,打响了小成本电影的逆袭之战。如何利用有限资金实现小成本电影的"大制作",需要得到更多重视。

人类学家克洛德·列维-斯特劳斯(Claude Levi-Strauss)关于人类思维起源的研究为"如何在资源有限的条件下实现"高回报"这个问题提供了重要启发。列维在《野性的思维》一书中提出了"拼凑"概念,认为原始人类通过对已有神话元素的重新组合创造出新的神话,利用手头资源对问题提供创造性的解决方案。他认为,对手头资源用途的重新审视可以深化对当地资源禀赋的认知,提升廉价资源、易获得资源的价值。

拼凑概念强调对手头资源价值和功能的重新审视,突破了资源多寡对创造力的影响,因此被用于解释很多艺术领域的创新。拼凑者以现有资源为突破口,对手头资源的即刻改造、整合和重组,实现了物尽其用的效果。通过缩短资源获取的时间,拼凑也为创作者及时解决问题提供了契机。

泰德·贝克(Ted Baker)和里德·尼尔逊(Reed Nelson)在《无中生有:通过创业拼凑构建资源》一文中指出,拼凑者将机会发现、机会创造、资源开发视为一个相互缠绕的过程,不等待"正确"的资源,通过拼凑的三个核心特征,即利用手头资源、即刻行动、有目的的资源重组,创造性整合手头资源,应对问题、把握机会,使困于资源桎梏的创业企业快速成长。拼凑不仅解释了创业活动如何在资源约束与环境不确定性下成功开展,也为机会发现、机会创造等提供了新的解释。

对于拼凑的触发条件,贝克和尼尔逊认为,创业者对手头资源和所处环境的机敏性会触发创业拼凑。他们还从投入过程和产出过程对如何拼凑进行了分类,根据拼凑对象分为物质拼凑、技能拼凑、制度拼凑、市场拼凑、网络拼凑等。不同类型的拼凑既可以单一使用,也可以组合出现。

对于小成本电影而言,资金的短缺迫使其在演员、场面、营销等方面不可能有额外支出。此时,小成本电影导演及其制作团队可提高对于资源的敏感性,运用拼凑策略帮助小成本电影摆脱对特定资源或资源拥有者的依赖,通过资源组合,丰富组织能力,甚至开拓出新的组织能力,以较低资源成本获得相对满意,甚至是意料之外的成果。

即刻行动:快速整合"廉价"资源

拼凑强调快速整合手头资源并即刻行动,拼凑企业及拼凑者无须等待所有优质资源。聚齐即可实施创新,快速、低成本地推出新产品、解决新问题、开发新机会。很多小成本电影在电影制作工业化水平逐步提升的背景下,将电影制作的各环节进行拆分,利用"零成本、零距离"的互联网平台,将过去"高成本、远距离"的全球资源进行快速、低价的整合,实现跨地域协同创作,颠覆了传统电影工业的固有模式,以"有组织的行动"代替"无意识的冒险",降低影片制作成本。

小成本电影《道士出山》在拍摄完成后,导演张涛没有资金请专业公司制作200个特效镜头。为了低成本、快速地完成该片的制作及发行,他在网上几百个原创视频中挑选出了一个颇有想法的作品,并联系它的主人——四川音乐学院动画制作系大三学生胡珏,以极低的酬劳请其制作特效镜头。最终,这部剧本投资仅28万元,不到1周写完,筹备10天,拍摄10天,后期制作15天的电影,上线2天便收回了成本,10天票房破300万元。

随着电影热潮的升温,一批整合文化创意资源的创业平台也开始涌现。这些平台为小成本电影提供了低成本的电影制作、发行、营销等渠道,为小成本电影快速整合"廉价"资源提供了新可能。

(资料来源:《中欧商业评论》2018年6月号,作者:于晓宇,吴祝欣,李雅洁.)

4.2.2 创业资源的获取

1. 创业资源获取的途径

企业资源获取的途径,从获取来源分,可分为外部获取和内部开发两种方式。

(1) 外部获取。外部获取,按获取方式可分为交易换取与合作换取。交易换取是指通过交易形式,以企业自身所拥有的资金或实物的代价来换取企业所需资源的方式。合作换取是指通过合作方式,以双方或多方的共同投入,以换取分享未来利益的方式。

交易换取按交易占用资金或实物的形式,又可分为购买、租借和交换等方式,具体到某资源,方式还可更具体、更灵活。例如:就资金资源的获取而言,还可更具体到包括有无抵押贷款、质押贷款、债券等形式;就实物资源如设备的获取而言,还可更具体到无偿试用、短期租用、长期融资租赁、有偿使用等。

合作换取相对交易换取,更少占用新创企业宝贵的资金资源,有利于降低企业经营风险,是企业整合外部资源的能力表现,应当优先使用。合作换取按合作紧密程度的形式,又可分股份合作、联盟合作、松散合作等,具体形式可更多样。

例如,股份合作是指双方通过合股或换股等形式进行合作,新创企业可因此获得资金资源、社会资源等;再如,联盟合作是指双方通过较紧密和稳固的联盟开展代理、加盟、共同开发等合作,新创企业因此可获得社会资源、技术资源、信息资源等。

(2) 内部开发。新创企业资源匮乏,对于大部分的非核心资源,如资金资源,应当从外部获取；而对于少部分核心资源，需掌握在企业自己手里，而且也极不易在企业外部获得，则应当优先在企业内部开发获取。

创业企业可以通过深入挖掘内部资源潜力，不断地沉淀、积累，滚动式发展，来开发资源。例如新创企业对于核心的人力资源与技术资源，就应当通过企业的内部培养，来开发获得资源。

内部开发虽然存在速度难度大、步子慢的缺点，但是可通过外部引导然后内部消化再开发的方法来克服此缺点，加快进程。此外，虽然有此缺点，但内部资源一旦开发获得，就不易发生转移，不易被模仿抄袭，易形成企业核心竞争力的基础。

2. 创业资源获取的技能

创业资源获取过程中，采用适当的技能可使得资源获取效率事半功倍。最主要的原则是盘活、用好、用足企业的现有资源，四两拨千斤，以有限的内部资源撬动尽可能多的外部资源。具体技能如下。

（1）多用无形资源。企业初创期间，有形资源比较匮乏，企业应该充分挖掘自身的无形资源，以此为杠杆，来撬动外界的有形资源。例如通过创业者个人的专业洞察力和已积累的社会资源，对未来的美好设想与承诺，打动外部投资者入股，换取上游供应商的代理权和信用融资，换取员工对工作的投入等。

（2）多用合作换取。新创企业资源紧缺，但可通过广泛合作，通过对未来计划美好的利益预期，换取合作，获取实实在在的资源。例如通过连锁加盟，降低经营风险，直接获得品牌与客户资源；再例如通过共同开发，分摊开发成本，降低开发风险，获得技术资源，更快、更稳妥地实现企业的发展。

阅读材料 4-5

两女生微创业、开店，穷游天下

旅游达人和摆摊达人

蒋颖清和林有，北京理工大学珠海学院商学院市场营销专业2009级的两位女生。蒋颖清喜欢旅游，大二暑假就成为背包族，一个人去了广西，受到网上"穷游"达人的启发，她在旅游途中还带上一些挂饰，每到一处就摆地摊，解决了旅游路费。

2011年12月，听说珠海举行中山百里徒步活动，蒋颖清又嗅到了商机，发动林有和另一位女同学赶去出发点摆摊卖旅游头巾。当驴友们出发后，她们又坐车赶去下一个地点。当时恰逢冬天，太阳很晒，风沙也大，她们的头巾很抢手，小火了一把，一天赚到了1 200元。这次摆摊活动也让林有和蒋颖清成为志同道合的朋友。

2012年5月，她们打算去凤凰古城玩，又提前去香洲百货等地摆摊卖长袖，很是畅销。但后来因为被别人模仿，销售大幅下降。

2 000元80天穷游大半个中国

2012年暑假，她们决定玩一次大的。"不出去走走，不知道世界有多大，再不疯狂，就老了。"她们从广州出发，途经浙江、江苏、陕西、青海、甘肃、新疆等10余个省区，最后由云南回到珠海。她们用80天，跨越大半个中国，领略无数风土人情。

除了从广州到杭州是乘火车和住了旅馆，其他路程她们都搭乘顺风车和做"沙发客"。

出发的时候她们身上仅有2 000元钱,在旅行中,她们买了一些手机挂件,以及各地的纪念品,摆地摊销售。她们在抵达下一个目的地前,就预先让淘宝店家将物品寄到目的地,到达后就开始摆摊。80天旅行,她们靠摆地摊赚了3 000多元。

回来后她们得知学校新开设的一条商业街正在店铺招租,她们又看到了商机,立即作出租一个店铺的决定。但一打听,报名招标已经截止了。不甘心的她们又去找后勤的老师和商学院的领导,把自己的想法和经历都说了出来,老师们在被感动之余,破例让她们参加了招标,还与校园记者和媒体联系,对她们的穷游壮举进行了报道,她们出名了。

借10万元开店,青春不怕失败

起初,蒋颖清只是想把店面租下来,划分为不同区域租给其他人,自己负责管理,收取租金和分成。不料对政策研究不透让她们吃了大亏,学校有相关规定不能那样做,她们只好自己开店经营。没钱怎么办?蒋颖清把她要开店的设想告诉了很多通过出游认识的同学朋友,一名男生慷慨解囊,借出了10万元。

蒋颖清也想过向银行贷款,不过听说需要毕业证,另外还要等几个月后才能放款,他们等不及,他们马上开始筹备开店的事宜。蒋颖清和林有负责经营,那名借钱的男生,算是大股东。

2013年3月22日,"师姐的店"开业了,由于店面的位置比较偏僻,人流量少,且宣传力度不足,开店三个月,经营收入勉强能维持基本开支,还谈不上赢利。

"现在都有点后悔自己开店了。"蒋颖清说。没有经验、没有系统培训,所有东西都要自己操作。如果是加盟店,一切都是现成的,甚至可以聘请别人打理。

(资料来源:https://new.qq.con/cmsn/20130624016324.)

【案例分析】

在本案例中,两位女生的创业经历在创业资源获取的途径与技能方面可以给我们一定的启示。

(1) 创业资源获取的途径可分为外部获取和内部开发,两位女生通过摆摊售卖自己的劳动积累了资金资源,是内部开发,但金额仍然有限;她们穷游大半个中国,搭顺风车和做"沙发客",是通过外部获取资源,而且是无偿获取。她们开店需要资金,通过穷游结交朋友获取的社会资源在这时发挥了作用,有一位男生愿意借钱和入股,于是通过合作获取的方式获得了资金资源。而从开店不顺利也体现出,如果是加盟合作,或许开店就会容易许多。内部开发所获得的资源总是有限的,而她们通过合作从外部获取,获得了更多的资源。

(2) 创业资源获取的技能体现在多用无形资源与多用合作换取资源上。她们抓住珠海中山百里徒步活动摆摊和校园商业街店铺租赁的商机,也是利用了信息资源。而她们穷游大半个中国,搭顺风车与做"沙发客",就是基于人与人之间的合作:在你有需要的时候,他人在力所能及的范围内帮你一把;下次当你遇到别人需要帮助时,你也如此做。这正是社会合作的良性循环。

4.3 创业资源的开发与整合

4.3.1 创业资源的开发

创业者在获取创业资源之后,如何有效配置使用资源,使其能为企业创造最大化的价值,可称为创业资源的开发。创业资源总体可分为显性资源和隐性资源,两类资源性质不同，有效配置使用的开发路径也有所不同。

1. 显性资源的开发

（1）用人生财。初创企业，财与物都很匮乏，创业者往往是可被开发的主要资源。要充分挖掘创业者自身的潜力，通过创业者的智力劳动和体力劳动，实现原始积累，赚取财与物。这一过程中，创业者的体力劳动不是决定性因素，智慧和情商更重要。通过正确的决策判断和坚强的毅力，可以事半功倍，达成财富的快速原始积累。

（2）用财招才。创业，人才是关键，不要太看重钱财和实物而看轻人才，对物的投资要从紧，对人的投资要不吝啬。再通过一套好的机制，使得人的潜力被充分地调动起来。人才的努力可极大地弥补实物的不足，而收获更好的效果，也可以促使更多的财务资源通过良性循环进入公司。

（3）变废为宝。人是创业最宝贵的财富，通过人的脑力劳动和体力劳动，原先劣质的实物资源可变为优质资源，甚至是"变废为宝"，实现价值的倍增。创业初期，企业所能获得的实物资源需要凑合，往往不是习惯思维上所谓的优质资源，但实物资源是否有价值不是绝对的，看似凑合的劣质资源，在人的手里，也可以"变废为宝"。

2. 隐性资源的开发

（1）化虚为实。隐性资源具有无形性，看似虚无缥缈。创业开发隐性资源就需要化虚为实，例如开发客户资源，获取客户名单，与客户建立关系，获得订单，就能化虚为实；又如开发政策资源，企业要理清头绪找出关键，抓住政策机会，化虚为实。

（2）转私为公。隐性资源具有私有性，即隐性资源总是与人分不开，为某些人私人所掌握，即使某些人已是创业企业内部的人，也不代表企业掌握了这项资源，因为随着人的离开，很可能这项资源也会流失。因此，要将私人资源转为公司的资源，转私为公。如客户资源常常掌握在销售员手上，随着销售员的跳槽，往往客户也被带走，所以企业要特别重视运用各种手段，将私人的客户变为公司的客户，留住资源，转私为公。

阅读材料4-6

"小龙女"征婚受骗，创办"世纪佳缘"

办征婚网站源于征婚受骗

龚海燕读研期间办起征婚网站源于她个人征婚的受骗经历。因为曾辍学3年，她比同班同学年龄大，个人问题成了老大难，只好开始征婚，结果先后两次被婚介交友网站欺骗。这两次受骗，让她萌发了创办一个严肃的以婚恋为目的的交友平台。

龚海燕说做就做，当时，手上还有在北京大学读书时做家教积攒的4万元钱。于是，她拿出1 000元钱，制作了一个简单网页，就开始游说身边的人发资料给她。最初的客户都是一对一地动员上来的，基本上都是她的朋友、同学。最开始是华中科技大学的一个女硕士，接着是上海交通大学的一个男博士，慢慢地，1 000、10 000……网站的人数呈几何级数增长。2004年2月15日，在会员的要求下，龚海燕在北京、上海两地同时举办了交友见面会，竟然还赚了一万多元。当年，她注册成立了上海花千树信息科技有限公司。

靠严肃赢得市场

当时的互联网上布满了形形色色的交友网站，但由于门槛太低，充斥着许多婚外恋等不健康的交友信息。龚海燕另辟蹊径，实行会员制，将会员定位在大专以上学历，并要求会员提交真实的身份证明资料。

她最初的想法就是帮助身边大龄、高学历的朋友们找到合适的另一半，没想到，到 2005 年底，世纪佳缘的会员已经达到 32 万人，连续几个月都是百度交友网站的排行冠军。尽管没有打广告，也没有投入任何宣传费用，"严肃婚恋"的定位和严格的身份鉴定制度还是很快为世纪佳缘赢得了市场。

随着会员数量的增长，网站开支剧增，2005 年 5 月，龚海燕收到了新东方副校长钱永强的来信，一次见面后，什么协议也没签，钱永强就给网站打进了 200 万元的资金。2007 年 4 月，世纪佳缘获得新东方创始人徐小平、王强、钱永强三人共 4 000 万元人民币投资。之后又有其他投资商追风投资，先后累计达 2 亿元。2011 年，公司在美国纳斯达克成功上市，成为首家上市的婚恋网站。

艰难探索赢利模式

随着风险投资资金的进入，经营追求回报的压力大增，而国内由于网民习惯免费，几乎所有婚恋交友网站都在为网民免费服务，寻找合理有效的赢利模式已经成为婚恋网站全行面临的难题。

由于实行会员免费制，世纪佳缘的主要收入来自互联网广告、线下 VIP 婚姻介绍服务、线上增值产品、线下活动等，包括虚拟礼品、VIP 会员服务等。接下来，世纪佳缘着手进军婚庆市场，将做成婚庆行业的 B2C 平台。传统的线下婚庆以及和婚庆相关的公司，譬如影楼等，均可在新网站上搭建自己的销售平台，而世纪佳缘将和它们进行利润分成，打造婚庆领域的阿里巴巴。

（资料来源：www.docin.com/p-1022467528.html；http://www.huxiu.com/article/9646/1.html.）

【分析】

龚海燕的创业故事，对我们在创业资源开发与整合上至少有以下启发。

（1）她通过个人的辛勤劳动（做家教）积累了原始财富，并将之投入网站创业中去。她又通过个人辛勤的工作，将网站办出了特色，进而吸引了社会的关注，滚雪球般聚集了超高的人气，最终"人气"也为她换来了"财气"，吸引到了 200 万元天使投资和后续更多的投资。

（2）网站建立初始，她通过发动身边的社会资源，实现了"化虚为实"与"转私为公"，最初的一两千客户都是一对一地动员上来的，她把无形无序的潜在客户资源，变成了世纪佳缘网站上有形有序的会员资源，把会员的私人信息，变成了网站所拥有的公共信息。

（3）世纪佳缘网站体现了"整合"，首先是对客户资源的整合，每个客户既是使用者又是信息的提供者或说是被消费的对象，客户即商品，网站起了整合客户与商品的作用。世纪佳缘网站下一步想做的是婚庆领域的阿里巴巴，即做行业的整合者，提供平台。

4.3.2 创业资源的整合

1. 资源整合前的准备

在现实生活中，有些人有很好的创意，但整合不到实现创意所需的资源。有些人虽然自己没有资源，但凭借自己的专业、信息和技术优势，凭借个人信誉和人脉关系，总能一次次幸运地找到资源，实现自己的企业梦想，成就自己的财富人生。"机会总是眷顾有准备的人"，创业资源整合不只是一个技术问题，还是一个社会问题。在创业前或资源整合前做好以下工作，会有助于创业资源整合的成功。

（1）建立个人信用。市场经济是一种信用经济，信用对国家、对企业、对个人都是一种珍贵的资源。在整合创业资源时，信用有很重要的作用。人都生活在一定的社群中，创业者也不例外。创业者因为具有创业精神和创新意识，在思维方法和行为方式上会有不同之处，显示异质型人才资本的特征，但信任是一种市场规则，谁违背了，信息会在社群内通过口碑传播。而创业最初的资源往往来自自己的亲人、朋友和同事中，如果口碑太差，信任度太低，资源整合难度会加大。

（2）积累人脉资源。创业者的关系网络形成了新企业的社会资本。边燕杰等认为，企业社会资本是指企业通过社会关系获取稀缺资源并由此获益的能力。许多研究表明，创业者的人脉关系对创业融资和创业绩效有直接的促进作用。我们不应该把人脉关系等同于所谓的"拉关系""走关系"等寻租行为，而是基于正常的社会经历建立的诸如师生、同学、朋友、同事等的人际关系，这些关系在创业过程中会带来有用的信息和资源。因此，在校大学生要善于建立较好的同学关系和师生关系，积极参加社团活动和社会实践，建立健康有益的人脉关系，创造和积累基于同事关系、师生关系和亲友关系的社会资本，为创富人生、实现自我打好基础。

2. 资源整合的原则

在做好相关资源整合的准备工作后，资源整合要遵循以下原则。

（1）尽可能多地搜寻出利益相关者。利益相关者是组织外部环境中受组织决策和行动影响的任何相关者。要更多地整合到外部资源，首先要尽可能多地找到利益相关者，同时这些组织或个体和自己想要做的事要有利益关系，利益关系越强、越直接，整合到资源的可能性就越大，这是资源整合的基本前提。创业者之所以能够从家庭成员那里获得支持，是因为家庭成员之间不仅是利益相关者，更是利益整体。

（2）识别利益相关者的利益所在，寻找共同利益。利益相关者是有利益关系的组织和个体，有利益关系并不意味着能够实现资源整合，还需要有共同的利益或者说利益共同点。为此，识别到利益相关者后，逐一认真分析每一个利益相关者所关注的利益非常重要。

（3）共同利益的实现需要共赢的利益机制作保证，共赢多数情况下难以同时赢，更多是先后赢，创业者要设计出让利益相关者感觉到赢而且是优先赢的机制。

有了共同的利益或利益共同点并不意味着就可以合作，只是意味着具备了前提条件。资源整合是多方面的合作，切实的合作需要有各方面利益真正能够实现作保证，这就必须能够寻找和设计出使大家共赢的机制。

对于在长期合作中获益、彼此建立起信任关系的合作，双赢和共赢的机制已经形成，进一步的合作并不很难。但对首次合作，特别是受到资源约束的创业者来说，建立共赢机制需要智慧。

（4）沟通是创业者与利益相关者之间相互了解的重要手段，信任关系的建立有助于资源整合，降低风险，扩大收益。

资源整合的机制首先要有利益基础，同时还要有沟通和信任来维持。沟通往往是产生信任的前提，信任成为社会资本的一个重要因素。

【本章小结】

创业者不是在拥有资源的时候才去创业，而是在没有资源的情况下去获取资源来创业，创业者的资源开发和整合能力决定了他的竞争力。创业者在获取创业资源之后，如何有效配置使用资源，使其能为企业创造最大化的价值，可称为创业资源的开发。初创企业资源极其有限，要想极尽所能，充分创造资源的最大使用价值，产生最佳效率和效益，就要对有限资源进行创造性的使用、有策略的推进，使其被综合、集成与激活，能被企业所充分利用。

【思考题】

1. 创业过程中有哪些资源需求？如何获取并进行开发、整合与利用？
2. 社会资源、资金、技术及专业人才在创业中分别有什么作用？
3. 拟建公司在创业过程中需要什么资源？
4. 可通过什么途径获得资源？
5. 如何对资源进行有效的整合？
6. 依赖自有资源与资源拼凑之间存在什么异同？

【案例分析实训】

罗振宇的资源整合

2013年年底，一档打着"有种、有趣、有料"宣传语的知识型视频脱口秀节目——罗辑思维在优酷平台上播出，每期节目平均五六十分钟。视频中罗振宇分享个人读书心得，介绍一些优秀作者，也推荐一些被大众市场所忽略的"老书"。畅游古今，点评当下，为当时略显平淡的知识分享类节目带来了新鲜感，这些视频每期平均点击量都在百万以上。

另一方面，在开通了同名微信公众号后，罗振宇本人会在每天清晨雷打不动地发布一条长度60秒的语音，推荐好书、好文章，也分享自己的看法和思考。这一切在他看来，不过是一个有经验、有知识积累的人，在擅长的领域做着自己喜欢的事罢了。

经过半年的发展，罗辑思维通过在微信公众号上设置"会员互动专区""领嫁妆会来事"以及"微商城"板块，逐渐延伸成长为一个全新的互联网知识社群品牌。在此期间，罗辑思维前后完成两次"史上最无理"的会员招募，第一次在半天时间内募集到160万元、而第二次则在一天时间内募集资金达800万元，从而彻底引爆了外界的关注，进而被视作自媒体变现的"标杆"。

但显然，罗振宇并不满足于"自媒体"这一标签，会员费的募集也远不是他梦想中的商业模式，在完成了3期会员招募，会员数积累到6万多人后，罗辑思维停止会员招募。通过会员制，罗辑思维从庞大的用户基数中筛出了一批核心用户群体，也得以将松散的粉丝固化为忠实的会员，从而提升了黏性和活跃度，这批具备良好消费能力的会员为此后罗辑思维的社群化发展带来了很大的帮助。

如果说一开始做知识型脱口秀视频和运营微信公众号，只是在为这个时代的人提供知识服务，那么，当罗辑思维真正开始卖书时，它作为知识运营商的角色才更清晰明朗起来。2014年6月17日，一个至今仍为图书行业津津乐道的事件发生了——罗辑思维做了一个

"忐忑"又"癫狂"的特别图书礼包实验:一个图书礼包,内置6本完全不知道内容的书,价格是499元,预定8000套,并只通过微信公众号一个渠道售卖。让人瞠目结舌的是,一个半小时内,8000套书全部卖完。销售额近400万元,而这正是罗辑思维第一次真正与卖书扯上关系。

这次实验的成功,在原图书策划人、参与特别图书礼包实验执行的方希看来,验证了他们最初的一个假设——社群内销售的成功,使社群购买者成为新的传播源,向圈外传播。她在后来写的图书开箱报告里说:"《神似祖先》在图书礼包销售之后一个月的发货量增长了17.5倍,《心外传奇》6月、7月的销量是前两个月的9倍。张宏杰先生的《中国国民性演变历程》在图书礼包推出之前在亚马逊图书总上排名400开外,推出之后的最佳排名升到总榜第42位。《精子战争》是礼包内唯一的首发书,已经频现盗版了。"

"这样令人震惊的成绩之所以会发生在罗辑思维这个微信小店上,根本原因还是和罗振宇长期以来勤勤恳恳'死磕图书'的精神分不开,消费者其实也是在对他的信任买单。"罗辑思维副总裁、图书板块负责人李倩介绍,在罗辑思维的用户构成中有相当一部分属于所谓的"中产阶级"群体,"这个群体是目前社会的中坚力量,他们有知识焦虑,也有消费能力,就是缺少时间,市场有责任为他们提供更高品质的书。而这,也是罗辑思维选入图书电商领城的动力之一,我们就像一个靠谱的买手,一个知识服务提供者。"

在图书礼包事件大获成功之后,这种在第三方垂直社群平台销售图书的商业模式被证明是可行的。此后,罗辑思维陆续为出版业"救活"了一批批库存书,在完全不打折的条件下,创造了一次次令人惊叹的销售业绩。

结合上述案例资料,试进行分析思考:

1. 案例对比:进一步收集资料,对比其他创业企业资源整合情况,描述罗振宇的资源整合有哪些特点。

2. 案例深探:讨论罗振宇的资源整合还存在哪些问题。

3. 案例决策:调研罗振宇的发展现状,并预测其未来发展情况。

【创业资源整合实训】

推荐观看影视作品:

《中国合伙人》

推荐理由:

农村"土鳖"成东青三次高考才考入燕京大学,毕业后申请签证多次被拒,留在燕大任教,却又因故被除名,在一无所有的背景下开办补习班;王阳、孟小骏的加入催生了"新梦想"学校,三人凭借各自资源和共同的努力,让"新梦想"获得成功,但在企业发展过程中,也面临着激烈的冲突。除了他们拼搏合作的精神,影片中关于创业资源的整合与利用等方面也值得创业者借鉴与思考。

实训任务:

1. 结合"新梦想"学校的发展历程,思考创业者如何创造性开发利用并整合资源?

2. 在实际中调研三个初创企业,研究其在创业初期及创业过程中的资源状况、资源的整合利用策略,形成调研分析报告。

3. 以小组为单位,制定一个创业企业的资源获取及整合方案。

【参考文献】

[1] 吴晓义,肖伟才,等.创业基础:理论、案例与实训[M].北京:中国人民大学出版社,2018.

[2] 李文忠.创业管理:案例分析·经验借鉴·自我评估[M].北京:化学工业出版社,2011.

[3] BAKER T, NELSON R E. Creating something from nothing: Resource construction through entrepreneurial bricolage[J]. Administrative Science Quarterly, 2005.

[4] 刘万韬.大学生创新与创业教程[M].2版.天津:南开大学出版社,2018.

[5] 张帏,姜彦福.创业管理学[M].2版.北京:清华大学出版社,2018.

[6] 木志荣.创业管理[M].北京:清华大学出版社,2018.

[7] 张玉利.创业管理[M].4版.北京:机械工业出版社,2017.

[8] 蔡莉,单标安,等.创业研究回顾与资源视角下的研究框架构建——基于扎根思想的编码与提炼[J].管理世界,2011(12).

第 5 章
谋划创业融资

教学目标

通过本章的学习,了解创业融资难的原因,掌握创业融资的主要方式,理解影响不同融资方式选择的因素,掌握创业融资策略和企业的估值方法,了解创业融资的一般过程。

学习建议

1. 组建小型创业团队,选择团队感兴趣的创业项目,模拟思考企业的发展战略和财务战略,明确企业资金需求,测算需求资金量。
2. 结合案例,小组讨论制定切实可行的创业融资策略,制定融资方案。

基本概念

股权融资　自融资　天使投资　创业投资　债权融资　上市　种子期　初创期
成长期　扩展期　成熟期　P2P 融资　众筹融资

导入案例

滴滴打车的初始融资

2012 年 6 月,程维离开阿里巴巴,在北京创立小桔科技,公司的创业项目是做能出行的打车应用"滴滴打车"。两年之后,仅仅上线 18 个月的滴滴打车成为新型出行式的开创者、互联网打车的领头羊、估值 10 亿美元的公司。但是程维的融资初期难之又难。

一开始,和程维同为阿里巴巴高管的王刚作为天使投资人出资 70 万元,程维出 10 万元,共 80 万元。在项目初期,团队就开始寻找 VC(Venture Capital,风险投资)进行投资,但是由于项目超前而且产品没有上线,概念又很新,23 家 VC 没有一家愿意投资。对于需要巨大资金投入的互联网商业,区区 80 万元无疑是九牛一毛,尽管程维处处节省,但到 11 月时,公司账面上只有 1 万多元。因为资金匮乏,早期外包的打车软件有 30 多处系统故障遭到许多出租司机的投诉。一直到 2012 年 12 月,北京每天有 200 单的时候,金沙江的朱啸虎找上了门,滴滴打车才获得了 300 万美元的第一轮投资。

接下来的融资似乎水到渠成,2013 年 4 月,滴滴打车获得了腾讯集团 1 500 万美元的 B 轮融资;2014 年 1 月,滴滴打车获得中信产业基金 6 000 万美元、腾讯集团 3 000 万美元、其他机构 1 000 万美元,共计 1 亿美元的融资,成为首个获得 C 轮的打车软件。

(资料来源:木志荣. 创业管理 [M]. 北京:清华大学出版社,2018.)

请思考：1. 创业者的融资为什么难？
2. 创业融资渠道有哪些？
3. 创业融资为什么分阶段进行？

创业融资是指创业企业根据自身发展的要求，结合生产经营、资金需求等现状，通过科学的分析和决策，借助企业内部或外部的资金来源渠道和方式，筹集生产经营和发展所需资金的行为和过程。众所周知，如果把企业家比作是驱动一个公司的引擎，那么资金就是驱动它的燃料。

创业离不开资金，创业者要想使企业成立并能够运营，融资是不可回避的问题。创业融资过程中必须进行合理、科学的融资决策，合理预测和确定资金需要量、确定筹集时间、选择资金来源，这样才能既满足创业企业对资金的需求，又能有效规避风险。企业需要多少资金？何时需要？这些资金能撑多久？从何处、向谁筹集资金？这个过程应该怎样编排，怎样管理？这些问题对于企业的任何发展阶段，对于任何一个创业者来说，都是至关重要的。本章内容致力于帮助创业者解决以上问题。

5.1 创业融资需求与融资困境

5.1.1 创业融资的资金需求

创业者必须知道新创办企业需要多少资金以及如何有效地使用这些资金，以保证投资从财务上是可行的，即能带来投资回报。

创业者首先要计算创业的资金需求，一般包括以下几个方面。

（1）企业开办资金（固定投资资本）。企业开办资金是企业开始运营以前必须支出的资金。如购买土地、建设厂房、购买机器、办公设备、登记注册费等。

（2）企业营运资金（流动资金）。企业营运资金是企业开始营业后，为进行正常生产运营及其他经营等所必不可少的周转资金。如库存商品、原材料、广告宣传、销售费用、税金、维修、保险、月租金、水电费等。

（3）人员支出。人员支出是为企业员工必须支付的各项支出，包括工资、福利费、社会保险、医疗及必要的教育经费等支出。许多新创企业虽不能很快获利，但也必须要考虑这期间的人员支出。

一般来说，第一笔融资要能维持公司12~18个月的生存。创业者如果遇到资金链危机，就会使后续的融资谈判处于劣势，并影响初创企业的发展。因此，创业者需要对初创企业进行财务预测，对企业前两年的现金需求进行评估，尤其是对第一年进行月估。

阅读材料 5-1

微案例："没丸没了"创业资金估算

小张作为一名食品工程专业毕业的大学生，想利用自己的专业知识回家乡创业。经过多方调研，她决定开办一家"丸子铺"，取名为"没丸没了"，经营各类丸子现场煮熟出售。在创业开始前，小张对自己的创业资金需求进行了如下估算。

（1）项目开办前的技术学习费用。技术面授费用2 000元，学习期间的差旅费500元，（估计）共计2 500元。

（2）辅助工具购置费用。用来存放丸子（丸子直接从厂家批发）的冰柜500~1 500元（如果购买二手冰柜只需要300元）；液化气设备200元（灶1个，液化气1罐），煮丸子的锅50元，其他小工具50元，共计800~1 800元。

（3）房租及流动资金。资金根据地段和面积大小而定，如果是在繁华商业街，房租会相对贵一些，大城市需要月租上千元，小城市几百元。按月租400~1 000元一次交三个月计算为1 200~3 000元，如果采用流动摊位经营（但要事先考虑城管管制问题）或与别人拼摊经营，费用就会大大减少；前期进丸子流动资金200元，共计1 400~3 200元。

（4）注册营业执照（个体）及其他相关费用200元。

（5）周转资金。一人月工资500~800元，水电气费150元，共计650~950元。以前期至少三个月不赢利的市场培育估算，备用资金为1 950~2 850元（实际不需要这么多，因为这类小吃生意，一个月怎么都能卖出一些，采取滚雪球的方式，就可以消化掉一部分）。

以上5项合计为6 850~10 550元。如果挤掉一些估算的水分，至少也需要6 000~10 000元资金。因此，在准备做此项目之前，需要衡量一下自己的资金情况。

创业需要的资金只能根据一些基本部分进行大致的估算，准确的资金是比较难以计算出的。因为在经营的过程中，还会有一些不可预料的情况出现。因此，创业者在运行项目前，在考虑自身经营能力的情况下，也需要考虑创业所需要的资金。只有这样，项目经营成功的机会才会增多。

5.1.2 创业企业的发展速度和资金需求的关系

企业的资金需求通常和创业者所希望的企业发展速度有关。图5-1表示了两种不同创业企业的成长模式，曲线A表示高速成长模式，曲线B表示低速成长模式。显然两者的现金流也是不同的，见图5-2。可以看出，A情况下，企业需要的融资至少为MA，要高于在B情况下的融资MB。两者实现整的现金流和达到盈亏平衡点的时间也不同。

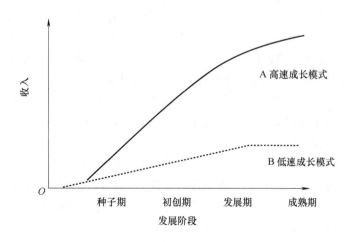

图5-1　不同创业企业的成长模式

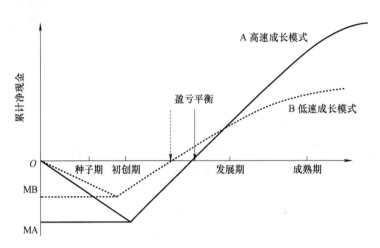

图 5-2　不同成长模式的创业企业所对应的净现金流

不过，多数情况下，企业的发展速度并不是创业者能够真正准确预测的，甚至有时也不是他们能够控制的，但是现实中，相当多的创业企业实际发展速度要低于甚至远低于创业者的自身期望和预测。

5.1.3　创业融资困境

创业者可能有好的技术或创意，并且愿意承担创业风险，同时创业者常常缺少资本，希望获得外部融资，但是他们在融资过程中会面临很多挑战。

虽然我国各级政府出台了许多针对中小企业发展的优惠政策，但"融资难"仍然是制约广大中小企业生存和发展的"瓶颈"问题。有关调研表明，90%以上的中小企业认为他们面临的第一大难题是融资难；有的创业者甚至感慨："融资难，难于上青天。"尤其是对于创业企业而言，其融资困境更为显著。

1. 创业企业在融资条件上的劣势

与既有企业相比，创业企业在融资条件上具有明显的劣势。

第一，创业企业缺少可以抵押的资产。谁会把钱借给一个身无分文的人呢？调查显示：创业者在创业前的年收入在3万元以下的占27%，3万~5万元的占15.4%。这使得创业启动资金极为有限。既有企业在获得银行贷款资金时，可以用企业的资产作为抵押，而创业企业几乎没有可以提供抵押的资产。为创业企业提供资金，比为其他企业提供资金面临更大的风险。

第二，创业企业没有可参考的经营记录。即便身无分文，但如果有过辉煌的过去，也很容易筹集到资金。就像可口可乐的前总裁说过，可口可乐公司即使在一夜之间遭遇火灾，也有可能在一夜之间重建，银行会争着向可口可乐公司贷款。资金提供者要在将来的某个时点收回资金并获得回报，企业未来的经营情况关系到投入资金的安全。对既有企业来说，可以通过分析其已有的盈利能力来预测未来的经营情况，银行或其他投资人在向企业提供资金时也都会对企业的财务报表进行分析。而不幸的是，创业企业既缺少资产，也没有以往的经营业绩，所能提供的资料不过是一份商业计划书，未来的经营情况具有更大的不确定性。

第三，创业企业的融资规模相对较小。如果你是一位银行的信贷经理，你是愿意一次把100万元贷款给一家大公司，还是愿意给10家小企业各贷10万元呢？当创业企业向银行申请借款时,其金额往往比既有企业少,而银行办理一次业务的成本相差不大,使得创业企业的单位融资成本远远高于既有企业。据调查,对中小企业贷款的管理成本平均为大型企业的5倍左右,银行理所当然更愿意向大企业而不是向创业企业贷款,因而加剧了创业企业融资的难度。

2. 创业融资难的原因

新企业融资困难,主要是因为创业者和投资者的信息不对称,以及创业过程中存在不确定性,由此导致创业风险。

(1) 信息不对称。信息不对称指交易中的各人拥有的信息不同,在创业融资中体现为投资者没有或不能辨别创业者拥有或意识到的关于商业机会的信息。在筹资过程中信息不对称主要有以下两个方面的原因。

第一,创业机会的稀缺和对商机的追逐导致信息不对称。创业者发现宝贵的创业机会后,不愿向投资者透露过多的信息,包括创业项目的可行性、创业企业的财务状况等方面。如果其他人知道这个信息,也将追逐同样的机会,所以创业者需要对有关商业机会及其开发方法的信息保密,这就导致投资者不得不在信息少于创业者的条件下制定对新企业的投资决策。

第二,创业者可能存在的道德风险导致信息不对称。创业者拥有信息优势,一旦他们存在道德风险,就使得他们有可能利用投资者。存在道德风险的创业者可以利用他们的信息优势从投资者那里获取资金,用来谋取自己的利益而不是企业的利益,将筹集来的资金挪作他用。

(2) 不确定性。创业有风险,新企业的未来非常不确定,在创业融资中便产生如下一系列的问题。

第一,新创企业的不确定性,导致了投资决策的高风险。通常投资者投资创业项目的前提是:一个好项目,一支好团队。因此,投资者会尽量搜集有关项目的信息,评价该项目是否具有投资价值,如新产品需求、企业的财务绩效、创业者管理企业的能力等,并依此作出投资决策。与此相悖的是,在创业者获得融资并开发商业机会之前,以上信息并不能确切地知晓,如果创业者没有一项专利技术或者没有成功创办企业的长期记录(而大多数新企业不具备这些),投资者就不得不在非常少的可靠证据基础上对新企业进行投资决策,由此导致了高风险。

第二,新创企业具有不确定性,导致创业者和投资者对新企业价值的认识经常存在分歧。没有人真正知道一家新企业会赚取多少利润,创业者处于亢奋期,往往对自己的新企业会过分乐观,极力说服投资者相信企业的赢利能力,而投资者对新企业赢利能力的评价往往低于创业者。以此来制定投资决策时,两者往往会面临关于新企业价值的艰难谈判。

第三,同样由于新创企业的不确定性,投资者希望能够有投资担保。当创业者的新企业被证明没有价值时,投资者为了减少预期损失,希望创业者能偿付全部所融资金。很明显,如果新企业经营失败,创业者难以偿付投资者为新企业投放的资金。因此,投资者要求创业者提供房产等资产作为担保,而许多创业者在早期并没有任何有价值的资产,否则他们就可以自己提供资金。所以,现实中银行更愿意将贷款投放给大中型企业,这也导致了小企业创业融资出现了银行贷不到款、家庭支持有限、风险投资不易获得的现实困境。

5.2 创业融资的主要方式及其选择

5.2.1 创业融资的主要方式

融资方式分为内源式融资和外源式融资两种。内源式融资主要由留存收益和折旧构成。外源式融资主要分为债务融资和股权融资，即创业者要么负债，要么放弃企业一部分股权以换取外部投资，或者两种方式兼而有之。除了向银行贷款、政府政策扶持、互助机构贷款等常见方式外，其他融资方式分析如下。

1. 自融资

所谓自融资就是创业者自己出资或者从家庭、亲朋好友筹集资金，国外常常之为 Self-financing 或 Bootstrap Financing。绝大多数创业者靠自融资创建企业，因为专业的投资机构只对那些有可能高速成长的企业投资，因为只有这样投资者才能实现高回报。能够获得这种专业投资的，只占创业企业的极少部分。即使是在创业投资非常活跃的硅谷，创业者也常常需要靠自己的资金开始最初的创业，其中典型的创业公司就包括 Yahoo、eBay 等。国内更是如此了。例如用友创业，启动资金是借来的 5 万元，刚创业时，从银行贷款 10 万元。

自融资的好处是相对快速、灵活，投资者的自我激励和约束较大。但现实中的主要问题是：相当多的创业者缺乏自融资的能力和渠道；自融资通常难以满足创业企业快速发展的资金需求。

阅读材料 5-2

南存辉的创业故事

南存辉 13 岁初中刚毕业，父亲就因伤卧床不起。作为长子，南存辉辍学，子承父业。从此，校园里少了一个学子，人们的视野里却多了一个走街串巷的小鞋匠。13~16 岁，他每天挑着工具箱早出晚归，修了 3 年皮鞋。生活的苦难塑造了他坚强的性格，更坚定了他的生活信心。天资聪颖的他，没有放弃对社会的观察和思索。20 世纪 80 年代初，温州掀起一阵低压电器创业潮。1984 年，南存辉找了几个朋友，四处借钱，在一个破屋子里建起了一个作坊式的求精开关厂。4 个人没日没夜地干了 1 个月，做的是最简单的低压电器开关，可谁知赚来的第一笔钱只有 35 元钱。3 个合作伙伴都沮丧极了，而南存辉却兴奋异常，因为他觉得自己终于找到了一条通往财富的路。就从这 35 元的第一桶金中，他仿佛看到了创业的曙光。1984 年 7 月，他与朋友一起投资 5 万元，在喧闹的温州柳市镇上就简办起了乐清县求精开关厂，开始了他在电气业里的艰难跋涉。

1990 年南存辉开始创办温州正泰电器有限公司时，资金成为首要制约因素。由于银行贷款难度大、利息重，他选择了在亲戚好友中寻找合作人、吸收新股本的方法融资。他的弟弟南存飞以及亲朋朱信敏、吴炳池及林黎明相继加盟，成为股东。南存辉个人占股 60% 以上。这种融资，不仅使创业企业渡过了难关，也让投资者分享到了企业成功的巨大价值，是共赢的选择。

到 1993 年，正泰的年销售收入达到 5 000 多万元。锋芒初露的南存辉意识到，正泰要想继续做大，必须进行一次脱胎换骨的变革。于是，南存辉充分利用正泰这张牌，走联合的资本扩张之路。他先后将当地38家企业纳入正泰麾下，于1994年2月组建了低压电器行业第一家企业集团。正泰股东一下子增加到数十个，而南存辉个人股权则被稀释至40%左右。

然而他在摸索中渐渐发现，家族企业的一个致命缺点就是无法更多更好地吸纳和利用优秀的外来人才，而人才又是企业发展的第一资源。到1998年，几经思考的南存辉突破阻力，毅然决定弱化南氏家族的股权绝对数，对家族控制的集团公司核心层（即低压电器主业）进行股份制改造。

把家族核心利益让出来，并在集团内推行股权配送制度，将最优良的资本配送给企业最为优秀的人才。就这样，正泰的股东由原来的10个增加到现在的100多个，南存辉的股份下降至20%多。家族色彩逐步在淡化，企业却在不断壮大，正泰目前已成为拥有资产30亿元、年销售额超过100亿元、年上缴税金逾5亿元的大型企业集团。对此，南存辉说："分享不是慷慨，对创业者来说，分享是一种明智。"

与温州老板们普遍的家族经营相比，南存辉最与众不同的地方在于：自正泰成立之日起，他矢志不渝地推行股份制，以稀释股份融资和吸引人才，改善家族企业的治理结构。当他的股权从100%减少到目前的不到20%，正泰却在他的"减法"中发展得越来越大。

（资料来源：改编自中部经理人网，南存辉的创业故事。）

2. 天使投资

传统的天使投资是指那些富有的个人对早期创业企业进行股权投资。天使投资（Angel Investment）是自由投资者或非正式机构对有创意的创业项目或小型初创企业进行的一次性的前期投资，是一种非组织化的创业投资形式。与其他投资相比，天使投资是最早介入的外部资金，即便还处于创业构思阶段，只要有发展潜力，就能获得资金，而其他投资者很少对这些尚未诞生或嗷嗷待哺的"婴儿"感兴趣。

2009年我国深圳创业板推出之前，很多专业的创业投资机构通常不太愿意投资早期项目，其中有两个重要原因：一是早期项目风险大；二是早期项目尽管投资额度小，但同样需要专业投资者去做尽职调查和投资后的参与管理，这对于管理上亿美元的大投资机构来说，成本上不合算。因此，天使投资者应运而生，它的出现可以说是对专业投资机构的一个重要补充。

在美国硅谷，相当多的天使投资者是那些成功的创业企业家、创业投资家或者大公司的高层管理人员，他们不仅有一定的财富，还有经营理财或技术方面的专长，对市场、技术有很好的洞察力。他们中的部分人本身就曾是成功的创业者，十分了解创业企业的发展规律。他们能够在很多方面帮助创业者，如经营理念、关键人员的选聘以及下一步融资等。此外，他们对创业者的要求不像正规的风险投资机构那样苛刻，因而更受创业者的欢迎。例如，谷歌在初创阶段获得了Sun公司的共同创始人安迪·贝克托斯海姆（Andy Bechtolsheirm）的10万美元天使投资。

阅读材料5-3

天使投资的神话——谷歌

1998年车库诞生

从Sun联合创始人安迪·贝克托斯海姆手中获10万美元投资后，拉里·佩奇（Larry

Page）和赛吉·布林（Sergey Brin）于 1998 年 9 月 7 日在加利福尼亚州郊区的一个车库内创立谷歌。

谷歌的第一个数据中心就坐落在这个 56 平方米的房间里。公司除了佩奇和布林之外，就只有一个雇员。

1999 年融资 2 500 万美元

1999 年 6 月 7 日，绝对是历史性的一天。因为，这一天他们得到确切的结果：硅谷最有名的两家风险投资公司凯鹏华盈（KPCB）和红杉资本（Sequoia Capital）都同意向谷歌一共投资 2 500 万美元（30% 股份）。据说，这两家相互竞争的风险投资公司，以前还从来没有同时投资过同一家公司。

两家公司的两大人物红杉资本的迈克尔·莫里兹（Michael Moritz）和凯鹏华盈公司的约翰·杜尔（John Doerr）同时进驻公司的董事会。这两个人物亲手缔造了 Sun、Intuit、亚马逊和雅虎等公司的成功故事。从此，标志着谷歌不再是一家车库公司，而成为互联网大潮中正式的玩家之一。

2004 年谷歌上市

2004 年 1 月，谷歌宣布雇用摩根士丹利和高盛管理其 IPO（Initial Public Offering，首次公开募股）。募集资金额被估计高达 40 亿美元。2004 年 8 月 19 日，谷歌上市，发行价 85 美元，年底攀升至 195 美元。IPO 给了谷歌超过 230 亿美元的市值。

2008 年全面对抗微软

谷歌以 31 亿美元收购 DoubleClick，后者正是微软 CEO 史蒂夫·鲍尔默（Steve Ballmer）梦寐以求的。谷歌还与雅虎达成了搜索广告合作协议，这也是微软想要的。谷歌推出了 Chrome 浏览器，目标直指 IE。

6 400 倍的回报

杰夫·贝索斯（亚马逊的创始人）在 1998 年曾向谷歌投资 25 万美元，每股价格为 4 美分。

众所周知，当谷歌在 2004 年首次公开招股时，贝索斯持有大约 300 万股谷歌股票（准确的数字为 330 万股，每股 IPO 价格 85 美元，市值 2.8 亿美元，增值 2 125 倍）。如果贝索斯将投资获得的谷歌股票持有到现在，这些股票的市值将达到惊人的 16 亿美元，增值达 6 400 倍！

（资料来源：天使资金资讯）

在中国，20 世纪 90 年代末，天使投资者就已经出现，参与者主要有对中国市场感兴趣的外国人和海外华侨、跨国公司在华机构的高层管理人员、国内成功的"掘金"者和民营企业家。典型的案例有：搜狐公司张朝阳从 MIT 斯隆管理学院的著名天使投资人爱德华·罗伯特教授和《数字化生存》的作者尼古拉·尼葛洛庞帝等 3 人那里共获得了 22.5 万美元的创业资本；美国华侨刘耀伦先生当年给了亚信公司最初创业的 50 万美元天使投资；徐少春创建的金蝶软件科技（深圳）有限公司获得美籍华人赵西燕女士的天使投资；易趣的第一轮创业融资中有一部分也来自天使投资人；甄荣辉给前程无忧网提供了 100 万美元的天使投资，后来他甚至干脆放弃贝恩公司的合伙人位置出任前程无忧网 CEO；伯克利大学原校长田长霖教授也对回国留学生创办的中星微电子进行了天使投资。这些投资都取得良好的投资回报。

随着时间的推移和创投市场的发展，我国涌现出越来越多的成功创业者，他们对中国创业和投资有着独到的切身体会，在企业成功上市或被大企业收购后，这些创业者都可能一跃成为拥有能力和财富的个人投资者。其中一部分人目前已经成为中国天使投资的积极参与者，中关村科技园等创业园区里甚至出现了各种天使投资联盟。这些天使投资人的参与进一步提高了中国的创业活动水平。当然，个人投资者的素质良莠不齐，他们中不乏急功近利者，眼界和素质都不高，创业者在选择天使投资人时，也须三思。

近年来，我国还出现了一些投资非常早期创业项目的专业投资机构，他们常常也被称为天使投资机构/基金，如创新工场、真格基金等；一些创客空间、孵化器也开展早期阶段的投资。其实，他们在运作模式上和传统意义上的创业投资机构区别不是很大。另外，随着互联网的发展，众筹（包括产品众筹和股权众筹）也开始成为一些创业企业融资的一种方式选择。

3. 风险投资

风险投资在国外也叫"创业投资"，根据美国创业投资协会（National Verture Capital Association，NVCA）的定义，创业投资是由专业投资者投入到新兴的、快速成长的，有巨大竞争潜力的企业中的一种与管理相结合的资本。哈佛大学的威廉·萨尔曼（William A. Sahlman，1994）对创业投资的定义则是"对具有高成长潜力的未上市企业的积极投资"。斯坦福大学的托马斯·赫尔曼（Thomas F. Hellmann）教授将创业投资定义为"实行专业化管理、为新兴的以长诉求的未上市公司提供股权式融资的资本"。这些定义大同小异，实质是一致的。

整个创业投资过程可以分解成两个层面之间的关系：一是创业投资家（或机构）与被投资的创新型创业企业之间；二是创业投资家与出资者之间。创业投资家在其中扮演了一个新型金融中介的角色。一方面，创业投资家为出资者和创业企业牵线搭桥，使财务资本和人力资本实现有效组合；另一方面，创业投资家为出资者管理基金，筛选创业团队，进入创业企业的董事会，提供战略决策咨询等方面的增值服务，发挥自己完全不同于传统金融中介的独特作用，并有权分享相应的回报。

风险投资具有以下基本特点（成思危，1990）。

（1）它是一种有风险的投资。由于创业投资主要是支持创新的技术与产品，技术风险、经济风险及市场风险都相当大，其失败率相当高；但一旦成功，回报也甚高。

（2）它是一种投资组合。为了分散风险，创业投资通常投资于项目群，利用成功项目退出后所取得的高回报来抵偿失败项目的损失并取得收益。

（3）它是一种长期投资。创业投资一般要经过3～7年才能通过退出取得收益，而且在此期间通常还要不断地对有成功希望的项目进行增资。

（4）它是一种权益投资。创业投资是一种权益资本，而不是一种借贷资本，因此其着眼点并不在于其投资对象当前的盈亏，而在于其发展的前景和资产增值，以便能通过上市或出售而退出并取得高额回报。

（5）它是一种专业投资。创业投资家不仅向创业企业家提供资金，还提供所积累的学识、经验以及广泛的社会联系，并积极参与创业企业的经营管理，尽力帮助创业企业家取得成功。

从20世纪90年代开始，一些国外创业投资机构开始尝试进入中国投资。90年代后期，特别是互联网泡沫期间，开始出现了比较典型的创业投资案例，如亚信、新浪、搜狐等。

2001年12月11日,中国成为世界贸易组织(WTO)正式成员,海外VC看好我国的投资前景,纷纷入局;一些硅谷主流的创业投资机构还先后设立专门的中国基金,如红杉资本、KPCB等、那些有经验的海外VC对于中国创业投资产业的发展起了重要的推动作用。

随着中国创业和创业投资的发展,一批成功的创业者、在海外VC及早期本土VC工作过的投资人先后成立本土的VC机构,募集创业投资基金,在中国进行创业投资。如赛富基金、北极光创投、启明创投、凯旋创投等。

另外,一些大公司也成立创业投资基金,加入创业投资的行列。IDG和Intet Capital在20世纪90年代末就开始在中国尝试从事创业投资;国内的联想控股于2001年发起成立了联想投资;近年来,腾讯、阿里巴巴和百度也积极参与创业投资。

目前,中国已成为世界第二大创业投资集聚地。不过,我国创业投资在创业投资体系建设和实际运作中也还存在一些问题,例如,一些地方政府过多直接参与创业投资,"遍地开花"的政府创业投资引导基金可能存在很多风险;国内上市虽然已经有渠道,但上市排队时间较长,不确定性较大,加大了创业投资的退出风险,也影响了投资者投资早期创业项目的积极性。

阅读材料5-4

天使投资与风险投资的区别在哪里?

1. 天使投资和风险投资的概念不同

天使投资是权益资本投资的一种形式,是指富有的个人出资协助具有专门技术或独特概念的原创项目或小型初创企业,进行一次性的前期投资。它是风险投资的一种形式,根据天使投资人的投资数量以及对被投资企业可能提供的综合资源进行投资。

风险投资,其实翻译为创业投资更为恰当。广义的风险投资泛指一切具有高风险、高潜在收益的投资;而狭义的风险投资则是指以高新技术为基础,生产与经营技术密集型产品的投资。根据美国全美风险投资协会的定义,风险投资是由职业金融家投入到新兴的、迅速发展的、具有巨大竞争潜力的企业中一种权益资本。

2. 天使投资与风险投资的区别

首先,天使投资与风险投资的融资方式不同。天使投资是属于直接融资的范畴,即投资者的资金是直接投入被投公司的。而风险投资则是介于间接融资与直接融资之间的一种融资方式,即风险投资是从其他人那里融资过来,然后进行投资。简单地说,风险投资是进行代理投资。

其次,天使投资与风险投资的投资额度不同。天使投资是属于个人行为,因此对单个项目的投资额通常不会很大,一般以300万~500万元这个区间为主。而风险投资是属于机构行为,因此它的单笔投资一般不会低于1 000万元,但多家机构合投除外。通常情况下,单个项目的投资额在3 000万~5 000万元居多,不排除会有超过1亿元的投资额度。

再次,天使投资与风险投资选择投资的关注点不同。天使投资人在选择投资目标的时候,一般不会去关注公司的收入、利润等财务指标,因为对于初创公司而言,一般也没有什么收入和利润。而是更多地关注投资目标的现金储备情况、每月现金消耗情况等。而风险投资则更多地关注投资目标的市场地位、影响力、占有率等,看其是否在同类公司中具有竞争力,看其估值是否存在一定的上升空间。

最后,天使投资与风险投资获得投资回报的方式不同。天使投资主要是靠"价值投资"来获取回报。即天使投资人通过投资具有发展潜力的公司,以此来获得公司价值增长的钱。而风险投资除了靠"价值投资"来获取投资回报外,还会通过不同的估值体系来获得回报。所谓不同的估值体系就是风险投资人通过投资私人公司,让私人公司变为上市公司。那么在私人公司变成上市公司后,被投资公司就会在此过程中产生溢价的机会。只要风险投资人抓住这样的机会,就可以从中赚得一份回报。

(资料来源:http://www.360doc.com/content/18/0221/12/37113458_731189411.shtml.)

4. 创业板上市融资

创业板市场着眼于创业,是指主板市场之外为满足中小企业和新兴行业创业企业融资需求和创业投资退出需求的证券交易市场,如美国的纳斯达克市场、英国的 AIM (Alternative Investment Market) 市场等。创业板在服务对象、上市标准、交易制度等方面与主板市场存在较大差异,主板市场只接纳成熟的、已形成足够规模的企业上市,而创业板以成长型尤其是具有自主创新能力的创业企业为服务对象,具有上市门槛相对较低,信息披露监管严格等特点。它的成长性和市场风险均要高于主板,是对主板市场有效的补充。从世界范围看,创业板已成为各国高科技企业的主要融资场所。据统计,美国软件行业上市公司中的93.6%、半导体行业上市公司中的84.8%、计算机及外围设备行业上市公司中的84.5%、通信服务业上市公司中的82.6%、通信设备行业上市公司中的81.7%都在纳斯达克上市。我国创业板市场于2009年10月23日正式开板,首批28家公司在创业板市场挂牌上市。2019年10月30日是创业板开板10周年的日子。10年来,创业板公司数量已从28家增加到773家,总市值达5.68万亿元,集聚了一批颇具影响力、竞争力的新兴产业公司,在支持"双创"企业群体、优化创新创业生态、引领产业转型升级、加速新旧动能转换等方面发挥着日益重要的作用,成为新时代推动经济高质量发展的引擎。

创业板市场具有资本市场的一般功能,能为处于创业时期饱受资金缺乏困扰的中小企业提供融资的渠道。创业板市场青睐成长性高、科技含量高,能够符合新经济、新服务、新农业、新材料、新能源和新商业模式特征的企业,适合处于成长期的中小高新技术企业。与主板市场相比,创业板不过分强调企业规模和以往业绩,而是强调企业要有发展前景和成长空间,这为急需资金的创业企业提供了必要的金融支持,有利于促进创业企业的发展。

创业板上市不仅可以帮助创业者实现收益、风险投资退出,还有利于创业企业提高知名度。通过上市公开发行股票,企业可以在全国性的市场中树立品牌,使社会公众了解企业,提高企业形象,提高知名度,对人才、技术合作者等产生较强的吸引力,有利于企业的长远发展和市场开拓。另外,为确保上市公司的质量,创业板对公司治理结构的要求较高,要求构建产权明晰、权责明确、管理科学的现代企业制度,规范企业运作、制订严密的业务发展计划和完整清晰的业务发展战略,提炼核心业务范围,保持管理技术队伍的稳定,选择好投资项目与前景好的产品市场,不断提升业务增长潜力。而对创业企业来说,上市融资有助于建立现代企业制度,规范法人治理结构,提高企业管理水平,增强企业创业和创新的动力。

但是创业者对于上市可能带来的约束和风险也应有一定的心理准备。由于创业板市场的高风险性,为了保护投资者的利益,监管部门对创业板市场制定了更为严格的业务要求、信息披露要求、限售规则及退市制度。企业一旦成为上市公司,在信息公开、财务规范、治理结构方面必须遵循市场要求，股价直接反映了企业的形象。这对较多依赖创业者个人、决策随意的创业企业来说，意味着管理模式的全面转型。另外，由于股本规模小及股份全流通，创业板上市企业很有可能成为其他企业的收购对象，对于看好企业发展的创业者或创业团队将形成收购风险，减弱甚至丧失在企业中的话语权。

阅读材料 5-5

华谊兄弟传媒集团创业板融资案例

1. 公司简介

华谊兄弟传媒集团（以下简称"华谊兄弟"），是中国的一家知名综合性娱乐集团，由王中军、王中磊兄弟在 1994 年创立，开始时是由投资冯小刚、姜文的电影而进入电影行业，尤其是每年投资冯小刚的贺岁片而声名鹊起，随后全面投入传媒产业，投资及运营电影、电视剧、艺人经纪、唱片、娱乐营销等领域，在这些领域都取得了不错的成绩，并且在 2005 年成立华谊兄弟传媒集团。

2. 华谊兄弟采用的多种融资手段

（1）与其他影业公司合拍影片。《功夫》和《可可西里》均与美国六大电影公司之一的索尼/哥伦比亚合拍，《大腕》也是与哥伦比亚（亚洲）共同投资 2 500 多万元所拍，《情癫大圣》是与香港英皇合作，与香港寰亚合拍的《天下无贼》《夜宴》投资分别为 4 000 万元、1.28 亿元，《墨攻》则采取了亚洲四个主要发行地区的公司联合投资并负责各自区域电影发行的方法。

（2）股权筹资，私募股权投资。此举除了引入资金，更重要引入了审计和财务管理制度，引入了资金方对资金使用的有力监管，从而保证了严格的成本控制。

（3）运用版权从银行等金融机构贷款。收编冯小刚、张纪中对于华谊兄弟版权融资意义重大。由于有大牌导演、大牌明星加盟作为票房保证，中国信保帮助《夜宴》从深圳发展银行拿到了 5 000 万元的单片贷款，冯小刚的《集结号》争取到 5 000 万元无抵押贷款，张纪中的《鹿鼎记》也得到银行资金支持。

（4）拓展电影后衍生品市场。长达 50 年的著作权保护期限，使得电影后衍生产品可以异常丰富，版权交易是个尚待开发的巨大金矿。《手机》铃声出售给摩托罗拉、《天下无贼》短信满天飞等创新，则是华谊兄弟成功运作电影后衍生品的结果。

（5）通过贴片广告与植入式广告获得收入。由于受众数量巨大，电影及相关场所天生是个广告载体。在植入式广告的运用上，华谊兄弟的电影也远远超过其他片商，《大腕》《手机》《天下无贼》等都大量植入了摩托罗拉、淘宝网等广告，由此带来了不菲的收入。目前，华谊兄弟的收入来源日趋多元化，票房仅占 30% 左右。

3. 华谊兄弟股权筹资分析

（1）华谊兄弟发行股票的具体情况分析。公司于 2009 年 10 月 15 日，采取"网下向询价对象询价配售与网上资金申购定价发行相结合"的方式，公开发行人民币普通股（A 股）4 200 万股人民币普通股 A 股，每股面值 1.00 元，发行价为每股人民币 28.58 元，其中，网下发行占本次最终发行数量的 20%，即 840 万股；网上发行数量为本次最终发行数量减去网下最终发行数量。本次发行的股票拟在深圳证券交易所创业板上市。募集资金总额为人民币 1 200 360 000.00 元，扣除发行费用人民币 52 121 313.55 元，公司募集资金净额为人民币 1 148 238 686.45 元，其中，增加股本 42 000 000.00 元，增加资本公积 1 106 238 686.45 元。

(2) 华谊兄弟股票发行状况。

1) 股票种类。本次发行的股票为境内上市人民币普通股（A），每股面值人民币 1.00 元。

2) 发行数量和发行结构。本次发行股份数量为 4 200 万股。其中，网下发行数量为 840 万股，占本次发行数量的 20%；网上发行数量为本次最终发行数量减去网下最终发行数量。

3) 发行价格。本次发行的发行价格为 28.58 元/股。

4) 发行方式。采用网下向询价对象配售与网上资金申购定价发行相结合的方式。本次发行网下配售向询价对象配售的股票为 840 万股，有效申购为 127 210 万股，有效申购获得配售的配售比例为 0.660 325 44%，超额认购倍数为 151.44 倍。本次发行网上发行 3 360 万股，中签率为 0.613 590 649 4%，超额认购倍数为 163 倍。本次发行无余股。

5) 募集资金总额。本次公开发行募集资金总额为 120 036 万元；中瑞岳华会计师事务所有限公司已于 2009 年 10 月 20 日对公司首次公开发行股票的资金到位情况进行了审验，并出具中瑞岳华验字〔2009〕第 212 号验资报告。

6) 募集资金净额 114 823.87 万元。超额募集资金 52 823.87 万元，其中 12 966.32 万元将用于影院投资项目，剩余部分将继续用于补充公司流动资金。公司承诺：超募资金将存放于专户管理，并用于公司主营业务。上市公司最晚于募集资金到账后 6 个月内，根据公司的发展规划及实际生产经营需求，妥善安排超募资金的使用计划，提交董事会审议通过后及时披露。上市公司实际使用超募资金前，将履行相应的董事会或股东大会审议程序，并及时披露。

7) 发行后每股净资产 8.5 元（按照 2009 年 6 月 30 日经审计的归属于母公司股东权益加上本次发行筹资净额之和，除以本次发行后总股本计算）。

8) 发行后每股收益 0.41 元（按照经会计师事务所遵照中国会计准则审计的扣除非经常性损益前后孰低的 2008 年净利润，除以本次发行后总股本计算）。

(3) 华谊兄弟发行股票的原因。

1) 营运资金短缺。公司当前遇到的最主要的发展瓶颈就是资本实力与经营目标不相匹配，营运资金瓶颈已成为制约公司进一步良性快速发展的最大障碍。资金是未来娱乐公司壮大的重要依托。

2) 股票筹资的作用。它是筹集资金的有效手段，通过发行股票可以分散投资风险，实现创业资本的增值，并且对公司上市起到广告宣传作用。

3) 股票筹资的优点。没有固定的股利负担；没有固定到期日；筹资风险小；增加公司信誉；普通股筹资限制较少，上市的融资方式显然对华谊兄弟未来的发展具有更加巨大的吸引力。

4) 与其他融资方式的比较。发行股票融资相对于债务融资来讲，因其风险大，资金成本也较高，同时还需承担一定的发行费用，并且发行费用一般比其他筹资方式高。普通股投资风险很大，因此投资者要求的收益率较高，增加了筹资公司的资金成本；普通股股利由净利润支付，筹资公司得不到抵减税款的好处，公司的控制权容易分散。

5) 市场前景。公司对募集资金项目的市场前景进行分析时已经考虑到了未来的市场状况，做好了应对规模扩大后市场压力的准备，有能力在规模扩大的同时，实现快速拓展市场的目标。

6）从华谊兄弟现有的规模及股东持股状况看，分散控制权和被收购的风险较小。
（资料来源：https://www.sohu.com/a/118752891_481816.）

5. 新型融资方式

随着互联网的普及，互联网金融得到迅猛发展，新型融资方式不断涌现。

其中最为常见的就是"众筹融资"，来自国外"Crowdunding"一词，即大众筹资或群众筹资，我国香港译作"众集资"，我国台湾译作"群众募资"，是指用团购+预购的形式，向网友募集项目资金的模式。众筹利用互联网和SNS（社会性网络服务）传播的特性，让小企业、艺术家或个人对公众展示他们的创意，争取大家的关注和支持，进而获得所需要的资金援助。

相对于传统的融资方式，众筹更为开放，能否获得资金也不再是由项目的商业价值作为唯一标准。只要是网友喜欢的项目，就可以通过众筹方式获得项目启动的第一笔资金，为更多小本经营或创作者提供无限的可能。

阅读材料 5-6

案例：HER Coffee 咖啡——海归白富美众筹

如果要说当下最时髦的互联网金融概念，则非众筹莫属。但近日却爆出了66位海归白富美众筹的HER Coffee咖啡店经营不到一年就濒临倒闭的消息。在经历了起初的喧嚣后，如今越来越多的众筹咖啡店陷入了亏损窘境。众筹咖啡店为何玩不转呢？

如果说2013年互联网金融最热门的话题还要属余额宝和P2P的话，那时下最热门的话题无疑是众筹了。无论是此前阿里推出的"娱乐宝"，还是7月初京东推出的"凑份子"，巨头们对众筹的追捧，也让众筹为越来越多人所知晓，成了不少人眼中新颖的投资理财方式。但作为海外最原始的众筹形态的移植，最早一批兴起的众筹咖啡店却在喧嚣过后，面临着亏损倒闭的窘境。

不以营利为目的≠亏钱也无所谓

记得有位女性作家说过，每个女孩内心深处都驻扎着几个梦想精灵，其中就包括开一家属于自己的咖啡店的梦想。只是过去敢把梦想变为现实的女孩少之又少，然而借助众筹的力量，2013年8月，66位来自各行各业的海归白富美，每人投资2万元，共筹集132万元在北京建外SOHO开了一家咖啡店，名字叫HER Coffee。

这些美女股东几乎都有国外名校的背景，大多就职于投行、基金、互联网行业，最初只是八九个人凑在一起想开个咖啡店，因为钱不够，于是又各自拉进来不少朋友，最后开了这家被称为"史上最多美女股东"的咖啡馆。

记得开业当天，影视明星李亚鹏、主持人王梁、李响、暴风影音CEO冯鑫，银泰网CEO廖斌等众多明星、企业家都前来捧场，好不热闹。

当初，这家咖啡店的股东们声称她们将会举办各种主题活动，以吸引创业女性来此聚集，可谁曾想到开业不到一年，却传出要关店的消息。股东之一的李彤说，目前她们确实在商讨这个问题。她说："可能是一个准备吧，你有几个决定都需要通过股东大会嘛。例如说新的股东介入啊，没有的话是不是要暂时闭店，是不是要换地方啊。如果我们没有新的方案出来那就闭店，然后再选新地方。"

事实上，Her Coffee 的情况并非个案，去年长沙一家吸纳了 144 个股东的众筹咖啡店，同样在摸索近一年后，因为持续亏损，正面临倒闭；杭州一家有 110 名股东的众筹咖啡店开业一年半，同样收支从来没有实现过平衡。同样的例子不胜枚举。

然而有意思的是，几乎所有众筹咖啡店的小老板们，在当初开店时被问及如果今后经营业绩不佳该怎么办时，几乎清一色回答是"我们不以营利为目的"。在他们看来，众筹咖啡店不但是一种很新颖有趣的创业形式，而且咖啡店本身所散发的小资情调和天然的交流平台的功能，才是他们最为看重的卖点。

只是套用一句有点烂俗的话：理想很丰满，现实很骨感。不盈利并不代表能保证不亏损，不以营利为目的不代表亏钱了也无所谓。之所以不少众筹咖啡店在经营将近一年时传出面临倒闭的新闻，正是因为当初开店时众筹的原始资金只够第一年初始投资费用，即装修、家具、咖啡机等一次性硬件投入和第一年的租金。假如第一年咖啡店持续亏损，则意味着咖啡店只有两条出路：要不就是进行二次众筹，预先筹集到第二年的房租、原料、水电、员工等刚性成本，继续烧钱；要不就是关门歇业，一拍两散。

事实证明，对大部分参与众筹的股东来说，"不以营利为目的"甚至"公益性质"的说辞只是一种冠冕堂皇的高调子，毕竟砸进去的是几千甚至几万元血汗钱，大部分股东还是希望咖啡店能赚钱并给自己带来投资回报，即使不赚钱，如果咖啡店能维持经营也行。但如果持续亏损，那这个资金缺口谁来承担呢？第一次众筹成功依靠的是希望和梦想，当盈利希望破碎后，又有几人愿意再通过二次众筹，往这个亏损的无底洞里砸钱呢？因此关门歇业成了最理性的选择。

（资料来源：百度文库，中国众筹的十个经典案例汇总。）

5.2.2 创业融资方式选择的影响因素

创业融资不仅仅是筹集创业的启动资金，而且包括整个创业过程的所有融资活动。由不同渠道取得的资金之间的有机构成及其比重关系就是融资结构，即创业者的资金有多少是来源于债务融资，有多少是来源于股权融资。因为不同性质的资金对企业的经营有不同的影响，所以创业者应该合理均衡债务融资与股权融资之间的比例。通常，创业者融资决策会受到几个因素的影响：创业所处阶段、创业企业特征、融资成本、创业者对控制权的态度。

1. 创业所处阶段

创业融资需求具有阶段性特征，不同阶段的资金需求量和风险程度存在差异，不同的融资渠道所能提供的资金数量和要求的风险程度也不相同。创业者在融资时必须将不同阶段的融资需求与融资渠道进行匹配，才能高效地开展融资工作，获得创业活动所需的资金，化解融资难题。

阅读材料 5-7

创业企业的发展阶段

创业企业的发展具有阶段性，通常可以划分为五个阶段，即：种子期、创建期（启动期）、成长期（发展期）、扩张期和成熟期（获利期）。创业企业在不同的发展阶段处于不同的发展状态，每一阶段在企业规模、资金需求、投资风险、市场开拓以及公司成长等方面都有明显差别。

1. 种子期（Seed）

这一阶段基本上处于技术、产品研发阶段，即研发的中后期，产生的是实验室成果、样品和专利，而不是产品。企业可能刚刚组建或正在筹建，基本上没有管理队伍。

这一阶段的投资成功率最低（平均不到10%），但单项资金要求最少，成功后的获利最高。这一阶段的主要投入形式为政府专项拨款、科研机构和大学的科研基金、社会捐赠和被称作精灵投资者的个人创业投资家提供的股本金等。由于投资风险太高，规范的创业投资机构基本不涉足这一阶段。

2. 创建期（启动期，Start-up）

这一阶段，企业已经有了一个处于初级阶段的产品，而且拥有了一份粗略的商业计划（Business Plan），一个不完整的管理队伍。没有任何收入，开销也极低。据统计，创建阶段一般在一年左右。至该阶段末期，企业已有经营计划，管理队伍也已组建完毕。

这一阶段大致相当于我国划分的小试阶段前期，技术风险与种子阶段相比，有较大幅度下降，但投资成功率依然较低（平均不到20%）。虽然单项资金要求较种子阶段要高出不少，但成功后的获利依然很高。这一阶段，那些非营利性的投资，由于法律的限制将不再适宜，所以创业投资将是其主要投入形式。一般来说，创业投资从这一阶段才真正介入创业企业的发展。

3. 成长期（发展期，Development/Beta）

这一阶段大致相当于我国划分的小试阶段后期和中试前期，技术风险大幅度下降，产品或服务进入开发阶段，并有数量有限的顾客试用，费用在增加，但仍没有销售收入。至该阶段末期，企业完成产品定型，着手实施其市场开拓计划。这一阶段，资金需求量迅速上升，由于创业企业很难靠自我积累和债权融资等方式解决这一阶段的资金需求，所以创业投资依然是其主要投入形式。

4. 扩张期（Shipping）

这一阶段大致相当于我国划分的中试阶段后期和工业化阶段，企业开始出售产品和服务，但支出仍大于收入。在最初的试销阶段获得成功后，企业需要投资以提高生产和销售能力。在这一阶段，企业的生产、销售、服务已具备成功的把握，企业可能希望组建自己的销售队伍、扩大生产线、增强其研究发展的后劲，进一步开拓市场，或拓展其生产能力或服务能力。这一阶段，企业逐步形成经济规模，开始达到市场占有率目标，此时成功率已接近70%，企业开始考虑上市计划。

这一阶段融资活动又称作Mezzanine，在英文里的意思是"底楼与二楼之间的夹层楼面"。可以把它理解为"承上启下"的资金，是拓展资金或是公开上市前的拓展资金。这一阶段意味着企业介于创业投资和股票市场投资之间。投资于这一阶段的创业投资通常有两个目的。

（1）基于以前的业绩，风险性大大降低。企业的管理与运作基本到位。已具有的成功业绩，使风险显著降低。

（2）一两年以后便可迅速成长壮大走向成熟。这个阶段之所以对创业投资家有一定的吸引力，是因为企业能够很快成熟，并接近于达到公开上市的水平。如果企业有这种意向，在这一阶段介入的创业投资,将会帮助其完成进入公开上市的飞跃。公开上市后创业投资家便完成了自己的使命从而撤出企业。因此,"承上启下"阶段的投资对创业投资家来讲可以"快进、快出",流动性较强。

这一阶段资金需求量更大。比较保守或规模较大的创业投资机构往往希望在这一阶段提供创业资本。在股本金增加的同时,企业还可争取各种形式的资金,包括私募资金、有担保的负债或无担保的可转换债,以及优先股等。

5. 成熟期(获利期,Profitable)

在这一阶段,企业的销售收入高于支出,产生净收入,创业投资家开始考虑撤出。对于企业来讲,在这一阶段筹集资金的最佳方法之一是通过发行股票上市。成功上市得到的资金一方面为企业发展增添了后劲,拓宽了运作的范围和规模;另一方面也为创业资本家的撤出创造了条件。创业投资家通常通过公开上市而撤出,但有时也通过并购方式撤出。

综上所述,创业投资一般主要投资于创建阶段、成长阶段和扩张阶段。规模较小、运作较为灵活的创业投资机构主要投资于前两个阶段,规模较大、相对保守的创业投资机构往往投资于后一个阶段。

在种子期和启动期,企业处在高度的不确定中,只能依靠自我融资或亲戚朋友的支持,以及从外部投资者处获取"天使资本"。创业投资很少在此时介入,而从商业银行获得贷款支持的难度更大。建立在血缘和信任关系基础上的个人资金是该阶段融资的主要渠道。

企业进入成长期后,已经有了前期的经营基础,发展潜力逐渐显现,资金需求量也比以前增大。成长期前期,在企业获得正的现金流之前,创业者获得债务融资的难度较大,即使获得,也很难支付利息,这时创业者往往倾向于通过股权融资这种不要求他们做出固定偿付的方式来筹集资金。成长期后期,企业表现出较好的成长性,且具有一定的资产规模,可以寻求银行贷款、商业信用等债务融资方式。

企业进入成熟期后,债券、股票等资本市场可以为企业提供丰富的资金来源。如果创业者选择不再继续经营企业,则可以选择公开上市、管理层收购或其他股权转让方式退出企业,收获自己的成果。

表5-1是硅谷典型创业企业(尤其是高科技创业企业)的分阶段融资方式选择。

表 5-1 硅谷典型创业企业分阶段融资方式选择

企业成长阶段	主要融资方式选择
种子期	自融资:创始人、家庭、信用卡短期透支 天使投资、众筹(包括产品众筹和股权众筹) 风险投资
创建期	天使投资、风险投资、政府提供的资助、无息贷款或早期投资、众筹、大公司投资
成长阶段	主要融资渠道
成长期	风险投资、大公司投资
扩张期	风险投资、上市或者被大企业收购、商业银行贷款等
成熟期	上市、商业银行贷款等

2. 创业企业特征

创业活动千差万别,所涉足的行业、初始资源禀赋、面临的风险、预期收益都有较大的差异，不同行业面临不同的竞争环境、行业集中度及经营战略等，创业企业的资本结构是不同的，不同的资本结构产生不同的融资要求。对于从事高科技产业或有独特商业创意的企业，经营风险较大，预期收益也较高，创业者有良好的相关背景，可考虑股权融资的方式；对于从事传统产业类，经营风险较小，预期收益较易预测，可主要考虑债权融资的方式。

实践中，大部分新创企业不具备银行或投资者所要求的特征，在风险和预期收益方面均处于不利情况，这时只能依赖个人资金、向亲朋好友融资等自力更生的方式。只有能够证明自己的产品或创意可以在市场上立足，才能获得债务融资或股权融资。

3. 融资成本

不同的融资渠道，融资成本不一样。债务融资成本是使用债务资金所需要支付的利息，一般来说，支付周期较短，支付金额固定。在债权融资中应实现各种融资渠道之间的取长补短，将各种具体的债权资金搭配使用、相互配合，最大限度地降低资金成本。

而在股权融资中，投资者获得企业部分股权，其未来潜在的收益是不受限制的，虽然不需要像利息那样无条件定期支付，但也会影响创业者对企业的控制权，许多创业投资公司会要求一系列保护投资方利益的否决权，介入企业的经营管理中。即使创业者及其团队在初期拥有相对多数的股权比例，但往往在二三轮融资之后，创业者的股权被大大稀释，决策效率及控制权都会受到影响。因此，在大多数情况下，权益融资的成本要比债务融资的成本高。

过高的融资成本对创业企业来说是一个沉重的负担，而且会抵消创业企业的成长效应。因此，即使初期的资金很难获得，创业企业仍要寻求一个较低的综合资金成本的融资组合，在投资收益率和资金成本权衡中作出选择。

4. 创业者对控制权的态度

创业者对控制权的态度会影响到融资渠道的选择。一些创业者不愿意将自己费尽心血所创立企业的部分所有权与投资者共同拥有，希望保持对企业控制权，因此更多地选择债务融资。而另一些投资者则更看重企业是否可以迅速扩大，取得跳跃式发展，获得渴望的财富。为此他们愿意引入外来投资，甚至让位于他人管理企业。按照研究初创公司CEO的哈佛大学教授诺姆·沃瑟曼（Noam Wasserman）的观点，创业者需要在"富翁"和"国王"之间进行选择，当"富翁"，引入外来权益投资，可以让公司更具价值，但会失去CEO职位和主要决策权，在公司里靠边站；当"国王"，则可以保留对公司的决策控制权，但往往会造成公司价值较低。对创始人而言，选择当"富翁"不一定优于当"国王"，反之亦然。这种决策的作出在很大程度上取决于最初创业的初衷。

诺姆教授建议创业者也可以参照上述思路判断自己该投身于哪个领域。渴望掌控企业的人应当把目标锁定在自己已掌握技能和业务关系的领域，或者是无须投入大笔资金的领域。而追求财富的人则应该保持开放的心态，选择需要投入大量资源的领域。

5.2.3 股权融资与债权融资的配合

1. 股权融资与债权融资的区别

股权融资和债权融资是创办企业常见的融资方式。股权融资是指企业的股东愿意出让部分股权，通过这种方式引进新的股东和资金进行融资。所谓债权融资是指企业通过借贷的方式进行融资，债权融资企业需要承担借贷的利息，并在合约到期后向债权人偿还本金。

债权融资的特点决定了其用途主要是解决企业营运资金短缺的问题,而股权融资的特点则是增加企业的总资本,扩大企业资产。

股权融资和债权融资的区别主要有以下几点。

(1) 风险不同。股权融资的风险通常小于债权融资,股票投资者看中的是企业的盈利能力,企业没有固定付息的压力,也没有债权融资的借贷到期压力。债权融资则必须承担按期付息和到期还本的义务。当公司经营不善时,有可能面临巨大的付息和还债压力导致资金链破裂而破产,因此,企业发行债券面临的财务风险高。

(2) 融资成本不同。从理论上讲,股权融资的成本高于债权融资,从投资者的角度来看,股权投资具有高风险性,所以要求的回报率也会更高。从股权融资公司的角度来看,出让的股权在企业顺利发展的前提下有着极高的升值空间,因此,股权融资的成本一般要高于债权融资成本。

(3) 对控制权的影响不同。债权融资虽然会增加企业的财务风险能力,但它不会削减股东对企业的控制权力,如果选择股权融资的方式进行融资,现有的股东的股权会被稀释。因此,发展良好的企业一般不愿意进行股权融资。

(4) 对企业的作用不同。股权融资对企业来说是获得永久性的资本,能更好地帮助企业抵御风险,另外资本增加有利于增加公司的信用价值,增强公司的信誉,可以为企业发行更多的债权融资提供强有力的支持。债权融资则是灵活性的资金,与企业资本并不挂钩,但无论企业盈利多少,企业只需要支付给债权人事先约好的利息和到期还本,而且利息可以作为成本费用在税前列支,具有抵税作用。

阅读材料 5-8

股权融资和债权融资的优、缺点对比如表 5-2 所示。

表 5-2 股权融资和债权融资的优、缺点

股权融资		债权融资	
优 点	缺 点	优 点	缺 点
能提供大量的资金注入	通常仅可获得较大金额的资金	可根据你的要求借贷不同的金额	构成还债义务
无须支付利息	这意味着"卖掉"公司的一部分	只要偿付了,一般就不会影响你对公司的所有权	收取利息一般影响获利能力
无偿付资金的义务	风险资本家期望他们的投资会有高回报(至少增长 25%)		一般要求有抵押品,而且银行会保守地看待你资产的价值
	投资者可能会要求你买下他们的股票		如果你是向朋友和亲人借钱的话,你的人际关系就会随着公司破产而被破坏

(资料来源:弗雷德里克,库洛特克,霍杰茨. 创业学. 北京:中国人民大学出版社,2011.)

2. 创业企业在选择股权融资的同时应该配合债权融资

股权融资,在融资科学和艺术方面达成平衡就能获得,但对于需要融资的企业,特别是

轻资产科技企业，是否应该获得债权的支持？而如何获得债权融资，这在一定程度上比股权融资更复杂。

长期来看，对于初创期和成长期的企业来说，在公司成长过程中灵活地结合股权和债权两种方式进行融资，才能让公司有更多资金来源的选择，帮助公司更快速、更稳健地成长。

债权融资不再是成熟企业独享的资源，从风险回报的角度考虑，债权融资永远有其局限性和限制条件，但不再是成熟企业独享的资源。股权投资看的是未来发展，回报率相对较大，理论上能承担的风险比债权机构大，所以债权机构相对保守。但由于国内的传统优质资产在不断地减少，所以现在比较保守的债权机构也开始把触角伸向创业型企业。

此外，金融科技的成熟与普及，同步提高了传统金融机构对新创企业资金投入的兴趣及可执行性，例如透过大数据分析或系统的资料收集，让传统金融机构有机会可以对轻资产创业型公司提供类似信用贷款的支持，这方面已经有具体项目实施了，相应的银行机构也在慢慢增加中。从融资的实质目的思考，除了银行、租赁等传统金融机构，还有一些非金融机构业务一样可以起到实质融资的结果。

从创业型企业的角度思考，除了透过股权融资筹钱之外，也应同步考虑借助债权资金加速成长，一方面夯实公司估值，另一方面减少股权稀释比例，同时兼顾投资人及创业者双方的利益。因为公司可以利用传统金融机构的资金来加速企业的发展，投资机构所占有的股权，也可以随着公司的发展得到更大的增加。

从企业长远利益及资金提供方的风险溢酬来考虑，创业公司对初期借贷资金成本不应有太多限制或要求，可以利用滚动式融资方式逐步降低资金成本。很多创业者在创业初期，基于成本的考量，对借贷的资金成本锱铢必较，这也情有可原。

但从长远来看，创业公司或实际控制人要有大的格局和眼光。企业需要的每一笔钱，不管是股权融资还是债权融资，都能让公司的发展往前跨一步，带来的结果是公司的现金流、利润或营收都随之快速增加，因此借贷而来的资金成本事实上对公司价值的提升都不会有太大的不利影响。同时资金成本还将随着营收的增加而明显地下降，当然前提是资金用途非常明确，资金运用到位。

除此之外，目前市场上还出现了一些具有弹性的资金提供方，可以帮助企业完成内部结构优化的特殊需求，这也是一种债权融资。这种债权融资带来的好处不仅是公司的营运发展，从某个角度来说，可以起到股权结构优化或股东调整等特殊作用，这也是公司发展过程中所需要的。

企业融资，不论是股权融资还是债权融资，虽然表面获取的是资金，但是从本质来看是为了在成本和条件可接受的情况下加大资金的流动性。从这个终极目的出发，创业型企业在债权融资上可以从以下几个角度进行不同的思考和尝试。

（1）融资的根本目的是增加正现金流。为了增加正现金流，可以增加现金的流入或减少现金的流出。在债权融资领域，从这个角度能帮企业争取不一样的资本。

（2）传统的债权融资，基本上是用资产负债表里面的资产科目，特别是不动产、固定资产，或流动资产，例如应收账款或应收票据等，作为融资的依据。但其实资产负债表中的每一个会计科目，包括资产科目、负债科目和权益类科目，都可以是潜在的融资依据，例如保证金杠杆融资、供应链金融、无形资产租赁、应付账款垫付、未来应收账款等。

（3）资金用途与融资期限的长短最好能匹配。很多企业的资本支出都是用短期营运周转金借来的，这事实上很危险，现金流预测不对或是整个资金调度不好，很容易出现资金链断裂的情况。特别是创业型企业，往往现金流并不稳定，当有中长期资金需求时，特别要注意融资渠道能否在时间上匹配。传统的债权机构介入这种创业型公司的时候，一开始也不太可能给予太长的授信周期，除了租赁公司能够先天地授予两年以上，授信一般都是以一年以内的短期融资为主。

（4）找出目前公司营运模式中较有力的抓手。金融机构愿意提供贷款的创业公司一般都会有比较有利的亮点。像轻资产公司的大客户订单、大客户应收账款、现金流量、股权、下一轮融资的 TS（Term Sheet，投资意向书）、IP（Intellectual Property，知识产权）等，重资产公司的传统固定资产、流动性大的高价设备、贸易保单、地方政府的补贴或担保、IP（Intellectual Property，知识产权）等都可以作为抓手。

（5）找到一个愿意突破的金融机构。例如某创业项目，创立才两三年的时间，仍处于亏损状态，营业额不到 4 000 万，但是其所在的城市银行授予了 500 万政府担保基金的担保放款，这对银行来讲并没有风险，该城市银行后来又主动追加了 500 万的信用贷款，总共放款 1 000 万。因为这家公司的主要现金流都经由该城市银行，经过一年左右的观察，根据相关数据和现金流量，该城市银行愿意尝试给一个信用敞口，这就是一个双赢的结果。

（6）先求有，再求好。创业型公司可能在刚融完 A 轮或 B 轮时想再借些资金，因为融 C 轮后往往经营团队的持股比例就会降到一个危险的程度。但因为刚融完 A 轮或 B 轮，在心态上难以低调，有时会跟债权机构特别是银行、租赁、保理等传统金融机构提要求，例如不作担保等。这时要求太多，会让传统金融机构认为风险大，特别在大环境不好的时候，第一反应一定是拒绝。所以像实控人或大股东担保、股权质押、买保单、现金流账户监管等，都不要太计较。

（7）不要对标大企业的资金成本或融资条件。有一些创业企业会有大企业病，认为自己公司已经盈利了，例如每年净利润有几千万元，有资金需求的时候，希望借三年的信用贷款，但年利率不要超过 7%。扣掉资金成本及企业税，机构每年赚利不到三个点，投资机构还不如选择进行股权投资，三年退出时可能获利 7 倍。所以像这样的融资条件，应该反过来跟融资需求方先沟通。

（8）考虑非增加账上现金的融资方式。债权融资和股权融资的核心目标是增加企业的正现金流。除了增加资金的流入，还可以考虑减少资金的流出。例如代买垫款或分期付款，延迟现金流的流出；代付费用，常见的是代付薪资，因为企业薪资往往是费用的大部分，而且非常敏感，可能晚支付一两天就会出谣言，说这家公司可能出问题了。通过代付，延缓现金流流出，便于周转；还有银行正在尝试的数据变现，银行要掌握某些关键的数据，考虑数据的真实性和完善性，依据数据提供对应的融资、贷款。

（9）不要与债权机构随便分手，分手时切记好聚好散。与债权机构刚认识时，处于被选择状态；等企业的情况变好了，就是双向选择了。所以一开始还是先要有零的突破，先在征信报告上留下好记录，等自身状况变好了再跟最初一路支持自己的机构重谈条件，一般都愿意做出让步来留下好客户。切记要好聚好散，如果双方撕破脸的话，很容易就传遍金融机构圈。

阅读材料 5-9

港湾网络股权和债权结合融资

李一男辞去华为公司副总裁的职位，于 2000 年 10 月创建了港湾网络公司，公司注册资本 5 000 万美元，大部分为李一男与天使投资者的个人投入。但是由于港湾网络从事的电信设备研发和制造是一个需要大量资金投入的行业，2001 年 5 月，华平创投和上海实业旗下的龙科创投分别向港湾网络投 1 600 万美元和 300 万美元。2002 年 5 月，华平创投和龙科创投分别向港湾网络再次投资 3 500 万美元和 500 万美元，同时，还为港湾网络提供了 3 500 万美元的银行贷款担保。2003 年年底，港湾网络又获得德国投资与开发公司（DEG）和荷兰金融发展公司（FMO）2 000 万美元的 5 年长期贷款。

5.3 创业融资策略

5.3.1 创业融资注意事项

1. 创业者在寻求投资的时候常见的"陷阱"

（1）高估价值、低估风险。创业者常常会过分高估自己项目的回报和价值，而低估项目执行的风险。在这样的情况下，很难得到投资人的青睐，导致难以实现融资。

（2）急于大笔融资。有些创业者希望在初期的时候有很高的估值并拿到大额的融资，但实际上这会导致创业者期望过高而导致融资太难。即使成功，对下一轮的融资也人为地造成了很多阻碍。

（3）融资的时候没有方向。不同的投资机构有不同的分工，但很多没有融资经验的创业者会盲目地找很多外部投资者。在不了解这些投资机构的投资逻辑、投资领域、性格、投资额度、能带来什么额外支持的情况下，这会造成很多的精力浪费。

（4）只寻找一个投资者。有些创业者在创业的过程中，从头到尾只与一个投资者沟通，这样也许会造成因为不知道企业真正的价值而失去更好的融资机会，也可能会失去更多的资源支持者。另外，如果这个投资者决定不投资，那么创业者将会非常被动。

（5）股权被过早地稀释。有不少优秀的创业企业因为股权被过早地稀释而造成了严重的公司治理问题。如果创始人失去对公司的控制权，那么一个没有核心领导者的初创企业是很难获得突破性成功的。

2. 如何找到合适自己的投资人

（1）公开的联系方式。在互联网时代，很多优秀的投资机构和个人投资者都会把自己的联系方式在网络上公开，并接受邮寄、邮件等方式投递的创业计划书，甚至可以预约面谈或者电话联系。

（2）熟人引荐。一般来说，熟人引荐的情况下，更容易得到投资人的回应。投资者的精力有限，如果有熟人的关系做背书，那么接触到投资人的概率会更大。

（3）律师。创业投资过程中的谈判和协议签署需要专业的律师机构参与，因此律师熟悉较多的创业投资机构，创业者可以通过他们找到投资人。

（4）创业比赛。近年来政府机构、大学、科技园等各个机构纷纷组织了众多的创业计划竞赛，这些竞赛通常会邀请许多投资人作为评委。只要你的项目足够优秀，一定能让投资人看见，就有可能得到融资。

（5）被投资人投资过的公司。创业者可以琢磨投资人投资过的公司，分析投资人的投资逻辑、投资偏好、额度等情况，并且通过跟这些公司的创始人会谈，学习创业经验并获得引荐到投资人的机会。

3. 了解投资机构

（1）了解投资人专注投资的领域。如果投资人是专注于医疗健康领域的，而创业者是媒体领域的，创业者显然找错投资人了。

（2）了解投资人投资的阶段。有的投资人喜欢投早期项目，有的投资人喜欢投中后期，要根据自己的情况，寻找合适的投资人。

（3）了解投资机构的专业能力，他们是否能了解你的战略主张并提出有价值的建议。

（4）了解投资机构是否已经投资过你的潜在竞争对手，千万不要让自己浪费时间导致潜在的冲突。

（5）了解投资机构的声誉，他们是否给被投企业足够的帮助和附加价值，是否会和你共患难，是否会给你带来资源、管理经验、技术、人脉？

（6）了解投资者是否能帮助企业获得下一轮融资。一些能力不足的投资机构可能没有能力凭借自己的声誉和关系帮助企业获得新的投资，这会让企业在后面的发展举步维艰。

5.3.2 创业融资策略

1. 股权融资与债权融资的均衡策略

（1）创业融资的顺序选择。创业融资顺序的选择，首先是内源融资，然后是外源融资。而在外源融资中，先是债务融资，后是股权融资。美联储官员艾伦·伯格（Allen Berger）和印第安纳大学的格雷戈里·尤戴尔（Gregory Udell）教授通过对1993年美国小企业资本结构的考察，认为小企业在起步时期，外部债务融资优于外部股权融资，因为债务融资可以有效减少外部所有权和控制、逆向选择等问题。但是，当企业需要大规模融资时，外部股权融资就显得极为重要。

（2）尽可能保持企业的控制权。债权融资的优点主要体现在：只要按期偿还贷款，贷方就无权过问公司的未来及其发展方向；贷款的支付金额是可以事先预测的——它不会改变公司的命运。而其缺点主要体现在：如果借方不能偿还贷款，贷方可以迫使公司破产。

股权融资的优点主要体现在：股权融资往往数额大、成本低，如果公司没有利润，投资者甚至没有利润分享可言；投资者不能迫使公司破产；投资者对公司的兴旺与否更加关心，所以经常会向公司提供一些有益的建议和有价值的合同。其缺点主要体现在：股权融资伴随了企业控制权和所有权丧失问题，股权融资对于投资者风险更大。

2. 合理确定融资规模和融资期限策略

企业在筹集资金时，首先要确定企业的融资规模。筹资过多，或者可能造成资金闲置浪费，增加融资成本，或者可能导致企业负债过多，使其无法承受；筹资不足，则又会影响企业投资计划及其他业务的正常开展。

至于融资期限，往往要在短期融资与长期融资两种方式之间进行权衡，作何种选择主要取决于融资的用途和融资人的风险性偏好。

从资金用途上来看，如果融资是用于企业流动资产，则由于流动资产具有周转快、易于变现等特点，宜于选择各种短期融资方式；如果融资是用于长期投资或购置固定资产，则适宜选择各种长期融资方式，如长期贷款、企业内部积累、租赁融资、发行债券、股票等。

3. 合理规划创业不同阶段融资需求策略

在种子期和创立期，个人积蓄和家庭、朋友融资是最主要的资金来源，创业者无法得到更多的股权融资，这很难满足企业进一步发展的需要。

当企业处于成长早期，成功的商业计划书开始吸引风险资本的介入，加上公司较高的内部积累，使公司的融资渠道有所扩展。

公司进入快速成长期，相对于被驱动的财务需求，原有资金规模仍然显得太小，同时企业快速成长会吸引更多的风险资金和证券投资介入。

随着企业进一步发展，创业企业往往把公开上市作为一个较为彻底的解决方案，利用资本市场来丰富企业可利用的财务资源，以满足创业企业高成长下的资金需求。

阅读材料 5-10

案例：命运多舛的易到用车

2018年年初，消停一段时间的打车大战再度袭来，一边是美团打车强势入局，行业巨头滴滴出行霸气领先，另一边是曾经火热一时的易到重新归来，平静许久的网约车市场似乎又在酝酿着新一轮大战。易到用车作为这个行业的鼻祖，自创办以来，命运多舛，在移动出行大战中错失良机，在2017年更是因为资金问题一度陷入停滞，无论是司机还是用户都对其充满了质疑。那么，这究竟是一个怎样的惨痛经历？

2010年5月，周航创办易到，从商务租车切入，通过网络约车解决用车痛点，而直到三个月之后，远在硅谷的特拉维斯·卡拉尼克才在美国成立优步，某种程度来说，周航其实是这个行业的鼻祖。

易到上线的前三年，用周航的话说就是两个字：孤独。因为当时整个行业只此一家，所有的投资者都会质疑——这个市场到底存不存在！后来他自己也没有想到，自己当初以为是一个"边缘行业"的网约车业务，成为互联网时代发展最快速，争夺也最激烈的一个时代的主角之一。

这种"孤独"很快就结束了，2014年年初，优步宣布进入中国；2014年下半年，滴滴和快的也先后推出了专车服务；2015年年初，神州专车正式问世。当时周航的心思是，虽然免不了会有竞争，但起码自己不再是孤军奋战了，整个行业起来的话，不仅在政策上能有更多的谈判空间，收入和利润也会扩大。他觉得，易到可能真的要熬出头了。最辉煌的时刻应该是2013年末到2014年下半年，那个时候易到在专车的市场有80%的份额，业务做得好，融资也顺利。

易到在2013年12月和2014年8月两次从携程拿到了600万美元左右的融资，而且携程作为战略投资者，还把自己的接口开放给了易到。那个时候用户去机场，接送机都可以直接呼叫易到的服务，那个时候易到过得相当舒服。到了2014年9月，易到又获得了新加坡政府投资公司领投的1亿美元的D轮融资。

但易到的对手们也没有闲着。2012年，滴滴和快的成立。一开始资本并没有大规模进入这个行业。转折点发生在2014年1月1日，当时腾讯以1亿美元领投了滴滴，投资的重要逻辑是，打车可以是一个培养用户使用移动支付的很好的入口。结果这一开始，资本就疯狂进入这个行业。红杉资本的周逵找到周航谈了三个小时，但还是被周航拒绝了，周航认为，易到绝不参加价格战。而到了2015年初，滴滴累计融资了8亿美元左右，快的融资7亿美元。虽然滴滴、快的融资这么多，但它们主要还是集中在出租车这个领域，而这个领域是周航一开始就不看好的。易到的联合创始人、高级副总裁杨芸也曾说过：易到在C轮融资的时候是可以一次拿到7亿美元的，但周航没要。"因为他觉得，只要把产品做得足够好就行，靠撒钱去获取用户，留存率是不高的。"

进入中国一年后的2015年3月，优步的CEO卡拉尼克向全球投资人宣布，他要在中国市场烧掉10亿美元的补贴——这在当时是个天文数字。更令人惊讶的是，滴滴立刻用同样的力度参战了，双方的烧钱大战开始了。

周航觉得这种烧法完全行不通。他说："当时我们做了无数的数学模型证明他们烧钱是不可持续的，就看看他们能烧多久，我们算账，觉得不会超过90天。"结果整个2015年，滴滴烧掉了122亿元人民币，平均每月烧掉10个亿。优步中国烧掉了25亿美元，双方基本打平。周航说："就看着他们烧了90天，120天，一年……人家就是能不断地融到钱，继续往里烧。"

等到周航意识到自己判断的错误，这个市场已经烧到了日均几百万单，自己再想跟进的时候，中国的专车市场已经像一块烧得滚烫的铁板，1亿美元如同一滴水，瞬间就蒸发干净。

战争很快结束了。在疯狂补贴一年后，2015年2月14日，滴滴、快的宣布合并，这意味着合并后的滴滴、快的以超过80%的市场份额形成行业垄断。

而此时，周航虽然已经清醒地认识到了形势，但易到也很难找到钱了。无奈之下，易到在2015年10月接受乐视7亿美元投资，乐视以此获得了易到70%的股权，成为易到的控股股东。乐视入股之后，乐视网监事吴孟为易到第一大股东，占股66.67%；周航为第二大股东，占股25.33%。而后乐视挪用易到1亿元资金以及乐视的钱荒，导致司机和用户提现的诚信问题，令易到一度沉寂。

后来易到的离职高层曾对记者说："滴滴、快的拿的钱里面，至少有3亿美元应该是易到该拿的钱，但我们并没有要，当时收支比较平衡，周航不想稀释太多股权。"

现在回头看，我们好像很难指出周航真的做错了什么。虽然他误判了竞争形势，也没有在能融资的时候多融一些，为公司攒足粮草和弹药。但他面对的，也许是中国这几十年商业史上竞争最激烈、打法最粗放的一次战争，而他只不过不是那个完成这个使命的"天选之人"。这可能是一个行业先行者需要付出的代价。

【案例分析】

周航在融资上面的托大，应该是他后来反复反思过的一个问题。那为什么公司需要烧钱？易到所处的是一个全新的战场，周航第一个打开了中国的专车市场，很长一段时间都承载了教育市场的作用。而企业烧钱大多是为了获取用户，占领市场。滴滴和快的的早期补贴，最主要是为了教育用户，因为消费者对移动出行这一新生事物不熟悉，司机也不愿意使用，便采用了教育用户和服务商的行为，这势必要大量烧钱；同时，为了挤跑竞争对手，抢夺用户，黏住用户，然后通过持续消费获得利润，这也需要烧钱。"互联网行业是赢家通吃，只有第一，没有第二。"

当然，企业烧钱也有其内在的商业逻辑，并不是所有的企业都适合这种烧钱的游戏。周航最初的思考没错，大量融资，意味着股权的稀释，这是创业公司所不愿看到的。同时，当资本耗尽，最终却没能产生高收入和高营业利润时，企业只能面临越来越多的亏损，从而导致经营中断，这便是烧钱的噩梦。因此，大量融资烧钱，前提是能让现金流运转起来，而这是建立在企业有高速增长潜力基础上的。

（资料来源：吴晓义，等. 创业基础——理论、案例与实训［M］. 北京：中国人民大学出版社，2018.）

5.4 创业企业的估值

创业企业的价值评估是创业投资中最关键的问题之一。选择合适的创业企业价值评估方法是创业企业和创业投资机构之间谈判的重要基础之一。

创业企业，尤其是以高成长性为特点和目标的创业企业，其价值评估和普通企业的价值评估相比，具有较大的差别，这是因为以下几点。

（1）创业企业通常经营历史相对较短，缺乏评估所需要的历史信息。

（2）早期阶段的创业企业常常是不盈利的，即使是盈利的创业企业，其发展还具有很大的不确定性。

（3）创业企业可能缺乏可比较的企业，尤其是对处于新兴行业或者采取全新商业模式的创业企业。

（4）创业企业，尤其是高新技术创业企业，其无形资产的比重相对比较大，人力资本是创业企业的重要资产，甚至是最核心的资产，而无形资产的评估本身较为困难。

因此，创业企业价值评估的难度相对较大，在评估过程中，评估参与者的主观判断因素也有很大影响。创业企业的价值评估既需要科学的方法，又需要参与者的"艺术"和策略。

5.4.1 影响创业企业估值的因素

1. 宏观因素

第一，外部宏观经济形势，包括国际宏观经济形势和国内经济发展的态势，尤其是后者。如果外部宏观经济形势比较好，投资者的投资意愿就比较高，创业企业更可能得到相对高的价值评估。

第二，一个国家和地区创业的活跃程度、创业企业发展的态势，以及相应创业企业对创业资本的需求程度。

第三，创业资本的供给。创业资本的供给多，创业企业的外部融资自然相对容易，在进行外部股权融资的时候，企业的价值相对比较高；反之亦然。如果商业银行信贷的可得性比较高，创业企业对外部股权资本的需求也会相应减少。

是否有更多投资者加入中国的创业投资业，尤其是海外创业投资机构进入中国投资的活跃程度；是否有更多的国内外创业投资机构聚集了更多的创业投资基金，亦即 VC 机构手头的资金充裕度，都会对创业投资资本的供给产生影响。

创业投资资本的供给还会受到近期创业投资成功案例数量的影响。如果近期有较多的创业企业成功上市或者被兼并收购，创业投资商获得了高额回报，那么这必然会大大刺激投资者的投资意愿。

另外，创业资本的供给也会受到投资者对未来创业和创业投资的相关政策及市场趋势预期的影响。例如，2000 年前后，国内一直讨论和酝酿推出中国的创业板市场，国内大大小小的投资者和投机者对此充满了美好的幻想，因此，当时进入创业投资领域的机构就非常踊跃；但由于美国纳斯达克股市的暴跌、国外很多国家和地区的创业板不成功、国内主板市场还存在大量问题等，国内创业板市场一直没有推出。很多投资者和投机者进入创业投资领域的意愿随之大大下降。2002 年前后的创业企业，尤其是互联网领域的创业企业，很难获得外部融资，即使赢得创业投资，企业的价值也大大低于互联网投资高潮的 2000 年。因此，创业投资通过创业企业的上市或者被大企业并购的方式实现资本退出。其难易程度及溢价程度，会严重影响创业投资资本的供给。

2. 微观因素

第一，创业企业对资本需求的迫切程度会对企业价值评估有很大影响。创业企业在不同的发展阶段对资金的需求不同，企业迫切需要资金的时候，甚至出现现金流枯竭的时候，企业可能会"贱卖"，估值偏低。

第二，创业投资商的声誉及其增值服务也会影响投资者的谈判力量，对创业企业最终的投资的股权分配产生重大影响。

第三，管理团队的经验和能力。创业企业管理团队的经验越丰富，企业成功的概率越大，投资者的投资风险越小，企业的估价就高。

第四，所在行业潜在市场大小。潜在的市场越大，则企业的发展空间越大，企业的估值就越高。

第五，创业企业的发展阶段及其风险。企业有不同的孕育成长阶段，不同阶段的风险，企业估值也不同。例如，处于创业早期的种子阶段，由于不确定性最大，风险最高估值一般也不高。随着企业的发展，风险降低，估值逐渐变高。

5.4.2 创业企业的估值方法

1. 折取现金流方法

折现现金流方法也叫净现值（Net Present Value，NPV）方法，即按一定的折现将企业未来各年的净现金流量折现并累加的值。

早期创业企业发展通常不够稳定，因而创业企业的整体价值评估可以分为两个阶段：第一阶段为明确价值阶段，即对较早阶段的每年现金流都进行明确的预测；第二阶段为持续价值阶段，即对企业发展比较稳定的后一阶段，不必明确预测每年的现金流。只需要将后面的现金流用一个估计值来代替。划分这两个阶段的主要依据是企业的现金流增长是否趋于稳定。创业企业的评估价值就是这两个阶段所有现金流折现的总和。

采用折现现金流法，主要考虑三个因素：现金流、时间和风险。折现现金流法比较适用于有一定发展和盈利历史的企业。

2. 创业资本方法

创业资本方法（Venture Capital Method，VCM）的主要思路如下。

第一，预测企业在未来一定年限后的税后净收入。

第二，选择合适的市盈率（P/E），这通常需要参考具有类似特征的企业的当前市盈率。

第三，计算企业未来的总价值。

第四，根据企业目前所处的发展阶段和投资者对其进行的风险判断，选择合适的内部收益率（Internal Rate of Return，IRR），并计算投资者现有投资额的未来期望价值。

第五，用投资者现有投资额的未来期望价值除以企业未来的总价值，求得投资者用该投资额投资企业时所占企业的股份。

创业资本方法的优点是简单易懂，是创业投资机构对创业企业进行价值评估时常用的方法。

3. 其他方法

比较法也是投资者在进行创业企业估值的一种常用方法，所谓比较法即选择一个类似企业进行比较，大体评估企业的价值。

对一些互联网企业，投资人有时会根据用户数和单个用户价值进行创业企业的估值。

实物期权法也是一种重要的方法，但由于使用起来不太方便，在国内实际投资中尚不常用。

5.4.3　估值评估的动态调整策略

创业企业的价值评估和相应的谈判是创业投资中非常重要和敏感的环节，因为这关系到投资后双方在企业中的股份。但是，由于创业企业发展历史很短，具有高成长潜力和高不确定性，因此，对创业企业价值的评估实际上是一个非常困难的问题，甚至可以说很难准确定价。在现实中，经常出现创业者和投资者对企业的价值评估相差很大，双方在股权谈判中难以达成协议，导致合作破裂。有时，即使勉强达成协议，但这种勉强可能会影响到后期的合作与信任。

在这种情况下，可以采用价值评估的动态调整策略，这种策略事实上有点类似金融产品中的对赌协议。简单来说，就是在合同中加一个条款，即双方约定在未来一定时期内，创业企业的实际绩效与创业者在商业计划书中的发展目标对比，如果目标按时实现或超额实现，则创业者获得相应比例的股份，反之则减少相应股份。举个简单的例子，如果投资者和创业者达成协议采用10倍的市盈率，创始人预测利润100万美元，投资后估值就是1 000万美元。如果投资200万美元，那么按照创业的估值，投资人拥有20%的股份。但是，如果一年后（或更久）实际利润只有50万美元，投资后估值就只有500万美元，相应地，投资人应该分配的股份应该为40%，创业者需要将自己20%的股份给投资人。这种条款常被称为"棘轮"条款（Ratchet Clause）。

在以上的例子中采用的是"净利润"这个财务指标，但在实际操作中还可以采用销售收入、EBIT（息税前利润）、EBITDA（息税、折旧、摊销前利润）等财务指标，评估时还可以选择单个指标或多个指标的组合。

【本章小结】

创业融资难是创业企业普遍面临的问题，本章先从创业资金需求测算入手，分析导致创业融资难的两个根本原因：信息不对称和不确定性。同时探讨了创业融资的方式及其选择，特别阐述了股权融资和债权融资的平衡问题。

创业融资通常涉及以下三个基本问题：①需要多少资金？②从哪里得到资金？③如何找资金及融资时的制度安排？本章对此一一进行了探讨。关于融资的问题，本章探讨了创业企业的发展速度和资金需求的关系，介绍了创业融资的主要方式和创业企业的价值评估，分别从宏观和微观两个方面分析了影响创业企业价值评估的因素，介绍了创业企业价值评估的常用方法，并探讨了创业企业价值评估中的动态调整策略，最后还列出创业融资和创业投资的策略，并告诫创业者在寻求创业投资时注意避免一些常犯的错误。

【思考题】

1. 如何测算创业所需资金？
2. 为什么融资成为创业的一大难题？
3. 创业融资的方式有哪些？
4. 债权融资和股权融资有什么区别？如何平衡两种融资方式？
5. 创业者可以利用的融资策略有哪些？
6. 创业企业估值的方法有哪些？

【案例分析实训】

吴长江及其雷士照明——民企资本化的"教科书"

2010年，国内最大的照明企业之一——雷士照明在香港上市。但它的创始人吴长江曾经三次被自己创立的公司驱逐，最后被自己引入的合伙人告发而锒铛入狱。2016年12月，雷士照明创始人吴长江被判处14年刑期，其经历不禁让人唏嘘，堪称中国民企资本化道路上的一部"教科书"。

1998年年底，吴长江和两位老同学胡永宏、杜刚共同出资100万元在广东惠州成立了雷士照明，吴长江出资45万元，两位同学各出资27.5万元。从股权结构来看，吴长江是占比45%的第一大股东，而相对于两位同学的合计持股，他又是小股东。当时他们商量的结果就是，大家跟着吴长江一起干，但是如果吴长江一意孤行的话，另外两个人又可以制约他。

公司创立之初，三个人分工明确，吴长江擅长的是工厂管理，胡永宏一直做的就是市场营销，而杜刚负责财务和与政府相关的事情。三个人既有合作又有相互制约，又处在一个市场发展非常迅速的行业，同时又很有经验。因此，雷士照明刚成立第一年，销售额就达到了3 000万元，之后好几年都以接近100%的速度增长。到了2002年，雷士的销售额就超过了1亿，2003年超过3个亿，2004年超过5个亿，2005年超过7个亿。增长非常迅速。

资本风险的开端

2002年，雷士照明进行了一次股权调整，三人的股份被均分成了33.3%，而且工资、分红也完全均等。同时，三个合伙人开始逐渐有了分歧，一开始大家还能坐在一起讨论，但是大家很快都失去了耐心，甚至开始互相挑衅。而平均主义也使得三个股东的裂隙已经无法弥补。经过一系列的斗争和谈判，2005年，雷士照明上演了合伙人的分家大戏，吴长江一度被踢出雷士照明，之后他利用掌握的经销商优势，成功返回雷士照明并获得雷士照明100%的控制权，胡永宏和杜刚各自拿800万元现金，离开雷士照明，然而在当时，1.6亿元的买断费用雷士照明是出不起的。最终大家折中了一下，两位股东先各拿5 000万元，剩余款项半年内付清。但在付完第一笔1个亿的股权买断费之后，雷士照明的账面上只有几十万了。如果不能马上获得流动资金，公司就面临倒闭的风险。然而，这还只是吴长江和他的雷士照明资本风险的开端。

从2005年年底到2006年下半年，吴长江把全部精力都放在了找钱上。他甚至借过高利贷，天天晚上做梦，但是白天在员工面前还要装作什么事都没有。

2006年3月，吴长江到联想集团拜会了中国商业历史中著名人物柳传志。他一五一十地把雷士照明的情况告诉了柳总，柳传志很欣赏这位后辈的魄力与决心，考虑用旗下的联想投资来入股雷士照明。不过像联想投资这样的正规投资机构，决策程序一般都比较长，为了救急，柳传志还牵线朋友借了吴长江200万美元。后来吴长江一直很感谢柳传志。

毛区健丽乘虚而入

仅仅200万美元根本无法解决吴长江的问题。这个时候，亚盛投资的毛区健丽出现在了吴长江的世界里。毛区健丽从2005年底就开始接触吴长江，对雷士照明内部的各种问题非常了解，当然也知道公司极度缺钱的情况。于是，她慢慢承担起了帮助吴长江融资的任务，甚至为了显示诚意，毛区健丽还借给过雷士照明20万元，帮助雷士照明进行资金周转。然而资本从来都是无利不起早。

毛区健丽有自己的"小算盘"，她一直和吴长江吹风说联想的投资决策很慢，自己找来的投资人三个月钱一定到账。而吴长江几乎没有任何与资本打交道的经验，所以就听信了她的话。

2006年3月，毛区健丽抢在联想投资之前用募集来的400万美元，加上自有资金494万美元，再加上融资顾问费折合的100万美元，总计994万美元入股了雷士照明，占比30%。

其中的10%是三个外部投资人的股份，对应的投资是400万美元，而毛区健丽仅仅用494万美元的现金就换来了20%的股份。她心里算准了吴长江当时已经火烧眉毛，借机"杀价入股"。后来连吴长江也说，他由于经验不足，受到了一些误导，把雷士照明的股份贱卖了出去。

引狼入室，埋下隐患

在入股之后，毛区健丽继续行使着自己融资顾问的职责。她给雷士照明介绍了很多潜在的投资人，其中最重要的就是软银赛富和它的合伙人阎焱。

2006年8月14日，软银赛富投资2 200万美元，占雷士照明股权比例35.71%。这个价格是毛区健丽之前入股价格的两倍。这半年下来随着三笔资金的先后进入，雷士照明获得了超过2.6亿元的资金。除去支付胡永宏和杜刚的1.6亿元，还有余款补充运营资金。解决了创业股东问题以及资金问题之后，雷士照明从此走上了稳健的扩张道路。

但是，这次融资也给雷士照明的未来埋下了隐患。软银赛富有超过35%的股份，已经非常接近第一大股东了，而改组的公司董事会里，阎焱也控制了三席，吴长江只控制两席，而在重大事项上，阎焱和软银赛富基金也有着一票否决权。某种程度来说，吴长江虽然解决了创始股东的分歧问题，但由于引入了更强势的投资人，所以这个问题更像是延后了，而不是真正解决了。

2008年年中，吴长江希望能收购一家公司，来加强自己节能灯制造方面的业务，其中当然也有吴长江希望引入新投资人制衡阎焱的考量，需要现金接近5 000万美元。为了凑足收购款，8月，雷士照明吸纳了高盛3 655万美元的投资，占股份9.39%。但不熟悉资本规则的吴长江没有想到，拥有反稀释条款的软银赛富果断跟进，追加了1 000万美元，把自己的持股比例保持在了36.05%，成为公司第一大股东。而吴长江是没有弹药继续跟进的，所以股份遭到了进一步稀释，下降到了34.4%，屈居第二。高盛以11.02%的持股比例成为第三大股东。

2010年5月20日，雷士照明登陆港交所，募资15亿港元。仅按照IPO（首次公开募股）价格计算，软银赛富的回报就超过了5倍，而当初"白菜价"买入的毛区健丽的回报更是接近20倍。

新的威胁——施耐德的野心

2011年7月21日，在软银赛富力主下，雷士照明引进法国施耐德电气作为战略性股东。软银赛富、高盛联合吴长江等六大股东向施耐德转让2.88亿股股票。施耐德出资12.75亿港元，股份占比9.22%，成为雷士照明第三大股东。而此时第一大股东软银赛富的持股在18%左右，而吴长江个人持股大概是15%。当时不管在外界看来还是在吴长江看来，这都是一项互相协同发展的好交易。而且，站在投资人的角度，介绍各种资源给企业并且实现资源整合，本来就是VC/PE机构给企业提供的增值服务之一。然而吴长江没想到，引入施耐德是一次新的威胁。

当时有些天真的吴长江不但不担心自己的控制权旁落，反而在上市以后还大幅减持股票，而软银赛富和高盛两大股东直到施耐德入股之前，从来就没有套现过一股股票。2011年9月，施耐德中国区总裁朱海提名下属李新宇出任雷士照明副总裁，分管商业照明工程和项目审批，而这是雷士照明非常核心的一个业务部门。吴长江终于开始意识到，施耐德最终的目的可能不仅仅是"投资"而已。

2012年，由于意见不合，软银赛富的阎焱索性把吴长江赶出了雷士照明，自己接替他出任董事长。那个时候，软银赛富、高盛和施耐德可以被视为一致行动人，创始人和投资人在董事会的力量对比是2∶4。吴长江无力阻挡自己的出局，不得不加上很多杠杆在二级市场增持雷士照明的股票，结果由于暴跌，券商不得不把吴长江的股票强行平仓，结果那一天，吴长江被强制抛出的股票占了全天成交量的近20%。吴长江不但巨亏，也再次从第一大股东的座位上跌落。2013年6月，吴长江使出撒手锏，再次在经销商的支持下，二次回归，返回雷士照明的董事会。

拆东墙补西墙

为了对抗阎焱，经由熟人牵线，吴长江认识了德豪润达公司的王冬雷。德豪润达以生产西式小家电起家，但是2008年的金融危机极大地影响了这个行业，王冬雷不得不带领德豪踏上转型LED（发光二极管）之路。他的计划是，找到一家拥有渠道比较强的照明企业，强强联合，所以吴长江与王冬雷相见恨晚。

德豪润达买下了吴长江持有的雷士照明18.6%的股权，再加上二级市场收购股权的股份，累积持有量超过20%，迅速变成了雷士照明的第一大股东，而软银赛富及施耐德分别为雷士照明的第二、第三大股东，持股比例分别为18.48%和9.21%；吴长江仍持有6.79%的股份；同时，德豪润达向吴长江增发1.3亿股权，让吴长江成为德豪的第二大股东。两人合力，成功赶走了阎焱。

但针对这次合作，但后来业界的评论是："德豪润达与其说是和雷士照明合作，倒不如说是对雷士照明从生产到品牌再到销售的渐进式把控。"

锒铛入狱

吴长江和王冬雷各怀心事,在利益的争夺之下,最终捅破了窗户纸,双方相互指控。2014年8月8日,雷士照明公告宣称CEO吴长江辞职,同时下任的还有其他吴长江的亲信。长达十多年的争斗也磨灭了吴长江赖以"起死回生"的经销商们的耐心。在2014年8月29日的股东大会上,38家经销商中,有33家支持罢免吴长江,而在前两次吴长江被踢出局事件中,他们都曾是吴长江"最信赖的"兄弟和战友。

吴长江开始频繁地接触媒体,不停地在微博上控诉王冬雷,在海内外发起诉讼。法律和舆论似乎变成了他最后仅剩的筹码。王冬雷也使出撒手锏:向公安机关报案,并在中国内地和中国香港提起诉讼。兵败如山倒,随着锒铛入狱,吴长江最终失去了他的雷士照明。

结合上述案例资料,试进行分析思考:

1. 案例对比:进一步收集资料,对比其他创业企业创始人股权分配情况,描述雷士照明的创始团队股权结构的特点及存在问题。
2. 案例深探:讨论雷士照明的融资过程存在哪些问题。
3. 案例决策:如何界定雷士照明的股权之争?

【创业融资方案实训】

假如你是一位即将毕业的大学生,准备开始自己的创业之旅,结合本章介绍的融资方式拟订一份融资方案。要求如下。

(1) 列出可能寻求的主要融资方式。

(2) 你所在的城市、大学或你计划投入的行业是否有对创业活动的扶持政策,尽力收集这些信息,讨论哪些因素可能为你提供创业资金。

【参考文献】

[1] 吴晓义、肖伟才等. 创业基础:理论、案例与实训 [M]. 北京:中国人民大学出版社, 2018.
[2] 李文忠. 创业管理:案例分析. 经验借鉴. 自我评估 [M]. 北京:化学工业出版社, 2011.
[3] 刘万韬. 大学生创新与创业教程 [M]. 2版. 天津:南开大学出版社, 2018.
[4] 张帏, 姜彦福. 创业管理学 [M]. 2版. 北京:清华大学出版社, 2018.
[5] 木志荣. 创业管理 [M]. 北京:清华大学出版社, 2018.
[6] 张玉利. 创业管理 [M]. 4版. 北京:机械工业出版社, 2017.
[7] GOMPERS P, LERNER J. The Venture Capital Cycle [M]. Cambridge:MIT press, 1999.
[8] 董静, 汪江平, 翟海燕, 等. 服务还是监控:风险投资机构对创业企业的管理——行业专长与不确定性的视角 [J]. 管理世界, 2017 (06).

第3部分

设计商业模式与制订商业计划

第 6 章 设计商业模式

教学目标

通过本章的学习,理解商业模式在创业过程中的重要作用,明确商业模式的基本问题和基本要素,掌握商业模式的设计框架与设计流程,理解商业模式和创业战略的关系。

学习建议

1. 结合一个典型企业的创业实际,领会其商业模式设计与创新。
2. 小组讨论,创业中商业模式的重要作用,商业模式创新演进与发展趋势。

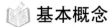 基本概念

商业模式　商业模式构成要素　商业模式设计　商业模式创新
价值主张　顾客细分　顾客关系　渠道通路　核心资源　关键业务　收入来源　合作伙伴　成本结构

 导入案例

拼多多创新商业模式的诞生

随着网络购物的发展,消费者渐渐由被动的商品接受者转变为主动的商品挑选者,如今的消费者不仅能够掌握充足的市场信息,还能在各大购物平台上进行充分的对比选择,消费模式渐渐由有目的性的搜索模式转变为无目的性、非搜索的社交娱乐模式。因此,包括阿里巴巴、京东在内的各大巨头开始将目光转向社交电商,在巨人们的重围中,有一个APP成立仅一年便做到了10亿的月GMV(Gross Merchandise Volume,成交金额)。在"星APP榜"综合榜单中不仅当选"十大流行应用",还在生活服务类APP排行榜上超越了滴滴出行、饿了么、大众点评等应用,位居第一。

这家企业就是80后创业企业——拼多多。2015年下半年,当拼好货在跌跌撞撞中快速发展的时候,游戏公司的CEO坐不住了。黄峥至今记得那一幕:游戏公司CEO找到他,告诉他这种拼单模式可以做成平台,游戏公司要自己干。有了拼好货,还需要再另做一家类似公司?黄峥没有着急否定这种想法,最初他也想过做平台,但认为风险太大,虽然纠结,但黄峥不希望独裁。他只提醒游戏公司CEO,这个事情难度大,风险高,但看到对方决心比较大,黄峥没有再质疑。于是,游戏公司将最核心的员工抽调20多人出来,将游戏公司之前赚的钱投到新项目拼多多上。

一场冒险开始了。拼多多采取的同样是拼单玩法,但本质上是商家入驻的全品类电商平

台、拼好货、拼多多两家公司属于同一方向下的不同形态。一个是自营产品，自建供应链，强调品质和体验；一个是供应商入驻、物流第三方合作平台模式。

2015年9月，拼多多"出生"后，其发展速度比拼好货还要快。上线半年单日成交额就突破1 000万元，付费用户数突破2 000万，活跃用户数和交易笔数直逼唯品会。在外人看来，拼多多是个"含着金汤匙出生"的"富二代"，但拼多多的"天赋异禀"实际是来自它创新的商业模式。

（本案例由天津大学管理与经济学部的郑春东和杜芳琳撰写，李海涛指导，有删减。）

请思考：1. 拼多多是何种商业模式？
2. 何为社交电商？其商业模式特点如何描述？

管理大师德鲁克曾说过，当今企业之间的竞争，不是产品之间的竞争，而是商业模式的竞争。好的商业模式是企业成功的保障，许多企业的成功来自其商业模式的设计与持续创新。一个好的商业模式，不仅使初创企业能够合理利用和整合创业资源，还能使投资者读懂初创企业的商业逻辑并对是否投资作出快速决策。不同的商业模式决定了企业不同的发展路径，如何设计合理的商业模式是每个企业必须面对的问题。那么，商业模式到底是什么？商业模式该如何设计？它的核心问题与基本逻辑是什么？应当如何对商业模式进行创新？

6.1 商业模式概述

6.1.1 商业模式的含义

商业模式（Business Model）的概念最早是在20世纪50年代提出的，但直到20世纪90年代随着互联网技术商用化，以及全球电子商务的发展，新的商业模式创造了许多商业机会，并成就了许多卓越的互联网公司，商业模式的概念才开始被广泛使用和传播。

商业模式是企业为做到有效赢利并持续赢利，将内外部各种资源合理调配和利用，向购买者或消费者提供准确的受用价值而建立的一种系统结构。作为一个系统和整体解决方案，单从某一个层面出发分析其内涵，难以触及其本质，需要从经济、运营、战略三个层面进行系统分析。商业模式的三个层面的内涵是相互关联的，并逐步由经济运营层面向战略层面递进。

创业初期，从企业自身出发关注产品、营销、利润和流程，逐步转向关注顾客关系、价值提供甚至市场细分、战略目标、价值主张等。商业模式一开始就强调收益模式，利润驱动导致组成要素扩展，而对收益来源的追溯使商业模式指向创业者创业的本质，即抓住市场机会为顾客创造更多价值，只有满足了消费者尚未满足的需求或解决了市场上有待解决的问题，才能创造真正的价值。

迈克尔·莫里斯（Michael Morris）等通过对30多个商业模式定义的关键词分析，把商业模式的定义分成了经济、营运、战略三种类型，然后分别对三种类型的商业模式定义进行了归纳和总结。

1. 在经济类定义的层次

商业模式被描述为企业的经济模式，其根本内涵为企业利润获取的逻辑。许多研究者都是从这个角度对商业模式进行概念限定和本质阐述，如Stewart等（2000）认为商业模式是企业能够获得并且保持其收益流的逻辑陈述。

2. 在运营类定义的层次

商业模式被描述为企业的运营结构，焦点在于说明企业通过何种内部流程和基本构造设计，使得价值创造成为可能。与此相关的变量包括产品或服务的交付方式、管理流程、资源流、知识管理和后勤流等。也有许多研究者从这个角度对商业模式进行了概念限定和本质阐述，如 Timmers（1998）将商业模式定义为用来表示产品、服务与信息流的一个架构，包含各个商业参与者（Business Actors）与其角色的描述、各个商业参与者潜在利益的描述，以及获利来源的描述。

3. 在战略类定义的层次

商业模式被描述为不同企业战略方向的总体考察，涉及市场主张、组织行为、增长机会、竞争优势和可持续性等。例如，Weill（2001）定义商业模式为对一个公司的消费者、伙伴公司与供货商之间关系与角色的描述，这种描述能辨认主要产品、信息与资金的流向，以及参与者能获得的主要利益。

Morris 等（2003）还提出了整合类商业模式定义。这一定义认为商业模式是一种对企业商业系统如何很好运行的本质描述，是对企业经济模式、运营结构和战略方向的整合与提升。采取综合类定义的研究者认为，一个成功商业模式必须是独一无二和无法模仿的。要做到这一点，就必须超越过去那种对商业模式简单的认识。Morris 等在考察了众多商业模式定义的基础上，为商业模式提供了一种整合类的定义：商业模式是一种简单的陈述，说明了企业如何通过对战略方向、运营结构和经济逻辑的一系列具有内部关联性（inteiTelated）的变量进行定位和整合，以便能够在特定的市场中建立竞争优势。

表 6-1 列举了有代表性的有关商业模式的定义。

表 6-1 商业模式定义代表性观点

学者（时间）	定义或解释
Timmers（1998）	商业模式是用来表示产品、服务与信息流的一个框架，包含各个商业参与者及角色、潜在利益以及获利来源的描述
Rappa（2000）	商业模式是企业为了自我维持、产生利润而经营商业的方法，即企业如何在价值链中进行定位，从而获取利润
Stewart 等（2000）	商业模式是企业能够获得并且保持其收益流的逻辑陈述
Amit & Zott（2001）	商业模式是交易活动各组成部分的一种组合方式，其目的是开拓商业机会
Afuah（2001）	商业模式是企业获取并使用资源，为顾客创造比竞争对手更多的价值以赚取利润的方法
Weill（2001）	商业模式是对一个公司的消费者、伙伴公司与供应商之间关系与角色的描述
Joan Magretta（2002）	商业模式描述了企业的每个部分通过匹配组成一个系统，从而为顾客创造价值的活动
Motris 等（2003）	商业模式是一种简单的陈述，说明了企业如何通过对战略方向、运营结构和经济逻辑的一系列具有内部关联性的变量进行定位和整合，以便能够在特定的市场中建立竞争优势
Sosna、Trevinyo-Rodríguez 和 Velamuri（2010）	商业模式是企业创新的机制，它在于处理好企业与利益相关者之间的价值关系，在经营的过程中依次通过尝试、学习、创新和适应进行网络创新活动，并注重内容、结果、作用机制三个要素之间的共同作用
Zott、Amit 和 Massa（2011）	认为企业商业模式由价值主张、价值创造、价值索取三个要素组成，其核心逻辑是价值创造和价值索取，不同企业在各自发展阶段中的价值要素各有侧重

阅读材料 6-1

格兰仕：由 OEM[一] 到 ODM[二] 再到 OBM[三] 的发展路径

格兰仕在 1978 年建立之初只是广东顺德一个生产羽绒制品的小型工厂。1992 年，格兰仕放弃了经营多年且盈利颇丰的羽绒制品业务，带着创造"不食烟火，只享美味"健康品质生活的理想，转而进入微波炉制造业。当时该行业的状况是：①与许多产品在中国的发展一样，微波炉在中国已进入技术成熟期；②跨国公司纷纷将产能向中国转移，但几项核心技术仍然由大型跨国公司控制；③成本竞争成为该产品的关键成功因素。

总裁梁庆德多次登门拜访，聘请了上海无线电 18 厂的 5 位微波炉专家为公司的高级工程师，建立了第一支技术队伍，奠定了企业和外国厂商进行技术引进与合作的基础。同年投资 400 万美元从日本东芝公司引进 20 世纪 90 年代最先进的微波炉生产线及相关技术。次年，格兰仕又聘请日本的管理人员从事生产线的管理工作。通过引进国外先进技术，格兰仕在劳动力低成本的基础上，迅速将其转变为高效率的产能。1993 年批量生产微波炉 1 万台，1994 年产销量达到 10 万台，1995 年格兰仕微波炉的产销量升至 25 万台，并获得国内微波炉市场 25% 的份额，占据了中国微波炉市场第一的位置。

变压器是微波炉的重要零部件，当时日本产品的价格是 20 多美元，而欧美企业单单成本就要 30 多美元。格兰仕利用自己的成本优势，从美国和日本引入最先进的生产线，帮助他们生产，以每件 5~8 美元的成本价向外国企业供货。但格兰仕保存设备的使用权，就是说，在保证外国企业的需求之外，余下的生产时间归格兰仕自己所有。实际上，在格兰仕 24 小时三班倒、一周六天半的工作制度下，仅用一天时间就可以完成欧美日国家一周的产量，余下时间都在生产自己的产品，节省了大笔引进设备所需的外汇，又及时扩充了产能。之后，格兰仕把这一战术反复克隆，用在微波炉其他零部件乃至整机之上，先后与近 200 家跨国公司合作，不断地引进国外先进的生产线。

更重要的是，格兰仕在这个过程中得以接触微波炉制造各个环节的生产技术，为以后自主研发微波炉核心部件——磁控管的制造技术，从而掌控整个微波炉制造流程打下了基础。这一阶段格兰仕扩张的重点是国内市场，并从成立一开始就以自有品牌，即 OBM 的方式进行扩展，迅速在国内建立了强大的市场地位。但客观地来看，格兰仕此阶段的技术基础薄弱，基本以引进技术为主。

1996 年格兰仕微波炉的年产量增至 60 万台，1997 年快速提高至 200 万台。随着 1996 年 8 月和 1997 年 10 月的两次幅度达到 40% 以上的大规模降价，格兰仕在 1997 年已获得了国内 47.6% 的市场占有率。此外，由于从引进东芝生产线时起，格兰仕就在企业内部建立了严格的质量管理制度，严把产品质量，其微波炉在 1996 年获得 ISO9001 国际质量体系认证，成为中国第一家获此认证的民族品牌产品。随后，格兰仕微波炉又先后获得德国 GS、欧盟 CE、美国 UL、丹麦 DEMKL、挪威 NEMKO 等多国质量认证。这些条件促使格兰仕提

[一] OEM：Original Equipment Manufacture，原厂装配制造，俗称代工（生产）。
[二] ODM：Original Design Manufacturer，原创设计制造。
[三] OBM：Own Branding & Manufacturing，自有品牌制造。

出构建"世界工厂"的战略，开始进行基于 OEM 的国际化扩张。

1997 年，当时在国内微波炉市场同样享有较高声誉的蚬华公司为了与急于在中国市场扩张的美国惠而浦合资，不得不放弃了为其他跨国公司的贴牌生产，被迫与法国大客户翡罗利公司分手。于是，翡罗利公司找到了正在国内迅速崛起的格兰仕，两家公司的合作从 1 000 台订单开始。由于在试用期的良好表现，1998 年格兰仕获得了翡罗利 10 万台的大订单。

自此，格兰仕微波炉开始大规模进入国际市场，并借着当时欧洲各国对 LG 等韩国微波炉品牌实施反倾销制裁之时，大举进入欧洲市场，迅速填补了韩国企业退出所留下的市场空缺，一举进入被韩日企业垄断多年的国际微波炉制造市场。当年，格兰仕欧洲分公司随着业务扩展的需要而成立，成为其海外市场开拓的桥头堡。

格兰仕微波炉的国际市场占有率在 1998 年达到 15%。1999 年，格兰仕建成产能为 1 200 万台的全世界最大的微波炉生产基地。随后，格兰仕以英国、法国、德国三个市场为基础，逐步与欧洲大型家电生产企业联合，将产品扩展到非洲、拉美及北美市场，并和法国家乐福、德国麦德龙、法国欧尚等世界级大型连锁超市建立合作关系。格兰仕开始通过 OEM 的方式，基于出口战略迈出了国际化经营的第一步。

到 2000 年为止，格兰仕已经在研发方面投入 2 亿元人民币，开发出近 200 项专利技术，并于 2000 年提出了由"世界工厂"向"全球名牌家电制造中心"转变的战略，强调"世界名牌格兰仕造"。这一战略的提出旨在弱化"工厂"所产生的低附加值的印象，用包含有"研发设计"含义的"制造"一词来强化格兰仕的新形象。

在 2000~2003 年 4 年间，格兰仕出口的中高档微波炉设计全部采用其自有专利技术，实现了 OEM 向 ODM 的转化，有效地提升了企业的价值链。2001 年 7 月，格兰仕美国家电研发中心成功研制出世界首台数码光波微波组合炉。这是格兰仕集团的首个具有自主知识产权的专利技术，将整个微波炉行业带入了数码光波时代。在此之前，世界上几乎所有微波炉都不过是 20 世纪 40 年代美国公司发明的微波炉的翻版，即利用磁控管加热。格兰仕的光波微波炉组合炉在工作时，光源、磁控管可以同时启动。两者既可以单独使用，又可以组合使用，全部功能均采用最新高科技数码控制。数码光波技术的研发成功，是格兰仕技术发展路径上一个重要的里程碑。数码光波与微波炉的结合，为微波炉行业设定了新的标准。

产品批量上市之前，格兰仕光波炉就已赢得欧洲采购商 200 万美元的订单。2002 年，格兰仕把在欧洲试销成功的光波炉带到国内市场，当年销售 120 万台。此后，微波炉便被光波微波组合炉代替，不具有光波效果的微波炉的市场价格从此一落千丈。之后，格兰仕又相继研发出球体光波、数码光波一键通等相关技术与产品，全方位地开发利用光波技术，在一定时期获得了在光波领域的垄断地位。

磁控管是微波炉加热原理的基础，相当于微波炉的心脏，其制造技术一直被外国企业牢牢地把持在自己手中。1992 年，格兰仕之所以决定引进东芝的生产线，一大原因就是东芝做的一个保证：长期、稳定供应核心磁控管部件。虽然在 1999 年已垄断国内市场并成功打入国际市场，但格兰仕并没有掌握微波炉核心技术——磁控管制造，每年需要的磁控管都由松下、三洋、东芝、三星 4 家公司提供，而且购买价格长期居高不下。由于 2001—2004 年格兰仕正在以二、三级市场为目标扩张国内市场，降低成本更是迫在眉睫。

为了全面掌握微波炉生产技术以降低成本增加利润，格兰仕于 2000 年年底正式启动了磁控管的开发项目，并于 2001 年年底初步研制成功，2004 年形成制造规模。2005 年，集团下属的格兰仕磁控管制造有限公司正式成立,年产量1 300万支。

至此,格兰仕已经完全掌握了微波炉所有相关的核心制造技术。格兰仕品牌的微波炉在中国早已突破70%的市场占有率,相对于单纯进行代工业务、产品仅限出口的OEM厂商来讲,在国内早已是具有垄断地位的品牌。格兰仕并不急于大批量在国际市场上推出格兰仕牌的微波炉,而是OEM、ODM、OBM兼顾,逐渐完成企业的整体升级。2006年年底,格兰仕提出从"世界工厂"向"世界品牌"转变,全面加强自主品牌在国际市场的推广,从而进一步明确并完善了企业的升级路径。

面对"世界品牌"建设这个庞大的系统工程,格兰仕采取了非常务实的品牌发展模式——"5+1"模式,"5"包括合作品牌、合资品牌、租赁品牌及与国际顶尖品牌从标准的OEM到ODM的品牌合作方式,"1"是自主品牌。截至2017年,格兰仕已在全球138个国家和地区申请注册了自主商标。适应不同国家、不同人群的文化价值特征,格兰仕面向全球实施多品牌战略,除了Galanz、格兰仕,还有Yamatsu、Almison、UOVO等多个自主品牌。

(资料来源:企业官网;汪建成,毛蕴诗,邱楠,由OEM到ODM再到OBM的自主创新与国际化路径——格兰仕技术能力构建与企业升级案例研究。)

深化理解:商业模式的构成要素

经济类定义中商业模式的主要构成要素是将商业模式视为企业的经济模式,指"如何赚钱"的利润产生逻辑。其商业模式逻辑的主要因素包括收益来源、定价方法、成本结构和利润。

运营类定义中商业模式则关注企业内部流程及构造问题,其商业模式逻辑的主要因素包括产品和服务交付方式、管理流程、资源流、知识管理等。

战略类定义中商业模式涉及企业的市场定位、组织边界、竞争优势及其可持续性,其构成要素包括:利益相关者识别、愿景、战略目标市场定位、差异化、价值和价值主张、网络和联盟等。

另外,Osterwalder(2005)指出商业模式价值体系包括价值主张、客户细分、渠道通路、合作伙伴、关键业务、核心资源、客户关系、收入来源、成本结构九大要素。Hamel(2001)提出四要素商业模式模型(包含四大要素、三大桥梁),即顾客接口、核心能力、战略资源、网络价值,每个要素又包含若干子要素;三大桥梁包括顾客价值、战略资源、企业边界。顾客价值这一桥梁连接顾客界面和核心战略,战略资源桥梁连接核心战略和战略资源,企业边界桥梁连接战略资源和价值网络。企业生产经营活动是围绕顾客价值主张进行,管理者改变要素之间的相互关系,促进原有商业模式的改变。

有关商业模式构成要素的代表性观点如表6-2所示。

表6-2 商业模式构成要素的代表性观点

观 点	商业模式构成要素
三要素说Ⅰ	客户价值主张、资源和生产过程、盈利公式
三要素说Ⅱ	价值主张、价值支撑、价值保持
四要素说	客户界面、战略资源、核心战略、利润屏障
五要素说	利润源、利润点、利润渠道、利润杠杆、利润屏障

(续)

观　点	商业模式构成要素
六要素说	定位、业务系统、盈利模式、关键资源能力、现金流结构、企业价值
九要素说	价值主张、客户细分、渠道通路、客户关系、收入来源、关键业务、核心资源、合作伙伴、成本结构
3-4-8 构成要素说	3 种联系界面、4 种构成单元、8 种组成要素

6.1.2　商业模式的基本问题

虽然商业模式有这些林林总总的定义，但是商业模式不外乎三个基本问题的追寻、设计与实现，即如何为顾客创造价值、如何为企业创造价值以及如何将价值在企业和顾客之间进行传递。下面将依次介绍这三个基本问题，以便更好地理解，把握商业模式设计的基本逻辑。

1. 如何为顾客创造价值？

为顾客创造价值实际上是顾客价值主张的问题，即在一个既定价格上向其顾客提供能够帮助其完成任务的产品或服务。无论企业规模大小、所处行业，所有的企业得以运行都有自己的商业模式。创建一个企业，首先要回答的问题是：我能为顾客提供什么样的价值？提供与众不同的产品或服务当然是一种价值，但在技术更新呈加速度发展的时代，产品和服务货品化和同质化的速度越来越快。

企业必须向顾客提供同类产品难以模仿的价值，增加顾客的转换成本，让顾客对自身的产品或服务形成"成瘾性依赖"，这也就是战略层次商业模式定义中的差异化。但是要注意的是，差异化是动态的，即一段时间具有差异特色优势，随着技术进步、产品模仿，原有的差异化特色优势可能减少甚至消失，需要创造新的差异，价值是动态的，并非一成不变。

这一点从海尔集团在 20 世纪 90 年代提出的以产品品质定位特色优势的品牌战略可以看出。该企业最初以产品品质定义其品牌战略、产品价值的内涵，但随着中国电冰箱行业整体产品品质提升，海尔家电产品高品质价值优势逐渐消失，为此海尔提出了以服务品质提升顾客价值的价值主张，即海尔的星级服务。

另一重要问题就是：发现价值需要具有对顾客需求的还原能力，即发现价值、定义价值要充分认知从一种购买行为的背后往往隐藏着另一种购买需求，甚至这种隐藏的购买需求背后还潜藏着一种或多种更隐秘的需求。张玉利指出平庸的企业往往只能看到显而易见的需求，并且把全部精力用来满足这种浅层的需求，而卓越的企业之所以卓越，就在于它们具有对顾客需求超强的还原能力。

这种被充分还原的需求，就是顾客"价值主张"。没有它，任何商业模式都无法成立。

2. 如何为企业创造价值？

这里谈的实际上是企业价值主张问题，即在为顾客提供价值的同时又如何为自己创造价值。企业要想从创造的价值中获得价值，必须考虑以下问题。

(1) 收益模式。营业收入 = 价格 × 数量，数量可以是市场规模、交易规模、购买频率、附加性产品的销量。

(2) 成本结构。成本是如何分配的，包括主要工资的成本、直接与间接成本、规模经济等。成本结构主要取决于商业模式所需要的关键资源的成本。

(3) 利润模式。为实现预期利润，每笔交易所应产生的净利。

(4) 资源利用速度。为了完成目标数量，该以多快的速度来利用企业的资源？这涉及库存周转率、固定资产及其他资产的周转率，并且要从整体上考虑该如何利用好资源。

必须明确，商业模式不同于盈利模式。事实上，商业模式包含盈利模式，商业模式是创业企业在市场上创造并留下价值的方式。

3. 如何在企业和顾客之间传递价值？

为顾客和企业都设计了良好的价值，但这种价值又如何传递给顾客呢？从逻辑上讲，只有拥有了独特的顾客价值主张和企业价值主张，才能去谋求实现这种价值主张的资源和能力。

一个创业想法往往是无视自身资源与能力的局限，它可能确实包含着机会，但也很可能是别人的机会（具有与之相匹配的资源和能力的其他创业者）。

顾客价值主张和企业价值主张如果没有相应的资源（顾客资源、营销渠道、供应资源、资金资源等）和能力作为支撑，就难以形成商业模式，尤其是难以实现可持续、可盈利的收入流，这是商业模式第三个基本问题。

阅读材料 6-2

百岁山矿泉水：发现价值、实现价值、传递价值

对于许多普通消费者来说，只要是提起矿泉水的品牌，第一反应一定是娃哈哈、康师傅、农夫山泉等。的确，这些行业头部品牌在市场上用心投入布局多年，其实力与影响力都不可小视。然而，提起景田却很少人知道，但提起它的子品牌百岁山，大家都有一种恍然大悟的感觉。

说起百岁山，绝对算得上是近几年来瓶装水界最大的黑马品牌。无论是品牌知名度，还是销售额，都成为瓶装水行业里增长最快的品牌。

根据 2018 年数据，百岁山以 9.6% 的市场份额位居中国瓶装水市场占有率第三。也就是说，作为一个新兴品牌，如今的百岁山已经超越了娃哈哈、冰露、康师傅等传统品牌，进入瓶装水行业市场的前三名。

1992 年，周敬良自立门户，成立深圳景田实业有限公司。凭借对纯净水市场的敏锐判断，景田成立后便一直致力于纯净水的研发和销售。而也正如周敬良所预测的那样，到了 2001 年，纯净水在整个行业中的销量呈喷发之态，迅速上升。随着纯净水需求的增加，这个市场的竞争也越来越大。而也就是在这时，周敬良另辟蹊径，看到了矿泉水的机会和市场。

周敬良认为，矿泉水市场最重要的就是水源地。水源地的优劣将会决定这个赛道最终的胜负。为了占领这片市场，周敬良开始四处寻找优质的水源地。

功夫不负有心人，最终，周敬良在国家一级自然保护区——惠州罗浮山的腹地百岁山找到罕见的优质水源。因此，2004 年景田旗下矿泉水品牌百岁山应运而生！而百岁山在上市后也正如当初周敬良所预测那样，用了不到 10 年的时间就从区域矿泉水销售冠军裂变成为全国矿泉水销售的冠军品牌。

百岁山之所以一上市就受到了消费者的认可，关键还是在于其水源的优质。

但如今早已过了"酒香不怕巷子深"的时代，即便百岁山拥有再好的水源，但在瓶装水这个竞争激烈的市场上依旧占不到太大的便宜。何况要论品牌知名度，无论是娃哈哈还是康师傅都要远超百岁山。而也就是在此时，周敬良却反其道而行之，开拓了一个全新的思路。当时的矿泉水市场都是以适合普遍大众的消费能力和习惯为标杆的，因此无论是娃哈哈还是康师傅的矿泉水基本都是卖1块钱一瓶。但周敬良却想："既然1块钱的大众市场我玩不赢你，不如我去开拓一个新的高端市场，自己玩。"

也正是因此，百岁山走起了高端路线，把自己定位成为"水中贵族"，走"水文化"路线。这也是为什么周敬良经常讲"我们卖的不仅仅是水，还有文化！"2013年打着"水中贵族"的旗号，百岁山也推出了自己的第一条广告。

既然走的是高端路线，那么除了水质的卖点外，在营销下自然也需要下些功夫。其中令观众印象最深刻的莫过于百岁山在湖南卫视《我是歌手》中的广告植入。每次只要到了最关键的名次宣布环节，总导演洪涛总要先喝一口"水中贵族百岁山"才能洪亮地喊出第一名的名字。除此之外，百岁山也特别注重体育营销。不仅赞助了澳大利亚网球公开赛、意大利甲级联赛尤文图斯队，还成为2019国际男篮世界杯、国际排联的合作伙伴。例如，百岁山与意甲豪门尤文图斯足球俱乐部合作，通过和C罗频繁互动成为最火热的"总裁"同款。就连网友都直呼C罗和百岁山简直是最有贵族气质的搭档。这一波操作，绝对算是体育合作案例中的营销热点。

在百岁山的市场布局上，周敬良一直坚持"内外兼修"的理念，但在中国水行业坚持做出口的企业确实屈指可数。发展至今，景田竟已成为中国瓶装饮用水出口量最大的企业，产品远销中国香港、中国澳门、加拿大、新加坡、美国、俄罗斯、菲律宾、南非、马绍尔群岛等国家和地区。

2017年3月，百岁山更是推出了高端矿泉水品牌"Blairquhan"，通过个性时尚的国际化包装，目前在国际上百岁山已与依云等世界品牌比肩而立。

截至目前，中国瓶装水市场格局为：农夫山泉以26.4%市场份额稳居第一，华润怡宝以20.9%位居第二，百岁山以9.6%位列第三位，康师傅占比9.3%排名第四，冰露、娃哈哈依次紧随其后，分别位列第五、第六位，份额为8.8%、6.6%。从目前的市场格局来看，单是农夫山泉、怡宝、百岁山三家就占据了中国瓶装水市场份额的一半，形成了瓶装水三足鼎立的局面！

但在国内的快消行业中，瓶装水无疑是同质化最高、竞争最激烈的行业之一，哪怕小小的增长都要付出数倍的努力。因此，虽然百岁山作为瓶装水界的黑马进入了目前前三的位置，但距离前两名农夫山泉和怡宝，百岁山还相差甚远。

（资料来源：https://page.om.qq.com/page/）

6.2 商业模式设计

6.2.1 商业模式设计的基本逻辑

商业模式的三个基本问题在一定程度上决定了商业模式设计的基本逻辑，即表现为发现价值、实现价值以及传递价值。如图6-1所示。

图6-1 商业模式设计的基本逻辑

1. 发现价值

发现价值是对机会识别的进一步细化与具体化。通过机会识别与分析评价，创业者所认定的创新性产品和技术，只是创业的手段，最终盈利与否取决于是否拥有顾客。创业者在对创新产品和技术识别的基础上，需进一步明确和细化顾客价值所在，确定价值主张，这是商业模式设计的关键环节。价值要从两个主体进行判断，一是为企业创造的价值是什么，另一个则是为顾客提供的价值是什么。

2. 价值匹配明确合作伙伴，实现价值创造

新企业不可能拥有满足顾客需要的所有资源和能力，即便新企业愿意亲自去打造和构建需要的所有资源和能力，也常常面临着很大的成本和不确定性风险。因此，为了在机会窗口内取得先发优势，并最大限度地控制机会开发的风险，几乎所有的新企业都要与其他企业形成合作关系，以使得商业模式有效运作。也就是说，客户价值主张和企业价值主张，如果没有相应的资源（客户资源、产品渠道）与企业内生能力作为支撑，是很难形成商业模式的，尤其难以实现持续盈利的目标。

3. 传递价值

在商业模式设计中，需要思考如何构建企业和顾客之间的路径、桥梁与纽带，从而实现企业盈利并持续下去。不同的路径、环节、主体都反映出不同的传递价值模式。

阅读材料6-3

全球最大会员超市——Costco

1983年，第一家Costco开业，30多年时间里突飞猛进，一年收入超9 000亿元，极大的成功背后，我们看到的是Costco奇葩属性，每一条都让人匪夷所思。

每天思考怎么少赚点钱

Costco严格控制利润率，今年毛利率10%，明年能不能降到9%？后年8%就更好了。毛利率如果高于14%就要经过CEO批准。Costco创始人多次拒绝了华尔街咨询公司提出的提高利润率的建议。那么，Costco不靠卖东西赚钱，它怎么生存呢？

不要收据，一言不合就退货！

在Costco，任何时候任何商品，只要你不满意，随时可以退，不需要任何理由。

为什么Costco的退货门槛这么低呢？在它眼里，退货并不是一件坏事。相反，认为退货有利于提高产品质量，优化供应链。因为退货率太高的供应商肯定会压力山大，倒逼他们更加注重品质和创新。

超市大，东西少

当然，东西少并不是指数量少，类别少，而是品种少。一般情况下，超市都是走"大而全"的路子，琳琅满目的商品看着眼花缭乱，不知道怎么下手。但在Costco，每一个品类只精选 2~3 个品牌，对消费者来说，一眼就能找到自己需要的东西。另外，种类少代表每款商品都经过了严格筛选，确保了极致性价比。这意味着在 Costco 每一款商品都是爆款。正如雷军所说："进了 Costco，不用挑、不用看价钱，只要闭上眼睛买，这是一种信仰。"

那么超低 SKU（Stock Keeping Unit，库存量单位）有什么好处呢？首先，保证了商品高质量；其次，降低了消费者的决策成本，购买变得非常集中；最后，精选 SKU 的庞大销量提升了 Costco 的议价能力。我们看到，价格、质量和周转速度，三者在这里形成了健康循环，这就是 Costco 的核心竞争力。

好东西藏起来卖

几乎所有超市都会把最畅销的商品放在最显眼的位置，就像我们进书店，畅销书永远摆在最好位置。但这个奇葩的 Costco 却常常把热销商品藏起来，摆在最不起眼的角落卖。

例如它的一家分店自有品牌 KS 坚果创造了 3 天卖 3 吨的纪录，经理知道后就把它藏到了非食品区的角落，非要转一圈才能找到。这是因为它要保证后来的一些顾客也能买到，所以要捂起来，细水长流。当然，这样"藏宝"还有一个好处：也许客人只想进去买坚果，找了一圈出来，他可能还买了一堆其他东西，因为在"寻宝"的过程中，他看到的爆品实在太多了。

购物车真的跟车一样大

正是因为超多的爆品，如 10 斤一瓶的巧克力酱、6 公升一瓶的葡萄酒、5 斤一袋的薯片……Costco 担心普通购物车不够用，所以给顾客准备的都是比汽车尾箱还大的加强版购物车。

会员卡当身份证用

如果登机、出国身份证忘记带了怎么办？Costco 把会员的身份信息录进会员卡，跟美国和加拿大政府合作，拿到了符合（Transporation Security Administration，美国联邦运输安全管理局）允许乘客提供除了护照以外的其他证件来证明自己身份的许可。所以 Costco 的会员卡无论是加拿大边境管理局还是美国海关，都能当身份证使用。拿着 Costco 的会员卡可以去它的医疗中心进行免费体检，不收取任何清洁或后续费用。如果会员自己的医疗保险不包括所有药品，那么去 Costco 买药，价格远低于市面价。很多人喜欢在 Costco 买家电，它会负责配送、安装和售后，帮顾客解决掉所有问题，让电器公司的装修雇员无事可做。

Costco 不仅开超市，它还有一个鲜为人知的身份，它是全美第二大汽车经销商，一年卖出 50 万辆车。在它的加油站，会员加油超便宜，还能享受终身免费打气和轮胎矫正服务。

实体店比电商效率更高

在我们的思维中，互联网就是效率的代名词，网上办任何事情效率都高。但在 Costco 这里，又是另一番景象。零售界一个非常重要的指标是库存周转天数，Costco 做到了 30 天以下。体现零售实力的最根本数据是坪效，Costco 的坪效高达 1.3 万美元每平方米。正是因为这样，Costco 的销售额在不到 10 年的时间里翻了一倍多，扛起了实体店对抗电商的大旗。

服务员薪酬直逼谷歌

Costco 员工的工资怎么样呢？它的平均工资为 20.89 美元每小时，这几乎是沃尔玛的两倍，普通超市的三倍。高工资的好处非常明显，Costco 每位员工的平均销售业绩是沃尔玛的两倍，员工的满意度高达 80%，员工首年跳槽率仅仅只有 17%，而行业平均值是 44%。

靠会员费年赚数百亿

上面说过，Costco所有商品的毛利都用在了超市的运转上面，换句话说，它卖东西不赚一分钱。那么它靠什么赚钱？作为全球最大的会员制仓储超市，只有会员才能享受到Costco的各种商品和服务。也就是说，它赚的不是商品的钱，而是会员费。目前，Costco在全球有9 200万个会员。最新统计显示美国有8 300万个家庭，这意味着90%以上的美国家庭都必备一张Costco会员卡，并且续签率达到惊人的91%。Costco在美国的会员费是60美元，在加拿大的会员费是60加元（约等于307元人民币）。

Costco的顾客价值、企业价值以及价值传递模式来到中国后，能否迅速掀起一场面对消费者的零售变革呢？

（资料来源：https：//news.hexun.com/2019-06-11/197488777.html.）

6.2.2 商业模式设计的主要内容

尽管并非所有人都认同商业模式应该包含哪些组成部分，但是大部分人都同意成功的商业模式有很多共同属性。这些属性通常被平铺在一个可视化的框架或模板中，所以很容易看到各个部分以及它们之间的关系。亚历山大·奥斯特瓦尔德（Alexander Osterwalder）和伊夫·皮尼厄（Yves Pigneur）在《商业模式新生代》一书中推广的商业模式画布，就是一种广泛使用的框架。商业模式画布由9个基础部分构成，展示了一家公司为其利益相关者创造、传递和获取价值的逻辑。如图6-2所示。

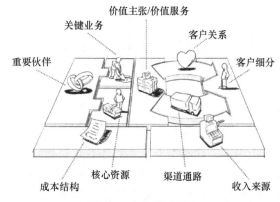

图6-2 商业模式画布

1. 价值主张

价值主张：用来描绘为特定客户（消费者或者用户）细分创造价值的系列产品和服务，主要回答以下问题。

（1）企业该向客户传递什么样的价值？

（2）企业正在帮助客户解决哪一类难题？

（3）企业正在满足哪些客户需求？

（4）企业正在提供给客户细分群体哪些系列的产品和服务？

价值主张的主要要素包括：①新颖：产品或服务满足客户从未感受和体验过的全新需求；②性能：改善产品和服务性能是传统意义上创造价值的普遍方法；③定制化：以满足个别客户或客户细分群体的特定需求来创造价值；④把事情做好：可通过帮客户把某些事情做

好而简单地创造价值；⑤设计：产品因优秀的设计脱颖而出；⑥品牌/身份地位：客户可以通过使用和显示某一特定品牌而发现价值；⑦价格：以更低的价格提供同质化的价值，满足价格敏感客户细分群体；⑧成本削减：帮助客户削减成本是创造价值的重要方法；⑨风险抑制：帮助客户抑制风险也可以创造客户价值；⑩可达性：把产品和服务提供给以前接触不到的客户；⑪便利性/可用性：使事情更方便或易于使用可以创造可观的价值。

2. 客户细分

客户细分用来描述一个企业想要接触和服务的不同人群或组织，主要回答以下问题。

（1）企业正在为谁创造价值？
（2）谁是企业的重要客户？
（3）为哪些群体提供服务？
（4）帮助哪些群体解决问题？
（5）哪些群体会为自身的产品和服务最终买单？

一般来说，可以将客户细分为5种群体类型：①大众市场：价值主张、分销渠道和客户关系全都聚集于一个大范围的客户群体，客户具有大致相同的需求和问题；②利基市场：价值主张、分销渠道和客户关系都是针对某一利基市场的特定需求定制，常可在供应商采购商的关系中找到；③区隔化市场：客户需求略有不同，细分群体之间的市场区隔有所不同，所提供的价值主张也略有不同；④多元化市场：经营业务多样化，以完全不同的价值主张迎合完全不同需求的客户细分群体；⑤多边平台或多边市场：服务于两个或多个相互依存的客户细分群体。

3. 渠道通路

渠道通路指确定了价值主张、瞄准了目标用户后，创业者要描绘公司如何沟通、接触细分客户而传递其价值主张，主要回答以下问题。

（1）通过哪些方式和途径接触企业的客户细分群体？
（2）企业如何接触顾客？渠道如何整合？
（3）渠道成本效益如何？如何决策渠道？
（4）如何把企业的渠道与客户的行为与工作程序要求进行对接融合？
（5）企业可以通过自有渠道、合作伙伴渠道或者两者混合来接触客户。其中，自有渠道包括自建销售队伍和在线销售，合作伙伴渠道包括合作伙伴店铺和批发商。

4. 客户关系

接下来，创业者需要思考的是，企业需要和客户（用户）保持什么样的关系才能够使得客户（用户）一直留存。客户关系用来描绘公司与特定客户细分群体建立的关系类型，主要回答以下问题。

（1）每个客户细分群体希望企业与之建立和保持何种关系？已有哪些关系建立了？
（2）企业间关系模式的成本状况如何？
（3）客户可不可以经常使用企业的产品和服务？
（4）如何把它们与商业模式的其余部分进行整合？

一般来说，可以将客户关系分为六种类型：①个人助理：基于人与人之间的互动，可以通过呼叫中心、电子邮件或其他销售方式等个人自助手段进行；②自助服务：为客户提供自助服务所需要的所有条件；③专用个人助理：为单一客户安排专门的客户代表，通常是向高净值个人客户提供服务；④自助化服务：整合了更加精细的自动化过程，可以识别不同客户及其特点，并提供与客户订单或交易相关的服务；⑤社区：利用用户社区与客户鼓励客户参与到全新和创新产品的设计与创作中；⑥共同创作：与客户共同创造价值。

阅读材料 6-4

海尔内部创业：与客户共同创造价值、向服务性企业转型

海尔抓住第三次工业革命的机遇，加快探索实践"人单合一双赢"模式，搭建"人人创客，引爆引领"的创业生态系统，不断推动员工、组织和企业实现转型。为保障员工、组织、企业三个转型的顺利展开，2015年，海尔聚焦两大平台的建设——投资驱动平台和用户付薪平台。其中，投资驱动平台就是将企业从管控组织颠覆为生生不息的创业生态圈，为创业者在不同创业阶段提供资金支持。用户付薪平台是指创客的薪酬由用户说了算，从企业付薪到用户付薪，促使创业小微公司不断地演进和迭代升级。投资驱动平台和用户付薪平台是海尔模式创新的驱动力量。

互联网时代，用户与企业的关系正在发生着改变：第一，企业和用户之间实现了信息零距离，原来企业的大规模制造注定要被大规模定制所代替；第二，去中心化，每个人都是中心，金字塔式的组织架构变得扁平化；第三，分布式管理，全球的资源企业都可以为我所用，全球就是企业的研发部和人力资源部。

传统企业的组织是串联式的，从企划研发、制造、营销、服务一直到最后的用户，企划与用户之间有很多传动轮，但这些传动轮并不知道用户在哪里，这是企业里的中间层。还有一些社会上的中间层，例如供应商、销售商。总而言之，这些中间层拉远了企业和用户之间的距离。

海尔"外去中间商，内去隔热墙"，把架设在企业和用户之间的引发效率迟延和信息失真的传动轮彻底去除，让企业和用户直接连在一块，从传统串联流程转型为可实现各方利益最大化的利益共同体。在这个利益共同体里面，各种资源可以无障碍进入，同时能够实现各方的利益最大化。

要建成并联的生态圈，组织结构一定要变。现在的海尔，没有层级，只有三种人——平台主、小微主、创客，都围着用户转。平台主从管控者变为服务者，员工从听从上级指挥到为用户创造价值，必须要变成创业者、创客，这些创客组成小微创业企业，创客和小微主共同创造用户、市场。小微主不是由企业任命的，而是创客共同选举的。创客和小微主间可以互选，如果小微主做了一段时间被小微成员的创客认为不称职，可以选掉。如果企业内部的人都不行，还可以引进外部的资源。这些小微加上社会的资源，就变成了一个生态圈，共同去创造不同的市场。这会形成有很多并联平台的生态圈，对着不同的市场，对着不同的用户。

海尔集团支持内部创业人员成立200余家小微公司。创业项目涉及家电、智能可穿戴设备等产品类别，以及物流、商务、文化等服务领域。另外，在海尔创业平台，已经诞生470个项目，汇聚1 328家风险投资机构，吸引4 000多家生态企业，孵化和孕育着2 000多家创客小微公司。越来越多的社会人员选择海尔平台进行创业，海尔创建的创业生态系统已为全社会提供超过100万个就业机会。

（资料来源：企业官网，2019.06.）

5. 收入来源

收入来源用来描绘公司从每个客户群体中获取的现金收入（需要从收入中扣除成本），主要回答以下问题。

（1）什么样产品（服务）的价值能让客户愿意付费？他们现在付费买什么？

（2）客户支付方式是什么？有何需求？

（3）每个收入来源占总收入的比例情况如何？

一般来说，收入来源可分为 7 种类型：①资产销售：销售实体产品的所有权；②使用收费：通过特定的服务收费；③订阅收费：销售或重复使用的服务；④租赁收费：暂时性排他性使用权的收费；⑤授权收费：知识产权授权使用；⑥经济收费：提供中介服务收取佣金；⑦广告收费：提供广告宣传服务收入。

6. 核心资源

核心资源用来描绘让商业模式有效运转所必需的最重要的因素，主要回答以下问题。

（1）企业的价值主张需要何种核心资源？

（2）企业渠道通路需要何种核心资源？

（3）企业客户关系需要何种核心资源？

（4）企业收入来源需要何种核心资源？

一般来说，核心资源可以分为 4 种类型：①实体资产：包括生产设施、不动产、系统、销售网点和分销网络等；②知识资产：包括品牌、专有知识、专利和版权、合作关系和客户数据库；③人力资源：在知识密集产业和创意产业中，人力资源至关重要；④金融资产：金融资源或财务担保，如现金、信贷额度或股票期权。

7. 关键业务

关键业务用来描绘为了确保其商业模式可行，企业必须做的最重要的事情，主要回答以下问题。

（1）企业的价值主张需要哪些关键业务？

（2）企业的渠道通路需要哪些关键业务？

（3）企业的客户关系需要哪些关键业务？

（4）企业的收入来源需要哪些关键业务？

一般来说，关键业务可以分为三种类型：①制造产品（提供服务）：与研发、生产及交付产品（服务）有关，是企业商业模式的核心；②平台/网络：网络服务、交易平台、软件甚至是品牌都可看成平台，与平台管理、服务提供和平台推广相关；③问题解决：为客户提供新的解决方案，需要知识管理和持续培训等业务。

8. 重要伙伴

重要伙伴指让商业模式有效运作所需的上下游服务商与合作伙伴的网络，甚至是竞争对手。主要回答以下问题。

（1）谁是企业的重要伙伴？

（2）谁是企业的重要供应商？

（3）企业正在从伙伴那里获取哪些核心资源？

（4）合作伙伴都在执行哪些关键业务？

一般来说，合作伙伴可分为 4 种类型：①在非竞争者之间的战略联盟关系；②在竞争者之间的战略合作关系;③为开发新业务而构建的合资关系;④为确保可靠供应的购买方——供应商关系。

阅读材料6-5

从单一到多元——WPS的商业模式创新

金山软件作为办公软件业的领军企业,经历了从"单一"到"多元"的发展过程。随着移动终端的普及,金山软件在转向移动端市场的同时开启免费与付费相结合的商业模式创新之路。

1989年,WPS1.0系统正式问世,如同市场最初期望的那样,WPS1.0系统的出现虽说仅停留在单一的字处理领域,但在单一市场化需求阶段下,WPS的问世仍迅速填补了我国中文字处理软件的空白,也开创了中文字处理时代。WPS没有做广告,也没有去评什么奖,仅仅靠着口碑就火了起来。WPS开始挣钱了,每年3万多套,每套批发价2 200多元。就是凭借着这一壮举,金山软件一举拿下了国内市场,成为国内主流的软件企业。雷军对此的解释是:"WPS定位很准,就是字处理,不是排版。那时候,搞一个排版太复杂了,用户根本接受不了。"后来再次回忆起来的时候,求伯君的解释很朴素:"市场上奇缺这种东西。"在那个互联网技术尚未得到充分发展、用户需求较为单一的时代下,紧紧把握市场需求的WPS很快在国内软件业中占得一席之地。

1993年,以微软Office为代表的国外办公软件,凭借着其雄厚的资金支持、优越的性能、娴熟的市场推广技术、捆绑式销售的模式,以及竭尽所能的本土化努力,迅速登陆中国市场。国外软件的进入,是金山软件始料未及的,猝不及防的金山软件只有仓促应战。正是在这种背景下,金山软件也开始创新自己的商业模式。

眼到了2014年,不知不觉间在线办公软件市场发生了巨大的转变:谷歌公司表示不再向小型企业免费提供谷歌Apps办公软件,小型企业若想使用该软件,需每人每年支付50美元。但与之相反,2014年3月WPS6.0却发表声明,WPS个人版将永久免费。一年的时间,WPS的免费策略获得了极大的成功,移动端的全球用户超过3 500万,共进入了226个国家和地区,日新增用户超过21万,占Android每日新增激活设备的16.1%。但是,企业存在的目的就是为了实现经济利润最大化,这看似与目标背道而驰的免费策略究竟是出于何种原因呢?

1. 广告盈利模式

通过对WPS应用功能的观察发现,WPS在提供技术软件服务的同时,也在提供着广告营销的业务。广告盈利模式是基于发行商、消费者、广告客户的第三方市场,其基本逻辑是发行商为消费者提供免费的产品或服务,而消费者用注意力和时间来换取这些产品,并且成为广告的对象,然后广告商把用户销售给广告客户,其盈利模型及价值链如图6-3所示。在对用户群体进行分析的基础上,发现多数用户群体对产品的应用品质要求不高,仅停留在产品的应用层面,面对轰然而至的广告效应多呈现出宽容的态度。以WPS为例,打开WPS的首页,对免费的用户而言,必然会出现几秒钟的广告时间,那些需要接触消费者的第三方为消费者买了单。主流厂商把大量敏感的用户排除掉,因此免费软件便有了发展的机会。该群体更多地关注产品价格和实用性,对专业性要求不高。在互联网领域内,尽管广告盈利模式前期投入较大，但其免费模式会吸引大量用户，互联网以零成本便可以让其接触用户。因此，广告盈利模式优势便充分体现出来，仅需要员工和服务器投入，营销成本则很低，与传统企业高昂的营销成本相比，有着得天独厚的优势。

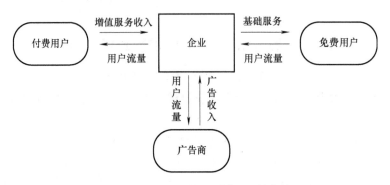

图6-3　WPS公司的盈利模型及价值链

对于免费软件，在获得大量用户前提下，如何将这笔"财富"转化，一直困扰着整个IT业界。金山软件表示，这个模式起源于WPS PC版，由于企业用户和个人用户对办公软件的需求不同，在用户桌面中将免费的个人版作为优质低廉的产品广告，通过企业版完成收入。从现有的WPS PC版的年收入报表来看，通过此模式每年的收入超过1亿人民币。因此免费的个人版作为优质廉价的产品广告进入用户桌面，这也使得金山在放弃小规模的个人用户的基础上获取了来自企业的更多利益，对推进金山市场规模起到了重要作用。

WPS通过引进一系列数字对"增值服务模式"进行了解，以网站的运营为例，网站为了拉动1%愿意高价支付的消费者，往往会先拿出99%的产品作为免费品。仅仅需要1%的用户支付费用，其他99%的用户成本便可忽略不计。即通过免费服务吸引海量用户，通过增值服务实现收入增长。简言之，就是用基础服务吸引用户，再通过增值服务满足部分用户的需求，从而带来盈利。

2. 增值服务模式

WPS的商业模式为典型的互联网商业模式，即Free（免费）+Premium（增值服务），通过开放免费的平台服务战略吸引用户，在此基础上实现增值收入。即使是免费软件，也同样要在技术和市场两方面下功夫。免费产品虽然可以在短时间内获得大量用户，但用户一旦有所不满意，很可能就会放弃使用。如何锁定用户就显得尤为重要。软件企业只有获得海量用户，同时持续稳定增强用户，才能保证持续获利。软件企业在获得海量用户的同时如果不能持续增强并稳定用户，即使拥有海量用户也不能保证获利的持续，更谈不上什么增值业务服务了，这就对WPS在今后商业模式的选择过程中提出了更高的要求。

3. 打破传统，协作共赢

走在时代前沿的金山软件很快意识到强强联合的重要性，从而走上了合作化发展的崭新路程。2013年12月30日，金山软件宣布旗下非全资附属子公司北京金山办公软件与腾讯科技（深圳）有限公司于12月27日订立战略合作协议，同一时间，金山软件也与小米集团签订了合作协议，金山软件将向小米集团提供云服务，并通过其产品或网站为小米产品的销售提供推广服务。次年9月，金山软件旗下金山办公WPS在官方微博表示，亚马逊选择WPS作为Kindle Fire系列移动终端的唯一办公软件。2016年12月8日，国内电子签约平台领导者上上签与企业办公软件领导者金山软件携手,在北京召开主题为"开放共赢、签引未来"战略合作发布会,并签订了双方战略合作协议,这一协议促使上上签成为唯一集成在 WPS 软件中的电子签约云平台。即用户在使用 WPS 套件的过程中,便可以轻松完成签署工作,不仅弥补了无纸化办公签约环节的劣势,也大大提升了签约效率,让企业用户的无纸化办公真正形成闭环。此外,上上签和金山软件将各自发挥其行业的优势,在产品、技术、市场等多个层面开展广泛合作。有数据显示,目前全球有超过 90% 的世界五百强的企业在使用电子签约。在未来,上上签将进一步打造方便快捷、安全可靠的电子办公环境,并与各行各业的领导企业展开合作,不断优化和提升数字经济发展环境。创业近 30 年的 WPS 终于实现了真正的"多元化"。WPS 商业模式总结如表 6-3 所示。

表 6-3 WPS 商业模式总结

商业模式	单一发展	多角度发展	多元化发展
定位	单一字处理软件行业	开始向着多产品角度方向发展	多元化办公软件行业
业务系统	基于 DOS 系统的文字处理业务	基于 Windows 系统的文字处理业务	基于互联网时代下的多产品办公软件业
盈利模式与现金流结构	产品销售	产品销售	销售产品与提供服务并存
关键资源能力	技术与市场	稀缺	技术、人才、资金、品牌、市场
企业价值	提供办公与学习服务	提供办公与学习服务	提供办公与学习服务的同时开创企业管理的新模式

(资料来源:企业官网,搜狐网:http://www.sohu.com/a/121801959_109973,以及中国案例共享中心 http://www.cmcc-dut.cn/cases/detail/3712.)

9. 成本结构

成本结构指运营一个商业模式所引发的所有成本,主要回答以下问题。

(1) 什么是我们商业模式中最重要的固定成本?

(2) 哪些核心资源花费最多?

(3) 哪些关键业务花费最多?

一般来说,成本结构可以分为两种类型:①成本驱动:创造和维持最经济的成本结构,采用低价的价值主张最大程度自动化和广泛外包;②价值驱动:专注于创造价值,增值型的价值主张和高度个性化服务通常以价值驱动型商业模式为特征。

任何一种商业模式都少不了上述 9 个要素,任何新型的商业模式都不过是这 9 个要素按不同逻辑的排列组合而已。每个创业者的定位、兴趣点和视角都不一样,向各要素中添加的内容当然也就不一样,于是就有了不同的商业模式。

需要注意的是,创业者不能认为有了商业模式就万事大吉,它充其量只是创业成功的一部分而已。商业模式并不是企业的全部,它描述的是企业各个部分怎样组合在一起,构成一个系统。但是,商业模式并没有把"竞争"因素纳入其中。每一家企业都会遇到竞争对手,这只是早晚的问题,而应对竞争则是"战略"的任务。竞争战略是指如何比竞争对手做得更好。

【本章小结】

商业模式是创业中非常重要的一个概念与内容。本章首先介绍了商业模式的概念，探讨了商业模式的有关如何创造顾客价值、如何为企业创造价值、如何在企业和顾客之间传递价值三个基本问题，进而明确了商业模式设计的基本逻辑。需要明确的是，创业企业的商业模式是一个从模糊到清晰的过程，并且并非一成不变。即使是复制现有的商业模式，也必须要结合创业企业自身，进行优化完善，并且持续创新。

商业模式是企业为做到有效赢利并持续赢利，将内外部各种资源合理调配和利用，向购买者（消费者）及利益相关者提供不同价值而建立的一种系统结构。商业模式的本质是创业企业与外部构建一个互赢或多赢的交易与合作结构。

商业模式设计有9个关键内容：价值主张、客户细分、渠道通路、客户关系、收入来源、核心资源、关键业务、重要伙伴以及成本结构。

商业模式设计基于企业战略产生，从内外部环境、市场、资源、产品（服务）、价值主张等开始，是基于企业的产品/服务能力、价值网络关系、价值要素等的一种资源整合和价值匹配，是企业的一系列价值活动过程，是从价值发现到价值实现再到价值传递的过程。商业模式设计过程包括发现价值、实现价值和传递价值。新创公司能否建立自己的核心竞争优势，一定程度取决于其所选择的商业模式，当然好的商业模式更重要的还在于高质量的实现和控制。

【思考题】

1. 商业模式所要解决的核心问题是什么？
2. 商业模式的逻辑性是什么？免费模式是真的免费吗？
3. 商业模式的关键构成要素是什么？
4. 如何通过模仿设计商业模式？
5. 如何通过竞争设计商业模式？
6. 如何在试错的过程中调整商业模式？
7. 读完本章，你认为企业有了好的商业模式就可以成功吗？
8. 什么是企业的"差异化基础"？它对商业模式的重要性何在？

【案例分析实训】

拼多多：初生牛犊成长路

随着网络购物的发展，消费者渐渐由被动的商品接受者转变为主动的商品挑选者，消费模式渐渐由有目的性的搜索模式转变为无目的性、非搜索的社交娱乐模式。因此，包括阿里巴巴、京东在内的各大巨头开始将目光转向社交电商。

2015年，"80后连续创业者"黄峥先后以拼好货和拼多多两个APP开创了社交电商的先河，黄峥团队利用将购物与快乐相结合的思想，通过在初创期创新性地采用C2B拼团模式，辅以"爆款+低价"，在发展期导入流量独立成长，差异化供应链，致力于为消费者、社会创造价值，走出了自己的道路。但过快的成长导致拼多多出现了伪劣商品泛滥、服务质量不到位等后遗症，因此拼多多依旧任重而道远。

1. "两个孩子一个妈"

2015年4月，黄峥的拼好货正式上线。彼时，以微信为代表的社交流量正发展迅猛。黄峥将目光瞄准了社交电商领域，决定再次创业。拼好货以拼单玩法为切入点，通过微信朋友圈等社交平台邀请好友参团，达到规定人数时拼单就会生效。最初拼好货从水果切入，虽然刚发展时遇到了许多危险时刻，但黄峥几次利用其厚实的班底化险为夷，建立起了成熟的仓配运营体系。

此时的黄峥既是拼好货的CEO，也是游戏公司的董事，无论是拼好货还是游戏公司，班底都脱胎于黄峥最初拉起的一支技术团队。2015年下半年，当拼好货在跌跌撞撞中快速发展的时候，游戏公司的CEO坐不住了。黄峥至今记得那一幕。游戏公司CEO找到他，告诉他这种拼单模式可以做成平台，游戏公司要自己干。有了拼好货，还需要再另做一家类似公司？黄峥没有急于否定这种想法，最初他也想过做平台，但认为风险太大。此时虽然纠结，但黄峥不希望独裁。他提醒游戏公司CEO，这个事情难度大，风险高，但看到对方决心比较大，黄峥没有再质疑。于是，游戏公司将最核心的员工抽调20多人出来，将游戏公司之前赚的钱投到新项目拼多多上。

一场冒险开始了。拼多多采取的同样是拼单玩法，但本质上是商家入驻的全品类电商平台，两家公司属于同一方向下的不同形态。一个是自营产品，自建供应链，强调品质和体验；一个是供应商入驻、第三方物流合作的平台模式。2015年9月拼多多"出生"后，其发展速度比拼好货还要快。上线半年单日成交额就突破1 000万元，付费用户数突破2 000万，活跃用户数和交易笔数直逼唯品会。拼多多的"天赋异禀"实际是来自它创新的商业模式。

2. 初生牛犊拼多多

在拼多多APP购物时，任意两名及以上用户即可拼团，以低于直接下单购买的价格买到商品。付款成功后，用户即可收到一张有效期在一天之内的"拼主免单券"。只要该用户发起拼单成为拼主，选定想买的商品，再拉够5个人购买此商品并付款成功，拼主即可免费得到该商品。其他5名拼团用户在付款后，即可获得一张同样的"拼主免单券"，再次成为拼主拉人拼团……这张来自购物行为的"拼主免单券"，俨然成为拼多多依靠社交传播最核心的抓手。按此种消费逻辑，如果所有免单券全部被使用，拼多多用户数量则会在短时间内，以5次方的比例持续"裂变"。基于社交属性的传播，加上低价作为"兴奋剂"，拼多多仅在两年内，就已突破百亿电商的门槛。

在拼多多成立还未一年的时候，不仅收获了高榕资本、新天域资本的融资，还得到了来自腾讯的战略投资，拼多多聪明地选择与微信联合，附上微信支付、微信拼团，所有微信用户都可以采用移动支付方式完成拼多多平台交易，微信强大的用户基础成为拼多多的巨大助力。消费者通过微商城、小程序进入拼多多商城，商城主页面有商品分类标签，例如食物、衣物和床上用品，一旦消费者选择了一个分类，就可以邀请好友加入团购，由于拼多多是在微信平台中，所以人们很容易与其他好友进行沟通。

虽然拼多多在产品平台上做得风生水起，但尚未成熟的供应链仍是其日后发展的一大短板，因此在2016年，刚满一岁的拼好货和拼多多两兄弟合并了，原拼好货CEO黄峥担任新公司的董事长兼CEO。这一招"双剑合璧"也是黄峥在大势所趋下顺势而为的必然。

3. 拼多多的成长与挫折

(1) 差异化供应链创造价值

在初创时期，拼多多迅速崛起的一个重要原因是其在微信上创造了分享场景，通过微信获得流量、了解用户、收集数据。然而，随着规模壮大，拼多多与腾讯间微妙的平衡被打破，"生于微信"的它也受到了腾讯的制约，因此，已经进入发展期，具有了流量基础的拼多多开始渐渐将流量导入到APP中，脱离微信，独立成长。

黄峥认为，作为电商，从根本上是要为消费者提供性价比高的东西，对供应链上游进行改造。拼多多正是基于消费品分众化的趋势，将消费者分成了越来越零散化的小组，每一组的消费者会对应不同的差异化的产品。电商平台一旦针对不同的人群产生差异化的供应链，消费者就会因为平台有针对性、适需而被吸引、被留下，平台会获得稳定而便宜的流量。这种差异化的供应链真正为消费者创造了价值。零售和流通，以及零售和后端供应链的整合是一个永远在变化的工业环节，真正有价值的企业应该挖掘用户需求，帮助中国制造以及柔性供应链走出国门。

(2) 过快成长的"后遗症"

虽然在一定程度上，拼多多是赢在起跑线上的幸运儿，但它的成长过程中充满了争议，如果以"拼多多"为关键词进行新闻搜索，除了有关其迅速成长和创新商业模式的相关报道之外，还有大量有关"投诉""伪劣产品"等的新闻。据中国电子商务研究中心发布的数据显示，2016年拼多多投诉量位居行业第一，高达13.12%。如今，过快的成长留下的后遗症正渐渐在拼多多身上显现出来。

1) 产品、服务不到位。虽然低价、低门槛成为拼多多吸引用户和商家的神器，但同样也带来"硬伤"。拼多多被用户投诉的问题主要有：其一是商品类，如水果腐烂、疑似售假、货不对版等问题；其二是商家服务类，如商家虚假发货、售后无人、发货迟缓、售后态度差等问题；其三是无法控制的第三方产品质量，让拼多多离消费者越来越远，然而拼多多的受害用户的数字仍在上升。

拼多多的品控问题仍然很严峻。

2) 客户黏性低。数据显示，拼多多仍有很大一部分用户为微信第三方用户，用户是否关注拼多多，取决于系统是否关注拼多多微信公众号。拼多多短期内爆发式增长带来的是糟糕的用户体验，导致客户黏度低，用户的留存率下降，对平台的使用频率不稳定等。

随着流量带来的红利越来越大、知名度不断提高，拼多多单纯依靠低价取胜的办法已经行不通。

4. 坚守"人的逻辑"

面对成长中的挫折，拼多多打出一套套"组合拳"：定期抽查商品质量，与入驻平台的商家签署协议，严格监督商家产品与服务等。与具体措施相辅相成的是拼多多始终坚守的"人的逻辑"。人是一种社会性动物，参与和分享都是人类情绪和生活的重要部分。现在，人们更愿意享受购物过程。

黄峥经常会被问的一个问题是：拼多多如何颠覆BAT（百度、阿里巴巴和腾讯）？而他会直接回答：创建拼多多不是为了颠覆什么，而是为了创造什么。想的是用户需要什么，作为后来者如何为用户和社会，甚至为巨头创造价值。

5. 结语

作为计算机专业出身的"理工男",黄峥经常"三句不离科技",在 2017 年 T-EDGE 国际领袖峰会上,黄峥对"科技将把我们带向何方?"这一问题的回答是:在未来的 10 年、20 年的时间里面,作为一个电商公司也是技术公司,拼多多会持续努力,把技术和生活相融合,把技术和人的情感相融合,试图用技术让人变得更快乐,而不是简单地让人变得更高效。

结合上述案例资料,试进行分析思考:

1. 案例对比:进一步收集资料,对比淘宝、京东等电商平台,按照商业模式设计框架描述拼多多的商业模式逻辑与构成要素有哪些特点。

2. 案例深探:讨论拼多多商业模式存在的问题,其商业模式可持续吗?

3. 案例决策:讨论今后拼多多商业模式如何创新。

【商业模式设计实训】

实训导航:

1. 确定一个企业的商业模式通常要清晰地回答以下四个问题:如何创造独特的客户价值?如何高效率地配置资源?如何革命性地降低成本?如何扩大利润来源并保持持续利?简单来讲,商业模式所反映的就是一个经营单位为谁提供价值、提供什么价值、如何提供价值、是否有营收的问题。

2. 请组建一个 6~7 人的团队,完成以下实训项目。建议先分小组讨论(如条件允许,可以实地调研),之后由各小组进行简要的汇报分享,汇报形式为 PPT 展示。

实训项目:

"互联网+"推动了创业潮,形成了各式各样的商业模式。请选择一个你熟悉的成长型的企业,根据商业模式设计的框架,优化其商业模式,并研究其可能的创新方向。

实训建议:

1. 建议采用小组讨论、头脑风暴等方法,集思广益。

2. 尝试使用商业模式画布工具来进行分析和进一步优化。

3. 咨询专业人士,或对相关创业人物进行访谈,重点关注该企业商业模式的类型、选择背景等。

【参考文献】

[1] MICHAEL H M, MINET S, JEFFREY A. The Entrepreneur's Business Model: Toward a Unified Perspective June [J]. Journal of Business Research, 2005, 58 (6): 726-735.

[2] STANLEY R, DAVID E G. How to Write a Winning Business Plan [J]. Harvard Business Review, 1985, 4: 156-166.

[3] DONALD F K. Demystifying the Business Plan Process: An Introductory Guide [J]. Small Business Forum, 1991 (3): 33-40.

[4] BALDACCHINO L, UCBASARAN D, CABANTOUS L, et al. Entrepreneurship Research on Intuition: a Critical Analysis and Research Agenda [J]. International Journal of Management Reviews, 2015 (17): 212-231.

[5] 迈克尔·波特,竹内广高,等. 日本还有竞争力吗?[M]. 陈小悦,等译. 北京:中信出版社,2002.

［6］张玉利，薛红志，陈寒松，等. 创业管理［M］. 4版. 北京：机械工业出版社，2016.
［7］吴晓义. 创业基础：理论、案例与实训［M］. 北京：中国人民大学出版社，2014.
［8］朱恒源，余佳. 创业八讲［M］. 北京：机械工业出版社，2016.
［9］张耀辉，朱锋. 创业基础［M］. 广州：暨南大学出版社. 2013.
［10］刘志阳. 创业管理［M］. 上海：上海人民出版社，2012.
［11］魏炜，朱武祥. 发现商业模式［M］. 北京：机械工业出版社，2009.
［12］李时椿. 创业管理［M］. 2版. 北京：清华大学出版社，2010.
［13］刘沁玲，陈文华. 创业学［M］. 北京：北京大学出版社，2012.
［14］徐俊义. 大学生创业基础知能训练教程［M］. 北京：机械工业出版社，2015.
［15］蔡剑，吴戈，王陈慧子. 创业基础与创新实践［M］. 北京：北京大学出版社，2015.
［16］奥斯特瓦德，皮尼厄. 商业模式新生代［M］. 北京：机械工业出版社，2016.
［17］方志远. 我国商业模式构成要素探析［J］. 中山大学学报（社会科学版），2012，52（3）.

第 7 章 制订商业计划

教学目标

通过本章的学习,了解商业计划在创业过程中的重要作用,掌握商业计划书的基本结构和内容、撰写商业计划书的基本技巧,理解商业计划与其他章节知识点的关系。

学习建议

1. 结合实际创业项目,领会商业计划撰写的目的、对象、内容以及技巧。
2. 小组讨论商业计划的重要作用,实际训练商业计划撰写。

基本概念

商业计划　公司经营宗旨　行业与市场分析　竞争分析　市场细分　目标市场　营销计划　生产运营　财务计划　风险控制

导入案例

聚 力 维 度

1. 项目介绍

"人工智能影视制作——聚力维度"项目,堪称影视制作"黑科技",它可以将2D电影实时地直接转换成3D格式,效率提升1000倍,解决了传统3D影视制作高成本、耗时间的问题。研发出了全球唯一人工智能2D转3D平台"峥嵘"。聚力维度研发出的人工智能虚拟影帝系统可以让普通用户轻松制作专业级的动画内容。"人工智能影视制作——聚力维度"项目荣获第四届"互联网+"大学生创新创业大赛全国总决赛亚军,并获大赛金奖。

2. 行业背景与痛点

泛娱乐产业是个市场价值巨大的产业。众所周知,影视行业的产值很高,对全球文化的影响力非常大。影视行业有个非常严重的问题,就是制作方式还停留在工业革命之前的手工作坊时代。影视作品的每一帧画面都不一样,要靠人工一帧一帧完成。所以,一部作品往往需要一到两年才能完成。

3. 项目解决方案

(1) 产品技术1——人工智能2D转3D。北京邮电大学的"人工智能影视制作——聚力维度"项目,致力于将影视制作从手工业时代带入人工智能时代,利用人工智能技术实现2D影像自动转为3D影像。

项目负责人赵天奇描述项目:"国内一部电影,3D制作费用一般在300元~500万,达到院线级水平的3D效果，如果用人工来做，需要100个人花3个月的时间，而我们只需要一个人花一周时间。"谷歌和麻省理工学院也非常看好利用人工智能技术实现2D转3D，但都没有取得实质性的成功。聚力维度是全球唯一实现人工智能自动2D转3D的。由聚力维度的科幻成真实验室历时3年之久研发完成的"峥嵘"平台，主要用于画面品质达院线级标准的3D内容制作。举例来说，将一张正对镜头的面部特写图片制作成立体图片，一个人类立体设计师需要先用传统3D转制软件里的分割工具，将人物的面部从鼻尖、鼻翼、颧骨、耳根再到头发，像用PS抠图一样分别依次分割；再给分割出来的每一层依次赋予灰度值，也就是赋予单个部分立体感；然后将单张图片依据左右眼视角进行平移，并将平移后的空白部分补充完整；最后将左右视角图与灰度图渲染合成。然而，使用"峥嵘"平台，则只需将这张图片上传给平台，就可以实时得到一张结构精细的立体图。

(2) 产品技术2——人工智能动画制作。动画制作内容需求巨大，制作周期长、成本高，在这个行业只有头部的作品才能存活下来。实拍剧集需要大量好莱坞级的CG替身机型的动画技术，但是多数公司做不起。聚力维度的人工智能动画制作软件平台，包含面部捕捉技术和肢体动作自动生成技术。在路演中演示了肢体动作自动生成技术，对于重心不断变化的人体动作而言，人工智能肢体动作自动生成技术大大提高了效率。相对于肢体动作而言，面部捕捉技术更加重要。实现了实拍级的面部捕捉技术。路演展示中展示了实拍级的面部捕捉技术。这样的效果好莱坞也可以做，但是需要非常长的时间。2016年我国新增网络文学作品1 900万部，绝大多数无法制作成动画，人工智能动画技术将取代网络文学成为新的原创内容IP的源头，这将是一个万亿级的市场。

4. 团队基因

创始人赵天奇，聚力维度创始人兼CTO，北京邮电大学博士、清华大学博士后，高通AI荣誉技术大使。长期从事三维显示、计算机视觉和人工智能技术研究。自研究生阶段开始创业，拥有近十年产学研结合创业经验。曾创办国内唯一拥有自主知识产权的3D电影转制公司，达成多部好莱坞一线电影的3D转制合作项目。团队具有"人工智能+影视开发"的双基因。

5. 项目投融资总投资意向

项目投资与融资的意向：致力于实现项目的科研梦想。

首先，其输出的结果是影视画面，与安防、金融、医疗等应用相比，主要服务于人类的观看体验。

其次，人眼对所观看的影视画面要求很高，并希望从中获得愉悦感。"峥嵘"平台输出的影视画面需要做到三维空间关系精细、稳定且漂亮。如果每张图片的立体结构不一致，合成的完整视频就有可能造成同一人物在同一场景、同一位置出现抖动。即便抖动很轻微，也可能使人眩晕。但在安防或自动驾驶领域，机器锁定目标后，并不必清晰地将其呈现给人看。只要不影响最终结果判断，检测框围绕目标的轻微抖动是被允许的。

第三，"峥嵘"平台不仅要像人类一样能"看"到影视内容，并且要立体化影视内容中的万事万物，三维重建影视画面中的所有类别。

对于普通人来说，运用这个3D制作平台，就可以在短时间内学会制作动画，制作效果甚至可以达到院线级水平。

基于该平台的3D直播技术，能对电视剧、综艺甚至时效性强的新闻、体育赛事等进行实时 3D 转换。此外，3D 浏览器能将所有普通网页实时转换成 3D 网页。除了 2D 转 3D，聚力维度也在围绕前期拍摄、后期制作、特效动画等可以用人工智能优化甚至颠覆的影视制作方向进行研究，致力开创人工智能影视制作新纪元。

（资料来源：https：//mp.weixin.qq.com/s/GtDgWW-NzbGdsG5IjuBhnQ.）

请思考：1. 你认为一个商业计划由哪些内容构成？
2. 为何需要撰写商业计划？如何撰写商业计划？

新创企业或一个创业项目仅仅有创意是不够的，必须把创意落实为行动。换句话说，不管是筹集资金，还是要为创业企业或项目定位，商业计划必不可少。商业计划书产生并发展于美国风险投资领域，是高科技与创业投足浪潮兴起的产物，是一项综合性的项目规划，通常是获取融资的敲门砖，也是一份全方位的公司计划，主要是对公司或拟建公司发展进行分析或进行融资的重要形式。那么，商业计划由哪些内容构成？商业计划书又该如何撰写呢？

7.1 商业计划概述

7.1.1 商业计划的含义

商业计划或创业计划（Business Plan，BP）是创业者在创办一个企业时对所有相关的外部及内部要素的描述，是一份全面说明创业构想以及如何实施创业构想，就某一具有市场前景的新产品或新服务向创业投资家争取获取融资或投资的商业可行性报告。

商业计划提供给投资人和一切对创业者的项目感兴趣的人，为向他们展现创业的潜力和价值而制作的书面文件。商业计划书可以说是企业法人的简历，通俗一点讲就是企业法人向投资人发出的企业或项目良好的发展前景。打动投资人，说服投资人作出投资决定，获取融资之目的，这是其外延含义；帮助创业者或企业股东明确企业的未来愿景，理清企业未来的发展规划，让股东有迭代和超越的能力，这是其内涵，也正是商业计划书的本质。

商业计划必须力求切合实际，包含充分的细节来论证新创企业或项目的可行性，目的在于使读者（如投资者）了解、相信新创企业或项目存在价值且可以提供支持。

尽管传统观点认为撰写商业计划书极为重要，但是相当大比例的创业者并没有为新创业企业或项目撰写商业计划书。

阅读材料 7-1

创业融资商业计划书的一些误区

1. 创业者缺乏对融资商业计划书的重视

在进行创业融资行为时，将更多的精力和时间投入到资金、关系和资源上，而对于创业融资商业计划书的重要性、所能够起到的作用，以及在融资过程中具有的说服力和吸引力，缺乏一定的了解。撰写要素上的缺失、结构框架上的混乱、内容的不明确和不真实，都使得许多对项目感兴趣的投资人因为不能够全面了解项目现状和未来发展情况，而放弃投资。

2. 创业融资商业计划书内容误区

许多创业者在创业融资商业计划书中，创业项目的未来发展前景的篇幅很长，用盲目乐观的心态和虚假的描述，为投资人构建出可以实现经济利益的项目市场。而在事实上，在撰写内容上存在着对其他公司分析报告的抄袭，以及想要为投资人营造虚假市场前景的行为。在创业融资商业计划书中，很多创业者针对同类型项目公司的对比分析，不能做到全面、准确、真实，对同类项目公司的运营和产品缺少详细的了解，一味想要展示自身优势，缺乏真实性。

投资人在看到创业融资商业计划书之后，会针对项目的产品、技术等进行提问，希望更加深入地了解项目。而现实中，许多创业者由于资金和人员的限制，没有实际的产品和技术可以提供展示，并且期望在得到融资之后，再进行项目的开发和研制。因此在撰写创业融资商业计划书时，只将理念和构思进行阐述，缺少说服力和真实性，在产品和技术展示方面存在滞后性。并且在项目成本预算和估值也存在缺陷，仅对项目的人员、硬件和设备进行了预算，但在项目的市场运营、流量获取等因素上，没有明确详细的成本预算。

（资料来源：张庆丰. 浅谈撰写创业融资商业计划书的一些误区及建议 [J]. 现代经济信息，2018.07. ）

7.1.2 商业计划的作用

商业计划是一份全面说明创业构想以及如何实现创业构想的文件，是描述所要创立的企业或进行的创业项目是什么、将成为什么，以及达到什么目标的规划。撰写商业计划一般有两个主要原因：迫使创业者系统思考创业和向其他个人或组织介绍创业项目。可以说，商业计划无论是对于创业企业自身或定位进行梳理定向，还是对于向投资者融资或相关者沟通取得支持来说，都是关键一环。商业计划书是可用于企业内部和外部的两用文件。对企业内部而言，商业计划能够帮助企业设计出实施创业构想、发展战略的"路线图"；对企业外部而言，商业计划用于向潜在投资者及其他利益相关者介绍企业试图追求的商业机会以及如何把握机会的行动计划。商业计划的作用主要体现在以下两个方面。

1. 知己知彼、把握方向

通过撰写商业计划，创业者会更加了解创业的业务模型和整体情况。首先，对市场的需要进行剖析，然后提出企业是如何满足这种需要的，市场上还有哪些竞争对手提供了这些，与他们相比优势在哪里，如何凸显自身的优势，如何能把这个优势一直保留，这个优势为企业带来的利益或者说回报有多少。商业计划能有效指导企业的经营活动，帮助创业者理清并明确企业未来发展的方向以及目标。

通过梳理，也是避免空有一腔热血却缺乏深入的思考。把一些思考落实到纸面上，也是迫使企业重新对于自己的运作构思可行性进行思考。改正不切实际的想法，降低试错的代价。能加深企业对核心的记忆，例如市场竞争、解决方案等。

商业计划的制订是建立在内外部、多方面有效信息收集和分析的基础之上的。信息用于管理不确定性，拥有必要的信息意味着可以减少创业的风险，提高成功的可能性。在制订商业计划时，创业者要确定收集信息的类型、收集信息的方法，从而分析创业或创业项目的可行性。分析创业的可行性也是分析商业机会的价值，而明确创业的战略即确定如何实现商业机会的价值。这些信息分析有助于确定商业机会的价值，有利于确定创业的宗旨、目标和途径。

创业者在收集信息、分析信息以确定商业机会的价值时也要考虑存在的风险，并将价值与风险进行比较，以确定去实现这个商业机会的可能性，即明确机会的价值高于风险从而值得去追求。

撰写商业计划的过程也是创业者认识自己的过程。通过对商业计划中各个部分的分析,可以从商业模式、市场、管理、财务、营销等各个方面更加深入地了解企业的优势和劣势。"知己知彼,百战不殆",商业计划使创意不再虚无缥缈,它将为创业的成功提供强有力的保证。

商业计划的制订,有利于明确创业的战略,包括战略的内容和执行的过程。商业计划的制订过程回答了制定战略所需要的有关问题。它提供了进行战略决策的基础。商业计划对信息的整合有利于进一步形成一个战略,而战略确定了企业的模式和方向。

2. 增进沟通、获取资源

商业计划是获取人力资源和资本的有效工具,它把新创企业的发展潜力、发展机会,通过明确的、有效的方式与内部和外部的利益相关者进行沟通。商业计划作为沟通的工具,其目的是为了取得共识,获得必要的支持。因此,创业者要通过商业计划与以下人员进行沟通。

(1) 与投资者沟通,获取资金。在创业初始期、发展期,外部融资是创业者面临的一项艰巨任务。商业计划要向潜在的投资者说明新创企业所具有的成长潜力、收益回报、面临的风险。由于创业者要与其他人和项目为争取有限的资金而竞争,面临具有丰富经验的投资者,因而创业者必须重视商业计划的制订。

(2) 与员工沟通,凝聚团队。员工是创业者所需要的重要人力资源,员工将其人力资本投资于新创企业,目的是获取投资回报及个人的发展。因此,商业计划要描绘新创企业的发展前景和成长潜力,使员工对企业和个人的发展充满信心,并为实现目标去努力工作。

(3) 与重要的供应商沟通,取得物资。供应商是否愿意以合作方式工作向新创企业提供资源,取决于其对新创企业及其前景的支持和信任程度。因此,创业者要通过商业计划使供应商对新创企业充满信心,这不仅能给企业带来所需要的资源,而且可以获取较好的供货条件。

一些创业者在创业前比较仓促,对创业项目的可行性调研的深入程度不够,这影响了创业过程的实施。创业者在创业初期,就要本着严谨、务实、科学的精神,制订较为详细的商业计划,为创业活动奠定良好的基础。

(4) 与重要的客户沟通,获得市场。商业计划的沟通作用就是让客户充分了解相关信息,增强客户对企业和产品的信心,从而购买所提供的新产品,并为建立长期稳定的合作关系奠定基础。在提供同类产品的竞争者越多时,客户的承诺就越有价值。这时商业计划的质量及它的吸引力和可信度起着决定性作用。

(5) 与政府和相关机构沟通,取得支持。在我国,大量的创业活动离不开政府和相关机构的支持。政府每年都会在科技资金等方面选择一些潜力项目并提供支持。创业者要取得政府的支持,必须借助公共关系和完整的商业计划,展现创业活动所具有的积极的社会意义,让政府机构充分了解创业思路和所需要的具体支持。国内以前常常用可行性报告和项目论证书代替和发挥这一作用。

7.1.3 商业计划的类型

尽管商业计划的写作存在一定的规范,但是,就好像没有一种"管理模式"能普遍适用于所有的公司一样,也没有一种商业计划能够适用所有的创业企业。不同行业、不同环境、不同受众、不同目标、不同条件等各种因素的存在表明,要根据自身的具体情况来制订有效的商业计划。在划分商业计划类型时应该按照一定的原则进行,一般会按照商业计划编写的目的划分和商业计划编写的篇幅长短划分。

1. 吸引资金和投资商的商业计划

此类商业计划主要面向投资者,尤其是风险投资者,争取风险投资是其最主要的目的。风险投资的主要投资方向是以高新技术为基础的技术密集型项目。风险投资主要来自养老基金、保险公司、商业银行、投资银行、大公司、大学捐赠基金、富裕的个人以及家人等。

在创业融资阶段,风险投资者最为关注项目的是,是不是拥有足够大的市场容量以及持续不断的获得利润的能力,有没有一个完善且具有操作性的项目实施计划,具不具备将项目成功实施的创业管理团队,有没有能力保证项目运营成功。

基于上述内容,创业者在撰写商业计划时,一定要以投资者的需求为出发点,使投资者对投资的项目在运转和产生的效果做到心中有数,只有这样才能更好地引起投资者关注并投资。

2. 争取合作伙伴的商业计划

新创企业需要企业大型客户群体、原材料供应商、行业协会等合作对象。为了获得合作并维持良好的合作关系,创业者在必要的时候要向合作伙伴提供商业计划,从双赢或多赢的角度着眼,向合作伙伴阐释自身的优势和进一步发展合作带来的利益。

基于商业计划的上述目的,在撰写此类商业计划时一定要有针对性地提出具体的合作方案和合作后双方从中获取的利益,这样能让合作者更好地了解双方合作的意义,对进一步加强合作也非常有利。

3. 吸引人才加入的商业计划

为吸引、取得企业急需的优秀人才,通过撰写商业计划,让潜在的合作伙伴了解创业项目的具体情况,让其发现自身的用武之地,激发其创业的热情,最终将其吸引到自己的创业团队中。

人才资源是企业的核心资源,是创业企业生存发展的根本。为了能让优秀人才加入创新创业团队,商业计划不仅要明确地阐释企业的商业模式以及未来的发展前景,还应该明确怎样吸纳新的创业伙伴,怎样分配利益以及各自承担的权限,例如技术入股、干股、期股等方式;此外,还要注意扩大寻找合作伙伴的范围,例如在吸纳人才之前要进行调查,获得潜在合作伙伴的信息,可以通过熟人介绍或者推荐的方法吸纳人才,也可以发布招聘信息吸纳人才等。

4. 获取政府支持的商业计划

创业者尤其是大学生创业时为充分借助各级政府所颁布的一系列支持性政策,从而获取创业资源或创业机会,需要编写获取政府及相关部门政策或项目支持的商业计划。

此类商业计划中要重点强调项目投资的可行性,要将企业的社会收益和生态效益突显出来,因为只有对社会经济发展有利的项目,并符合国家鼓励发展的产业方向,才能获得政府的政策支持,例如人才引进奖励、低息贷款、税收优惠等相关政策优惠。一般而言,政府比较支持高科技创新创业企业。

在撰写此类商业计划时,首先,要了解国家在宏观经济方面推行的政策,准确抓住产业结构调整的主要方向,其次,要注意以创新促进创业,让经济发展的方式加快转变。

不同类型商业计划的写作要点如表7-1所示。

表 7-1 不同类型商业计划的写作要点

类　型	对　象	要　点
吸引资金和投资商的商业计划	投资者主要是风险投资商	要对产业和市场、产品和技术、风险和盈利、管理和组织及竞争战略等问题进行重点描述，并对资金需求、资金使用、回报和退出措施等加以说明。以投资者的需求为出发点，使投资者对投资的项目在运转和产生的效果做到心中有数，只有这样才能更好地引起投资者关注并投资
争取合作伙伴的商业计划	企业大型客户群体、物资设施设备供应商、行业协会等合作对象	为了获得合作并维持良好的合作关系，从双赢或多赢的角度着眼，向合作伙伴阐释自身的优势和进一步发展合作带来的利益。要明确说明合伙人的出资方式以及利益分享机制，对需要双方共同探讨的问题，商业计划也应留有适当的弹性和余地可供变通
吸引人才加入的商业计划	新企业所需人才	明确地阐释企业的商业模式以及未来的发展前景，还应该明确怎样吸纳新的创业伙伴，怎样分配利益以及各自承担的权限，例如技术入股、干股、期股等方式；此外，还要注意扩大寻找合作伙伴的范围，例如在吸纳人才之前要进行调查，获得潜在合作伙伴的信息，可以通过熟人介绍或者推荐的方法吸纳人才，也可以发布招聘信息吸纳人才等
获取政府支持的商业计划	各级政府	重点强调企业或项目投资的社会收益和生态效益。突出对社会经济发展的作用，并符合国家鼓励发展的产业方向。要了解国家在宏观经济方面推行的政策，准确抓住产业结构调整的主要方向；要注意以创新促进创业，让经济发展的方式加快转变

阅读材料 7-2

阅读案例：海川测服的商业规划

资源作为创业企业生存和发展的关键，而创业企业普遍存在的"新生弱性"和"小而弱性"两种特性导致资源短缺问题严重，如何突破资源约束困境成为创业企业成功的关键。海洋科技装备在线试验服务平台（简称"海川测服"）作为一家初创科技资源共享平台，具有很好的商业模式，但关键资源可以说是一无所有，那海川测服是如何在"一无所有"的状态下实现创业成功的呢？

孙涛，1977 年 8 月出生于陕西西安，1997 年考入西安建筑科技大学机械电子工程专业学习。2004 年硕士毕业后，继续攻读博士研究生，并于当年进入西安交通大学学习仪器科学与技术专业，研究设备故障诊断技术。2008 年博士毕业后，孙涛进入中船重工第七〇五研究所工作，主持和参与国家级和省部级科研项目 10 余项，解决了多项技术难题，获得专利 7 项。正是这多年的试验技术研究工作，使孙涛对海洋科技设备、技术等方面的了解不断加深，也为其识别创业机会奠定了基础。

孙涛长期从事试验测试技术研究工作，但研究过程中经常因试验设备不到位而导致项目搁置，因此他很早就意识到了仪器设备共享的重要性，一次意外让他萌生了建立一个仪器设备共享平台的想法。

自 2015 年军民融合发展上升为国家战略后，军民融合迅速成为全国军地企业的创业热点。孙涛带领海川测服团队紧抓这一机遇，开始创业。海川测服创业条件独特，资金、设备、人员等关键资源严重缺乏，融资方式独特。海川测服成立至今，并未像大多数的创业企业通过寻求投资公司投资获得资金支持，而是通过参加比赛、申请政府项目的方式获得资金支持，目前平台已实现运营。

创业想法很美好，但一没资金，二没设备，三没平台建设管理经验，要如何在"一无所有"的状态下实现突破呢？孙涛陷入如何将想法转化为实际的难题。正当他一筹莫展时，单位产业发展部的马主任为他提供了思路。马主任建议：不管你干什么，首先要谋篇布局，先从方案策划入手。听了马主任的建议，孙涛茅塞顿开，先制定策划方案。

为了制定出切实可行的策划方案，孙涛带领团队查阅了大量资料，同时走访了十几家单位，深入了解市场实际情况，包括设备情况、技术检测需求情况、同行业企业运营模式、发展情况等。整个团队夜以继日，同舟共济，经过3个月的努力，终于形成了策划方案初稿。

初稿出来后，孙涛发现总体发展思路还不够明确，为此，整个团队进行头脑风暴，策划方案反反复复改了十几遍，最终将发展思路确定为"三大核心资源、三大力量共建、三大发展阶段、解决三大问题"，简称"四个三"路线图，并形成策划方案终稿。

2016年11月，海川测服的策划方案迎来了外部专家评审，其结果将直接决定创业活动能不能向下一阶段推进。评审会当天，孙涛万分紧张，事后回想起来，他都不知道自己是怎么完成方案介绍的、怎么回答专家提问的。当他在会议室外等待结果的时候，整个人都处于一种"蒙"的状态。时间在孙涛的忐忑不安中缓缓流逝，终于外部专家评审结果出来了，外部专家对这一方案给予了高度的评价。听到这一结果，孙涛松了一口气，一下子瘫软在了椅子上。身边的同事在高兴之余，立即将结果通知给在办公室等待结果的团队成员。团队成员听到这一消息，整个办公室都沸腾了，他们创业的第一步迈出去了。

方案确定之后，接下来就是整合资源、技术研发、宣传推广，但后面的每一步都需要资金支持，因此，孙涛决定接下来的第一步是筹集资金。但资金从哪里来呢？孙涛首先想到的就是争取单位的支持，但根据单位的科技经费管理办法，尚处于微种子期的项目很难获得资助。获取单位资金资助行不通，孙涛尝试申请政府资助，但申请政府资助需要有初步成果且周期较长。因此，从筹集资金开始就行不通。经过慎重考虑、团队讨论，孙涛决定同步开展资源整合、筹集资金、平台搭建三项工作。

（资料来源：王渊，王鑫，孙涛．五中生有——海川测服的创业之路 [J]．清华经管/中国工商管理案例中心，2018-12-31．有删减．）

阅读材料7-3

补充：商业计划类型——按照编撰篇幅长短划分

1. 略式商业计划

该类商业计划的最大特点是简明、短小。其基本内容主要有：企业重要信息、发展方向、少部分重要的辅助性的材料等，关键性的问题点到为止，给予简明扼要、切实可行的论述即可。

这类商业计划比较适合大学生在准备创业时编写，找寻有合作意向的人，为编写详细的创业商业计划做好充分的准备工作。

2. 详式商业计划

该类商业计划的最大特点是涵盖大量细节性的信息。详式商业计划要求创业者详细且全面地阐释整个创业思想，特别是商业计划中最为关键的部分要进行最为详细的论述。此商业计划面向的读者对象为企业内部人员，同时它也是企业经营的蓝图。

详式商业计划编写的基础是一系列假设，但是假设要建立在编撰者对现状充分理解的基础上。当客观情况发生变化时，商业计划就需要作出更改。在这样的情况下，详式商业计划反而成了累赘，因为它不仅会花费大量精力，还会对企业的发展有限制作用。因此，刚开始创业的大学生应该先编写略式商业计划。

7.2 商业计划撰写要求与基本要素

7.2.1 商业计划的基本要求

每个创业投资机构每月都会收到数以百计的商业计划，每个投资者常常每天阅读几份甚至几十份商业计划，而其中大多数都被无情地扔进了废纸篓。要想让企业的商业计划引起投资者的关注，首先就要了解商业计划写作的基本要求，不犯基本的错误，在此基础上再把商业计划做得更加出色。

1. 力求准确

向投资者全面披露与企业有关的信息，无论是优势还是困难都要讲到位，出于与投资者合作的诚意，隐瞒实情、过分乐观甚至夸大其词往往会适得其反。

2. 简明扼要

投资者都是非常繁忙的，所以商业计划首先要简洁，能够一句话表述清楚的就一个字也不要多加，最好开门见山，直奔主题，让投资者觉得每一句都是有意义的。许多创业者常犯的毛病是把商业计划写得像一部企业管理大全，面面俱到，忽视了应有的侧重点。商业计划在30~50页为佳，太短或太长都不好。

尤其是执行摘要或项目概要部分应当简明扼要、重点突出。"篇幅最多两页，最好是一页。清楚地讲出企业的目标，和你打算做些什么。不要试图在这里讲解细节问题。描述市场对产品的需求和产品到底是什么。说出企业主要负责人的资质条件。"（尤金，克莱纳）

3. 条理清晰

商业计划看起来似乎是很高深很复杂的东西。实际上，无论创业企业是做高科技还是传统产业，投资者真正关心的问题都是一样的：做的是什么产品？怎么赚钱？能赚多少钱，为什么能赚钱？在写商业计划之前，要能够清晰地把这几个问题解释清楚：商业机会、所需要的资源、把握这一机会的进程、风险、预期回报。

4. 注意语言

良好的语言水平并不能挽救创业企业不成熟的创业理念，但是一个好的创业理念却可能因为语言水平不高而导致融资的最终失败。因此，需要对商业计划的语言进行锤炼，一方面，商业计划不是学术论文，应该力求语言生动；另一方面，要让读者容易理解商业计划的内容，所以应尽量避免使用过多的专业词汇。

5. 强调可信性

商业计划描绘的前景可能很动人，但要真正打动投资者，还要让他确信这幅图景是可以实现的。要做到这一点，需要在商业计划写作之前进行充分认真的市场调研，通过调研了解顾客、竞争对手、市场前景等问题，然后在调研数据的基础上进行财务方面的分析，来说明企业将获得的收益。在商业计划中，数据越充分越翔实，就越容易让投资者相信预测是可信的。

7.2.2 商业计划的基本要素

一般来说，创业商业计划进行审视主要有：产品/服务、市场、竞争、商业模式与行动、管理团队、融资与财务分析、风险估计与防范几个方面，它们构成了商业计划的基本要素，如图7-1所示。

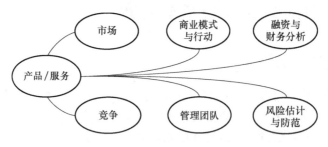

图 7-1　商业计划的 7 个基本要素

1. 产品/服务：新产品/服务的基本价值是什么？（为什么这是一个有价值的创业机会？）

在商业计划中，需要提供产品/服务的所有相关细节，包括企业所实施的所有调查。描述：产品或服务的价值是什么？顾客为什么偏爱企业的产品/服务？相对于竞争者企业具有哪些优势？产品是如何实现其价值的？

还须向投资者说明产品/服务所处的发展阶段、它的独特性、企业销售产品的策略、企业的目标顾客、产品的生产成本和售价、企业开发新产品/服务的计划等。应该努力让投资者相信，企业的产品会在市场上产生重要的甚至革命性的影响，同时也要使他们相信，商业计划提供的证据是真实可信的，最终让投资者认识到，投资这个产品/服务是值得的。

2. 市场：新产品/服务要面向的用户/消费者是谁？

商业计划还要向投资者提供对目标市场的深入分析和理解。因为对于投资者来说，最关心的还是产品/服务有没有市场，市场容量有多大，消费者为什么要买产品/服务。要打消投资者的顾虑，要在商业计划中对消费者购买本企业产品/服务的行为进行细致的分析，说明经济、地理、职业和心理等因素如何影响消费者行为，并通过营销计划说明企业将如何通过广告、促销和公关等营销手段来达到预期的销售目标。总之，不仅要让投资者相信企业产品/服务具有广阔的市场前景，而且要提供充分的证据向投资者证明：企业的预测和目标是可信的，不是盲目乐观的。

3. 竞争：竞争如何？应对现存或未来竞争的总体计划是什么？

在商业计划还必须就竞争对手的情况展开细致的分析，向投资者清楚地阐述如下几个主要问题。

现有的和潜在的竞争对手有哪些？竞争对手的产品与商业计划中的产品相比，有哪些相同点和不同点？竞争对手所采用的营销策略是什么？各竞争对手的销售业绩和市场份额如何？企业如何应对潜在竞争对手的挑战？

总之，商业计划要使投资者相信，企业不仅是行业中的有力竞争者，而且将来还会是确定行业标准的领先者,企业的竞争战略完全能够应对即将面临的竞争。

4. 商业模式与行动:如何开发、生产、销售新产品或服务?

通过商业计划展现商业模式,让投资者了解企业是如何赚钱的。商业模式一般贯穿在整个商业计划中,它决定了创业企业的运作,关系到企业的发展战略。

投资者特别关注商业模式是否蕴含着巨大的利益,是否对现有的和潜在的利益进行重新组合和再分配。因此,除了要向投资者阐明选择的商业模式,还要让投资者确信商业模式能够获得成功,能够随着市场和自身条件的变化进行创新,等。

再好的理念,也只有通过行动才能实现。行动的无懈可击才可能赢得投资者的青睐,商业计划应该有清晰的企业设计、生产和运营计划,切实可行的企业营销计划和准确的财务计划。企业将如何把产品推向市场?如何设计生产线,如何组装产品?需要哪些原料?企业拥有哪些生产资源,还需要哪些生产资源?生产和设备的成本是多少,如何定价?所有这些问题,要在商业计划中说清楚。

5. 管理团队:创业者都是谁?创业者拥有开发机会和经营企业所需要的知识、经验和技能吗?

很多时候,投资者对创业团队的关注甚至超过产品(服务)本身。要把一个好的商机转化为一个成功的风险企业,关键要有一支强有力的管理队伍。因此,在商业计划中,要向投资者完全地展现企业的管理团队,描述一下整个管理队伍及其职责,分别介绍每位管理人员的特殊才能、特点和造诣,细致描述每个管理者能够对公司作出的贡献,并明确企业的管理目标和组织机构。要让投资者对企业的管理团队充满信心,相信企业的管理队伍。

6. 融资与财务分析:如何获取资金?投资价值如何?

商业计划中应该具体描述融资金额、融资方式、融资前后的资本结构表、投资者退出的途径及回报预测。

商业计划中还要进行财务计划和分析。对资金的来源及运用进行规划,对收入、成本及现金流量进行预测,对投资价值进行衡量。

7. 风险估计与防范:面对那些风险?又如何应对?

千万不要为了获得风险投资而隐瞒或者缩小风险,这将会使风险投资商失去对你的信任。商业计划应向投资者说明项目的风险因素及应对风险的措施。

7.2.3 商业计划的基本要素与框架

各类商业计划的结构和格式不会都一样,但是基本结构具有相似性,一般来说包括以下几项。

1. "封面与目录"部分

(1)封面:包括公司名称、Logo、地址、联系电话、日期以及核心创业者的联系方式等内容;

(2)目录或内容索引:概括了商业计划的各主要部分。

2. "摘要与正文"部分

这部分主要是概要以及计划书的各个主要部分。

(1)执行摘要。有的成为执行总结或项目概况,是对整个商业计划的"快照",对商业计划简明扼要、提纲挈领地进行介绍。

(2)正文。主要包括:①企业或项目概况(包括业绩、优势);②产品或服务;③技术、模式描述；④市场与竞争分析；⑤企业或项目团队、组织；⑥营销计划与生产计划；⑦融资情况与财务计划（包括已投入的资金及用途等）；⑧风险管理；⑨退出机制或策略。

3. "附录"部分

附录部分主要是一些不宜放在正文中的内容，包括有关图表、照片及其他有关说明等。可以附在正文后面，也可以分开单独装订。一般来说，附录部分包括附件、附图和附表三部分。

（1）附件。包括营业执照副本、董事会名单及简历、创业团队照片及介绍、公司章程、各种说明书、市场调查资料、专利证书、鉴定报告、注册商标、合作意向书、产品试用报告、实验报告、中试报告、特许加盟的对象要求和地点评估等。

（2）附图。包括企业组织结构图、工艺流程图、产品展示图、产品销售预测图、项目选址图、企业CI等。

（3）附表。包括主要产品目录、主要客户名单、主要供应商和经销商名单、主要设备清单、市场调查表、资产负债预测表、损益预测表、现金流量预测表等。

以上要素可以有所侧重，后面在第三节将择其要点进行说明。

阅读材料 7-4

商业计划基本格式模板

1. 执行摘要
2. 产业分析
   产业规模
   参与者本质
   关键成功因素
   产业趋势
   长期前景
3. 公司描述
   公司历史
   使命陈述
   产品和服务
   当前状态
   法律地位和所有权
   关键合作伙伴
4. 市场分析
   市场细分和目标市场选择
   用户行为分析
   竞争对手分析
   对年度销售额和市场份额的估计
5. 公司的经济情况
   收入驱动器和盈利率
   固定和可变成本
   经济杠杆及其含义
   创业成本
   盈亏平衡表和计算
6. 营销计划
   整体营销战略
   产品、价格、促销和分销
   销售过程（或周期）
   销售策略
7. 设计和开发计划
   发展状况和任务
   挑战和风险
   开发成本
   产权问题（专利、商标、版权、执照和品牌）
8. 运营计划
   运营的一般管理方法
   公司地点
   厂房和设备
9. 管理团队和公司结构
   管理团队
   董事会
   顾问委员会
   公司结构
10. 总体时间进程
11. 财务计划
    资金的来源和使用
    预计利润表
    预计资产负债表
    预计现金流量表
    比率分析
12. 风险预估与防范
    附录

7.3 商业计划的核心内容

7.3.1 执行摘要

商业计划执行摘要是英文 Executive Summary 的翻译，也称执行总结、计划摘要、项目概况，是投资者或相关阅读者首先要看的内容。毋庸置疑，执行摘要是商业计划中最重要的部分。执行摘要有的放在扉页，有的放在目录后的首页。

执行摘要提炼商业计划的核心内容和信息，反映了商业计划的全貌，是整个商业计划的浓缩和精华所在，是吸引投资者进一步阅读商业计划全文的快照。通过执行摘要，首先能够使投资者马上理解商业计划的基本观点，快速掌握商业计划的重点，然后作出是否愿意花时间继续读下去的决定。摘要要让投资者在阅读摘要后继续读下去。

1. 执行摘要的内容

执行摘要并非商业计划的引言或前言，是对整个商业计划高度精练的概述，按照商业计划的组成部分依次提炼后简要描述。

执行摘要一般包括产品或服务的名称及技术或工艺特征、架构特征、所属产业、趋势及特征；项目的市场需求和趋势、营销的基本策略；生产运作的条件和优势；公司的组织和管理；项目的筹资计划、投资可行性和效益评价结果；项目的风险资本退出方式和预计效益；项目的基本结论和建议。如果能够简洁清楚地阐述这些内容，投资者将会更有兴趣读完整篇商业计划。

执行摘要部分应该重点向投资者传达的主要信息：①创业企业或项目的理念是正确的，创业企业在产品、服务或技术等方面具有竞争对手所没有的独特性；②商业机会和发展战略是有科学根据和经过充分考虑的；③企业有管理能力，企业团队是一个坚强有力的领导班子和执行队伍；④创业者清楚地知道进入市场的最佳时机，知道如何进入市场，并且预料到什么时间该适当地退出市场；⑤企业的财务分析是可靠的，投资者不会有损失。

2. 撰写执行摘要的注意事项

在商业计划的撰写过程中，一般在最后完成商业计划的执行摘要部分。由于执行摘要是商业计划的精华，有必要将其放到最后写。这样，在动笔写摘要之前，对整个商业计划会有更清晰准确的理解。在完成对整个商业计划的主体的抛光润色后，再反复阅读主体部分，从中提炼出整个商业计划的精华，然后动笔写执行摘要。撰写时要注意以下几点。

（1）商业计划的摘要部分要有针对性。要有意识地思考：谁会读这个商业计划？这个商业计划是给哪些人看的？在撰写执行摘要时，不要过多地考虑创业者想说什么，而应该着重考虑投资者、阅读者想知道什么，他们会有什么疑惑，他们的兴趣在哪里。一般来说，不同阅读者的兴趣和背景是完全不同的，他们看商业计划的侧重点也各不相同。作为投资者来说一般最关心的是产品或服务的独特优势、市场需求（是否有足够大的市场）、创业团队的素质（是否有经验并能胜任工作）、项目的资金需求和财务分析（是否具有合理性和可行性）、风险、资本退出方式等内容。

要先对投资者进行一番调查研究，在摘要部分突出投资者最感兴趣的方面。另外，由于一项投资通常要由几个人共同决定,因此,在调查投资者情况时要对整个投资机构有一个较为全面的了解,尤其是对有决策权的人要格外关注。

(2) 语言简练,条理清晰,文笔生动。执行摘要需要高度浓缩,不能纠缠于细节,内容不要超过两页,越短越好。投资者通常从摘要中获得的信息来判断是否有继续阅读商业计划的必要,清晰有力的写作获得更好的效果。切忌行文含蓄晦涩,让人难以琢磨。同样的商业计划内容,如果写作风格充满活力、有条理,语言清新简练,可读性强、重点突出,商业计划可能就会被考虑,否则可能被放弃。

(3) 在写作全部完成之后,要反复检查,直到确切无误为止,如果因为一两个错别字而失去重要的机会,会令人后悔不已。必要时,要请融资顾问检查过目,根据修改意见。

7.3.2 企业简介

通过企业简介,可以让投资者对创业企业有一个初步的了解。即使创业企业可能仅仅是一个产品(服务)创意,通过本创业企业的介绍,也会使得投资者或阅读者对企业今后发展情况有了解和把握,对作出投资或参入决策有助益。

如果企业已经建立,那么在这一部分中,应向投资者尽可能简明扼要又全面到位地介绍企业情况,给投资者以尽可能多的企业及所在行业的信息。总之,企业简介应能够描述出企业的发展历史、现在的情况和未来的规划。主要阐述以下内容。

(1) 企业业务和性质。简要介绍公司所从事的主要业务,对相应的产品(服务)作简要描述;另外,简要说明企业的所有制性质和附属关系,例如是股份制还是合伙制。

(2) 企业的发展历史与成绩。主要介绍创业企业经历的各个重要阶段,企业现在所处的发展阶段,取得的成绩,等等。但这部分的介绍要简短切题,不要过长,细节问题将在"和投资者的面谈"中详细说明。还没有成立企业的,可以对创业团队的组成和经历、创意的产生和商业前景等进行简要描述。

(3) 企业发展战略与展望。在此部分一是阐述企业使命、发展愿景以及核心价值观,二是提出企业战略定位与战略目标,在此基础上简要描述企业关键发展阶段。

7.3.3 产品/服务

在企业简介之后,还要将企业的产品/服务或创意进行重点描述。这部分内容应该解释产品/服务提供的价值是什么,以及为什么是独特或有价值的,将来是否具有产生利润的潜力。内容与方法如表7-2所示。

(1) 产品/服务的基本描述。基本描述主要描述产品/服务的名称品牌、外观形状、原理构架、性能特征、功能用途等基本信息。如果不止一种产品,这时需要集中在最重要的产品上,对其他产品只需进行总体上的介绍。另外,如果提供的是服务,需要将服务项目及其内容描述清楚。

(2) 产品/服务的特色优势。特色包括创新性、成本或技术等优势、应用价值等。

为了让投资者对创业企业充满信心,必须证明产品/服务具有创新性,并能指出这种创新的意义及其带来的优势和价值。例如,跟竞争对手的产品/服务相比,与市场上的替代产品相比,企业的产品/服务有哪些优势?哪些方面或部分能给顾客带来额外的价值?

需要注意的是,企业的独特性可以表现在很多方面,例如技术、管理队伍、产品/服务等。实际上,有些创业者会在商业计划的执行摘要中对独特性进行重点描述。

(3) 顾客或消费者。要对产品/服务的主要顾客或消费者进行详细说明。例如,哪些人会使用该产品/服务?他们使用该产品/服务的目的是什么?为什么他们会购买本企业的产品/服务?市场测试情况与接受度、初步的市场反应如何?

建议用直观的图表等直观形式表达以上内容和信息。

表 7-2 商业计划中产品/服务分析的内容与方法

主要内容	分析描述环节与方法	撰写技巧
产品/服务的基本描述 产品/服务的特色优势 市场调研	对产品/服务进行全面介绍 可以采用 KANO 模型进行产品定位 可以采用 QFD(质量功能展开)法进行产品开发与设计 采用问卷调查法、访谈法、观察法、实验法、试验法等调研方法,分析产品市场前景、用户需求以及竞争情况	突出顾客价值 突出创新 避免只描述技术 善于用成功案例佐证

描述问题举例:
顾客或消费者希望从新产品/服务中得到什么?
同竞争者相比较,本企业的产品/服务的特色优势是什么?企业应该用什么样的方法将这种优势继续保持下去?
企业拥有的专利和许可有哪些?企业为自身产品获取的保护措施有哪些?
新产品/服务是如何获得稳定的客户群的?一旦丢失客户群,企业应该如何应对?
企业的产品/服务的定价,是如何给企业带来长期的利润的?

7.3.4 市场与竞争分析

这部分内容的主要任务是分析创业企业面临的市场与竞争环境,即了解企业将进入的行业和市场状况,从而估计出产品或服务的市场潜力。市场与竞争分析是企业编制商业计划的重要依据,要在充分调研的基础上,对整个产业以及竞争状况进行充分详尽的分析,并在此基础上逐渐形成对企业目标市场的清晰认识,从而可以为企业定位、制定战略提供依据。如表 7-3 所示。

表 7-3 商业计划中市场和竞争分析的内容与方法

主要内容	分析描述环节与方法	撰写技巧/注意要点
产业/行业分析 目标市场/目标顾客分析 竞争分析	可以运用 PEST 分析法进行宏观政治政策、经济、社会文化以及技术等宏观环境分析 可以运用战略集团法、波特五力竞争模型进行行业竞争格局分析 价值链分析法、BCG 矩阵法等分析评价方法进行企业内部条件分析 结合上述方法,运用 SWOT 分析,判断外部机会与威胁、自身优势与弱点,明确自身特色优势以及预期效果 可运用 STP 分析,进行市场分析,包括市场细分和目标市场定位 可以采用 QFD(质量功能展开)法进行竞品分析、产品特色优势定位	展示竞争者、供应商、销售渠道和顾客等经济主体的经营概况,揭示这些市场主体之间的经济关系和布局 用实际数据向投资者展示企业目标市场的大小及其走势,可结合目标市场的每个细分市场进行说明 目标市场不要太小,否则投资者会对产品/服务的市场前景产生疑虑 如果企业已经掌握了一些订单或合作意向书,可以直接出示给投资者

(续)

产业/行业分析问题举例： 该行业目前处于萌芽期、成长期，还是成熟期？发展到了什么程度？销售的总额是多少？总的收入如何？ 该行业未来的发展趋势是什么？ 影响行业的关键因素，比如关于该行业的国家政策、社会文化、竞争者的基本情况以及行业壁垒等是怎样的？ 该行业全部的经济主体概况。竞争者、消费者、供应商以及销售渠道等的大致情况如何？
目标市场/目标顾客问题举例： 你所划分的细分市场是什么？市场规模与发展趋势如何？ 你拥有的市场份额有多大？ 你的目标客户群是哪些人或哪一类人？其需求是什么？ 目标市场的需求痛点或空白点是什么？
竞争分析问题举例： 本企业竞争对手有哪些？本企业主要的竞争对手有哪些？本企业最大的竞争对手是谁？ 本企业竞争对手的优势是什么？竞争对手行动或战略动向如何？ 在竞争中，本企业具有的优势和不足有哪些？ 本企业是不是能承受住竞争带来的种种压力？ 在未来的竞争中，本企业会采用何种策略去应对竞争？

对于这部分内容的思考必须清楚，否则商业计划很可能经不起投资者的推敲和市场的检验。可以从三个方面进行阐述：整个市场的大小和市场走势、创业企业的目标顾客群体、企业面临的竞争态势。有些商业计划的市场分析部分还对企业预期达到的销售业绩进行描述，本书将销售业绩预期放在营销计划部分进行讲述。

1. 产业/行业分析

产业/行业分析主要是对目标产业/行业存在机会的描述。

（1）描述展示所要进入的产业/行业的市场机会。包括产业/行业的发展历史、现状和未来发展趋势。产业/行业分析要重点说明影响行业发展的关键性因素，包括诸如技术进步、宏观环境、政府政策、社会文化、市场需求等方面的因素，结合这些因素来说明产业/行业未来的预期。这一点可以采用 PEST 分析法与 SWOT 法相结合进行分析。

（2）描述展示所要进入产业/行业的市场潜力、市场走向、产业/行业是如何细分的，以及自身的产品或服务瞄准哪个特定的市场。

除了描述产业/行业规模，还要分析阐述产业/行业结构，即一个产业/行业的聚合或分散程度。

另外，必要时也可以进行产业/行业趋势分析，包括环境趋势和商业趋势。环境趋势主要有经济趋势、社会文化发展趋势、技术发展趋势以及政策趋势。商业趋势包括产业/行业内的盈利率、投入成本等方面。在产业/行业分析的结尾，应当有一个对该产业/行业长期预测的简要陈述。

重点是分析描述市场的前景。投资者不会依据一个简单的数字就作出投资的计划。创业企业只有对将要进入的产业/行业和市场进行充分分析，才能准确地估计出产品（服务）所具有的真正潜力，才有助于投资者作出正确的判断。

要用具体的数据说明整个市场的状况，包括现状和对未来的预期。需要展示的数据有：行业的销售量和对未来 5 年销售量的预期，行业的总收入和对未来 5 年总收入的预期，行业的平均回报率和对未来5年平均回报率的预期，等等。有些数据必须通过实地调研才能得到，有很多可以利用的资源，包括：①行业刊物，包括现有的报纸、期刊、市场研究、专著等；②贸易团体和政府机构，例如统计局、专利局或者当地的商会；③商业机构和专业服务，例如银行、数据库、研究机构、互联网等。

2. 目标市场/目标顾客分析

商业计划应清楚地告诉投资者企业的产品/服务将"卖给谁"，说清楚产品/服务现在的顾客和潜在的顾客。换句话说，确定"目标市场"，这是制订营销计划的依据。需要说明的是，确定"目标市场"不等于进入市场。而且，预期中的目标市场一般只是其中的份额而已。具体包括以下两方面。

（1）做好市场细分工作。在市场分析中，创业者首先要细分市场，如根据地理、人口、消费者的经历和偏好等因素进行细分，了解和分析每个细分市场的特点。需要提供研究数据进而支持商业计划项目在人口统计特征、消费心理、市场潜力、网站分析和购买模式方面等方面的设想和预期。

（2）详细定义企业的目标市场，明确市场定位。在市场细分基础上，要确定创业企业的目标市场/目标顾客，根据产品/服务的特性和企业的情况在细分市场中选择一个或几个目标市场，预测目标市场前景。然后，根据目标市场分析，结合企业的目标、产品、优势、劣势、竞争者的战略等因素，合理确立创业项目的市场定位。阅读者必须清楚地知道，你的产品或服务将如何在市场上夺取独特的位置，顾客为什么会愿意并购买本企业的产品/服务。

上述市场分析的这种方法被称为STP分析，即市场细分（Segmenting）、选择目标市场（Targeting）和产品定位（Positioning）。有关市场细分的方法和工具可以查阅专门的营销教材，也可以求助于营销专家。

3. 竞争分析

对竞争产品和竞争对手进行描述和分析，是商业计划中非常关键的内容，要求在竞争分析部分提供全面深入的说明。

创业过程中会遇到来自多方面的竞争。首先，创业者必须了解和描述市场竞争的全貌；其次，在此基础上，认真分析竞争对手在产品开发、销售、技术、质量、价格等各个方面的情况，在与竞争对手的分析对比中，知己知彼，从而制定合理的竞争策略。包括以下几方面。

（1）描述结构行业竞争规模与分析。列出竞争对手的规模，并按照不同角度进行分类，从而画出行业竞争格局，便于对自己进行定位。这一点可以采用"战略集团法"进行分析，也可采用"波特五力竞争模型"进行分析描述。前者主要将一个行业中相互竞争或合作的企业按照战略地位与战略行动的相似性进行分类，从而判断行业的内部结构和竞争环境。后者则是对行业中的5种主要竞争来源的分析，即通过对现有竞争者之间的竞争、供应商的议价能力、买方的议价能力、新进入者的威胁、替代产品或服务的威胁五个方面的分析，判断行业竞争状况与特点。两种方法可以结合使用，既可以深化对行业内部结构与行业生态的认识，又可以分析与预测行业的发展趋势与整体的盈利水平。

（2）调查分析竞争能力调查，把握竞争对手的优势和劣势。竞争力调查包括：将产品的质量和价格与市场上的其他产品进行比较，将产品性能和其他产品进行比较，还要将企业的生产水平和经营特点与竞争对手进行比较——生产规模、产量、设备、技术力量、销售利润、价格、竞争战略、推销方式和售后服务等方面的特点。

（3）主要竞争者分析。将竞争的范围缩小，锁定几个主要的竞争对手进行比较，充分掌握企业自身的优势和劣势。可以通过图表的形式，按照竞争力调查中列出的主要内容进行描述和比较。要让投资者确信，创业企业的竞争战略是合理的，创业企业具有足够的竞争优势应对市场竞争。

以上有关产业/行业、目标市场、竞争等外部环境的分析，既要抓住外界的机会，也要认识到外界的威胁。然后通过内部环境分析帮助企业识别自身的优势和劣势，从而有助于评估企业是否具备完成当前目标和未来目标的能力。这种分析方法称为 SWOT 分析，即分析内外部环境中存在的优势（Strength）与劣势（Weakness）、机遇（Opportunity）与威胁（Threat）。通过内外部环境的 SWOT 分析，可以帮助创业企业定位自身特色、确立竞争优势。

阅读材料 7-5

惠优卡玩转"互联网+"新模式，深度满足车主加油需求

杭州惠优品网络科技有限公司旗下项目"惠优卡"创新推出的加快油代充服务项目就是加油站+互联网的代表性成果。这一服务的推出，深受广大用户的喜爱。据悉，公司运用"互联网+消费+卡券"新模式，以"消费折扣+便捷服务"为宗旨，为用户打造了"交易卡券，安心无忧"的生活服务体验。"惠优卡"作为面向全国的互联网卡券类在线交易服务平台，可为全国中石化、中石油油卡用户提供实惠便捷的加油卡充值服务，有效帮助车主节约出行成本。

事实上，车主本身一年的油钱就不少，若没有丰富的优惠活动就更容易提高车主的加油成本。另外，互联网的渗透已经基本成熟和完善，只有把加油站与互联网融合才能更好地为用户提供服务，而在这样的背景下，惠优卡作为可以为大家提供加油卡代充服务的卡券平台，能让车主不再为加油烦恼，有效缓解加油难、难加油、加油贵的困境。

据悉，惠优卡的加油服务产品具有多种优势：其一，它的加油优惠大，加油卡充值折扣最大能低至 6.9 折，且支持全国中石化/中石油用户；其二，期限多样，拥有 3 个月、8 个月、13 个月、24 个月等不同类型的加油套餐；其三，资金安全有保障，平台采用阿里云存储信息加密严格保障交易数据安全；其四，操作简单便捷。

作为互联网时代的产物，惠优卡能打造满足广大用户生活所需的服务需求，就加油卡代充服务而言，其未来的市场前景必将更好，也将受到越来越多的用户的青睐。

（资料来源：http://www.ceweekly.cn/2019/0111/246381.shtml.）

7.3.5 管理团队和组织

人是创业中最重要的因素，人的素质是投资者在决定风险投资时考虑的首要因素。在商业计划中，要对管理团队特别地关注，清楚地阐述四方面内容：一是创业企业中的关键管理人员情况；二是创业企业的组织结构和组织模式；三是创业企业对管理团队的激励约束机制；四是创业所需要的支持和服务，主要是咨询顾问方面的支持。

1. 管理团队

应展示的情况包括：列出组成管理团队的关键人员的名单和基本信息（包括每个成员的教育背景、工作经历、工作业绩、商业技能、领导能力和个人品质等），并说明责任划分；展示团队成员的创业经历和在管理方面的业绩与成就、优秀品质和职业道德；证明这些关键成员是成功人士，充分向投资者展示他们完成自身角色的能力，团队成员之间的团结和相互支持，爱岗、敬业、勤奋和他们对企业的忠诚度等，尤其是创业者/团队坚韧不拔的品质。有时候也可以适当介绍关键员工，但不要过于琐细，因为投资者不会关注一个没有影响力的成员。

2. 组织模式和组织结构

需要向投资者展示企业的组织结构，附上企业的组织结构图，让投资者有依据来考察组织结构和模式是否合理；还需要说明企业的性质和所属关系，例如是独资还是合伙；另外，对董事会的设置、规模和成员背景，也要进行相应的说明，并阐述其权利和义务。

3. 激励约束机制

创业企业所采取的激励约束机制也是投资者所关心的问题，这里的激励约束机制不仅仅是针对管理层的。在商业计划中应该对相关内容进行展示，包括激励制度、奖惩分配、劳动工资制度等。也可以结合企业文化阐述企业激励约束机制。有的商业计划还会提出组织文化。组织文化是组织创始人或团队所宣扬的宗旨、理念和信仰，可以通过设计标语、口号、标志、形象、仪式、故事等形式来展现组织的价值观和信念。总之，要让投资者确信，激励约束机制能够保证管理队伍以充分的热情来实现预定的目标。

4. 关键的支持和服务

要提及企业的关键性顾问，如企业拥有财务、公共关系、管理机构和其他方面的顾问在传递着企业的专业化信息，别忘了提醒投资者。这些顾问的良好声誉对创业企业而言，是一笔宝贵的财富。在商业计划中列出为创业企业提供服务的会计师、律师、金融专家及其他相关人士的基本情况、背景资料以及他们将提供的支持和服务，有助于提高投资者对创业企业管理能力的信心。

管理团队与组织分析的内容与方法如表 7-4 所示。

表 7-4　商业计划中管理团队与组织分析的内容与方法

主要内容	分析描述环节与方法	撰写技巧/注意要点
管理团队 组织模式和组织结构 激励约束机制 关键的支持和服务	管理层：主要成员展示，背景，业绩，领导能力描述，具备的创业者素质 公司外脑：本领域的专业顾问团过程、优势，提供的支撑 人力资源管理：人力资源现状、激励约束机制、人才吸收计划等 组织机构与机构设置：组织结构的类型、基本构成（层次、部门、分工等）。	建议通过表格或图表的形式，向投资者展示管理团队在个人知识结构、经验结构、能力结构、动力结构、年龄结构方面的互补性，让投资者感到企业团队不仅人才济济，而且结构合理，在产品设计与开发、财务管理、市场营销等各方面均具有独当一面的能力，足以保证公司以后的成长发展

管理团队问题举例：
该团队及成员是否称职？他们的经历和能力是否同当前的工作要求相符合，能否满足企业发展的需求？
原来成功的经验和业绩如何？
个人特征是不是同现有职务相符合，是否同领导班子其他成员相互配合？
是不是可以对下属工作进行有效指导，是不是有能力激励员工的积极性，将工作效率提高？

(续)

组织结构问题举例: 组织结构中责任是怎样划分的?   主要管理人员,例如经理的职责和权限,由经理负责的员工有哪些?   产品/服务是用什么形式完成的?每个员工或组员负责哪一部分工作?

7.3.6 市场营销

完成行业、市场与竞争状况分析后,如何把创业企业的产品/服务投放市场、完成销售,是商业计划中不可或缺的重要组成部分,也是商业计划最难写的部分之一。它的作用在于让投资者相信创业企业的市场开发与品牌推广能力,从而保障增值与盈利。该计划还可以为企业未来的营销活动提供必要的指导。前面介绍的"市场分析"已经为营销计划的编制提供了重要依据。实际上,营销计划与市场分析密不可分,在商业计划中也可以将市场分析和营销计划融为一体进行阐述。这部分内容包括以下几方面。

1. 总体营销战略

在确定市场营销方案时,要根据细分市场中所选择的目标市场的特点和需求,细化产品或服务定位,制定总体营销战略,包括差异营销战略或无差异营销战略、品牌战略、产品组合战略、长期销售目标与阶段性目标、市场占有率目标等,还要说明营销战略的组织实施以及目标实现的控制工作。

2. 营销组合策略

产品是营销"4P"的第一要素,是通过产品/服务满足顾客的需要并从中获取利润的重要方式。产品战略是整个营销战略的基础。与前文的"产品/服务"部分相比,这部分着重关注产品战略的"营销"方面。

(1) 产品策略。要打造核心(基本效用)、形式(质量、品牌、款式、包装、特色)、延伸(附加服务和价值)三个层次的产品理念和特色定位;要向投资者展示品牌策略。

(2) 定价策略。定价策略是营销计划乃至整个竞争战略中极为重要的组成部分。产品/服务价格将会影响企业在市场上的竞争地位、企业的销售业绩和企业的经济效益。这里虽然将定价策略放在"营销计划"部分,但定价不仅仅是一种营销手段。

一般来说,通过分析影响定价的因素,在此基础上确定产品/服务的价格。这些价格因素可能相互交织在一起,包括:产品/服务的价值和成本,竞争对手的定价策略,市场的供求状况和企业的利润目标。这里需要着重说明的是,企业的主要目标之一是说服投资者向创业企业投资,因此,定价能保证企业将获得令投资者满意的收益。

需要向投资者说明,选择什么定价策略以及依据。如定位高端产品,选择的是撇脂定价策略(高价策略),而不是渗透定价策略(低价策略),其中一个重要依据就是产品/服务定位为高端产品,面对的是高收入阶层的目标顾客。

选择的依据其实还是前面阐述的诸多影响因素,关键在于如何向投资者证明企业的选择是合理的。另外,还可以对一些具体的定价策略进行说明,包括折扣定价、地理定价和心理定价等手段。

（3）渠道策略。渠道策略是产品/服务从创业企业转移到顾客手中的经过途径或通道。需要说明的主要是两个问题：销售渠道的长度和宽度。前者主要说明在产品和顾客之间经过多少环节（一般有代理商、批发商，零售或是直销）。结合创业企业、市场、产品的特征来说明作出这种选择的原因。关于宽度，则要说明企业的市场销售窗口到底有多少，销售点的分布是怎样的以及为什么要这样做。

（4）促销策略。促销就是促进销售。其作用在于企业和顾客之间的信息交流，促进销售或购买行为。主要分为促销战略和促销方式两个层面。在战略层面上，需要从促销的目标、产品的性质、生命周期以及市场等角度进行思考。要清楚地说明向谁促销，如中间商还是最终顾客；根据产品的性质、产品所处的生命周期阶段以及市场特征，应该采取怎样的促销方法，等等。

围绕促销的方式，主要是阐明是采取人员促销，还是求助于推销员或者营销机构；如果产品推销、市场开拓、信息沟通、市场调研或者提供咨询服务采取的是非人员促销方式，那么是否要做广告，用什么方式做广告，是否要做营业推广，如何做推广，是否要通过新闻宣传、展览会或者公益活动进行公关促销，等等。

销售的方式按载体可以分为直销、离线销售、在线销售、微博销售、直接邮寄、电子邮件营销、联合营销、双向营销、扩散性营销等，不同的产品/服务应采取不同销售方式，几种方式可以组合。销售方式按人员还可以分为高层人员销售，公司销售人员销售，代理商销售、零售商销售。

市场营销组合又由 4Ps 发展为 6Ps、10Ps。20 世纪 90 年代，美国市场学家罗伯特·劳特伯恩（Robert Lauterbom）提出了 4C 组合。21 世纪初，美国学者唐·舒尔茨（Don Shultz）提出了基于关系营销的 4R 组合。

市场和竞争分析的内容与方法如表 7-5 所示。

表 7-5 商业计划中市场和竞争分析的内容与方法

主要内容	分析描述环节与方法	撰写技巧
营销战略与实施 营销策略与实施	产品生命周期分析法 产品组合策略分析：主要是企业将经营的产品类别，有多少产品线，产品线内又有多少组产品项目，各种产品在功能、生产和销售方面的相互联系是否紧密等。在营销学中这些被称为产品组合的宽度和深度 三种不同的定价方法：成本导向定价法、需求导向的定价方法、竞争导向的定价方法 营销组合策略：4P 营销组合策略。4C 组合：顾客（Customer）、成本（Cost）、便利（Convenience）、沟通（Communication） 4R 组合：关联（Relevance）、反应（Response）、关系（Relationship）和回报（Return）	可以通过图表或数据的形式展示这些描述和结果 要向投资者展示企业预期几年内的销售目标，这个目标应该符合市场和创业企业的实际，以及实施关键措施 在有的商业计划中，实施部分是直接融入各分战略中进行说明的 在产品战略中，还要对产品的开发进行相应的说明，即将采取怎样的新产品开发方式，符合企业自身的实力和经济效益的。有的商业计划把产品组合与开发在产品/服务部分描述，或企业发展战略中描述

7.3.7 运营与研发

创业企业或项目运营活动虽然不如很多其他部分那么夺目，但它也是商业计划不可或缺的一部分。在这一部分，应尽可能地向投资者展示企业拥有和需要的生产资源有哪些，将怎样安排这些资源进行生产,以及生产目标是什么。但是,需要注意的是不同行业生产与运营描述的重点与内容不同。

如果创业项目属于制造业,生产运营的主要内容包括生产或加工方式、设施选址与布置、工艺选择与设计、生产设备和生产流程、物料需求计划、供应链管理、精益生产、质量管理、库存管理、产品包装与储运、技术提升、成本控制、设备更新和新产品投产计划等。

如果创业项目属于服务业,运营过程中生产、销售和消费是同时进行的,产出没有库存。因此,服务运营中员工的知识、技能、态度等服务规范和能力管理是重要的运营要素。

如果创业项目是"互联网+"创业项目,如建设运营网站、开发运营APP、电子商务等,其运营又有其自身的要求、规范和流程,如网站平台设计、维护与管理等。

关于技术和研发的说明,商业计划中主要介绍研发的投入和要实现的目标。要说明企业有能力将研发结果转化为市场产品并从中获得利润。

运营与研发的内容如表7-6所示。

表7-6 商业计划中运营与研发的内容

主要内容	撰写技巧
运营计划	要向投资者展示已经拥有的资源,这些资源包括原料、厂房、设备、技术、团队和基础设施等。另外,要有企业的生产资源需求计划 在生产过程部分,应首先介绍企业的生产流程,在展示时最好有生产流程图作为辅助说明。在此基础上,集中说明生产的特征和影响生产的关键因素 阐述企业产量与产能计划。首先根据企业市场目标,决定产品的产量目标。同时,还要对生产运营能力计划进行简要描述,给后面企业融资和销售利润描述打下基础
研发计划	要根据未来发展趋势和需要,简单明晰地描绘出在哪些现有技术上进行改善或突破 要向投资者充分地展示企业研发队伍的实力,可以列出技术骨干的背景、经历和成果以及创业企业已有的研发成果等,力求让投资者确信 要向投资者说明为推出产品和服务企业需要进行的研发计划,让投资者确信他们今天的投资是有价值的。包括企业研究开发新产品的时间进度、技术改进或更新换代计划及其成本预算等内容 说明企业将采取哪些措施来保护知识产权,可以求助于咨询顾问完成 由于技术研发是公司未来发展的重要推动力,对于上述各项内容,要在仔细评估自己实力的基础上,给出详细说明

7.3.8 融资与财务分析

融资和财务分析常常被认为是商业计划的核心和灵魂,投资者通过财务计划可以看前述种种内容到这里终将转化为盈利。一方面,通过财务分析进行财务预测,说明融资需求以及用途,以此为依托谈判融资的具体事宜;另一方面,通过财务分析揭示的数据,向投资者展示创业企业未来的财务状况和获利能力。

1. 资金需求与融资计划

在资金需求的基础上可以发展出融资计划,这部分有很大的弹性,很多内容实际上需要在和投资者反复磋商后才能真正确定下来。

(1)预测资金需求。估算创业成本开支,包括购买机器设备、最初的库存和物料、制造和销售开支、长期资产(房屋建筑等)、员工工资等。测定企业开始创建、初建期所需要的资金规模。

(2) 确定资金来源和资金构成。创业者可以利用的资金来源包括：个人，亲属和朋友，非正式的私人投资者，产品/服务的供应商，银行，政府，创业投资机构，等等。资金构成则包括技术入股、创业资本投资入股、管理者出资入股、银行贷款等。由于不同的融资方式所带来的成本和风险不同，在融资的过程中创业者要注意选择恰当的融资结构。

(3) 资金使用计划与融资计划。说明投入资金的用途和使用计划，最后确定融资规划。需要注意的是，企业融资是一个长期的过程，企业在发展的不同阶段资金需求量也不一样。创业者要根据企业的发展目标和战略作出融资的整个规划和阶段计划。

2. 财务预测与财务报表

在编制财务报表的过程中，必须进行准确的财务预测，它是整个财务计划的基础，其重点是预测企业的资金需求和企业未来的盈利情况。在财务计划的最后部分，需要向投资者提供一套财务报表，包括资产负债表、损益表和现金流量表。在制定报表之前，要充分设计、预测、评估和测算财务报表中包含的所有项目。

(1) 财务预测。第一，估算各项成本费用金额与明细。即根据前面部分所作的对研发计划、产品生产运营计划、市场营销计划、销售计划等环节的分析和预测，确切估算出相关项目的成本费用。对一些不明确的成本和费用可以对比经营历史或行业情况进行预测。第二，明确营业收入与销售收入。根据销售计划、产品价格，预测销售收入以及营业收入。第三，预估利润。主要从上述收入中减去各项成本费用、税费及附加，预估可能取得的利润。这里分为毛利和净利润两个重要指标。

在创业融资实务中，财务规划的编制对于企业能否获得投资具有十分重要的影响。在进行财务预测时，务必保证财务分析部分与其他部分保持一致，必要时可以请专业顾问帮助编写或指导。清晰的、精确的、有逻辑的、有根据的财务预测是赢得投资的最重要因素之一。

(2) 编制财务报表。要根据生产运营计划、营销计划的分析和预测，结合市场分析和公司财务环境，做出未来3~5年的企业预计资产负债表、损益表和现金流量表。如果创业企业已经运营了一段时间，应该通过上面的三大财务报表揭示过去3年或经营期内的经营财务情况，这对投资者决策有很大的参考价值。

以上财务分析以及填制财务报表的依据和方法，在各种会计学、财务管理教程中都有详细的介绍，关键是预测要尽量可信。在企业启动的前两年，建议给出以月度为基础的损益表和以季度为基础的资产负债表及现金流量表，其后只需提供年度报表即可。如果商业计划需要提供超过5年的财务预算，可根据需要酌情处理。

融资与财务分析的主要内容如表7-7所示。

表7-7 商业计划中融资与财务分析的主要内容

主要内容	主要问题举例
融资计划	预计的资金需求为多少？ 采用什么样的融资方式？细节问题如何规定？ 创业者期望从投资者那里获得多少投资？企业未来的资本结构如何安排？创业者和投资者双方对企业的所有权如何安排？ 资金将如何使用？如何向投资者披露财务报告？财务报表编制种类及周期如何？ 投资收益将如何安排？ 投资者如何介入企业的经营管理活动？有哪些控制权和决策权？

(续)

主要内容	主要问题举例
财务报表	资产负债表。资产负债表给出了企业资产价值的轮廓，包括现金、应收账款、存货、机器设备、土地等；还揭示了公司所有的债务，包括应付账款、应付票据、应付税款和利息、应付薪水或工资等。资产和负债的差额就是企业资产的净值或权益额 损益表。损益表需要结合营销计划进行。先根据销量预期和定价确定销售收入，而后要计算企业产品/服务的销售成本和所有预计的固定间接费用；总收入减去总成本就是净收入或净亏损，还有利税等因素 现金流量表。现金流量表揭示了企业财务状况的变动，主要记录由企业的经营活动、投资活动、筹资活动等产生的现金流量。现金流量总额是揭示企业经营业务是否成功的关键指标之一

阅读材料 7-6

利润表样表如表7-8所示。

表 7-8 利润表

公司名称：　　　　　　　　　　　年　月　日　　　　　　　　　　　单位：元

项　目	本月金额	本年累计金额
一、**主营业务收入**		
减：主营业务成本		
主营业务税金及附加		
二、**主营业务利润**		
加：其他业务利润		
减：营业费用		
管理费用		
财务费用		
三、**营业利润**		
加：投资收益		
补贴收入		
营业外收入		
减：营业外支出		
加：以前年度损益调整		
四、**利润总额**		
减：所得税		
少数股东损益		
五、**净利润**		

单位负责人：　　　　　　　财务负责人：　　　　　　　制表人：

7.3.9 风险分析

创业的高风险是众所周知的，投资者在向创业企业投资前总是希望尽可能多地弄清企业可能面临的风险、风险的大小程度以及将如何降低或防范风险、增加收益等。成功地消除和减轻投资者的顾虑，将有助于获得投资者的青睐。

1. 风险来源

企业将面临的各种风险要素以及风险的大小程度，不同企业有各自不同的情形和各自不同的风险。风险要素一般可以分为政策风险、市场及营销风险、技术研发风险、产品生产或服务运营风险、管理风险、财务风险等多个方面。注意，不要为了获得投资而故意人为地缩小或隐瞒风险因素，因为这只会令投资者对企业产生不信任。

创业一般面临的风险来源具体体现在以下几点。

（1）经营期限短。这是大多数创业企业面临的一种情形。主要是企业刚刚成立，或者才组建不久。经营历史短实际是要与投资者重点讨论的主要风险问题，企业的各种风险几乎都与此有关。

（2）管理经验不足。管理团队很年轻，或者只能算是这个行业的新手，经验、能力等诸多因素将为投资者所关注。

（3）资源不足。创业企业如果不能获得一定的资源支持，那么可能会缺乏足够的资源来维持长久经营，这是一个需要提及的潜在风险。

（4）市场风险。市场环境的不确定性是投资者关注的又一个焦点。政府的行业政策到底怎样？市场需求会因为哪些因素而变动？这些因素可控吗？竞争中会出现哪些不期的因素？诸如此类的问题，都要在商业计划书中作出明确的回答。

（5）生产风险。生产中也存在着很多不确定因素，尤其是新创企业。例如，创业活动是基于一项技术创新时，从技术、研发到最后产品出炉的整个过程中，就存在很多风险因素。

（6）财务风险。对财务风险的说明可以作为对财务计划的一种补充。需要对财务风险进行细致分析。财务状况是否脆弱？现金流能否维持企业的正常经营和发展？企业的各项重要财务指标是否正常？

（7）对核心人物的依赖。很多创业企业的价值是依附于企业的核心人物而存在的。这就得向投资者解释清楚，一个核心人物离开企业，将会给企业带来什么影响？企业核心人物如果离开，谁来替代他？

（8）其他来源。必须指出企业可能出现问题的其他地方，尽可能客观地向投资者说明企业面临的风险因素。实际上，投资者往往都会希望企业站在投资者的角度，以投资者的身份来看待企业的经营情况。

2. 风险控制

投资者会担心自己的投资是否会因为风险因素遭到损失，要想融资成功，就要说明企业将怎样对这些风险因素实施控制，证明创业企业具有较强的抗风险能力。

7.3.10 退出策略

虽然决定是否投资的主要因素是创业机会、市场前景和团队等诸多因素，但是投资者对创业投资的退出制度也是极为关注的，在商业计划撰写中，应该考虑适当的退出路径。

常见的创业投资退出方式主要包括公开上市、兼并收购和回购等方式。创业者应该对三种退出方式的可能性进行可信的预测，同时要让投资者清楚投资的回报情况。

（1）公开上市。上市后公众会购买企业股份，风险投资者持有的部分或全部股份，就可以卖出。目前这条退出途径在国内因法律和股市不完全的因素而很不畅通。

（2）回购。可以给投资者提供一种"偿付安排"。在偿付安排中，投资者会要求企业根据预定的条件回购投资者手中的权益。

（3）兼并收购。可以把企业出售给大公司或者大集团。采用这种方式时，一定要提供几家对本企业感兴趣并有可能采取收购行动的大集团或大公司。

7.4　商业计划的撰写技巧与展示

7.4.1　商业计划中的一些常见问题

1. 过分强调技术，竞争分析粗糙

技术创业者常常会花太多的篇幅去描述技术的特性，而对市场需求、投资者所关注的投资回报和风险分析过于简略，因而，商业计划变成了技术可行性报告。

创业者缺乏市场调研和分析，未对竞争对手和竞争态势给予细致的调查与分析，或者不知道如何开展调研。因此，市场定位不清晰，创业者不太清楚谁最有可能成为企业最初的顾客，也不清楚自己的创业企业如何区别于竞争对手，有的甚至不知道市场上已经有很多企业在做类似的事情。

2. 仅分析整体市场，忽略细分市场

商业计划中最常见的是用大量分析描述行业、整体市场容量，忽略细分行业、市场的论述，或者用其他地区代替本地区等假借概念的错误。例如，本章提供的实训案例中，项目团队用整个软件市场分析代替了有关教育软件以及管理软件等细分市场的分析等等。之所以这样做，除有细分行业数据不容易收集的原因外，显而易见，整体行业或者发达地区的规模数据要比子行业或其他地区大很多，也好看得多。但这种处理手法给投资人的印象有可能很不好，而且这部分内容一般是放在商业计划比较靠前的位置，投资人在无法找到自己所需要的可信行业分析数据时，很可能因为手中项目太多而放弃继续读下去。

3. 低估竞争，高估市场与回报

商业计划的收益预测部分往往是"水分"最大的地方，甚至与商业计划前面各部分规划与描述脱节。商业计划中的收益预测通常超过实际可达目标值的一倍以上，有些更高达两三倍。融资方自己作出的收益预测往往离实际情况很远，创业者的预测高估程度超过已有该行业经历的企业。

高估收益往往也和行业分析不足有关。很多商业计划在预测收益时，只是简单地将行业总量数据乘以一个比例，例如理想中的市场占有率。但总量数据本身就超过细分行业数据时，再加上对市场的过分乐观，就更容易导致预测的高估。

在常见的商业计划里，收益预测部分往往是最简略的部分，很多只是一张简单的两三行的报表，未提供预测的假设条件或依据，年度间的增长似乎也是按照简单的增长率计算的。这样的收益预测既无法令投资方信服，也无法依此计算投入和回报。

4. 缺乏预测报表建立的依据，文字内容与财务描述缺乏逻辑关系

投资者对商业计划的反应，最终将聚焦在财务阐述上。商业计划上所有的文字描述，必须支撑财务阐述；财务阐述中的数据，要很好地在商业计划中各部分文字描述中找到依据。注意与财务阐述无关的内容，尽量少写，使内容更精简。

5. 对风险及相应对策考虑不足

由于市场分析不合理，加上创业者过于乐观，对风险及相应对策考虑不足，不进行最好、最坏和最可能发生的情况的预判与思考，创业者就无法在合理的假设前提下进行财务分析，商业计划的财务分析常常显得过于乐观，造成后续财务安排不合理。很多创业机会受相关的国家政策影响很大，不同的政策从呼之欲出到正式推出，再到实际落地执行，推进速度快慢不同，有的创业者对国家的相关政策了解不够，对政策的推出或变化的预判不够，导致他们对创业的时机和节奏把握得不够好。

6. 没有投资退出方式的考虑

对于投资者来说，无论是股权投资还是债权融资，目的只有一个，就是在某个时间段内要保本并达到期望的赢利水平。投资人并不会永远与企业捆绑在一起的，甚至从本质上讲，投资就是为了成功地退出，而且退出越快越可以提高资金使用效率并产生更大的增值。没有提出明确的投资退出方式和期限的项目计划书，被认为是不完整的，就像一篇文章少了结尾，是不合格的。

一般来说，为了使公司值得信赖，争取到投资方的资金支持，要在可靠的市场增长预测数的基础上，估算出企业在若干年后的价值，并选择对投资人最有利而各利益相关方都能接受的方式，如上市、回购、再出售等让投资人获利后退出本金。甚至在最保守的情况下，还要考虑公司清盘时给投资人带来的可能损失和补救办法。

7.4.2 商业计划的撰写技巧

根据撰写商业计划的原则和要求，创业者在撰写商业计划的过程中，应该注意以下四个方面的技巧。

第一，确定总体方案。全面考虑各方面影响因素，做好商业计划撰写的前期准备工作，使商业计划的撰写过程得以顺利开展。制订工作计划是完成商业计划的第一步，进行必要的筹划，不但能够大幅度提高商业计划的撰写效率，而且也有助于商业计划撰写人员之间的相互协作，明确每个成员自己的职责和任务。

第二，根据需要进行设问。在具体撰写商业计划并阐述某一议题时，可以从消费者、用户、投资者、竞争者、管制者、创业者等角度以设问的方式使问题具体化。通过设置问题来发现和解决商业计划中的不足之处。

第三，始终瞄准最终产品/服务。创业企业的最终产品/服务价值是企业价值的基础，企业生产过程其实就是价值的创造过程，在商业计划的撰写过程中应该牢记此项目标，并经常进行价值评估。

第四，团队合作，寻求外部资源。组成商业计划撰写小组，小组成员之间经常互相交流写作技能以及关于创业企业的背景资料。同时，应该与外部的顾问进行密切的联系，在撰写过程中得到他们的及时帮助与指导。

第五，不断检查修正。写好商业计划的秘诀还在于不断的修改完善，而且在修改过程中应该认真征求专业人士的意见以增强计划的可读性和规范性。

7.4.3 商业计划的展示

一般来讲，口头陈述只需使用 10~15 张幻灯片。

（1）公司：用 1 张幻灯片迅速说明企业概况和目标市场。

（2）机会（尚待解决的问题和未满足的需求）：这是陈述的核心内容，一般占用 2~3 张幻灯片。

（3）解决方式：解释企业将如何解决问题或如何满足需求，该项内容需要 1~2 张幻灯片。

（4）管理团队优势：用 1~2 张幻灯片简要介绍每个管理者的资格。

（5）知识产权：用 1 张幻灯片介绍企业已有的或待批准的知识产权。

（6）产业、目标市场和竞争者：用 2~3 张幻灯片简要介绍企业即将进入的产业、目标市场及直接和间接竞争者，并详细介绍企业如何与目标市场中的现有企业竞争。

（7）财务：简要陈述财务问题。强调企业何时能盈利，为此需要多少资本，以及何时现金流能够持平。这最好只占用 2~3 张幻灯片。

（8）需求、回购和退出战略：用 1 张幻灯片说明需要的资金数目及设想的退出战略。

需要注意的是，上述商业计划陈述是以 PPT 作为表达工具与载体，实际中陈述商业计划也可以采用视频、现场等多种形式和手段增加说服力。另外还要注意项目的要求规则和条件。

【本章小结】

商业计划既是对创业的指引，也是对创业机会识别和开发的再论证。商业计划是一种书面文件，它解释了创业者的愿景，以及愿景如何被转变为一家盈利的、可持续发展的企业。

商业计划主要内容包括：执行摘要；愿景、使命与核心价值观；市场营销分析；竞争分析；开发、生产和选址；管理团队；财务部分；风险因素；收获或退出；时间表和里程碑；附录。

商业计划必须一开始就吸引人，管理团队以及市场机会的价值以及竞争优势是关键内容。可以阐明项目已经打下的基础、取得的成绩、成长过程的里程碑、今后的发展规划以及阶段时间表。

【思考题】

1. 什么是商业计划？新创企业撰写商业计划的两个主要原因是什么？谁会阅读商业计划？他们希望看到什么？商业计划的主要有哪些内容？

2. 一般认为，商业计划撰写过程的重要性不亚于计划本身，对新创企业的高层管理团队更是如此。你如何理解这一点？

3. 如果投资者认为商业计划是基于估计和预测而不是认真分析和事实，他们一般会作出何种反应？

4. 在商业计划起始部分的执行摘要为什么如此重要？它的主要内容是什么？注意哪些要点？为什么最后才撰写执行总结要？

5. 商业计划中的产业分析部分与市场分析部分有何差异？

6. 如果你正着手开发一种全新产品或服务，关于开发活动状况的哪类信息应该包含进商业计划中？

7. 历史财务报表和预计财务报表之间的差异是什么?什么是资金来源与运用说明?为什么在商业计划的财务部分中说明这一点很重要?

8. 在商业计划中全面揭示和讨论潜在的风险因素会阻碍还是有利于投资者提供金融支持?

【案例分析实训】

本团队开发的"高校可视化教师发展与管理系统"是面向高校教师发展与管理,以定制式产品解决方案为经营理念,提供教师发展与管理多元化数据信息、可视化教师队伍与教师个体发展画像、教师发展数据挖掘等基本系统功能与定制式功能,为高校整体与各部门的发展规划制定、政策制度制定、教师队伍建设与人力资源管理、教师个人发展定位等方面提供全面、系统、深入的参考依据与决策支持,实现教师发展与管理系统价值最大化。

本项目针对目前高校及其他各类教育组织的教师信息管理所存在的数据共享性差、系统功能单一、信息管理系统建设不完备的现状与需求痛点,致力于为高校提供多功能性、系统性、可视化、科学化的教师发展与管理系统。

一、市场分析与竞争分析

(一)市场分析

1. 行业发展与市场规模

21世纪的两大主要特征是信息化和全球化,自2000年以来,国务院和国家各部委相继出台了一系列政策法规,主要目的就是加强软件政策体系建设和促进我国软件产业的发展。2011年年初,国务院印发《进一步鼓励软件产业和集成电路产业发展若干政策》的通知(国发〔2011〕4号),在财税政策、投融资政策、研究开发政策、进出口政策、人才政策、知识产权政策、市场政策等方面对软件行业加大了支持力度。另外,我国政府采购政策也进一步向国内软件行业倾斜。

2009年至2017年间,中国软件行业市场总量保持快速增长的趋势,中华人民共和国工业和信息化部对2009—2017年全国软件行业的核实统计数据中显示,截至2017年,我国软件行业年收入已达到55 037亿元。详见图7-2所示。

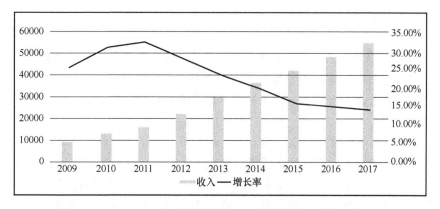

图7-2　2009—2017年软件行业收入、增长趋势(单位:亿元)

由图7-2不难发现软件行业在近10年收入都是在稳步增长,软件产业已成为我国及世界各国的国家战略性新兴产业,是国民经济和社会信息化的重要基础,未来发展空间巨大。

(1)教育行业:一条十年的投资赛道。在国家大力支持下,随着人们对教育需求的不断增加，教育行业发展迅猛，市场规模持续扩大。根据腾讯教育和中国统计年鉴等的数据，中国教育产业 2015 年市场规模约 6.8 万亿元，拥有海量的市场空间，其中政府经费、社会投资、城镇和农村家庭支出分别约 3.3 万亿元、0.65 万亿元、1.8 万亿元和 1.1 万亿元，2017 年市场规模将约为 9 万亿元，3 年 CAGR 为 14.5%。

教育行业拥有众多细分行业，且竞争格局高度分散，所以教育行业龙头上市公司的发展战略均以"内生专注主业+外延兼并收购"为主。

（2）教育信息化市场机遇巨大、增长快速。近年来我国财政性教育经费支出占 GDP 的比重不断提高，从 2005 年的 2.82% 增长到 2014 年的 4.15%，其中教育信息化投入资金增长明显。教育部印发《教育信息化"十三五"规划》的通知中指出：深入推进管理信息化，从服务教育管理拓展为全面提升教育治理能力：①建成覆盖各级教育行政部门、全国各级各类学校和相关教育机构的国家教育管理信息化体系，实现教育基础数据的"伴随式收集"和全国互通共享。②要推动管理信息化与教育教学创新的深度融合，在提高教育管理效能的基础上，实现决策支持科学化、管理过程精细化、教学分析即时化，充分释放教育信息化的潜能，系统发挥信息化在政府职能转变、教育管理方式重构、教育管理流程再造中的作用，促进政府教育决策、管理和公共服务水平显著提高，推动教育治理能力的现代化。

2. 我国教师管理信息化行业现状与存在问题

我国教育组织信息化建设至今已有二三十年时间，在这期间，学校信息化从单机应用系统辅助教学管理到各个职能管理系统的普遍应用，从信息中心建设到全面集成的数字化校园网络，信息化在给学校管理带来深刻变化的同时也积累了海量的数据。但是，也存在市场需求痛点，主要有以下几点。

（1）各职能子系统单独开发，独立运行，缺少整体规划；教育资源数据存储在不同系统中，系统之间信息交流不畅，无法实现数据共享，"信息孤岛"现象严重。

（2）信息系统使用仅仅停留在代替手工作业的层面，数据分析及应用很不到位。

（3）大数据分析高附加价值功能没有实现。在教育大数据领域，有两件亟待解决的要事，即学习行为数据分析和管理数据分析。

本项目要实现以下三个目标。

（1）分析学生学习数据，使得个性化学习成为可能，真正做到因材施教。

（2）促进教学创新，提高教学质量。

（3）优化行政管理，实现各个体系互通互联、数据共享。

（二）竞争分析

随着教育改革的不断推进，全国各大高校的各项业务管理工作，正逐步引进信息管理系统作为运营手段。市场上对高校信息管理的需求不断增长，行业内将出现企业跟进，但是发展受限。首先，技术后盾支持不够强大，信息系统平台在特定范围内，创新力较弱；其次，信息系统平台应用广，价格高，信息维护复杂，不能有效地解决广大高等院校对其的依赖。其他品牌的信息平台创新力较强，但是目前仍未有推向市场的相关产品。高校可视化信息平台填补国内市场空白，拥有独立自主知识产权，这将是我国高校教师信息管理向前迈进重要的一步。

我国教育信息化主要聚焦到各类教学组织、各类教育对象的线上线下教育、培训市场及教学产品设计与开发领域。其中2C在线教育市场竞争格局未定，北教成为腾讯智慧校园合作伙伴，2C线下培训市场空间广阔，竞争格局极度分散。

管理软件行业属于朝阳产业的一部分，年收入持续增长，正是蓬勃发展的时期，仍具有较大的发展前景和市场潜力。目前，国内外有众多的企业管理软件企业，例如国外的SAP、QAD等，国内的用友、金蝶、金动力等。各个企业都有各自擅长的领域和不同的特色，但开发高校可视化教师管理系统的企业目前暂时是空白，据资深高校人力资源管理人员的统计，全国不超过10%的高校拥有可视化、统一的教师管理系统。因此，开发高校教师管理信息系统软件是具有十分广阔发展前景的项目。

目前，国内有很多知名软件公司开发了人力资源专项的信息管理系统，如用友公司的HCM人力资本管理平台、金蝶公司的人力资源管理（s-HR）套件等，但是这些公司开发的系统主要是一套服务于企业高层决策、服务于各级部门业务开展和服务于全体员工职业发展的企业级人力资源管理整体解决方案，大多适用于大型企业。其中一些公司也想打造教师信息管理系统，但是所开发的系统针对各职能部门开发的局部部门职能化管理系统，无法形成闭环，割裂式、单一功能的管理系统难以覆盖、满足学校今后教师发展与管理的需求。

二、市场定位

（一）市场细分与目标市场选择

1. 项目的市场细分

（1）按照市场用户组织类型可分为工商企业、金融机构、政府部门、科研院校、职业技能院校、基础教学院校、其他等细分市场。

（2）如果按照教育信息化软件所实现的主要教育功能可分为：教学软件（如实验实训教学软件）、教学管理软件（如本科教务管理系统、研究生教务管理系统）、教师发展与管理系统。

（3）如果按照教育信息化软件所实现的主要功能类型可分为：数据存储型系统、数据整合型系统、数据可视化系统、决策支持型系统。

（4）按照高校建设定位可以将高校划分为：研究型大学（研究、创新型人才培养）、教学研究型大学、教学型大学（应用创新型人才培养）。

2. 本项目目标市场定位

第一，公司发展第一阶段（2018—2019年）定位的目标市场主要是：针对各类高校、职业学校，开发集"数据整合、可视化与决策支持"于一体的教师发展与管理信息系统。

第二，公司发展第二、三阶段（2020—2022年）定位的目标市场主要是：进一步开发扩展市级中小学校市场，为其开发集"数据整合、可视化与决策支持"型）教师发展与管理信息系统；进一步开发拓展政府部门，开发并推广公务员发展可视化与大数据分析系统。

企业主要针对高校客户群体，为高校开发整合性、分析结果可视化、各部门信息闭环式的教师发展与管理系统，根据市场细分选择几种差异化战略，即应用特定的教师可视化管理系统和不同的营销组合对待细分市场。从企业产品现有功能上看，可提供教师基本信息管理、常规教学工作管理、进修情况管理、奖惩信息管理等，实现各部门信息共享化、可视化的目标，符合高校对教师管理系统的功能要求。同时产品的简洁、清晰、易操作的页面也为在高校内部推广降低了成本，提高了工作效率。

(二) 市场定位

企业致力于打造功能齐全、操作便捷、可视化、专业化的高校教师管理系统。

(1) 功能性。该软件系统不同于市面上其他管理系统，不仅拥有其他管理系统的基本性能，还具备其他管理系统不具备的多种功能，囊括了教师日常管理工作的各个方面，是一款全能、高功能性的教师管理系统。

(2) 操作性。与传统的管理系统软件复杂的操作相比，该系统提供了更加简洁、人性化的操作界面，为在高校的内部学习与推广提供了便利，提高推广效率进而提高工作效率。

(3) 可视化。提供教师信息管理可视化是该软件的创新及优势，能为使用者提供更加清晰和快速的分析报告，可以提高高校教师管理的水平。

(4) 专业化。紧贴高校教师管理工作，提供专业化的高校教师可视化管理软件。

三、产品与服务

(一) 产品概述

高校教师信息的规范化、科学化管理是一项重要工作。一个功能齐全、简单易用的信息管理系统不但能有效地减轻学校各类工作人员的工作负担，它的内容对于学校的决策者和管理者来说都至关重要。本项目将从胜任力模型、高校人才测评、基层员工盘点等工作将每一层级的人才库进行衔接，形成人才发展信息库与决策支持库，做好人才培养与储备，不仅支持学校战略快速发展，也为个人发展提供以素质、能力为基准的多维度成长画像与分析报告。

为了实现学校战略规划的全面落地，建立核心人才能力模型，发掘并培养能够帮助学校达成愿景、使命和战略的核心人才，确保组织发展能够充分支撑学校业务战略。"高校可视化教师管理系统"是典型的信息管理系统，其开发主要包括后台数据库的建立与维护、数据分析两个方面。前者要求建立数据一致性和完整性强、数据安全性好的数据库。而后者则要求应用程序功能完备、易使用等特点。

本系统通过对教师团队、教师个人的"教、学、研"等多层面的数据进行整合，并结合可视化与大数据技术的有效利用，提供符合教师职业规划的个性化学习服务；同时也有助于教育和科研机构加快提升科研成果和提高教育质量，确保教师个人、教师团队发展能够充分支撑学校及学院发展战略。

通过提供的一站式大数据分析产品及解决方案可以帮助用户快速搭建大数据分析平台，敏捷制作专属分析报告，并为用户提供灵活的交互式分析操作，在业务协作过程中快速释放数据价值。系统整合教师教学、科研、研学、交流、社会服务、学科与专业贡献等方面数据信息，通过多种形式的基本数据表存放教师信息，用户界面以网页形式出现。

(二) 项目优势

"创成智能时代"项目的价值主要有以下几点。

(1) 打破教学、科研、教学管理等横向及垂直业务系统的壁垒，整合教师发展与管理业务数据，实现数据的综合分析，为学校、学院及教师个人提供发展规划制定与决策支持、激励制度与政策制定参考决策依据、教师队伍建设规划制定与决策支持、教师个人发展方向定位等方面的参考依据与决策支持。

(2) 敏捷的编辑数据报告，灵活的数据分析，美观的可视化展现，充分满足快速分析的所有需求。

（3）高效的大数据处理能力，从容应对历史数据以及迅速增长的增量数据。

（4）轻松集成深度分析算法，帮助用户更加透彻地看懂数据，挖掘人力资源数据价值。

（5）拥有完整的行业解决方案，为用户提供全方位的数据分析、教师发展与管理平台建设咨询服务。

结合上述案例资料，试进行分析思考：

案例纠错：

（1）该创业项目各部分描述是否一致，存在哪些问题？

（2）该创业项目中市场分析是否有缺失？有何问题？

（3）该创业项目中竞争分析存在哪些问题？

（4）该创业项目中产品描述是否详尽、定位是否可靠？

【商业计划书撰写实训】

实训导航：

请组建一个6~7人的团队，结合创业项目，完成以下一个商业计划的撰写训练。之后由各小组进行简要的汇报分享，汇报形式为PPT等多形式的路演展示。

1. 能运用所学原理对商业计划案例问题进行正确分析和拓展，并给出新的思路。

2. 能运用所学原理对一份商业计划案例进行演示，要求逻辑思路清晰，演示文档精美，团队回答问题精准。

实训项目：

请选择一个你熟悉的创业项目，根据商业计划的主要内容和框架，撰写以融资为主要目的的商业计划，探讨融资可行性和可能性。

实训建议：

1. 建议采用小组讨论，现场调查，集思广益。

2. 开展深入调查研究和行业分析，并与有关技术、财会人员等专业领域的人共同讨论研究。

【参考文献】

[1] 巴林杰. 创业计划书 [M]. 陈忠卫，等译. 北京：机械工业出版社，2001.

[2] 张帏，姜彦福. 创业管理学 [M]. 2版. 北京：清华大学出版社，2018.

[3] MITCHELL D W, COLES C Bruckner. The ultimate competitive advan tage of continuing business model innovation [J]. Journal of Business Strategy. 2004, 24 (5). 15-21.

[4] MITCHELL D W, COLES C Bruckner. Business model innovation. Breakthrough Moves [J]. Journal of Business Strategy, 2004 (25): 16-26.

[5] DORF R, BYERS T. Technology Ventures [M]. New York：McGraw-Hill, 2005.

[6] 张玉利，薛红志，陈寒松，等. 创业管理 [M]. 4版. 北京：机械工业出版社，2016.

[7] 张玉利. 创业研究经典文献述评 [M]. 天津：南开大学出版社，2010.

[8] 吴晓义. 创业基础：理论、案例与实训 [M]. 北京：中国人民大学出版社，2014.

[9] 张倩. 浅谈商业计划书 [J]. 特区经济，2005 (7).

[10] 张玉春. 商业计划书写作相关概念论析 [J]. 商场现代化，2007 (24).

[11] 芬奇. 如何撰写商业计划书 [M]. 5版. 邱墨楠, 译. 北京: 中信出版社, 2017.
[12] 吕森林, 申山宏. 创业从一份商业计划书开始 [M]. 北京: 电子工业出版社, 2019.
[13] 国家科技风险开发事业中心. 商业计划书编写指南 [M]. 2版. 北京: 电子工业出版社, 2012.
[14] 何红旗. 从创业筹资到IPO: 企业融资全流程实战解析经济管理教程 [M]. 3版. 北京: 人民邮电出版社, 2018.
[15] 赵灵芝, 等. 最打动投资人的商业计划书 [M]. 北京: 电子工业出版社, 2018.
[16] 哈佛商学院出版公司. 制订商业计划 [M]. 王春颖, 译. 北京: 商务印书馆, 2011.
[17] 邓立治. 商业计划书: 原理、演示与案例 [M]. 北京: 机械工业出版社, 2018.
[18] 小斯蒂芬, 斯皮内利. 创业管理 [M]. 周伟民, 吕长春, 译. 上海: 上海人民出版社, 2005.
[19] 刘萍萍. 风险投资运作机理研究 [M]. 北京: 北京大学出版社, 2011.
[20] 巴斯更. 一本书读懂风险投资 [M]. 王正林, 译. 上海: 上海工业出版社, 2011.

第4部分

开办与管理创业企业

第 8 章
开办新企业

 教学目标

通过本章的学习,了解创业企业的法律组织形式,明晰创业者如何选择具体的企业法律组织形式;掌握如何对新企业进行命名以及新企业选址的主要步骤和策略;掌握新企业登记注册的准备工作和具体注册流程;最后,明确新企业承担社会责任的必要性。

 学习建议

1. 选取与新企业组织形式各类别相对应的企业案例,具体分析各自的优缺点与取得成功或失败的关系。
2. 小组讨论,走访当地创业园区或众创空间,评估该地址对创业者的优劣势。

 基本概念

新企业　自然人　法人　有限责任　无限责任　企业社会责任

 导入案例

创业要注意法律风险

2003年在上海大学读大四时,秦亮通过熟人与中国联通上海分公司一级代理商上海美天通信科工程设备有限公司(简称"上海美天")取得联系,并得知上海美天正准备推广CDMA校园卡业务。秦亮认为可以发动老师同学购买,盈利几乎唾手可得。由于上海美天要求必须同公司签订协议,秦亮和几个同学又发动父母成立公司。耐不住孩子的恳求,三个下岗母亲在经济开发区注册了上海想云科技咨询有限公司(简称"想云公司")。

2003年3月,秦亮和想云公司与上海美天签署了《CDMA校园卡集团用户销售协议书》,约定想云公司在上海大学发展CDMA手机及SIM卡进行捆绑销售,并约定想云公司对校园卡用户资料真实性及履行协议承担保证责任,用户必须凭学生证和教师证购买,一人一台等。如想云公司发展用户不真实,上海美天有权停机,想云公司承担不合格用户的全部欠费。在同学和老师的帮助下,秦亮的生意一下子很红火。秦亮一共发展了4 196个客户,按照与上海美天的协议,秦亮和想云公司可以拿到10万余元的回报。2003年12月,上海美天刚支付给秦亮2万元后,联通公司发现想云公司递交的几百名客户资料虚假,有一部分根本不是校园用户,还有冒用别人身份证的,最终形成了大量欠费。

上海美天为此赔偿联通442户不良用户的欠费52万余元,联通还扣减上海美天406部虚假用户和不良用户的手机补贴款36万余元。上海美天将想云公司及秦亮起诉到法院,要求承担上述赔偿款项，另赔偿上海美天 406 部虚假、不良用户手机的补贴差价 6 万余元及未归还的手机价款 15 万余元和卡款 5 100 元，总计 100 万元左右。

一审法院认定秦亮借用想云公司名义与上海美天签订销售协议，并发动几十名学生、教师发展介绍用户，并无想云公司人员参与，故秦亮与想云公司共同承担 100 万元的赔偿责任。

和秦亮一起操作该业务的虽然还有很多人，但由于与上海美天的协议书上是秦亮的签名和想云公司的公章，秦亮也不想再牵连其他人进来，而想云公司本来就是为创业成立的公司，加上经营亏损，已被吊销营业执照，秦亮成了债务承担人。

秦亮不服判决，他称自己凭肉眼无法辨别证件的真伪，也没想到有人会用假证来蒙混，而业务受理地都有上海美天的工作人员，上海美天也有专门辨识证件真伪的仪器，但是上海美天却要求自己承担所有损失，显然在协议制定上也有失公平，遂上诉到上海二中院要求改判。毕业两年都未找到工作的秦亮因生活困难，向法院申请缓交上诉费，法院予以准许。但是二中院经审理后，维持了原判。秦亮一分钱没挣到，反而背上了 100 多万元的债务。

（资料来源：陈海．大学生创业要注意法律风险［J］．致富时代，2009（9）：50-51.）

现在全社会鼓励大学生创业，但风险不会因为你是大学生就有特别待遇。创业者一定要有法律意识，在签署合同、洽谈业务中请法律顾问或有经验的人士帮助把关，通过规范操作，降低创业风险。因此，创立新企业一定要守法经营，遵守国家法律法规，才可能使企业健康成长。

8.1 新企业属性

作为创业者，要成立一家企业，首先学习有关企业的一些基本知识是非常有必要的。例如企业的基本内涵是什么？为何要成立企业？何时适合成立企业？企业成立的标志是什么？只有清楚了这些有关企业的基本内容，进入企业成立的实质阶段才更有意义。

8.1.1 企业的含义与分类

企业一般是指以营利为目的，以实现投资人、客户、员工、社会大众的利益最大化为使命，运用劳动力、资本、土地、信息技术等各种生产要素向市场提供商品或服务，实行自主经营、自负盈亏、独立核算的具有法人资格的社会经济组织。有关企业的含义十分丰富，不同学科对企业的内涵有着不同的认识：经济学认为，企业是创造经济利润的机器和工具；社会学认为，企业是人的集合；法学认为，企业是一组契约关系；商科和管理学则认为，企业是一类组织、一种商业模式。

在我国，按照投资人的出资方式和责任形式，企业主要存在三大类基本组织形式：独资企业、合伙企业和公司，公司制企业是现代企业中最主要和最典型的组织形式。按照其他标准，企业又可分为其他的形式。例如，按所有制结构可分为全民所有制企业、集体所有制企业、私营企业和外资企业；按规模可分为特大型企业、大型企业、中型企业、小型企业和微型企业；按公司地位和隶属关系类型可分为母公司和子公司；按经济部门可分为农业企业、工业企业和服务企业等。

根据企业的组织形式可以看出，企业并不等同于公司，在《现代汉语词典》中，企业被解释为：从事生产、运输、贸易等经济活动的部门，如工厂、矿山、铁路、公司等。因此，凡是公司均为企业，但企业未必都是公司。公司只是企业的一种组织形态，依照中国法律规定，公司是指有限责任公司和股份有限责任公司，具有企业的所有属性。

阅读材料 8-1

映客奉佑生：从公务员到"直播之王"

直播是近两年中国创业的热门赛道。众多的移动直播平台中，映客是一匹黑马，在短短 6 个月时间内，下载量超过 1 亿，日活跃用户超过 1 000 万，多次在 Appstore 免费榜冲至榜首。

投资人朱啸虎表示，他天使轮投映客，300 万元就拿到 15% 的股权，到了 2016 年年中，映客估值已接近 30 亿人民币，半年间估值提升了 100 倍以上。映客创始人奉佑生出生于 1979 年，是中国最早的一批程序员。毕业后，奉佑生回湖南老家做了两年基层公务员，发现那并非自己想要的生活，最终他选择离开。

2000 年，奉佑生停薪留职前往广州，先后做出了开心听和多米音乐。2014 年，奉佑生意识到直播软件的巨大潜力，在多米音乐内部孵化出了第一个音频直播产品——蜜 live，这是一款服务于海外留学生的音频直播软件，大约有 100 万的用户数。不过在奉佑生看来，100 万远远谈不上用户量。他果断停止了蜜 live 的开发，着手做一个真正的全民生活视频直播软件——映客。2015 年 5 月，映客正式上线。

在奉佑生决定全心全意做映客时，他拿到了老东家多米音乐 500 万元天使投资。2015 年 11 月，映客获得赛富基金领投、金沙江创投、紫辉创投跟投的数千万元的 A 轮投资。

2016 年 1 月，映客获得昆仑万维领投的 8 000 万人民币的 A+ 轮投资，这距离映客拿到 A 轮融资才不到三个月。半年时间，映客连续完成了三轮融资。直播之战尚未结束，映客拥有可观的用户数并勉强盈利。但虚火之下，如何盈利的难题将继续考验奉佑生。

（资料来源：http：//www.sohu.com/a/108845442_362238.）

8.1.2 新企业成立的衡量与界定

创业企业（新企业）是指创业者利用商业机会并通过整合资源所创建的一个新的具有法人资格的实体，它能够提供产品或服务，时间上大体为自成立后至成熟前的早期成长阶段。新企业成立意味着以组织身份参与市场活动，并开始实现创业机会价值。但有关新企业成立的标准目前学术界和实业界并没有统一的界定，根据相关文献整理，目前判断新企业成立标准主要有三个流派：产业组织学派、种群生态学派和劳动力市场参与学派。综合三个流派的观点，一般从三个维度衡量新企业的成立：存在雇佣性质的员工关系、产生第一笔销售、注册登记成合法实体。

此外，管理学研究中，也有部分研究以企业成立的时间作为新企业界定的标准，全球创业观察（GEM）界定的新企业是指成立时间在 42 个月以内的企业；部分学者认为，新企业的跨度长短取决于所处行业、资源等因素，这个时间最短 3~5 年，最长 8~12 年；一部分学者指出，企业成立前 6 年是决定其能否生存的关键时期，因此以 6 年或更短时间界定新企业；也有学者认为，8 年是企业创建后的过渡期，以 8 年为界来界定新企业。

8.1.3 新企业成立的条件和时机

成立新企业需要什么条件以及什么时间成立比较适宜,是创业者普遍关心的问题,但这个问题也没有统一的定论。蒂蒙斯教授在 1999 年提出了包括创业机会、创业团队、创业资源三个核心要素的创业过程模型,三个核心要素构成一个倒立的三角形,相互依存、相互补充。根据蒂蒙斯的观点,创业机会、创业团队、创业资源是创业最核心的三个要素,从这个角度来看,创业者识别出了具有潜力和商业价值的创业机会,组建好了创业团队,并且整合了创业所需要的物质资源,便是成立新企业的最佳时机,但是我们认为这种情况太过理想化。现实中,有的创业者认为只要发现了一个创业机会就可以立刻去注册成立一个新企业,但这样可能过于草率,还没有达到真正成立企业的条件和时机,容易导致创业企业夭折。那创业者究竟何时成立新企业比较理想呢?我们认为,需要综合考虑一定的外部条件和内部条件。外部条件包括:创业者识别出了有利的商业机会并进行了初步的分析评价;具备成立新企业的经济技术等外部环境;有能源和原材料等必要条件等。内部条件包括:创业者具有一定的创业能力和素质;具有成为创业者的动机;具有较小的创业机会成本;已经获得了某种特许权或者已经开发出了能够创造市场的产品;或者成立新企业能够形成某种特有的竞争优势等。

8.2 企业组织形式的选择

从法律组织形式来讲,创业者可以登记注册的经营主体类型有个体工商户、个人独资企业、合伙企业、有限责任公司等。选择企业的组织形式不仅关系到企业注册流程、企业纳税的多少、创业者个人须承担的责任、创业者的融资行为等,也在一定程度上决定了企业未来的走向。

8.2.1 企业组织形式的法律概念

1. 自然人和法人

自然人,顾名思义,就是指在自然条件下诞生的人,是在自然状态之下而作为民事主体存在的人,代表着人格,代表其有权参加民事活动,享有权利并承担义务。所有的公民都是自然人,但并不是所有的自然人都是某一特定国家的公民。公民属于政治学或公法上的概念,具有某一特定国家国籍的自然人叫作公民。例如,我们通常说的 14 亿中国人口,这 14 亿人都是相互独立的自然人。

法人并不是"人"而是组织。法人是具有民事权利能力和民事行为能力,依法独立享有民事权利和承担民事义务的组织。法人具有以下特征。

第一,法人不是"人",是一种社会组织,是一种集合体,是由法律赋予法律人格的组织集合体。这是法人与自然人的根本区别。它可以是个人的集合体,也可以是财产的集合体。不以组织集合体名义出现的民事主体,不能为法人。

第二,依法独立享受民事权利和承担民事义务。它有自己独立的权益,可以自己的名义独立享受权利和承担义务。

第三,独立承担民事责任。可否独立承担民事责任,是区别法人组织和其他组织的重要标志。法人有自己独立支配的财产,它可以以自己的名义、用自己的财产独立承担民事责任。

在中国,法人分为企业法人、机关法人、社会团体法人、事业单位法人;创业者成立的新企业就是上述法人类型中的企业法人(部分公益创业者会成为社会团体或事业单位法人)。

2. 有限责任和无限责任

有限责任指股东仅以自己投入企业的资本对企业债务承担清偿责任,资不抵债的,其多余部分自然免除的责任形式。有限责任制度是社会经济发展的产物,对于近现代公司的发展起着重要的作用,它克服了无限责任公司股东负担的因公司破产而导致个人破产的风险,便于人们投资入股,是广泛募集社会大量资金、兴办大型企业最有效的手段。

公司作为法人,应当以其全部资产承担清偿债务的责任,债权人也有权就公司的全部财产要求清偿债务。在公司的资产不足以清偿全部债务时,公司的债权人不得请求公司的股东承担超过其出资义务的责任,更不得将其债务转换到其他股东身上。

在民法上,任何民事主体(法人与自然人)均应以其全部资产承担清偿债务的责任。公司相对于自然人而言,具有自己的独立财产,并且此种财产与公司成员及创立人(股东)的财产是分开的,所以公司作为独立的民事主体应以自己的独立的全部财产承担清偿债务责任。股东的有限责任就是在这种条件下产生的。

无限责任与有限责任恰恰相反,在无限责任公司中,公司财产与公司成员及创立人(股东)的财产是捆绑在一起的,即当企业的全部财产不足以清偿到期债务时,投资人应以个人的全部财产用于清偿,实际上就是将企业的责任与投资人的责任连为一体。

8.2.2 企业法律组织形式的分类

从法律组织形式来讲,创业者可以登记注册的经营主体类型有个体工商户、个人独资企业、合伙企业、有限责任公司等。

1. 个体工商户

根据《个体工商户条例》,个体工商户是指有经营能力并依照《个体工商户条例》的规定经工商行政管理部门登记,从事工商业经营的公民。个体工商户可以个人经营,也可以家庭经营。

根据《个体工商户登记程序办法》,个体工商户的登记事项包括:经营者姓名和住所(指申请登记为个体工商户的公民姓名及其户籍所在地的详细住址);组成形式(包括个人经营和家庭经营。家庭经营的,参加经营的家庭成员姓名应当同时备案);经营范围(指个体工商户开展经营活动所属的行业类别);经营场所(指个体工商户营业所在地的详细地址);个体工商户使用名称的,名称作为登记事项。

个体工商户组织形式的优点:无须章程、设立灵活、登记手续简单;从事临时经营、季节性经营、流动经营和没有固定门面的摆摊经营,都可以登记为个体工商户;一般是税务机关定税,经营所得只缴个人所得税,不缴企业所得税;不需要会计做账;等等。

个体工商户组织形式的缺点:以个人的所有财产承担无限责任;信用度及知名度比公司低;无法以个体户营业执照的名义对外签合同;不可以做进出口业务;不可以转让、融资、上市和开分支机构;不享受税收优惠政策,等等。

2. 个人独资企业

根据《中华人民共和国个人独资企业法》，个人独资企业是指依照本法在中国境内设立，由一个自然人投资，财产为投资人个人所有，投资人以其个人财产对企业债务承担无限责任的经营实体。这是一种最古老、最简单的企业组织形式。

个人独资企业的设立条件包括：投资人为一个自然人；有合法的企业名称；有投资人申报的出资；有固定的生产经营场所和必要的生产经营条件；有必要的从业人员。

个人独资企业组织形式的优点：企业的建立与解散程序简单；所有者拥有企业控制权，经营管理灵活自由，可以完全根据个人的意志确定经营策略；企业业主自负盈亏和对企业的债务负无限责任成为强硬的预算约束；只需交纳个人所得税，无须双重课税；技术和经营易于保密，等等。

但是，个人独资企业组织形式也有很多缺点：难以筹集大量资金，限制了企业的扩展和大规模经营；创业者对企业负无限责任，风险过大；企业是自然人的企业，企业随创业者退出而消亡，企业连续性差；企业依赖于个人能力；创业者投资的流动性低，等等。

3. 合伙企业

根据《中华人民共和国合伙企业法》，合伙企业是指依法在中国境内设立的由合伙人订立合伙协议，共同出资，合伙经营，共享收益，共担风险，并对合伙企业债务承担无限连带责任的营利性组织。

合伙企业分为两种：普通合伙企业和有限合伙企业。普通合伙企业由普通合伙人组成，合伙人对合伙企业债务承担无限连带责任。有限合伙企业由普通合伙人（General Partner，GP）和有限合伙人（Limited Partner，LP）组成，普通合伙人对合伙企业债务承担无限连带责任，有限合伙人以其认缴的出资额为限对合伙企业债务承担责任。有限合伙企业主要用于风险投资机构，其中由 LP 出资，由 GP 负责管理资金。

如果是两个或两个以上的人共同创业，并且想从事如律师事务所、会计事务所、专利事务所等需要技能和资质的创业项目，可以选择合伙制作为新企业的企业法律形式。

设立普通合伙企业的条件包括：有两个以上合伙人，合伙人为自然人的，应当具有完全民事行为能力；有书面合伙协议；有合伙人认缴或者实际缴付的出资；有合伙企业的名称和生产经营场所；法律、行政法规规定的其他条件。

合伙企业组织形式的优点：合伙企业比较容易设立和解散；主要靠合伙协议，经营较灵活；多人合伙筹集资本，共同偿还债务，企业筹资能力有所提高；可以发挥合伙人在技术、知识产权、技能、土地和资本等方面优势互补的合作，共同出力谋划，集思广益，可提升企业综合竞争力；合伙企业只缴纳个人所得税而不用缴纳企业所得税；等等。

合伙企业组织形式的缺点：普通合伙人承担无限连带责任，增加了风险，限制了企业规模的扩大；合伙人共担责任、风险和收益，增加了搭便车的可能性；合伙人之间较易发生纠纷；企业绩效依赖合伙人的能力；合伙人的投资流动性低，产权转让困难，等等。

4. 有限责任公司

根据《中华人民共和国公司法》（以下简称《公司法》），公司是企业法人，有独立的法人财产，享有法人财产权，以其全部财产对公司的债务承担责任。公司包括有限责任公司和股份有限公司。

设立有限责任公司，应当具备下列条件：股东符合法定人数，即由 50 个以下股东出资设立；有符合公司章程规定的全体股东认缴的出资额；股东共同制定公司章程；有公司名称，建立符合有限责任公司要求的组织机构；有公司住所。

《公司法》第二章第三节还作了一人有限责任公司的特别规定。一人有限责任公司，是指只有一个自然人股东或者一个法人股东的有限责任公司。一人有限责任公司与个人独资企业最大的差别是它是独立法人实体，因此享有法人实体的全部权利，同时承担法人实体的全部义务，例如缴纳企业所得税等。

有限责任公司组织形式的优点：创业股东只承担有限责任，风险小；设立条件低，设立程序简便；股东人数少（50人以下），股权集中，股东凝聚力和责任感强；公司运营成本低，机构精干，经营效率高；公司业务和财务状况无须公开，商业秘密不易泄露；对公司治理结构强制性规定少，章程可以灵活约定事项；公司具有独立寿命，易于存续，等等。

有限责任公司的缺陷主要在于：只以发起人集资方式筹集资金，且人数有限，筹集资金受限，公司发展规模容易受到限制；股东股权的转让受到严格的限制，资本流动性差，不利于用股权转让的方式规避风险；存在双重纳税问题，税收负担较重，等等。

5. 股份有限公司

根据《公司法》，股份有限公司的股东以其认购的股份为限对公司承担责任。

设立股份有限公司，应当具备下列条件：发起人符合法定人数，应当有2人以上、200人以下为发起人，其中须有半数以上的发起人在中国境内有住所；有符合公司章程规定的全体发起人认购的股本总额或者募集的实收股本总额；股份发行、筹办事项符合法律规定；发起人制定公司章程，采用募集方式设立的经创立大会通过；有公司名称，建立符合股份有限公司要求的组织机构；有公司住所。

股份有限公司的设立，可以采取发起设立或者募集设立的方式。发起设立是指由发起人认购公司应发行的全部股份而设立公司。募集设立是指由发起人认购公司应发行股份的一部分，其余股份向社会公开募集或者向特定对象募集而设立公司。

股份有限公司组织形式的优点：创业股东只承担有限责任，风险小；通过发行股票方法向社会公众募集资本，筹资能力强，有利于公司快速成长壮大；财务制度健全规范，有相对完善的公司治理结构，有利于分散投资者的风险；需要披露信息，有利于接受社会监督；股份转让自由，资本流动性强，便于引进战略投资者，实现资源整合；公司具有独立寿命，易于存续，等等。

股份有限公司组织形式的缺点：股份公司的设立条件、设立程序、方式、管理结构和原则、监督体制和财务处理等设立和运行机制比较严格复杂，创立费用高；股份分散、转让自由，中小股东缺乏凝聚力和责任感；大股东持有较多股权，对小股东的保护比较薄弱；公司规模庞大，灵活性差，效率降低；存在双重纳税问题，税收负担较重；等等。

总之，不同的企业法律组织形式各有利弊。

阅读材料 8-2

一人公司股东责任到底有多大？

2009年，甲公司欠付乙宾馆租金、水电费等共计60余万元，经过诉讼，法院判决甲公司偿还上述款项。因甲公司无财产可供执行，乙宾馆认为侯某的个人财产与甲公司的财产混同，故诉至法院，要求判令侯某对于甲公司的债务承担连带责任。侯某答辩称，甲公司有专用银行账户，资金清楚，不存在混同，其不应对公司债务承担连带责任。

一审法院认定，侯某虽提交了甲公司的记账凭证与原始凭证，但其记载内容确有不规范之处。侯某不服，提起上诉。二审法院认为，甲公司拥有独立的账户，侯某提供了自其成为股东以来的全部记账凭证、原始凭证及每年的审计报告，从形式上已经能够证明其个人资产与公司资产相互独立，故撤销一审判决，驳回了乙宾馆的诉讼请求。

为防止一人公司的股东利用公司有限责任规避合同义务，《公司法》第六十三条规定：一人有限责任公司的股东不能证明公司财产独立于股东自己财产的，应对公司债务承担连带责任。根据上述规定，对于一人公司，只要债权人提出公司财产与个人财产混同，股东就需要提交公司账册、记账凭证、原始凭证等证据，证明个人财产与公司财产相互独立，否则就需要对公司债务承担无限连带责任，即采取了举证责任倒置的方式，意在严格规范一人公司的财务制度。但是，如果能够证明不存在混同的，股东仍以其投资额为限承担有限责任。通过这个案件需要提示的是，创业者若准备以一人公司的形式创业，则需注意《公司法》对于一人公司的特殊规定。这意味着一人公司应当更加严格地规范公司财务制度，保证公司账目完整、清晰，并依法进行年度审计，避免因财产混同而承担无限连带责任。

8.2.3 创业者如何选择企业组织形式

由于每种企业组织形式都有自身的优点和缺点，因此创业者必须考虑企业组织形式的法律规定及相互之间的对比，在此基础上甄选出最合适的企业组织形式。通常来说，选择组织形式应考虑以下因素。

（1）行业特点。对于一些特殊的行业，法律规定只能采用特殊的组织形式，如律师事务所只能采用合伙形式而不能采用公司形式。对于银行、保险等行业只能采用公司制。因此，创业者在选择企业的组织形式时首先要考虑行业特点。

（2）创业者的风险承担能力。创业者自身的风险承担能力是创业者必须考虑的因素之一，因为企业组织形式与创业者日后承担的风险息息相关。例如，公司制企业股东仅以出资额为限承担责任，普通合伙制企业、个人独资企业创业者都要承担无限责任。选择后两种企业组织形式，创业者要承担较大风险。

（3）税务因素。由于不同的企业组织形式所缴纳的税不同，因此选择企业组织形式必须考虑税负问题。根据我国税法规定，个人独资企业和合伙企业的生产经营所得计征个人所得税，公司制企业既要缴纳企业所得税，又要在向股东分配利润时为股东代扣代缴个人所得税。因此从税负筹划的角度，选择个人独资企业和合伙企业税负更低。例如，近来非常热门的私募股权基金，由于公司制形式存在双重征税等问题，越来越多的私募股权基金选择了有限合伙制的组织形式。

（4）未来融资需要。如果创业者资金充足，拟从事的事业所需资金需求也不大，则采用合伙制和有限责任公司制均可；如果日后发展业务所需资金规模非常大，建议采取股份有限公司组织形式。

（5）关于经营期限的考量。对于个人独资企业，一旦投资人死亡且无继承人或者继承人决定放弃继承，则企业必须解散；合伙企业由合伙人组成，一旦合伙人死亡，除非不断吸收新的合伙人，否则合伙企业寿命也是有限的。因此，合伙企业和个人独资企业经营期限都不会很长，很难持续发展下去。但公司制企业则不同，除出现法定解散事由或股东决议解散外，原则上公司制企业可以永远存在。

一般来说，对于大多数初创企业，由于个人独资企业和合伙企业风险太大，股份有限公司的门槛要求太高，普遍适合的组织形式是有限公司。当然，各种企业组织形式所需要承担的义务、税收以及对企业控制权是不同的，而且对于创业者来说都是各有利弊，企业组织形式没有最好的，创业者只有对自己的实际需要有充分的了解，才能选择出最合适的企业组织形式。

8.3 新企业选址、取名

8.3.1 新企业选择的步骤和策略

1. 新企业选址的参考因素

创业选址是创业者需要面对的一个难题，对于一些缺乏经验的创业者，对选址工作几乎不知从何入手。其实，创业者不妨将选址的各个方面划分成不同的因素，然后一一加以评定，这样选址工作自然会变得有条不紊了。选址时应该注意的因素可划分为如下三种。

（1）交通因素。无论是服务型企业还是生产型企业，都需要充分考虑便利的交通。例如，在人流、车流量较大的位置开一间快餐店，成功的概率比开在普通地段大得多。当然，并不是所有企业都应该将经营场所选在繁华闹市区。在充分考虑房租成本的前提下，应当尽量选择更接近市场需求，并能有效降低成本的地方。例如，物流公司的选址应倾向于公路主干道附近或者交通枢纽地带。

（2）商圈因素。指要对特定商圈进行特定分析。如车站附近是往来旅客集中的地区，适合发展餐饮、食品、生活用品等行业；商业区是居民购物、聊天、休闲的理想场所，除了适宜开设大型综合商场外，特色鲜明的专卖店也很有市场；影剧院、公园名胜附近，适合经营餐饮、食品、娱乐、生活用品等；在居民区，凡能给家庭生活提供独特服务的生意，都能获得较好发展；在市郊地段，不妨考虑向驾车者提供生活、休息、娱乐和维修车辆等服务。

（3）物业因素。在置地建房或租用店铺前，创业者应首先了解地段或房屋的规划用途与自己的经营项目是否相符，该物业是否有合法权证。该物业的历史、空置待租的原因、坐落地段的声誉与形象、是不是环境污染区、有没有治安问题等都是创业者选择时需要考虑和关注的。创业者在购买或租赁商铺时，还要充分考虑价格因素，包括资金、业务性质、创业成功或失败的安排、物业市场的供求情况、利率趋势等，以免作错误决定，对企业的业务造成不良影响。

2. 新企业选择的步骤

（1）挑地方：确定人潮及流量。首先，必须清楚了解人们要往哪里去，而不只是在哪里，像早餐店要选在上班族走过的地方。可以花一些时间，在感兴趣的目标地区计算上午、下午、晚上各时段的人潮，统计进入附近店铺的人数，看看经过的人当中上班族、学生、家庭主妇的比例，而且至少要在平日和周末各算一次，才能知道人潮确实的分布状况。除了人们往哪里去，还要考虑人们得花多久才会到达你的店面。越便宜的产品，顾客越不愿花时间在交通上。例如，便利店是以3分钟来定义主要商圈的，咖啡店大约是5分钟，除非你打算卖汽车这种高单价商品，否则一般而言，顾客最远只能忍受 7 分钟交通时间。

（2）找地点：访查周围环境。有了预选的地点，第二步是先视察其周围环境，这时要用两种角度来观察。一是商人的角度：什么迹象显示该地点可以创造业绩？二是顾客的角度：你会不会到这个地点逛街？黄金地段也有冷门的角落，次级商圈也有热门据点，找地点最忌讳只看到别人成功，就想在隔壁复制一家店，除非你有把握做出自己的差异化。此外，留意坐落在对角或不远处的竞争对手是否会抢走你的生意，是否能在顾客行动路线上，抢先别人一步拦截顾客。随时注意对手的位置，寻找足以抗衡的地点，一定要保持领先地位，不然，位于同性质商店的下风处，生意也可能会一直处于下风。

（3）看店面：建筑等于活广告。请抱着初次约会的心情看店面，要关心，也要抱着怀疑。先远看，再近看，想象店面在这个空间里的感觉：一旦店名放在招牌上，会很显眼吗？开车经过的人看得到吗？行人能从人行道上就注意到吗？好的店面就像活广告，不只是让人方便找到，也能向路上行进的潜在客户进行展示。此外，建筑设计也是一个重点：这个地点适合零售业吗？吸引人吗？即使在外观设计上相似的购物街，质量方面也可能相当悬殊：该楼宇的质量是否跟你的产品一样好？记住，一定要从品牌打造的角度来思考建筑物。

3. 新企业选址的策略

（1）"金角，银边，草肚皮"。在一条商街上要选择"角"与"边"上的铺位。"金角，银边，草肚皮"是商业内流行的选址、择铺的要诀。一条商街制造的效益并不是均等的，街角上的铺位是择铺首选。因为街角汇聚四方人流，人们要立足的时间长，因而街角商铺因人流多必带来"财气"。"边"是指一条街两端的铺位，处于人流进入的端口，也是刚进入商街的客流有兴趣、有时间高密集度停留的地方，商铺生意由此兴旺。"草肚皮"则指街的中间部分，因客流分散、购物兴趣下降、行走体力不支而使店铺经营困难重重。

（2）选低不选高。顾客在店铺内行走购物时，为省时、省力往往不愿向楼上走，因而店铺低层往往比其他楼层能创造更高的效益，为此，在择铺时，选择一、二层比选择三、四层店铺更具有经营上的安全性。换言之，一个商业楼的层高与其经济效益成反比关系，即楼层越高，销售额越低，从而利润就会越少。这是由顾客的购物习惯与消费心理决定的。当然，这里的选低不选高只是选址的一般策略，在一些大商场，每一楼层只销售特定的商品，电梯会让顾客很容易到达各个楼层。另外，各个楼层的租金和对不同产品的销售优势也不同，所以这个策略不宜泛化。

（3）店铺与商圈要求相吻合。好的市场空间对业态的组合有客观要求，只有适应才能使经营顺畅。一般而言，现有商圈内对零售、餐饮、娱乐、修理等业态要齐全。对业态的需要则视消费人群的多元化差异而定，因此，投资商铺之前，投资者需了解这些具体情况，进而确定自身店铺未来要做的行业以及不同的业态，才能使经营具有针对性。

（4）关注社区内商铺的投资价值。社区是居住人群常年生活的空间，因而接近消费地的社区商业能够提供充分的便利性，使商铺投资的安全性和赢利性大为提升。当前可能面临的问题是：新兴社区入住率偏低，使消费规模难以支撑商铺经营；社区商业规模往往大于社区需要。但是，从长远看，社区商业的远景向好，因而，把握有利时机进入可以保证商铺投资坐收长期稳定回报。投资社区内商铺，还要考虑城市的整体规划。因为未来城市的空间格局，会随城市未来的发展而变化，从而改变城市的商业格局。

阅读材料 8-3

小侯的新创企业：付出很多，回报太少

2009年8月中旬，小侯走上了创业之路。因为喜欢汽车，他把目标锁定了与汽车有关的项目，一家属于他自己的汽车饰品店在一番忙碌之后诞生了。但是仅仅半年，他就鸣金收兵，败下阵来。回忆起那段创业的日子，让小侯很是痛苦：付出了很多，回报太少。

其实，创业之前，小侯是进行了充分准备的。因为喜欢汽车，他就琢磨着在汽车方面找路子。他先到网上搜集了一些关于汽车消费品的创业项目。然后根据实际情况，考虑到随着人们生活水平的提高，买车的人越来越多，而爱车的人一般都比较注重车内装饰，那么，开一家汽车饰品店，生意应该不错吧。

觉得自己的想法还是比较顺应市场发展的，小侯高高兴兴地开始了第二步工作。他先从网上搜索了一些经营汽车饰品的代理商，并对各家的产品质量和价位进行了比较，然后选定一家太原代理商。经过联系，他和那家代理商签好了协议，交了6 000元加盟费，就开始租房子、装修、进货，脑子里满是憧憬的小侯很快就成了老板。但是现实给小侯的热情浇了一盆冷水。

饰品店开张后顾客寥寥。尽管他店里的饰品很吸引眼球，无奈饰品店所处的位置比较偏，路过的车倒是不少，但也仅仅是路过，而且大部分是大货车，根本不会在这样一个地段停车，也不会来买车内饰品。小侯每天都早早开店，很晚才打烊，商品的价位也定得很低。就这样，开业半年，总共才卖出两三千元的货。这时，房租也到期了，小侯不敢再恋战，把剩下的货放到朋友空着的车库里，从此不提开店的事。

8.3.2 新企业取名

创业者在创办一个企业时，除了要选择企业的组织形式和选址之外，还需要给企业取名。公司名称对一个企业将来的发展而言，是至关重要的，因为公司名称不仅关系到企业在行业内的影响力，还关系到企业所经营的产品投放市场后，消费者对该企业的认可度。

公司名称一般由4部分组成：行政区划＋字号＋行业特点＋组织形式。例如：厦门（行政区划）＋美图网（字号）＋科技（行业特点）＋有限公司（组织形式）。行政区划表示创业者所在的省份、城市、县、镇、乡。字号由两个或以上的汉字组成，可以根据创始人名字、行业特点、经营范围等命名。行业特点包括产品名称、行业名称或产业名称，如贸易、信息科技、广告等。组织形式指个体工商户、个人独资企业、合伙企业、有限公司、股份有限公司、集团有限公司等。

公司取名可以参考以下9条规则。

（1）避免存在误导意义的名称。
（2）拒绝具有消极意义的名称。
（3）字词应易读易写，便于记忆。
（4）字号应该适合消费者的口味。
（5）名称中不应包含另一个公司或者企业的名称。
（6）公司名称不得侵害其他公司的名称权。

(7) 不得含有法律法规明文禁止的内容。
(8) 不要使用已吊销或者注销不到3年的公司名称。
(9) 不得使用与其他企业变更名称未满1年的原名称相同的名称。

公司名称不得含有下列内容的文字。
(1) 有损于国家、社会公共利益的。
(2) 可能对公众造成欺骗或者误解的。
(3) 外国国家（地区）名称、国际组织名称。
(4) 政党名称、党政军机关名称、群众组织名称、社会团体名称及部队番号。
(5) 外国文字、汉语拼音字母、阿拉伯数字。
(6) 其他法律、行政法规规定禁止的。

创业者在给公司取好名字后，还需要到工商局内部网检索是否有重名，如果没有重名，就可以使用这个名称。

阅读材料8-4

著名企业名字的由来

杉杉

1989年5月，号称扭亏厂长的郑永刚接管了亏损1 000多万的甬港服装厂。当他踏进甬港服装厂的时候，院子里那几棵青翠的杉树，给了他无限的希望，那象征生命力的绿色，正是他的理想和激情的写照。杉杉，这个名字便由此诞生了，郑永刚说：杉杉要做中国服装第一品牌！

波导

当初，给企业起名字的时候，波导创始人徐立华首先想到了BIRD，即"鸟"的意思。徐立华说，他们取用此名的本意是希望波导机像鸟儿一飞冲天，超越摩托罗拉等国际巨头，成为国产寻呼机的骄傲。于是，根据BIRD的音译注册了这个叫波导的企业。

张裕

100多年的历史积累，使张裕常生出些神秘，这也包括"张裕"名字的本身。曾有人猜测，张裕是某人的姓名，此言仅对一半。张裕创始人是张弼士，张裕无疑取一张姓，那么"裕"字又做何解呢？其实这是选了一个吉兆字眼，总之是有"丰裕兴隆"之意。张弼士在南洋及两广一带的公司及铺面也常取"裕"字做宝号，如裕和、裕兴、裕昌、富裕等。而在"裕"字之前加以张姓，却绝无仅有，有特别看重之意吧。

全聚德

杨寿山，字全仁，是全聚德烤鸭店的创始人。1864年，肉市胡同内有一家山西人经营的杂货铺经营不下去，杨全仁经人介绍，把杂货铺的铺底子盘了过来，自己开了个挂炉铺。这家杂货铺的字号叫德聚全，意思是"以德聚全，以德取财"。杨全仁把这个字号颠倒过来，改为全聚德。"全"字，暗含着他的字；聚德，取"以全聚德，财源茂盛"之意。这就是全聚德这个字号的来历。

索尼

1953年，日本索尼公司创始人盛田昭夫第一次出国时，就察觉到他们公司的全名"东京通信工业公司"放在产品上不大好看，读起来像绕口令，决定改个名字。

盛田昭夫和井深大常常一起翻字典找名字。有一天，他们翻到一个拉丁字 Sonus，意为"声音"，听起来很有音感，刚好同该公司从事的行业关系密切，于是他们开始在这个字上打转。这个拉丁字相关的英文，不管是 Sonny 或者 Sunny（阳光普照），都有乐观、光明、积极的含义，这点非常符合他们的自我形象。美中不足的是，Sonny 读起来与日本字"输钱"谐音，有些"触霉头"，后来盛田昭夫灵机一动，去掉一个"n"，就拼成了"Sony"。

8.4 新企业的登记注册

企业的组织形式不同，登记注册所需要的材料、流程和费用也有差异，创业者在登记注册一个新企业时，需要注意以下几个方面。

8.4.1 注册公司需要的准备工作

第一，明确经营主体的类型和名称。不同类型的经营主体有不同的法律形式和责任，企业名称也需要符合国家的规定，这部分已经在上文陈述。

第二，确定好股东和股份比例。团队创业一开始就要明确哪些人具有股东身份，持股比例如何，企业登记注册时要提供全体股东、法人及监事的身份证复印件。

第三，确定经营范围。初创企业的经营业务可能很单一，但由于业务不定型，未来不确定性大，所以企业登记时可以在法规允许范围内确立多种经营范围。

第四，考虑好是否设立董事会，如果不设立，可以先简单设立一个执行董事和监事就行。

第五，考虑好注册地址，工商部门对企业的登记注册地址有具体要求，创业者需要了解不同地区的相关规定。

第六，其他。2016年新修订的《中华人民共和国公司登记管理条例》规定：公司实收资本不再作为工商登记事项。公司登记时，无须提交验资报告。已经实行申报（认缴）出资登记的个人独资企业、合伙企业、农民专业合作社仍按现行规定执行。鼓励、引导、支持国有企业、集体企业等非公司制企业法人实施规范的公司制改革，实行注册资本认缴登记制。

8.4.2 注册公司需要的流程

一般情况下，企业注册流程为：预先核准企业名称→提供证件→前置审批→办理工商登记→备案刻章→开设银行基本账户→进行税务报到→进行商标注册。

1. 预先核准企业名称

申办人提供法人和股东的身份证复印件（或身份证上姓名即可）；申办人提供公司名称2~10个，写明经营范围、出资比例（字数应在60个内）；由各行政区工商局统一提交到市工商行政管理局查名，由市工商行政管理局进行综合审定和注册核准，并向合格者发放盖有市工商行政管理局名称登记专用章的"企业名称预先核准通知书"。

2. 提供证件

新注册公司申办人提供一个法人代表和全体股东的身份证各一份；相关行政机关如有新

规定,由相关部门和申办人按照国家规定相互配合完成。

3. 前置审批

经营范围中有需特种许可经营项目,报送市批。如有特殊经营许可项目还需相关部门报审盖章,那么特种行业的许可证办理,根据行业情况及相应部门规定不同,分为前置审批和后置审批(特种许可项目还涉及卫生防疫、消防、治安、环保、科委等有关部门)。

4. 办理工商登记

当前我国实行"三证合一"的登记制度,即营业执照、组织机构代码证和税务登记证三证合为一证,办理时无须在三个窗口办理,去统一的一个窗口办理即可,三张证号统一到一张营业执照上,完成后可凭此篆刻印章。

5. 备案刻章

在企业办理工商注册登记过程中,需要使用图章,要求通过公安部门刻章,如公章、财务章、法人章、全体股东章、公司名称章等。

6. 开设银行基本账户

基本账户是指存款人办理日常转账结算和现金收付而开立的银行结算账户。企业经营活动的日常资金收付以及工资、奖金和现金的支取均可通过该账户办理,存款人只能在银行开立一个基本存款账户。开立基本存款账户是开账户的前提。企业开立的基本账户的名称,应按照营业执照上的单位名称设置,具体可在企业属地任一家具有对公业务的银行金融网点开立基本存款账户。

7. 进行税务报到

携带相关材料到开户行签订扣税协议后,到国税报到填写公司基本信息。报到后,拿着扣税协议咨询税务专员办理网上扣税,核定所需缴纳的税种,按要求办理完税其他事项并领取发票。

8. 进行商标注册

商标注册,是指商标使用人将其使用的商标依照法律规定的条件和程序,向国家商标主管机关(国家工商行政管理总局商标局)提出注册申请,经国家商标主管机关依法审查,准予注册登记的法律事项。商标通常由文字、图形、英文、数字的组合构成。商标注册的一般程序是:商标查询(2天内)→申请文件准备(3天内→提交申请(2天内)→缴纳商标注册费用→商标形式审查(1个月)→下发商标受理通知书→商标实质审查(12个月)→商标公告(3个月)→颁发商标证书。

阅读材料 8-5

众 创 空 间

根据工商局的规定,成立企业必须具备经营场所,因此创业者在初期阶段资金有限的情况下通常有三种选择:①自己所居住的住所;②租办公室;③众创空间。

目前对创业者来讲,众创空间是最好的办公场所获取方式之一,因为通常每个城市以及每个高校都会有创业园、孵化园。而这些创业园都会对创业者提供众创空间、联合办公室等,一般第一年的水费、电费、租金都免交。除此之外,这些创业园能够对创业者提供培训、融资等服务。

"众创空间"是科技部在调研北京、深圳等地的创客空间、孵化器基地等新型创业服务机构的基础上，总结各地为创业者服务的新经验之后提炼出来的一个新词。2015年3月，在国务院办公厅印发"众创空间"的纲领性文件——《关于发展众创空间推进大众创新创业的指导意见》中首次对众创空间进行定义，定义其是顺应网络时代创新创业特点和需求，通过市场化机制、专业化服务和资本化途径构建的低成本、便利化、全要素、开放式的新型创业服务平台的统称。

科技部提出众创空间具有"四化"（即市场化、专业化、集成化、网络化）、"三结合"（即创新与创业结合、线上与线下结合、孵化与投资结合）、"四空间"（即工作空间、网络空间、社交空间、资源共享空间）的特征。

从字面含义分析，"众创空间"包含了服务主体、内容、载体等三方面要素。

"众"是主体：面向一切创新创业团队、个人提供服务，推动创新创业由精英走向大众，促进各类创新创业主体共同参与、互帮互助，通过各类主体、资源的"聚合"产生"聚变"效应。

"创"是内容：为一切创新创业活动提供服务支撑，既服务创业，也服务创新，努力形成以创新带动创业、以创业引领创新的良性互动，推动创新创业协同发展。

"空间"是载体：既包括工作场所、经营场地等物理空间，也包括基于互联网的资源对接平台、学习交流平台、协同工作平台、网络社区等虚拟空间。虚拟空间是物理空间的延伸，某种意义上比物理空间更为重要。

众创空间是顺应创新2.0时代用户创新、开放创新、协同创新、大众创新趋势，把握全球创客浪潮兴起的机遇，根据互联网及其应用深入发展、知识社会创新2.0环境下的创新创业特点和需求，通过市场化机制、专业化服务和资本化途径构建的低成本、便利化、全要素、开放式的新型创业服务平台的统称。

进驻这些创业园通常需要填入驻申请书，递交商业计划。因此，建议创业者首先考虑校内创业园，因为这对办公、报税等带来很多便利。

（资料来源：木志荣. 创业管理 [M]. 北京：清华大学出版社，2018：273-274.）

8.5　新企业的社会责任

我们经常听到企业有"原罪"，这是指有的创业者在创办企业初期，为了能"活着"而不顾国家和社会大众的利益，做出违反法律和道德标准的行为，如偷税漏税、权钱交易、假冒伪劣、以次充好、污染环境、侵犯劳工权益等。在我国，企业"原罪"问题在20世纪八九十年代比较突出，随着社会转型过程中法律逐步完善、执法越来越严厉、创业家的素质越来越高，企业"原罪"问题逐步减少。

但是，在创业实践中，仍有不少创业者因为无视法律和道德的力量，缺失社会责任而导致最终麻烦缠身，例如大家都知道的快播案，即使它没有违反法律，但是它一旦被贴上灰色的标签，就很难摆脱各种舆论的指责，这也是非常多的社交软件不敢放开去做陌生交友业务的原因。因此，我们认为，创业者在启动新事业时，必须建立起社会责任的理念，让自己创办的组织成为履行社会责任的经营主体。

8.5.1 企业社会责任的概念

企业社会责任（Corporate Social Responsibility，CSR）指创业者不仅要做出有利于组织的选择和行动，而且还有做出对全社会的利益有好处的选择和行动的义务。也就是说，企业除了创造利润、对股东应尽经济义务以及法律规定的社会义务外，还要履行保护和改善社会的义务，承担起对企业利益相关者的责任。

20世纪50年代和60年代，企业社会责任观念普遍被欧美工商界所接受。20世纪八九十年代，企业社会责任已在欧美发达国家成为一种社会运动，这次运动的核心是环保、劳工和人权等方面的内容。进入21世纪以后，企业承担社会责任已经从当初以处理劳工冲突和环保问题为主要追求，上升到实施企业社会责任战略以提升企业国际竞争力的阶段。因此，创业者在创建新企业伊始就应该清楚地认识到推行企业社会责任是人类文明进步的标志。

阅读材料 8-6

汪建：充满争议的科学家创业者

自2015年11月提交招股说明书后，中国专门从事生命科学的科研前沿机构——华大基因就一直处于舆论的风口浪尖。对于这家最早进入基因产业的民营机构来说，上市可谓一波三折。

汪建是华大基因的创始人之一，他身上有着不少冲突点：其张扬的个性与大众对科学家的刻板印象相差甚远，但却着实在推动国内基因测序技术应用，促进前沿医疗产业的发展；他不认为市场经济能够推动科技进步，华大基因却一直没有停止走进资本市场的步伐。

汪建本业是做基因科学基础研究的。由于2006、2007年在中国科学院关于学术发展有很多不同意见，所以汪建下海，到深圳去组建华大基因，成为科学家创业的典型。

2013年，华大基因收购了美国测序技术公司Complete Genomics之后，共同研发了新一款高通量二代测序仪，提高了基因测序的效率，降低了单次检测成本。从依赖进口测序设备到自主研发，华大基因完成了从产业下游到上游转移，汪建重新掌握了主动权。

这一连串的布局背后，是华大基因也是汪建的野心：建立更为开放的平台，培养出生命科学的独角兽公司。

2012年，华大基因接受了多家机构的投资，其阵容包括：中国光大控股投资管理有限公司旗下的中国特别机会基金Ⅲ、深圳市盛桥投资管理有限公司、红杉资本中国基金、上海云锋投资管理有限公司、景林资产管理有限公司、美国泰山投资亚洲控股有限公司和软银中国创业投资有限公司等。之后，华大基因开始了收购和上市历程。

由于上市不顺利，华大基因面对的挑战也越来越多。2015年下半年，包括华大基因前CEO王俊、华大科技前CEO李英睿在内的4位高管宣布离职创业。

华大基因的竞争对手们，也丝毫没有停下自己的脚步。宏灏基因、达安基因乃至中源协和等，或通过并购登陆资本市场，或找到上市公司做"靠山"，实现了或多或少的融资。

但汪建依然对华大基因做的事情充满信心。目前，大众对健康的理解往往是以对疾病的治疗代替身体保养,"中国人大部分积蓄花在最后的28天上,而不是健康上。"在汪建看来,健康产业的花费应该逐渐前移,从治疗移向更早阶段的保养。

8.5.2 企业社会责任的内容

美国学者阿尔奇·卡罗尔(Archie B. Carrol)认为完整企业的社会责任应该包括四个方面:经济责任、法律责任、伦理责任、自主抉择责任(慈善责任)。

1. 经济责任

经济责任(Economic Responsibility)是指企业的基本责任是提供社会需要的产品和服务,并使其股东和所有者的利益最大化。极端地说,就是利润最大化。现在许多国家都不再把纯粹的利润最大化作为企业社会责任充分的绩效标准。

2. 法律责任

法律责任(Legal Responsibility)是指企业必须遵守法律法规,在法律框架内实现经济目标。企业承担经济责任和法律责任是其最基本的社会义务,是基于企业社会责任的古典观点,即企业认为自己唯一的社会责任就是对股东的责任。

3. 伦理责任

伦理责任(Ethical Responsibility)是指企业行为必须符合道德准则。道德规范虽然没有明文规定,但违反道德规范的组织行为对社会和他人会造成伤害,最终对组织也不利。伦理责任要求企业明辨是非,决策合乎道德标准,经营活动合乎道德规范。

伦理责任表明了企业对社会压力作出反应,并用社会准则作为活动指导,体现了一种社会响应,比只承担社会义务又推进了一步。

4. 自主抉择责任

自主抉择责任(Discretionary Responsibility)又叫慈善责任,指组织纯粹自愿的、由对社会作贡献的愿望所支配的行为。这种行为并不是受到经济的、法律的或者是道德的约束,而是一种自主的抉择活动,包括慷慨的慈善捐赠等。例如巴菲特曾把370亿美元捐给了慈善机构。

自主抉择的责任体现了企业愿意承担社会责任,探索基本的道德真理,企业承担社会活动的程度最高。伦理责任和自主抉择责任超越了企业只做法律要求必须做的或经济上有利的事情,而做有助于改善社会的事情,从事使社会变得更美好的事情。

8.5.3 创业者如何承担社会责任

随着社会的发展,企业要承担的社会责任清单越来越长,这里重点介绍创业企业对环境、员工、顾客、竞争者等重要的利益相关方承担的责任。

1. 创业企业对环境的责任

企业既受环境的影响又影响着环境。从自身的生存和发展角度看,企业有承担保护环境的责任。企业对环境的责任主要体现在以下方面。

第一,企业要在保护环境方面发挥主导作用。创业者应该具有强烈的环境保护意识,能积极采用生态生产技术,使整个生产过程保持高度的生态效率和环境的零污染,从而造福于人类。

第二,企业要以"绿色产品"为研究和开发的主要对象。创业者应该积极研制并生产绿色产品，推动了"绿色市场"的发育。

第三，企业要治理环境。污染环境的企业要采取切实有效的措施来治理环境，要做到谁污染谁治理，不能推诿，更不能采取转嫁生态危机的不道德行为。

第四，企业战略中强调环境主义。到了今天，环境主义已经成为企业战略不可分割的一部分。

2. 创业企业对员工的责任

员工是企业最宝贵的财富。企业对员工的责任主要体现在以下几个方面。

第一，不歧视员工。现代企业的一个显著特征是员工队伍的多元化，创业者应避免招聘选拔中的歧视，如性别歧视、年龄歧视、健康歧视和户籍歧视等。

第二，培训员工。承担社会责任的企业不仅会根据员工的综合素质，将其安排在合适的工作岗位上，做到人尽其才，才尽其用，而且在工作过程中也会依据实际情况的需要，对员工进行培训。

第三，营造一个良好的工作环境。创业者不仅要为员工营造一个安全、关系融洽、压力适中的工作环境，而且要根据本单位的实际情况为员工配备必要的设施。

3. 创业企业对顾客的责任

"顾客是上帝"，忠诚顾客的数量以及顾客的忠诚程度往往决定着企业的成败得失。企业对顾客的责任主要体现在以下几个方面。

第一，提供安全的产品。安全的权利是顾客的一项基本权利，创业者不仅要让顾客得到所需的产品，还要让顾客得到可以放心使用的安全产品。

第二，提供正确的产品信息。创业者要想赢得顾客的信赖，就必须提供正确、真实的产品信息，而不应该弄虚作假、欺骗顾客。

4. 企业对竞争对手的责任

在市场经济下，公平的经济竞争是创造价值的基本条件之一。因此企业的责任应是促进有利于社会与环境的竞争行为，提倡竞争者之间的相互尊重；制止任何为保持竞争优势而采取的恶意竞争行为。企业要处理好与竞争对手的关系，在竞争中合作，在合作中竞争。

5. 创业企业对投资者的责任

首先，企业要为投资者提供公正而又具有竞争性质的投资报酬；其次，要保持、保护业主和投资者的资产，并使之增值；最后，信任、尊重投资者，提供及时、准确的财务信息，正确回应投资者的请求、建议和正式的解决方案。

6. 创业企业对所在社区的责任

企业不仅要为所在社区提供就业机会，而且要与社区一起建立和谐、健康和富足的社区经济共同体，并且积极寻求参与各种社会行动，通过此类活动，不仅可以回报社区和社会，还可为企业树立良好的公众形象，实现企业多样化的社会融合。

【本章小结】

从法律组织形式来讲，创业者可以登记注册的经营主体类型有个体工商户、个人独资企业、合伙企业、有限责任公司等。不同的企业法律组织形式各有利弊。创业者选择企业组织形式需要考虑以下因素：行业特点；创业者的风险承担能力；税务因素；未来融资需要；经营期限等。企业选址是关系到小企业成败的至关重要的因素。影响创业选址的因素有交通因素、商圈因素、物业因素等。创业者在创办一个企业时，还需要给企业取名。公司名称一般由4部分组成：行政区划＋字号＋行业特点＋组织形式。创业者在启动新事业时，必须建立起社会责任的理念，让自己创办的组织成为履行社会责任的经营主体。

【思考题】

1. 比较各种企业组织形式的优缺点。
2. 比较个体工商户和个人独资企业的异同。
3. 举例说明创业选址对哪些行业具有重要意义。
4. 创业者如何让自己创办的组织成为履行社会责任的经营主体？
5. 参观本地三个以上的创业企业，看看公司注册时他们考虑的因素有哪些。
6. 走访当地创业园区或众创空间，评估该地址对创业者的优劣势。

【案例分析实训】

手持利剑，为企业保驾护航

邓国顺是闪存盘的发明者，深圳市首个技术发明一等奖获得者。他创办的朗科科技有限公司（简称"朗科科技"）经过多年发展，已成长为国内移动存储领域的领军企业，演绎了一个留学归国人员用发明专利成功创业的神话。

邓国顺1967年出生于湖南省石门县，1985年以优异的成绩考入中山大学的计算数学与应用软件专业。在中山大学计算机系刻苦攻读4年后，邓国顺考上中国科学院计算机网络信息中心硕士；1992年毕业后，他来到联想公司软件中心工作。1993年从联想辞职后到新加坡，仍然在自己喜爱的计算机专业里耕耘，后来被飞利浦（新加坡）公司聘用担任系统经理，专心做起与计算机相关的市场运管。

长期以来，以索尼为首的跨国巨头发明的计算机软驱一直扮演着移动存储世界霸主的角色，但仅仅数兆的容量、容易损坏和较为缓慢的读写速度已充分暗示着它百病缠身。邓国顺由此发现了一个商机，他想：有没有一种全新的产品可以代替软盘而且没有它的这些毛病呢？他的念头得到了同在新加坡工作的中科院自动化所硕士成晓华的赞同和支持，两个人组成的研发队伍由此诞生。

1999年5月，邓国顺注册成立了朗科科技，和成晓华租了一间不起眼的房子，开始了艰辛的发明创造，在1999年的整个下半年里，两人几乎闭门不出，光电脑就用坏了4台，同年11月，全球第一款USB接口的闪盘问世了！邓国顺将之命名为"优盘"（"优盘"为朗科科技注册商标）。"这项发明填补了中国20年来在计算机移动存储上的发明空白。"当时主流媒体的一句评价道尽了中国IT人的无尽辛酸与苦尽甘来后的喜悦。

邓国顺说，从顺利获得"第一桶金"来说，自己是个幸运者。在深圳市高交会上，朗科科技研发出来的小小移动存储器一亮相，就吸引了众多观众及投资商的眼睛。但实际上，真正的融资历程是非常艰难的。在当时，除了邓国顺和他的创业团队，国内外几乎没有人看好这个全新事物——移动存储器。经过与50家企业近一年的谈判，历经千辛万苦之后，邓国顺终于融到了第一笔资金300万元人民币。2000年年初，朗科科技"优盘"产品成功面市并成批投放市场，当年3月在德国CeBIT电子展一亮相就引起了国际业界的轰动。2001

年,当联想电脑在 PC 上捆绑销售朗科科技的"优盘"时,朗科科技终于获得爆炸式发展。2001 年 5 月,朗科科技成功实现赢利。

注重技术创新和相关的知识产权保护

在深圳市,闪存盘专利得到迅速产业化,几年来给朗科科技带来数亿元的销售收入。与此同时,朗科科技还非常注重闪存盘的技术创新,并把技术专利化,形成了严密的专利申请体系。截至 2012 年 7 月 13 日,朗科科技共提交了 285 件中国专利申请,其中发明专利申请 194 件、实用新型专利申请 7 件、外观设计专利申请 84 件;共拥有 121 件有效专利,其中发明专利 99 件、实用新型专利 5 件、外观设计专利 17 件。部分重要发明专利已在美国、日本等国家和地区获得授权。近年来,朗科科技推出了全球第一款启动型闪存盘、第一款智能型闪存盘、第一款可视闪存盘、第一款光盘闪存盘、第一款支持高清流媒体播放技术的"优芯 3 号"闪存盘控制芯片等多款全球领先产品。朗科科技已授权及正在申请的大部分发明专利应用范围涉及闪存盘及其应用、闪存卡、固态硬盘、手机、数字多媒体设备、数字电视、数码相机、GPS 导航仪、USB 无线上网卡、银行 U 盾、数码相框等众多领域,形成了闪存应用及移动存储领域的"专利池",构成公司未来专利运营及产品运营的基础。

维权与创新两手并重,迈入专利运营阶段

在朗科科技的创业史中,与涉嫌侵权厂商的官司一直是媒体争相报道的焦点。2002 年,邓国顺敏锐地发现,面对闪存盘产业的迅速崛起,大批厂商在未获得朗科科技专利授权的情况下纷纷进入,严重侵犯了朗科科技的知识产权。久经思索之后,2002 年 9 月,邓国顺拿起法律的武器,将北京华旗资讯数码科技有限公司(品牌:aigo 爱国者)及其代工厂推上了被告席,2004 年 6 月,朗科科技公司在一审判决中胜诉。2004 年 8 月,朗科科技公司以专利权受侵犯为由起诉索尼电子(无锡)有限公司并索赔 1 000 万元。2006 年 1 月,朗科科技与索尼就这起诉讼达成庭上和解,并携手进入友好合作阶段,据朗科科技发布的公告,朗科科技已与索尼达成和解协议,根据协议的条款与条件,在协议生效后,朗科科技将撤回该民事诉讼,索尼则从朗科科技购买 USB 闪存盘产品。作为朗科科技在知识产权国际化道路上的第一起诉讼,诉索尼案能以这样一种双赢的结果收场,对于朗科科技的专利运营而言,专家认为是"迈出了关键性一步"。分析人士指出,索尼是全球闻名的跨国巨头,具有高度影响力,索尼能在这起专利纠纷案中最终作出和解、合作的决定,无疑给其他侵权公司作了一次示范,这将大大减小朗科科技今后专利维权的难度,进而获得更大收益。2006 年,朗科科技远赴美国,将 PNY 公司告上法庭,被媒体誉为"中国企业海外专利维权第一案"。2008 年 3 月 26 日,朗科科技总裁邓国顺在人民大会堂召开新闻发布会,宣布赴美专利维权首战告捷,并且与美国 PNY 公司签订了专利许可协议,由 PNY 及 PNY 的供货商分别和朗科科技签署授权协议,并分别向朗科科技支付专利费。这场持续了两年时间的诉讼战,让朗科科技成为第一家,同时也是唯一一家在海外专利维权案中获得胜利的中国 IT 企业!

近年来,美国、日本等知识产权保护严格的国家的多家大公司以缴纳专利授权许可费的方式,获取朗科科技的专利授权许可。朗科科技成为中国首家成功向外国企业收取专利费的中国企业。

一位西方学者说:"要么拥有专利,要么迎接死亡。"在全球经济一体化的进程中,拥有自主知识产权是发展高新技术产业的关键。知识产权战略是跨国公司的"撒手锏",中国企业要想在市场竞争中突出重围,就必须抢占专利这个战略制高点。

朗科科技把知识产权战略列为公司发展的"三大战略"之首。它的知识产权战略，受到法律界、教育界、知识产权界等社会各界人士的充分肯定。

（资料来源：傅晓霞. 创业案例精编［M］. 上海：上海财经大学出版社，2008.）

结合上述案例资料，试进行分析思考：

1. 案例对比：进一步收集资料，相对于成熟企业，新企业需要面对的法律问题有哪些？
2. 案例深探：讨论朗科科技的知识产权战略有哪些做法值得创业者们学习和借鉴？
3. 案例决策：怎样做能够提升创业企业者和创业企业社会责任意识？

【新企业创办模拟实训】

实训导航：

1. 作为创业者，要成立一家企业，首先学习有关企业的一些基本知识是非常有必要的。例如企业的基本内涵是什么？为何要成立企业？何时适合成立企业？企业成立的标志是什么？只有清楚了这些有关企业的基本内容，进入企业成立的实质阶段才更有意义。

2. 请组建一个6~7人的团队，完成以下实训项目。建议先分小组讨论（如条件允许，可以实地演练），之后由各小组进行简要的汇报分享，汇报形式为PPT展示。

实训项目：

各组进行新开办企业的创办过程演练，组建团队，分角色完成新企业开办的必要过程，在实训过程中总结心得。

实训建议：

1. 建议采用小组讨论、头脑风暴等方法，集思广益。
2. 尝试模拟分工角色扮演。
3. 小组间互相点评，并由专业教师或创业导师给予评价。

【参考文献】

［1］张玉利，陈寒松，薛红志，等. 创业管理［M］. 4版. 北京：机械工业出版社，2017.
［2］张帏，姜彦福. 创业管理学［M］. 2版. 北京：清华大学出版社，2018.
［3］吴晓义，等. 创业基础［M］. 2版. 北京：中国人民大学出版社，2019.
［4］木志荣. 创业管理［M］. 北京：清华大学出版社，2018.
［5］陈海. 大学生创业要注意法律风险［J］. 致富时代，2009（9）：50-51.

第 9 章
管理创业企业

 教学目标

通过本章的学习，充分认识创业企业经营中有关战略、组织关键问题，以及人力资源、财务与生产运作三个基本职能管理；掌握有关基本定义、职能管理的主要内容；认识到创业企业真正面临的挑战不仅是创业要素的整合和设计，还有经营中的管理问题。

 学习建议

1. 采用小组讨论，分析总结创业企业运营中的管理问题有哪些，如何管理。
2. 采用案例分析：深入把握创业企业实际管理问题，归纳经验，提出管理新思路。

 基本概念

战略　战略管理　组织结构　人力资源管理　财务管理　生产运作管理

 导入案例

韩都衣舍：从竞争优势到生态优势

互联网时代下，企业竞争环境日益呈现出易变性、不确定性、复杂性和模糊性的特征，超竞争成为互联网时代下竞争环境的新趋势。消费者需求从传统经济时代的同质化转变为互联网时代下的个性化、多元化和快速变化。企业之间的竞争范式由传统的获取竞争优势转向获取生态优势。

韩都衣舍从其创业之日起，在战略层面从多元化战略发展为生态战略，组织层面从传统组织发展为平台型组织，运营层面从聚焦于价值链到聚焦于价值共创网络，走过了一个构建竞争优势、构建生态优势，再到升级生态优势的过程。

韩都衣舍成立于2006年，2008年创立韩都衣舍互联网品牌，凭借"款式多、更新快、性价比高"的特点深受消费者喜爱。2016年"双11"，韩都衣舍销售额达3.62亿元，斩获"中国互联网服饰集团冠军""中国快时尚服饰品牌冠军"两大头衔。韩都衣舍不仅是中国互联网快时尚第一品牌，更是在生态战略的实施下成为中国最具影响力的时尚品牌孵化平台，并向具备全链条数字化商业智能系统的服务商迈向。

作为互联网时尚服饰品牌，韩都衣舍凭借独特的裂变式产品小组制和柔性供应链管理构建了强大的竞争优势，每年产品开发量达30 000款，甚至超过了Zara每年22 000款的历史开发纪录。从财务数据看，韩都衣舍2016年实现营收14.31亿元，净利润达8 833.89万元，同比增长160.96%，增速极为显著。

1. 裂变式产品小组制

不同于传统金字塔式组织，韩都衣舍独创了"以产品小组为核心的单品全程运营体系"（Integrated Operating System for Single Product，IOSSP），这种去中心化的自主经营体系极大提高了韩都衣舍的运营效率，赢得了市场竞争优势，也由于其独特性而入选了长江商学院、中欧商学院和哈佛商学院教学案例库。

截至 2015 年 3 月，韩都衣舍的裂变式产品小组共计 267 个，每个小组 1~3 人，集研发、销售、采购三种角色于一个小组，每个小组独立经营、独立核算，实现了责、权、利的统一。在运营层面，小组在产品设计、产品定价、页面制作、库存管理、打折促销等环节具有完全自主权；在资金层面，每个小组拥有对资金额度的绝对使用权和业绩成果的共享权，可自由支配资金在下一轮产品的研发和销售投入。众多的产品小组成为韩都衣舍的发动机，而这种持续性的动力源于产品小组的裂变特征。267 个小组的有序运作依靠的是企划部的全局调控，韩都衣舍对每一款商品进行了设计、生产、销售、库存等环节的全流程数据化跟踪，并根据业务完成率、毛利率、库存周转率三个核心指标对每一个小组进行考核，实施奖惩和调控。根据考核结果和"业绩提成公式"公布所有小组的业绩排名和奖金额度，越优秀的小组能够获得越高的提成，排名靠后的小组将进行重组分裂。而小组内部的奖金由组长决定分配，排名靠前的小组也由于争当组长的动力而进行分裂，发展出更多优秀的小组。同时，韩都衣舍还设立了韩都大学，源源不断地为公司补充新鲜血液，填补小组分裂后的空缺职位。韩都衣舍的小组制贯穿着稻盛和夫的阿米巴组织的理念，将每一个小组当成每一个竞争因子，整个企业内部呈现动态竞合关系，使得韩都衣舍具备了快速推出新产品、灵活应对新趋势、库存快速流动、资金快速周转的竞争优势。

2. 柔性供应链管理

韩都衣舍建立"款式多、更新快、性价比高"的竞争优势不仅需要产品小组的快速运作，还需要柔性供应链管理的匹配。韩都衣舍的供应链管理中，营销企划、产品企划和供应商生产紧密结合，具有即时互动的互联网特征。营销端针对各个电子商务平台制定了年度营销计划和细节；产品端根据营销端计划，合理规划产品结构和供货周期；生产端根据产品端的规划与生产商高效合作，安排充足的时间和预留产能。更具体而言，韩都衣舍秉持"多款少量，以销定产"的原则解决传统服装产业开发周期长、款式数量少、滞销库存率高的弊端。在长期的线上数据积累基础上，每个小组可根据公司提供的参数和模型预估销售量，进行"少量多次"的生产订单，在新产品上架 15 天后，即可根据运营数据将产品划分为"爆、旺、平、滞" 4 类进行营销端和生产端的调整。尽管电商运营能够即时地对产品销售数据进行监测，但是，少批量、多批次的生产仍然需要一套更加灵活多变的线下生产模式的支持。为此，2015 年初，韩都衣舍宣布构建匹配电商需求的工业柔性供应链，对传统完整的生产线模式进行切分，一个工厂只负责其中的一个工序，本质上是形成了具有相互依序的供应商生产网络。每种款式先生产 300~500 件，再根据销售数据（销售量、点击率、收藏率等）和市场反馈等决定是否追加订单，并根据消费者反馈意见进行改进。韩都衣舍创新的工业柔性供应链使得这种"多次少量"的生产模式成为可能，其年度库存周转率可达到 6 次以上，当季售罄率可达到 90%~95%，最大限度地放大了互联网运营的灵活优势。

请思考：进一步收集韩都衣舍的创业发展历程，分析思考，一个创业企业在其成长发展中，需要哪些方面的重要任务和活动，如何管理？韩都衣舍是通过哪些管理理念与举措，构建其竞争优势的？

如果创业者认为有了好的创业机会、创业资源与团队，独特的商业模式、严密的创业计划，企业一经注册创业就完成了，那么这在实际创业中是非常危险的。可以说，创业者真正的挑战来自企业成立之时、经营之中。创业企业需要且必须通过管理经营中的各项要素和活动，才能使企业持续经营、成长发展壮大。那么，经营中有哪些关键问题？基本经营活动的管理工作都有哪些呢？

9.1 战略与战略管理

9.1.1 战略管理概述

1. 战略与战略管理的定义

（1）何为战略？在企业管理这个范畴中，究竟什么是战略？目前尚无统一的定义。不同的学者与经理人员给战略赋予不同的含义。在众多的关于战略的定义中，被普遍接受的是明茨伯格对于战略定义的独到认识。他归纳总结出人们对战略的五个定义，这五个定义都是对战略从不同角度进行的充分阐述。他认为，人们在不同的场合以不同的方式赋予战略不同的内涵，说明人们可以根据需要来接受各种不同的战略概念。只不过在正式使用战略概念时，人们只是引用其中的一个罢了。明茨伯格借鉴市场学中四要素的提法，提出战略的5个不同方面的定义，即战略是计划（Plan）、计谋（Ploy）、模式（Pattern）、定位（Position）和观念（Perspective）。

1）战略是一种计划。大多数人将战略看作一种计划，即它是一种有意识的有预计的行动程序，一种处理某种局势的方针。把战略作为一种计划对待，是强调战略为一种实现特定目标而进行的有意识的活动。它是组织领导人为组织确定的方向以及为此而进行的一系列活动。根据这个定义，战略具有两个本质属性：一是战略是在企业开展经营活动之前制定的；二是战略是有意识、有目地开发的。明茨伯格还引用了彼得·德鲁克的话："战略是一种统一的、综合的、一体化的计划，用来实现企业的基本目标。"

2）战略是一种计谋。将战略视为计谋主要是指通过公布企业的战略或战略意图，向对手宣布本企业的竞争意愿和决心以及相应将采取的竞争性行动，以期形成对竞争对手的威胁。此时，战略强调的是要阻止竞争对手正在准备中的、有可能对本企业造成关键打击的那些战略性行动。战略的这一理解和运用在军事上就称为"威慑性战略"，如大型军事演习。战略的计谋概念直接表现出对手之间的竞争关系，即通过采用包括威胁在内的各种手段来取得竞争优势。

3）战略是一种模式。明茨伯格引用艾尔弗雷德·钱德勒在其《战略与结构》一书中的观点：战略是企业为了实现战略目标而进行的重要决策、采取的途径和行动以及为实现目标对企业主要资源进行分配的一种模式。就是说战略体现为一系列的行为，只要有具体的经营行为，就有战略。战略是一种模式的概念，将战略视为行动的结果，这种行动可能是事先并没有设计的战略，但最后却形成了，因此成了已实现的战略。在已设计的战略与已实现的战略之间是准备实施的战略。而突发形成的战略则是指那些预先没有计划、自发产生的战略。

4）战略是一种定位。明茨伯格指出，战略可以包括产品及过程、顾客及市场、企业的社会责任与自我利益等任何经营活动及行为。而最重要的是，战略应帮助组织在环境中正确确定自己的位置，从而使上述各项行为在正确的定位之下来进行。这种意义上的战略，成为企业与环境之间的纽带。根据这一概念，首先，战略过程要确定企业应该进入的经营业务领域；其次，战略需要确定在选定的业务领域内进行竞争或运作的方式；最后，通过战略的实施，使组织能处于恰当的位置，保证自身的生存和发展。

5）战略是一种观念。这种定义强调的是企业高层管理人员，特别是企业董事会成员的整体个性对形成组织特性的影响，以及组织特性差别对企业存在的目的、企业的社会形象和发展远景的影响。战略是一种观念。首先，它存在于战略者的头脑之中，是战略者的独创性和想象力的体现；其次，战略的观念被组织成员所共享，构成组织文化的一部分，由此而指导组织成员的意图和行动。战略过程的有效性将取决于战略观念的共享程度以及共同的战略观念转化为共同行动的程度。根据战略的观念概念，组织在其观念范围内的计划和位置的改变比较容易实现，而超出观念允许范围的改变则困难得多。因此，战略的"观念"概念提出了战略变革的界限，超过这一界限的战略变革的困难程度和对组织的影响不亚于一场重大的革命。

以上五种对战略不同的定义，有助于人们对战略管理及过程的深刻理解。不同的定义只能说明人们对战略的特性的不同认识，不能说明哪种战略定义更为重要。需要强调的是，尽管战略定义多样，但对于具体企业来说，战略仍只有一个，五个定义只不过是从不同角度对战略加以阐述。

（2）何为战略管理？关于企业战略管理的定义有多种不同的表述。"企业战略管理"最初是由伊戈尔·安索夫在1976年出版的《从战略规划到战略管理》一书中提出的。他认为，企业的战略管理是指将企业的日常业务决策同长期计划决策相结合而形成的一系列经营管理业务。可以将战略管理定义为：企业确定其使命，根据外部环境和内部条件设定企业的战略目标，为保证目标的正确落实和实现进行谋划，并依靠企业内部能力将这种谋划和决策付诸实施，以及在实施过程中进行控制的一个动态管理过程。

9.1.2 战略管理的特征

1. 战略管理具有全局性

企业的战略管理是以企业的全局为对象，根据企业总体发展的需要而制定的。它所管理的是企业的总体活动，所追求的是企业的总体效果。

虽然这种管理也包括企业的局部活动，但是这些局部活动是作为总体活动的有机组成部分在战略管理中出现的。具体地说，战略管理不是强调企业某一事业部或某一职能部门的重要性，而是通过制定企业的使命、目标和战略来协调企业各部门的活动。

在评价和控制过程中，战略管理重视的不是各个事业部或职能部门自身的表现，而是它们对实现企业使命、目标和战略的贡献大小。这样也就使战略管理具有了综合性和系统性的特点。

2. 战略管理具有长远性

企业战略管理中的战略决策是对企业未来较长时期（一般为5年以上）内，就企业如何生存和发展等问题进行统筹规划。虽然这种决策以企业外部环境和内部条件的当前情况为出发点，并且对企业当前的生产经营活动有指导、限制作用，但是这一切是为了更长远的发展，是长期发展的起步。

从这一点上来说，战略管理也是面向未来的管理，战略决策要以经理人员所期望或预测将要发生的情况为基础。在迅速变化和竞争性的环境中，企业要取得成功必须对未来的变化采取预应性的态势，这就需要企业做出长期性的战略计划。

3. 战略管理具有纲领性

企业所确定的战略目标和发展方向，是一种原则性和概括性的纲领，是对企业未来的一种粗线条的设计。它是对企业未来成败的总体谋划，而不纠缠于现实具体的细枝末节。

战略不在于精细，而在于洞察方向。它为企业指明了未来发展的方向，是企业全体人员行动的纲领。要把它变成企业的实际行动，需要经过一系列的展开、分析和具体化的过程。

4. 战略管理具有抗争性

企业战略是企业在竞争中战胜对手，应对外界环境的威胁、压力和挑战的整套行动方案。它是针对竞争对手制定的，具有直接的对抗性。它区别于那些不考虑竞争，单纯为改善企业现状，以提高管理水平为目的的行动方案和管理措施等。

也就是说，企业战略是一种具有"火药味"的，而非"和平"状态下的计划。企业制定企业战略的目的，就是要在优胜劣汰的市场竞争中战胜对手，赢得竞争优势，赢得市场和顾客，使自己立于不败之地。

5. 战略管理涉及企业资源的配置问题

企业的资源包括人力资源、实体财产和资金，这些资源或者在企业内部进行调整，或者从企业外部筹集。战略决策往往需要在相当长的一段时间内致力于一系列的活动，而实施这些活动需要有足够的资源作为保证。为保证战略目标的实现，必须对企业的资源进行统筹规划，合理配置。

6. 战略管理具有风险性

战略管理考虑的是企业的未来，而未来具有不确定性，因而战略管理必然带有一定的风险性。风险并不可怕，就战略决策的本质而言，战略本身就是对风险的挑战。战略管理的这种风险性特征要求战略决策者必须有胆有识，敢于承担风险，敢于向风险挑战。同时，要求决策者必须随时关注环境的变化，并且能够根据环境的变化及时地调整企业的战略，以便提高企业承担风险的能力。

9.1.3 战略管理的过程

战略管理是对一个企业未来发展方向制定和实施决策的动态管理过程。一个规范性的、全面的战略管理过程可大体分为四个阶段（见图9-1），即确定企业使命阶段、战略环境分析阶段、战略选择及评价阶段、战略实施及控制阶段。

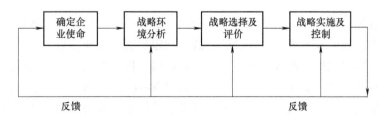

图 9-1 战略管理过程

1. 确定企业使命

企业使命是企业在社会进步和社会、经济发展中所应担当的角色和承担的责任。一般说来，一个企业的使命包括两个方面的内容，即企业哲学和企业宗旨。所谓企业哲学是指一个企业为其经营活动或方式所确立的价值观、态度、信念和行为准则，是企业在社会活动及经营过程中起何种作用或如何起这种作用的一个抽象反映。所谓企业宗旨是指企业现在和将来应从事什么样的事业活动，以及应成为什么性质的企业或组织类型。企业在制定战略之前，必须先确定企业的使命。这是因为企业使命的确定过程，常常会从总体上引起企业发展方向、发展道路的改变，使企业发生战略性的变化；此外，确定企业使命也是制定企业战略目标的前提，是战略方案制定和选择的依据，是企业分配资源的基础。

2. 战略环境分析

战略环境分析包括企业外部环境分析和企业内部环境或条件分析两部分。企业外部环境一般又包括宏观外部环境，即政治与法律因素、经济因素、社会因素、技术因素；微观外部环境，即企业所处行业的竞争状况。外部环境分析的目的就是要了解企业所处的战略环境，掌握各环境因素的变化规律和发展趋势，研究环境的变化将给企业的发展带来哪些机会和威胁，为制定战略打下良好的基础。战略环境分析还要了解企业自身在同行业中所处的相对地位，分析企业的资源和能力，明确企业内部条件的优势和劣势，以及了解不同的利益相关者对企业的期望，理解企业的文化。企业内部条件分析的目的就是为了发现企业所具备的优势或弱点，以便在制定和实施战略时扬长避短，有效地利用企业自身的各种资源，发挥出企业的核心竞争力。

3. 战略选择及评价

战略选择及评价过程就是战略决策过程，即对战略进行探索、制定以及选择的过程。通常，这个过程主要包括三个方面的工作：一是拟订多种可供选择的战略方案；二是利用各个战略评价方法对拟订的各个战略方案进行评价；三是最终选择出执行战略。

企业的战略选择应当解决以下两个基本的战略问题。

一是确定企业的经营范围或战略经营领域。即确定企业从事生产经营活动的行业，明确企业的性质和所从事的事业，确定企业以什么样的产品或服务来满足哪一类顾客的需求。

二是突出企业在某一特定经营领域的竞争优势。即要确定企业提供的特定产品或服务的类型，要在什么基础上取得超越竞争对手的优势。

4. 战略实施及控制

战略实施与控制过程就是把战略方案付诸行动，保持经营活动朝着既定战略目标与方向不断前进的过程。这个阶段的主要工作包括计划、组织、领导和控制4种管理职能的活动。

一是将企业的总体战略方案从空间上和时间上进行分解，形成企业各层次、各子系统的具体战略或政策，在企业各部门之间分配资源，制定职能战略和计划。

二是对企业的组织机构进行调整，以使调整后的机构能够适应所采取的战略，为战略实施提供一个有利的环境。新战略的实施往往需要对现有的组织进行重大变革，变革总会有阻力，所以对变革的领导是很重要的。这包括培育支持战略实施的企业文化和激励系统，从而克服变革阻力等。

三是要使领导者的素质及能力与所执行的战略相匹配，即挑选合适的企业高层管理者来贯彻既定的战略方案。

四是在战略的具体化和实施过程中，为了实现既定的战略目标，必须对战略的实施过程进行控制。战略控制是战略管理过程中的一个重要环节，它伴随战略实施的整个过程。管理人员应及时将反馈回来的实际成效与预定战略目标进行比较，以便及时发现偏差，适时采取措施进行调整，以确保战略方案的顺利实施。在战略实施过程中，如果企业外部环境或内部条件发生了重大变化，则要求对原战略目标或方案作出相应的调整，甚至重新审视环境，制定新的战略方案，进行新一轮的战略管理过程。从以上过程可以看出，战略管理过程是一种环环相扣、循环往复、不断发展的全过程的总体性管理，是一种动态的、持续不断的过程。

战略实施最终要回答三个问题：①Who：由谁来实施战略规划？② What：必做之事是什么？③How：战略实施人员如何做应该做的事？

阅读材料 9-1

席酉民：共生互赢与管理新路向

英国广播公司（BBC）于2013年新推出的系列纪录片《非洲》热播，人们在钦佩年近八旬、著名的《自然探索》纪录片主持人 David Attenborough 及其团队的职业精神和传奇的同时，尽享他们历尽4年艰辛和惊险展现给大众的非洲大陆形态万千的生态环境和无尽的奇特动物故事。

自然界的共生互惠

重达几吨重的犀牛，它皮肤坚厚，如身披刀枪不入的铠甲，加上头部那碗口般粗大的长角，发起性子来凶猛无比，就连狮子、大象等也要避让三分。但这样粗暴的大家伙却可与形体像画眉般大小的小鸟成为"挚友"，原因是犀牛皮肤虽坚厚，但皮肤皱褶之间却又嫩又薄，极易遭受体外寄生虫和蚊虫的侵袭，除了往身上涂泥防御外，没别的好办法来驱赶或消灭这些讨厌的东西。而小鸟恰恰是捕虫好手，它们成群地落在犀牛背上啄食着那些企图吸食犀牛血的蚊虫。另外，犀牛虽然嗅觉和听觉灵敏，可是个大近视眼，小鸟飞上飞下、叫个不停，还为犀牛扮演着哨兵的角色。不难看出，二者各取所需，共生互赢。

其实，动物界类似的共生互惠现象很多，如鸻（héng）和鳄鱼的关系也很美妙，小鸟在鳄鱼张开的硕大嘴巴里快乐跳跃，鳄鱼非但不会生吞它们，而且张开大嘴很配合，小鸟可从鳄鱼嘴里挑拣肉食美餐一顿，鳄鱼牙齿也变得干净了。再如，斑马不只是与红嘴牛椋鸟搭档，还与巨大温和的鸵鸟为伍，原因是鸵鸟的嗅觉和听觉差，而斑马的视觉不怎么样，它们利用斑马的嗅觉和鸵鸟的视觉互相警示，防范危险，保护自我。

共生互惠——人类未来的生活方式

英文"Symbiosis"描述了这种现象，意即多种不同类东西相互获益的紧密生存关系，德国真菌学家 Heinrich Anton de Bary 1878年曾定义 symbiosis 为"不同生物体共同生活在一起"（The Living Together of Unlike Organisms）。其实，这个词最早是用来描述社群中人们的共处关系的。之所以描述共生互赢的生存模式和状态，因为人类未来的生活方式或组织模式会越来越趋近这种机制和形态。

由于交通、计算机通信和网络技术的飞速发展,地球村已不再是神话,人们生活和工作方式发生着革命性的变化,随时随地学习交流与互动合作成为可能,生活与工作的边界也在模糊化,人的独立性和共生性在同时加强,社会可能演化成为一个基于网络的、价值增加导向的生态系统。

其结构是基于网络的合作平台,其机制是愿景、使命驱动的共生共栖和互动互惠,其主要管理概念可能从命令、组织、控制、规划等转化到关注角色、自治单元、自组织、社区、网络治理、合作、可持续、文化、平台、环境和演化等,这种人、组织、社会的演化和变革就在眼前。

互联网时代的 CEO 生态圈

海尔首席执行官张瑞敏先生曾深有感触地说道:"企业管理要在互联网时代重构自己的生态圈,使之成为一个有机、鲜活的生命系统。"他还亲口对我讲:"过去几十年,中国企业在组织管理上基本是效仿国外企业,网络时代的组织管理重塑给了我们与国际企业站在同一起跑线上创新的机会,使我们有机会引领下一轮的发展。"

肩负着这样的历史使命、冒着被国际大师警告有灭顶之灾的风险,海尔经过持续探索,初步形成了新的网络化平台(Network-platform)发展模式:人单合一 + 网络平台(内部单元和外部合作无边际,内部运行无层级控制,强大的供应链)+ 自主经营体 + 自组织与竞争发展(人人都可能成为 CEO)+ 互动共生互赢。

再如,面对大量分散的需求、千差万别的客户和散乱的提供商,阿里巴巴利用网络平台,对接供需信息,从而形成了几乎无所不包的、相互独立又相互依存的庞大的社区生态。

考虑到商业模式的平台化、组织边界的模糊化、自组织和共生互赢的普遍化,我在社会网国际会(2013,西安)报告中用 ABCDEFGH 描述了未来社会组织的 Symbiosis 特征:Adaptation—自适应;Boundaryless—去边界;Communication / cooperation—沟通/合作;Diversification / decentralization—多元化/分散化;Efficiency—效率;Flexibility—灵活;Guidance (not control)—引导非控制;Harmony—和谐。

新的技术和社会环境,掀起了一场场行为理论范式、商业模式等的革命,它们颠覆了许多传统的套路、范式、理论或模式,网络组织、平台模式、社会生态等具有共生互赢(symbiosis)特性的新概念、新理论、新模式将纷纷登台亮相!

(资料来源:席酉民,和谐管理研究中心,https://mp.weixin.qq.com/.)

9.2 创业企业的组织问题

组织结构是组织内部分工协作的基本形式。合理的组织结构是企业战略的重要保证。根据企业发展情况、企业战略,应对组织进行必要的调整和变革。

9.2.1 组织结构类型

在企业创业初期,企业的市场、人员规模都比较小,这种情况下,创业企业的组织结构也比较简单,往往只需要设立一个专门履行生产或销售职能的办公室。随着新创企业不断发展壮大,尤其是企业战略的进一步调整,企业组织结构也需要进行调整与匹配。

常见的新创企业组织结构类型主要有以下几种。

1. 直线型组织结构

这是一种比较简单的组织结构类型。其特点是组织系统职权从组织上层"流向"组织基层。上下级关系是直线关系,即领导关系按垂直系统建立,不设立专门的职能机构,自上而下形成垂直领导与被领导关系。

该类结构简单,命令统一,责权明确,联系便捷,管理成本低。但是相对来说,权力过分集中,易导致权力的滥用。这类组织结构适用于企业处在起步期、规模较小的企业。

2. 直线职能型组织结构

直线职能型组织形式是以上述直线型为基础,在各级行政领导下,设置相应的职能部门。即在直线制组织统一指挥的原则下,在经理领导下设置相应的职能部门,实行经理统一指挥与职能部门参谋、指导相结合的组织结构形式。

这类组织结构既保证了集中统一的指挥,又能发挥各种专家业务管理的作用。在新创企业中比较常见,适合已经规模化经营的企业中,职能工作大量增加的情况。

3. 矩阵型结构

这种组织结构类型是由职能部门系列和为完成某一临时任务而组建的项目小组组成。最大特点是具有双重命令系统。它具体又可分为二维矩阵和三维矩阵。适用范围:集权、分权优化组合,员工素质较高,技术复杂的企业。

优点:①加强了横向联系,克服了职能部门各自为政的现象;②专业人员和专用设备能得到充分利用;③具有较大的机动性,任务完成,组织即解体,人力、物力有较高的利用率;④各种专业人员同在一个组织共同工作一段时期,完成同一任务,为了一个目标互相帮助,互相激发,思路开阔,相得益彰。

缺点:①成员不固定在一个位置,有临时观念,有时责任心不够强;②人员受双重领导,出了问题,有时难以分清责任。

需要注意的是,组织结构的发展趋势呈现扁平化、网络化、无边界化、柔性化、虚拟化的特点。

阅读材料 9-2

华为的组织变革

华为创立于1987年,是全球领先的ICT(信息与通信)基础设施和智能终端提供商,致力于把数字世界带入每个人、每个家庭、每个组织,构建万物互联的智能世界。目前华为有18.8万员工,业务遍及170多个国家和地区,服务30多亿人口。华为是一家100%由员工持有的民营企业。华为通过工会实行员工持股计划,参与人数为96 768人,参与人仅为公司员工,没有任何政府部门、机构持有华为股权。华为在其发展过程中以服务化战略为导向,成功实现了从传统制造商向服务提供商的转变,同时其组织结构也进行了多次变革,主要经历了三个发展阶段。

第一阶段(1987—1998年):关注产品生产制造。创立初期,华为在产品开发战略上主要采取代理销售香港公司产品的跟随战略,随后逐渐演变为华为自行开发销售产品的集中化战略。华为在成立之初员工仅有6人,直到1991年也仅有20余人,服务化尚未得到高层重视，华为的关注点在严格意义上还没有落到服务化。在这一阶段，华为主要关注产品的低成本制造和高效率生产，为客户提供基本的安装和无偿维修服务，将客户提供无差别的服务。为了更便捷地配置资源，迅速应对市场环境的变化，华为的权力需要高度集中，而组织结构却不需要很复杂。期间，华为采用相对简单的直线参谋职能制组织结构，将权力高度集中于企业综合办公室，并下设中研总部、市场总部、制造部、财经系统、行政管理部等部门，有利于对企业资源的集中调配，与当期的关注产品生产制造的发展战略相匹配。因此，华为得以从当时激烈的市场竞争中幸存，赢得了持续发展的可能。

第二阶段（1999—2003年）：关注产品基础性服务。1998年，华为已经拥有将近8 000个员工，销售规模几乎达到了90个亿。从战略角度而言，服务化趋势越来越明显，无偿服务的提供已无法满足客户日益多样化的服务需求，企业急需建立完善的服务化战略来满足客户需求，体现华为产品的增值特性；从组织结构角度而言，服务的多样化导致企业管理者的负担加重，部门之间的协调效率愈加低下，企业急需建立专门的职能机构，以打破现有组织结构对企业发展的制约。因此，企业在这一阶段对服务化战略与组织结构进行了改革。首先，华为从原有的提供无偿服务转变为提供有偿基础性服务，包括向客户提供基于产品的附加性服务，如旧设备产品技术系统的更新换代，设备组装，设备运行前的调试，设备操作培训，以及设备的保养与运行故障的维修等服务。同时，华为已经完成了从单一产品提供商向全面通信解决方案提供商的转变，为客户提供全面解决方案服务。服务已成为华为提高客户满意度的重要手段。其次，为了减轻管理者的负担，提高部门之间的协调效率，华为将权力下放，建立了地区部与事业部制相结合的二维矩阵式的组织结构。华为的事业部被高层充分授权，拥有完全独立的自主经营权与统一领导的职能，减轻了高层管理者的负担；地区公司在规定的市场和业务范围内，合理有效利用公司总部分配的资源，同时实行事业部独立经营和独立核算原则，由事业部对其成本、利润承担责任。全球技术服务部作为独立的部门专门负责服务的研发、设计和销售，其下设多个部门，如销售管理部、产品行销部等，分布在地区公司与事业部内，分别负责不同的服务业务。由于全面解决方案的市场需求更加多样化，在大多数情况下事业部还会发挥矩阵式组织结构的作用，采取联合作战的方式。这种二维矩阵式的组织结构与华为当期的关注产品基础性服务的服务化战略相匹配，同时也有利于深入和贴近客户，深层次了解客户需求。

第三阶段（2004年至今）：关注客户业务竞争力提升服务。随着大数据、云计算、移动互联网等新兴技术的发展，数据的急速增长、网络运营风险的提高和黑客入侵频率的增加对电信行业提出了更高的要求，传统的电信业务逐渐呈现饱和状态，以个性化定制为中心的服务模式逐渐受到更多企业的青睐。原有的"全面通信解决方案提供商"的服务定位已经无法满足客户的个性化需求，从2007年开始，华为逐渐向提供端到端通信解决方案和客户驱动型、市场驱动型的电信设施服务商转型，更加关注客户业务竞争力的提升，为客户提供包括基础设施网络服务、企业客户支持服务、培训与认证服务等服务业务。2016年10月，华为提出构建包括华为云伙伴、解决方案伙伴、渠道伙伴、服务伙伴和人才联盟在内的合作伙伴网络，建立起华为与合作伙伴之间的合作框架，有针对性地给不同合作伙伴提供资源和支撑，确保华为与合作伙伴共同实现客户价值。其中，解决方案伙伴主要指面向客户业务问题，跟华为联合构建、营销、销售解决方案的伙伴，服务伙伴主要指销售和交付华为产品服务和解决方案服务的伙伴，渠道伙伴主要包括销售华为产品与解决方案的合作伙伴。同时，华为的组织结构也演化成为以产品线为主导的矩阵型组织结构。矩阵型组织结构在直线职能型的基础上增加了一种横向的领导关系，使项目小组在完成工作的同时与职能部门保持联系，提升了组织运营效率，有利于更好地满足客户需求；与二维矩阵式组织结构相比，产品线式的矩阵型组织结构以项目为横向系统，以职能部门为纵向系统，以市场和客户需求为导向，通过个性化定制服务满足了客户的多样化和个性化需求。这一组织结构与华为当期的关注客户业务竞争力提升服务的服务化战略相匹配，极大地提升了组织的运营效率。

（资料来源：企业官网，https://www.huawei.com/cn/about-huawei/corporate-information；魏英妮.华为服务化战略与组织结构的匹配.科技经济导刊，2019，27（04））

9.2.2 组织结构与战略的关系

企业组织结构是实施战略的一项重要工具。在战略实施过程中，选择何种组织结构，取决于多方面的原因，既包括战略决策者和执行者对战略组织结构的理解，又取决于企业自身条件和所选择的战略类型，也取决于对组织所适应的战略类型的认识。企业要想有效地运营，确保战略的顺利实施，必须将战略与组织结构联系起来考虑。在战略管理中，有效地实施战略的关键因素是建立适宜的组织结构，即与战略相匹配的组织结构。它们之间匹配的程度如何，将直接影响企业战略的实施，进而影响企业的经营绩效。

组织结构服从战略。美国学者艾尔弗雷德·钱德勒在对70家公司的发展历史，特别是通用汽车公司、杜邦公司、新泽西标准石油公司和西尔斯—罗巴克公司等4家公司发展历史进行深入研究后，于1962年出版了《战略与结构：美国工业企业历史的篇章》一书。提出了战略与结构关系的基本原则，即组织的结构要服从于组织的战略。这一原则还指出企业不能仅从现有的组织结构出发去考虑战略，而应根据外部环境的要求去动态地制定相应的战略，然后根据新制定的战略来审视企业的组织结构，如有必要，则对其进行调整。

不同的外部环境要求企业制定不同的战略和实行不同的组织结构。而组织结构变革的形式也往往与外部环境的动态程度相关。在外部环境相对稳定的时期，企业的战略调整和相应组织结构的变革往往是以渐进方式进行的，战略与组织结构的匹配程度虽不尽完美，但也基本适应。当企业面临重大的战略转折时，就对组织结构提出了严峻的挑战。为了更清楚地说明组织结构与战略的关系，钱德勒描绘了美国工业企业在不同阶段所制定的战略，以及伴随这些战略而形成的组织结构。

9.2.3 战略组织结构调整与变革

1. 组织变革的含义

组织变革就是根据内外环境的变化，及时对组织中的要素进行结构性变革，以适应未来组织发展的要求。组织变革包括组织结构的变迁、工作流程的改变、管理幅度的调整、工作人员的更新以及组织设计的变化等。

迈克尔·哈默和詹姆斯·钱匹曾在《企业再造》一书中把三"C"力量，即顾客（Customers）、竞争（Competition）和变革（Change）作为影响市场竞争最重要的三种力量，并认为这三种力量中尤以变革最为重要，"变革不仅无所不在，而且还持续不断，这已成了常态"。正因为组织变革的必要性,战略管理人员的工作才变得相当具有挑战性。对于组织变革的挑战,除了要注意其本身所带来的冲击之外,也要注意组织变革的联动性。任何单一组织变革的影响,都不会仅仅局限在该变革中,很可能引发更深远、范围更大的组织变革。

2. 组织变革的类型

按照组织变革的不同侧重点,可以分成5种类型。

(1) 战略性变革。战略性变革是指组织对其长期发展战略或使命作出调整所引发的变革。如果组织决定进行战略收缩,就必须考虑如何剥离非关联业务;如果组织决定进行战略扩张,就必须考虑购并的对象和可能采用的方式,以及组织文化重构等问题。

(2) 结构性变革。所谓结构性变革是指针对组织结构的基本要素,以及组织的整体设计所进行的改变。主要包括组织部门的重组、职权和职责的重新分配、机能的协调、集权程序的调整、工作的设计,或类似的组织结构变革活动。结构性变革可能针对组织的整体层次,例如,对组织的部门或单位进行重新编组;结构性变革也可能针对组织的中间层次,例如,对部门内的单位所进行合并以及更改其权责关系;结构性变革也可能针对组织的最低层次,例如,设定新的项目或工作小组,或改变某一职位的工作内容或任职条件等。

(3) 技术主导性变革。技术主导性变革是指针对工作流程、生产与制造方法、生产设备、控制系统与信息系统等所进行的变革与修正。技术是指将输入变成产出的转换过程。由于新技术层出不穷,技术主导性变革对于许多企业已经变得越来越重要。

(4) 以人为中心的变革。以人为中心的变革即通过改变员工的知觉、态度、能力与期望,来进行组织变革。以人为中心的变革可以涉及单人、群体或整个企业。所有的变革最后都要通过人员来提供支持并完成。因此,以人为中心的变革是所有变革的基础。一个典型的以人为中心的变革,是使员工对于企业的目标与战略产生认同。同样地,以人为中心的变革必须通过适当的淘汰、教育及训练环节来完成。同时,也必须确认适当的绩效评估及奖酬制度,来支持并鼓励这种人员变革。

(5) 以任务为基础的变革。以任务为基础的变革,主要是针对工作内容、程序与步骤所进行的变革。因此,任务变革过程中会涉及工作活动的次序、方式以及所要执行的作业。通常任务变革是技术与结构的变革的连带活动。例如,因为引进新技术或新设备带来新的工作方式,新的结构编组带来新的工作关系与工作方式。不过,任务变革也可能单独发生,例如顾客服务部门对顾客抱怨处理流程所作的修正,可能只是该部门内部作业定期评估的结果,和其他部门没有关系。一般而言,与以任务为基础的变革密切相关的概念包括工作丰富化、工作扩大化、工作简单化,以及流程再造等,企业一般通过这些技术或方法,来进行以任务为基础的变革。

3. 组织变革的阻力

组织变革是一种对现有组织结构进行改变的努力,任何变革都会遇到来自各种变革对象的阻力和反抗。一般而言,抗拒组织变革的理由有4点,即变革不确定性,害怕失去既有的利益,个体间存在认知差距以及社会关系的重新构建。

不确定性是变革阻力产生的首要原因。变革意味着原有的平衡系统被打破,要求成员调整已经习惯的工作方式,而且意味着要承担一定的风险。对未来不确定性的担忧、对失败风险的惧怕、对绩效差距拉大的恐慌以及对公平竞争环境的忧虑，都可能造成人们心理上的倾斜。面对这种不确定性，很多企业成员会感到焦虑与不安。因此很多成员选择抗拒变革，以规避这种不确定性所带来的心理冲击。另外，平均主义思想、厌恶风险的保守心理、因循守旧的习惯心理等也都会阻碍或抵制变革。

既得利益的重新调整是变革阻力产生的重要原因。变革从结果上看可能会威胁到某些人的利益，如机构的撤并、管理层级的扁平等都会给组织成员带来压力和紧张感。过去熟悉的职业环境已经形成，而变革要求人们调整不合理的或落后的知识结构，更新过去的管理观念、工作方式等，这些新要求都可能会使员工面临着失去权力的威胁。往往既得利益越大者，组织变革可能为其带来的潜在风险也越大，所以对于组织变革的抗拒也越大。

认知差距是变革阻力产生的又一原因。当不同个体对于组织变革可能带来的潜在利益看法不同时，则对组织变革的承诺与认同也会不同。对组织变革的承诺与认同度较低的员工，往往对组织变革的抗拒也较大。不过，这种抗拒和来自因害怕失去既得利益的变革抗拒并不一样，形式一般比较理性。有时这对企业而言是有利的，因为经过沟通后，往往可以将抗拒转化为支持。

社会关系的重新构建也是变革阻力产生的原因。组织变革意味着组织原有关系结构的改变，组织成员之间的关系也随之需要调整。非正式团体的存在使得这种新旧关系的调整需要有一个较长的过程。在新的关系结构未被确立之前，组织成员之间很难磨合一致，一旦发生利益冲突就会对变革的目标和结果产生怀疑和动摇，特别是一部分能力有限的员工将在变革中处于相对不利的地位。因此，对于一部分企业成员而言，虽然这种组织变革并没有带来经济上的损失，但人际关系的打乱和重建，可能令他们更难以忍受。

4. 消除组织变革阻力的对策

（1）运用力场分析方法。所谓力场分析方法就是把组织中支持变革和反对变革的所有因素分为推力和阻力两种力量，前者发动并维持变革，后者反对和阻碍变革。当两力均衡时，组织维持原状；当推力大于阻力时，变革向前发展；反之变革受到阻碍。管理层在推进组织变革时，应当分析推力和阻力的强弱，采取有效措施，增强支持因素，削弱反对因素，进而推动变革的深入进行。

（2）创新组织文化。不同企业有不同的文化，而文化对组织结构的运行又有很大的影响。冰山理论认为，假如把水面之上的冰山比作组织结构、规章制度、任务技术、生产发展等要素的话，那么，水面之下的冰体便是组织的价值观体系、组织成员的态度体系、组织的行为体系等组成的组织文化。只有创新组织文化并渗透到每个成员的行为之中，才能对露出水面部分进行的改革行为变得更为坚定，使变革具有稳固的发展基础。

（3）沟通和参与。对组织变革的很多抗拒源于观点的不同或误解。通过适当的沟通，可以让企业成员了解组织变革的必要性，并坦诚地告知他们可能产生的冲击，此举可以大幅降低来自误解或信息缺乏所引发的对组织变革的抗拒。参与是指让那些直接受到变革影响的员工参加组织变革的决策过程。通过参与，能使他们了解变革背后的理由与思考逻辑，另外，从内心感受上来看，参与也能使他们提高对最终决策的承诺与认同。

（4）提升和支持。提升和支持即通过企业的关怀与协助，来帮助员工处理与面对变革所带来的恐惧和焦虑，进而提升员工的层次。企业所提供的提升和支持措施，包括心理咨询和治疗、技术和能力培训或短暂的带薪休假。

（5）协商。有时对组织变革的抗拒来自某一群体（例如工会），协商往往是必要的手段。例如企业为某一团体或一些有影响力的个人提供某些利益，作为一种交换合作的条件，来减轻其对组织变革的抗拒。不过，这样的结果也可能造成一些坏的榜样，使要挟变成一种常见的协商方式。

（6）强制。强制也是处理变革抗拒的一种常见手段，强制手段包括直接威胁或强迫抗拒者接受变革。强制的主要缺点在于其非法性（例如，对抗拒者进行减薪或解雇）。虽然有些强制手段可能是合法的（例如关厂或遣散），但往往会造成双方的严重不信任。因此，战略管理人员在使用强制手段时应该慎重。

9.3 企业职能管理

企业主要有人力资源、财务、生产运作三大最为基本的职能活动，而人力资源是企业发展的源泉和支撑，所以企业围绕人力资源、财务以及生产运作活动的管理工作，成为企业管理中的主要管理职能。

9.3.1 人力资源管理

人力资源战略是企业的职能战略之一，是使人力资源管理与企业战略相互配合和支持的重要手段，关系到企业最根本、最长远的竞争能力。在企业外部环境日益复杂多变、内部员工需求也日趋多样化的背景下，人力资源战略对企业生存和发展的作用越来越大。制定和实施有效的人力资源战略，能够使人力资源管理的各项活动之间互相配合，形成一个有机体系，同时成为实现企业战略目标的有效保障。

1. 人力资源规划

人力资源规划是人力资源战略的主要内容之一。人力资源规划是预测企业未来的人才需求情况，并通过相应计划的制定和实施使供求关系协调平衡的过程。人力资源管理部门可根据此过程所获得的数据制定相应的政策，从而保证人力资源的数量和质量。

（1）人力资源规划的任务主要包括：①根据企业的总体状况确定各种人力需求；②预测未来企业人力需求的发展趋势；③分析就业市场的人力供需状况；④制订人力训练计划；⑤使人力资源规划与企业的发展规划相衔接。

（2）人力资源规划的内容包括制定总体规划及各项业务计划。总体规划即有关计划期内人力资源开发利用的总体目标、政策、实施步骤及预算的安排；而业务计划包括人员补充计划、人员使用计划、人才接替及提升计划、教育培训计划、评价及激励计划等。每一项具体业务计划也都由目标、政策、步骤及预算等部分构成。业务计划是总体规划的展开和具体化，是总体规划目标实现的保证。

（3）人力资源规划的程序。人力资源规划的程序包括：企业战略决策对人力需求不同要求的分析；外部人力供给因素分析；企业现有人力资源的状况分析；人力资源供求预测；人力资源总体规划和所属各项业务计划的制订及平衡；计划的实施和控制。

2. 人员选聘

人员选聘包括招聘和选拔两个方面，是企业寻找和吸收既有能力又有兴趣到本企业任职的人员,并从中选出适宜人员予以录用的过程。

(1) 人员选聘的原则。

1) 计划性原则。根据企业不同阶段对人力的需求,制订分阶段的人员招聘计划;预测随人事变化、生产经营状况变化甚至行业变化而带来的人员短缺问题,制订人力需求计划来指导招聘工作。

2) 公正性原则。对应聘人员采取任人唯贤、择优录用的态度,使应聘人员有平等的竞争机会。

3) 科学性原则。制定科学的岗位用人标准和规范,形成科学的考核方法体系,制定科学而实用的操作程序,保证招聘工作的公正性。

(2) 人员选聘的程序。人员选聘程序主要包括:进行岗位分析和岗位评价,以确定所招聘人员必须具备的条件;提出招聘计划和公布招聘简章;接受招聘对象报名;进行招聘考试,包括笔试和面试;对考试合格的人员进行体检;发录用通知书,签订劳动合同。

(3) 人员选聘的方式。

1) 外部招聘。既可以从大专院校的毕业生中招聘,也可以利用人才市场进行招聘,还可以利用特殊的机构(如猎头中心)或广告来开展招聘工作。

2) 内部选拔。从企业内部进行招聘,这主要有两个优点,即招聘的人员熟悉企业的情况,更容易取得事业上的成功;有助于培养企业成员的忠诚和热情。

3. 人员培训

(1) 人员培训的内容。人员培训的内容有以下几个方面:思想政治教育,包括政治观教育等;人生观教育,如职业道德教育等;基础文化知识教育,包括各类文化课程和基础知识课程教育等;技术业务培训,包括各类岗位及技术等级的应知应会培训等;管理知识培训,包括管理手段和管理技巧方面的培训等;法律政策及制度培训等方面。

(2) 人员培训的形式。人员培训教育的形式很多。按培训对象的范围划分,有全员培训、工人操作技术培训、专业技术人员培训、管理人员培训、领导干部培训等;按培训时间的阶段划分,有职前培训、在职培训、职外培训等;按培训时间的长短划分,有脱产、半脱产、业余等;按培训单位的不同划分,有企业自己培训、委托大专院校或社会办学机构培训、企业同大专院校等联合办学培训等;按教学手段不同划分,有面授、函授、广播电视授课、远程教学等。此外,还有许多有效的培训形式,如岗位练兵、技术操作比赛、现场教学等。

4. 人员激励

(1) 激励理论。西方管理学家提出了许多人员激励理论,这些理论大致可以分为三类,即内容型激励理论、过程型激励理论和行为改造型激励理论。

1) 内容型激励理论。该理论着重研究激发动机的因素,认为人的劳动行为是有动机的,而动机的产生是为了满足人的某种需要。由于该理论的内容是围绕着如何满足需要进行研究,所以又称为需要理论。主要包括马斯洛的"需求层次论"、赫茨伯格的"双因素理论"、麦克利兰的"成就激励论"等。

2) 过程型激励理论。该理论着重研究从动机产生到具体采取行为的心理过程,试图弄清人付出劳动、功效要求和奖酬价值的整个心理过程,以达到激励的目的。这类理论主要有弗鲁姆的"期望理论"和亚当斯的"公平理论"等。

3）行为改造型激励理论。该理论以操作型条件反射论为基础，着眼于行为的结果。认为当行为的结果有利于个人时，行为会重复出现；反之，行为则会削弱或消退。这类理论主要包括斯金纳的"强化论"、罗斯和安德鲁斯的"归因论"等。

（2）主要激励手段。

1）物质激励。在我国目前的经济和生活水平状况下，物质激励仍然是最基本也是最有效的激励手段。常用的物质激励形式主要包括工资、奖金和福利等。工资是员工定额劳动的报酬，奖金是超额劳动的报酬。这两部分对于员工劳动行为的激励作用都不可忽视。除了工资和奖金，福利也是一个较重要的激励手段。福利问题解决不好，往往直接造成员工家庭负担过重从而带来后顾之忧，导致员工不能安心工作。

2）精神激励。精神激励的内容十分丰富，常用的几种包括目标激励，通过目标激励可以使员工的自身利益与组织的集体利益相吻合；荣誉激励，对员工的成绩进行公开承认，并授予象征荣誉的奖品、光荣称号等，可以满足员工的自尊需要及成就感；培训激励，通过培训可以提高员工达到目标的能力，同时也使员工感到组织对他的重视，从而既满足了求知的需要，又调动了工作积极性；晋升激励，通过提升员工到更重要的岗位上，满足他自我价值实现的需要；参与激励，使员工在企业的重大决策和管理事务中发挥作用，培养员工的参与意识，激发他们的工作热情；环境激励，创造一个良好的环境，即优美的工作与生活环境、良好的上下级关系和融洽的同事之间关系，从而使员工心情舒畅、精神饱满地工作。

5. 人员绩效考评

（1）绩效考评的原则。

1）科学性原则。应使考评标准和考评程序科学化、明确化和公开化，这样才能使员工对考评工作产生信任并采取合作态度，对考评结果理解和接受。

2）差别性原则。如果考评不能产生较鲜明的差别界限，并据此对员工实行相应的奖惩和职位的升降，就不会有激励作用。

3）反馈原则。考评结果一定要反馈给被考评者本人，这是保证考评民主的重要手段。这样，一方面有利于防止考评中可能出现的偏见以及种种误差，以保证考评的公平与合理性；另一方面可以使被考评者了解自己的缺点和优点，使绩优者再接再厉，考评不好者心悦诚服，奋起上进。

（2）绩效考评的内容。

1）工作实绩。工作实绩即员工在各自岗位上对企业的实际贡献，具体来说指完成工作的数量和质量。主要包括员工是否按时、按质、按量地完成本职工作和规定的任务，在工作中有无创造性成果等。

2）行为表现与企业文化实现。行为表现即员工在执行岗位职责和任务时所表现出来的行为。主要包括职业道德、积极性、纪律性、责任性、事业性、协作性、出勤率、企业价值观等诸多方面。

（3）绩效考评的方式。

1）按考评时间的不同，可分为日常考评与定期考评。日常考评就是对被考评者平时工作行为所进行的经常性考评；而定期考评则是按照固定周期所进行的考评，如年度考评、季度考评等。

2) 按考评主体的不同,可分为主管考评、自我考评、同事考评和下属考评。

3) 按考评结果的表现形式的不同,可分为定性考评与定量考评。定性考评的结果一般以优、良、中、合格、不合格等形式表示;定量考评的结果则以分值或系数等数量形式表示。

阅读材料 9-3

三星的人才战略举措

三星认为,想把业务扩大至世界范围,就必须在全球大量聘用优秀人才。从其他公司引入人才确实是一个方法,但最有效的还是雇用一开始就应聘三星的应届毕业生,在全球培养企业需要的人才。

(1) 三星通过在成均馆大学等学校内设立移动电话学科来培养手机方面的专业人才。考入移动电话学科的学生不仅能学到移动电话开发方面的实务知识,还能免学费并获得生活补助,并确保毕业后进入三星工作,所以入学竞争相当激烈。

另外,三星还在肯尼亚的斯特拉斯莫亚大学以"Bulit for Africa"为理念设立了研究所。这个研究所成立的目的,在于"有非洲人在非洲开发非洲所需要的产品",研究内容包括家电和移动电话等产品构思。与海外大学开展合作,不只是为了开发出符合当地市场的产品,更是为了笼络优秀人才。

(2) 人力开发院。三星使用名为"人力开发院"的住宿型研修设施,目的是对三星新进员工实施必要的教育工作。新员工进入公司后需要立刻接受26天25夜的新员工研修,在学习三星企业哲学和文化的同时加深与同事和前辈的团队协作。(三星的新人研修难度极高,在《彻底解析!三星成功的秘密》一书中有着如下的介绍:研修期间不止精神方面,身心都必须按照高强度的课程表完成日复一日的严酷训练。早晨从5点起床上山晨跑开始,课程表从早餐后到晚上9点安排得满满的。大约每20人会被分成一组,完成规定课题。加上每天必须完成的作业,可以说睡眠时间只有3个小时,精神和肉体都到了极限。由于研修太过严格,其中甚至有人掉队。)

(3) 地区专家制度。在注重推进全球化进程的三星公司中,有着一种独特的制度,那就是"地区专家制度"。一般来说公司会以工作或研修等明确目的将员工派往海外,但地区专家制度唯一规定的只有"派遣时间为一年",在这期间做些什么全凭员工自由决定。派遣期间虽然能照常获得薪水,但从房租到日常生活、语言学习等方面都无法依赖公司,这就需要员工在自力更生的同时去学习这个国家的文化和语言。地区专家制度每年会选出数百人,迄今为止已约4 000人被派往亚洲、欧美、中东、俄罗斯等世界各地。

(4) 成果主义。三星认为员工获得与之能力相符的待遇非常重要,所以采取以年薪制为中心的成果主义。三星的年薪由个人年薪和附加薪酬构成。个人年薪包括基本工资、能力工资和奖金,能力工资和奖金部分根据个人表现变化很大。附加薪酬由两部分组成,一是员工所属的公司和部分根据绩效支付的集体成果,二是引入优秀人才奖励金。所谓成果主义,意味着拿不出成果就得不到高薪。所以,要为了获得成果倾向于长时间工作。三星在23年里改变经营方针多达10次,就说明他们的员工并没有多大抵触就接受了改变。反过来想,如此一来无法适应变化的员工就会离开组织,员工的更替也会变得更剧烈。这样想来,积极挖掘优秀人才、把他们打造成三星人、实行成果主义这样的人事战略举措，倒是与三星的经营方针完美融合在了一起。

（资料来源：望月实，等．世界500强商业模式［M］．北京时代华文书局，2015．）

9.3.2 财务管理

财务管理一般是财务决策者在特定环境下，根据企业的整体战略和既定目标，在充分考虑企业长期发展中各环境因素变化对理财活动影响的基础上，所预先制定的企业未来较长时期财务管理全局的总体目标，以及实现这一目标的总体战略。

1. 制定财务战略的目标

确定财务战略目标是制定财务战略的核心。财务战略目标是财务战略主体在对企业内外财务战略环境进行分析的基础上制定的，有关企业财务全局性、长远性等重大方面所期望达到的总目标。在市场经济条件下，企业财务战略目标一般有以下两种。

（1）企业利润最大化目标。企业利润最大化是很多企业采用的财务战略目标。这是因为，作为企业就应该讲求经济核算、加强管理、改进技术、提高劳动生产率、降低产品成本，这些措施都有利于资源的合理配置，有利于经济效益的提高。

但是以利润最大化作为财务战略目标存在以下一些缺点：首先，利润最大化没有考虑利润发生的时间，没有考虑资金的时间价值；其次，没有考虑风险问题，单纯追求高利润可能会使企业不顾经营风险的大小，从而使企业经营活动陷入被动境地；最后，这种目标定位有可能会导致短期行为的发生，即只顾眼前利益，而不顾企业的长远发展。所以，越来越多的企业意识到利润最大化并不是财务战略的最佳目标。

（2）企业价值最大化目标。企业价值最大化是指通过企业的合理经营，采用最优的财务政策，在考虑资金的时间价值和风险报酬的基础上，不断增加企业财富，使企业的总价值达到最大。在股份有限公司中，企业的总价值可以用股票的市价总额来代表，当公司股票的市价最高时企业也就实现了价值最大化。

除了传统的财务指标，目前也有一些新的绩效衡量指标，包括企业的收入增长、提高股东的红利、扩大利润率、提高已有投资资本的回报率、提高现金流量、获得有吸引力的经济附加价值和市场附加价值、提高公司收入的多元化程度以及在经济萧条期间管理公司的收益等。

相对利润最大化目标而言，企业价值最大化目标具有以下一些优点：考虑了资金的时间价值；在一定程度上克服了企业在追求利润上的短期行为，因为未来的利润和企业的可持续发展能力对企业价值的影响比过去和目前利润的影响更大；各个企业都把追求价值最大化作为财务战略的目标，有利于整个社会财富的增加；价值最大化目标促使企业在财务决策中更好地兼顾风险和收益。

2. 制定筹资与投资战略

企业的财务战略类型主要包括筹资战略、投资战略和利润分配战略。筹资是指企业为满足生产经营过程中的资金需求，从特定渠道运用一定方式获取资金的行为。筹资战略是企业筹资决策者在特定环境下，以企业的生产经营战略为指导，以实现企业财务战略目标为目的，在对所处筹资环境进行科学分析的基础上制定的企业最佳筹资目标、资本结构、筹资渠道和方式选择的总体方略。

（1）企业筹资。筹资战略实施方式有：①自我积累；②负债经营；③合资或合作经营；④股份经营；等。在制定筹资战略时需要遵循一定的原则。

1）数量目标原则。企业在进行筹资方案选择时，应遵循满足最低限度资金需求的原则。企业必须拥有一定量的资金，这是毋庸置疑的，在此基础上企业要根据具体情况，合理预测资金需求量，避免因筹资过多而引起浪费，或者因筹资不足而造成的投资机会损失。在预测资金需要量时，必须根据企业具体的情况及经营发展阶段来进行。企业在筹建之初，必须根据预期的发展规模，在做好可行性研究的基础上，合理估算企业投资总额；当企业步入正常经营时，则要根据企业的发展方向和经营实力，积极扩大规模，提高市场占有率；另外，还需随时搞好日常资金的调度工作，即作为资金的短期规划，要掌握全年资金的投入量，并测定不同月份的资金投入量，以便合理安排资金的投放和回收，减少资金占用，加速资金周转。

2）降低筹资成本。所谓筹资成本是指在筹资过程中因使用他人资金而付出的代价，如接受投资必须定期分红，银行借贷必须定期支付利息等。筹资的目的是为了投资，投资效益的好坏直接决定企业经济效益的好坏。而投资效益的好坏在一定程度上与筹资成本相关。筹资成本低，则未来收益就高；反之，则未来收益低。

3）控制筹资风险。企业的资金，按来源分为权益资金和借入资金。企业使用借入资金能获得一定的收益，但也可能带来一定的风险。一般情况下，在资金利润率大于借入资金的成本率时，使用借入资金有利于提高权益资金的收益率；反之，由于使用借入资金的收益率不抵借入资金的成本，就会在一定程度上降低权益资金的收益率。因此，必须确定合适外借资金比例，做好收益与风险间的权衡，提高权益资金的收益率。

（2）企业投资。企业投资是投资决策者在特定环境下，以企业的生产经营战略为指导，以实现企业财务战略目标为目的，在对所处投资环境进行科学分析的基础上所制定的企业最佳经济资源组合和运用的总体方略。

有关企业投资战略则是主要用于明确企业在战略期间的投资总方向、各种投资的总规模、各种资源优化配置的目标要求、投资效益的评价标准以及实现投资战略目标的主要途径。企业投资战略管理即战略主体以制定的投资战略来指导整个战略期间的投资管理活动，并使战略目标得以实现的全过程。

1）投资类型。首先，按投资方向，可将企业的投资分为外延型投资和内涵型投资。

A. 外延型投资。这一战略又叫数量型或速度型投资战略，其主要特点在于把投资用来扩建或新建厂房，增添设备，目标是扩大企业生产规模，迅速地增加产品产量，满足市场对某些产品日益增长的需求。主要适用于某些行业或企业中近期和远期需求量都很大的产品，如能源工业、原材料工业等基础产业；国家鼓励和发展的新兴产业及其产品等。对于目前市场上虽然暂时短缺，但生产厂家已经很多，生产能力已经很大的产品，不能轻易选择外延型的投资战略。

B. 内涵型投资。又叫质量型或效益型投资。其主要特点是将投资主要用于改造和更新产品，增加产品品种，提高产品质量，使产品升级换代，技术水平提高；相应地改造和革新设备，提高技术性能和生产效率；增加智力投资，进行人才开发，走内涵扩大再生产的道路。这是当今我国多数企业应该选择的投资战略。

其次，按投资项目，可将企业的投资分为产品投资、工艺投资和设备投资。

A. 产品投资。这是把投资的重点放在产品发展上的一种投资战略，主张改造老产品、开发新产品、提高产品质量，使之升级换代。在一般情况下，企业与市场的矛盾，主要表现为产品品种与质量不适应市场需求，因此，应把产品的改革、创新和质量提高放在关键地位，通过重点投资加以解决。同时，产品的状况决定着企业的发展，产品富有生命力，企业就充满着生机和活力。产品的改革也要求制造工艺和生产设备等方面进行改革。因此，当产品成为影响企业经济效益提高、成为企业生存和发展的主要薄弱环节时，应果断地选择产品投资战略，把重点放在产品的改革、创新、产品质量的提高上。

B. 工艺投资。这是把投资重点放在制造工艺开发上的一种战略，主张对落后制造工艺的改革和开发新工艺。当企业的产品改革和创新完成后，生产先进产品与落后的制造工艺就成为一个突出的矛盾，落后工艺成为矛盾的主要方面，成为影响产品质量、生产效率和物资消耗的一个关键因素。因此，需要通过重点投资加以解决。以工艺为突破口，提高产品质量和生产效率，节约物资消耗和降低生产成本，谋求理想的经济效益。

C. 设备投资。这是把投资重点放在生产设备改造和技术更新上的一种战略，主张对落后的设备进行改造以及开发新的设备。当产品开发和工艺开发已完成，产品和工艺都比较先进，而设备处于落后状态，或者设备的生产能力不足，或者设备的生产能力结构不合理时，设备就成为矛盾的主要方面，成为影响生产的一个关键因素。因此，需要通过在设备上重点进行投资加以解决。在企业实施外延型扩大再生产时，设备能力不足或结构不合理，可以通过投资增加设备来解决；在企业实施内涵型扩大再生产时，设备技术落后，则通过投资，进行设备改造、技术更新和开发性能更好、水平更高的新设备加以解决，以适应生产先进产品、提高产品质量、节能降耗的要求。

2）投资战略决策原则。

A. 符合市场需求趋势。企业进行投资需要考虑需求的现状和长远的发展趋势。如果某些产品不仅当前需求量大，而且长远需求可观，或者当前需求量小，但未来的需求将不断扩大，在这种情况下，企业可以考虑选择外延型投资战略，扩大生产规模，以适应市场对某种产品在数量上的巨大需求。某些产品未来的市场需求在不断增长，但对其中各种不同品种的需求增多，需求向多样化和个性化方向发展，即具有小批量、多品种、高质量、高价位的特点。那么，企业适宜选择内涵型投资战略，走品种和质量效益型的发展道路。

B. 适应国家产业发展政策。企业的投资战略要服从宏观经济发展战略的要求，服从国家优化产业结构政策的要求，企业投资战略的选择要有利于国家产业结构的调整和优化。通过投资实现企业经营领域的优化和产品结构的优化，从而推动国家产业结构的优化。当前，我国绝大多数企业应实行集约化即内涵型的投资战略。

C. 解决企业主要矛盾。企业投资要有利于解决企业与市场需求之间的矛盾，应根据企业与市场需求这对矛盾在不同阶段的表现，抓住主要矛盾或矛盾的主要方面来选择实行投资战略。如果产品落后成为主要矛盾或主要薄弱环节，那么应选择产品投资战略；如果主要矛盾是设备数量不足或设备落后，那么应选择设备投资战略。

D. 统筹企业筹资能力。企业选择何种投资战略，必须考虑企业的原始积累和筹资能力，即在规定的时间内能筹集到多少资金。在选择投资战略时必须坚持量力而行的原则。如果积累雄厚，筹资也比较容易，当市场对某种产品需求量很大时，可考虑选择外延型投资战略；反之，企业自我积累不多，筹资又很困难，可选择少花钱见效快的技术改造投资战略，即内涵型投资战略。

9.3.3 生产运作管理

自从人类有了生产活动，就开始了生产管理的实践。18 世纪 60 年代西方工业革命之后，工厂代替了手工作坊，机器代替了人力，生产管理理论研究与实践开始系统和大规模地展开。随着服务业的兴起，生产的概念已经扩展，生产不再只是在工厂里从事的活动了，而是一切社会组织的最基本的活动。

生产运作管理既要解决传统产业存在的问题，也要针对服务业、高新技术等新兴产业存在的问题进行研究。本章介绍生产运作管理的基本概念，生产运作管理的内容、实质、目标，生产运作管理与其他职能管理的关系，生产运作管理的历史与未来，生产运作战略的内容、生产运作战略的制定与实施。

1. 生产运作与生产运作系统的概念

按照马克思主义的观点，生产是以一定生产关系联系起来的人们利用劳动资料，改变劳动对象，以适合人们需要的过程。这里所说的生产，主要是指物质资料的生产。

过去，西方国家的学者把有形产品的生产称作"Production"，而将提供服务的生产称作"Operations"。而近几年来更为明显的趋势是把提供有形产品的生产和提供服务的生产统称为"Operations"，都看成是为社会创造财富的过程。为了区分"Production"和"Operations"，我们将它们分别译作"生产"和"运作"。在一般情况下，为了符合汉语的习惯，将两者都称作生产或生产运作。

以系统的观点看，生产运作是一切社会组织将其输入转化为输出的过程，是一个物资转换、价值增值过程。输入要变成输出，就需要转化，转化是通过人的劳动实现的，转化的过程就是生产运作。转化是在生产运作系统中实现的。一个企业的产品或服务的特色与竞争力，是在转化过程中形成的。因此，转化过程的有效性是影响企业竞争力的关键因素之一。

生产运作系统是由人和机器构成的、能将一定输入转化为特定输出的有机整体。生产运作系统是由输出决定的。输入—转化—输出系统与社会组织的三项基本活动——供应、生产运作和销售相对应。如表 9-1 所示。

表 9-1 输入—转化—输出系统

系统	输入	转化	输出
汽车厂	钢材、零部件、设备、工具	制造、装配汽车	汽车
学校	学生、教师、教材、教室	传授知识、技能	受过教育的人才
医院	病人、医师、护士、药品、医疗设备	治疗、护理	健康的人
商场	顾客、售货员、商品、库房、货架	吸引顾客、推销产品	顾客的满意
餐厅	顾客、服务员、食品、厨师	提供精美食物	顾客的满意

2. 生产运作管理的基本内容

生产运作系统的构成与转换过程中的物质转化过程和管理过程相对应，也包括一个物质系统和一个管理系统。其中，物质系统是一个实体系统，主要由各种设施、机械、运输工具、仓库、信息传递媒介等组成。例如，一个机械工厂，其实体系统包括车间，车间内的各种机床、天车等工具，车间与车间之间的在制品仓库等。管理系统主要是指生产运作系统的计划和控制系统，以及物质系统的设计、配置等问题。其中的主要内容是信息的收集、传递、控制和反馈。其中的主要内容是信息的收集、传递、控制和反馈。

生产运作管理的主要内容包括生产运作战略制定、生产运作系统设计、生产运作系统运行，以及生产与运作系统维护与改进四个方面的主要内容。详细如图9-2所示。

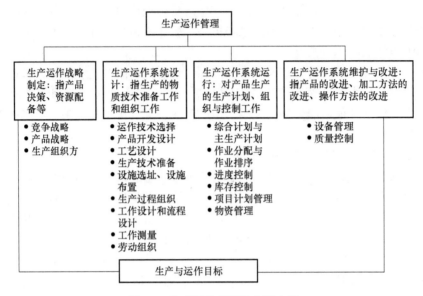

图9-2　生产运作管理的主要内容

其中，生产运作战略是明确公司/项目生产产品产量、产能以及品质标准的长期规划，以及为实现这些目标进行的资源组织。

生产运作系统设计一般包括空间组织设计和时间组织设计。空间组织设计主要是公司/项目的选址与设施布置的空间设计，任务的生产运作顺序、移动顺序、轮班制等问题的时间组织设计则。

生产运作系统运行则涉及项目实际生产运作中的具体运作计划管理与控制管理。

生产运作系统的维护与改进包括设备管理与可靠性、生产现场和生产组织方式的改进。生产现场管理是生产运作管理的基础和落脚点，加强生产现场管理，可以消除无效劳动和浪费，排除不适应生产活动的异常现象和不合理现象，使生产运作过程的各要素更加协调，不断提高劳动生产率和经济效益。

3. 生产运作管理的目标

生产运作管理的目标是：高效、灵活、准时、清洁地生产合格产品和提供满意服务。效率是投入和产出的比较，投入包括人力、物力、财力和时间，产出的是产品和服务。高效是指以最少的投入迅速地生产出满足用户需要的产品和提供优质的服务；灵活是指能很快地适应市场的变化，生产不同的品种和开发新品种或提供不同的服务和开发新的服务；准时是在用户需要的时间内，按用户需要的数量，提供所需的产品和服务；清洁是指在产品生产、使用和报废处理过程中，对环境的污染和破坏最少；合格的产品和满意的服务是指质量。

生产运作管理的实质可以概括为：对有增值转换过程的有效管理；在技术可行、经济合理的基础上的资源高度集成；以满足顾客对产品和服务的特定需求。

4. 生产运作管理的地位

生产运作管理在企业管理中的地位，首先，表现为生产运作管理是企业管理的一部分，从企业管理系统分层来看，生产运作管理处于经营决策（领导层：上层）之下的管理层（中层），它们之间是决策和执行的关系，生产运作管理在企业管理中起保证作用，处于执行的地位。其次，生产运作管理活动是企业管理一切活动的基础。对生产活动管理不好，企业就很难按品种、质量、数量、期限和价格向社会提供产品，满足用户要求，增强企业自身的竞争力，企业也就无法实现其经营目标。

阅读材料 9-4

生产运作管理的发展历程

19 世纪以来生产运作管理发展演进的重大事件如表 9-2 所示。

表 9-2 19 世纪以来生产运作管理发展演进的重大事件

年 份	概念和方法	发 源 地
1911 年	科学管理原理、标准时间研究和工作研究	美国
1931 年	工业心理学	美国
1927—1933 年	流水装配线	美国
1934 年	作业计划图（甘特图）	美国
1940 年	库存控制中的经济批量模型	美国
1947 年	抽样检验和统计图技术在质量控制中的应用	美国
1950—1960 年	霍桑试验、人际关系学说	美国
	工作抽样分析	英国
	处理复杂系统问题的多种训练小组方法	英国
1970 年	线性规划中的单纯形解法	美国
1980 年	运筹学快速发展，如模拟技术、排队论、决策论、计算机技术	美国和欧洲
1990 年	车间计划、库存控制、工厂布置、预测和项目管理、MRP 和 MRPⅡ 等	美国和欧洲
	JIT、TQC、工厂自动化（CIM、FMS、CAD、CAM、机器人等）	美国、日本和欧洲
	TQM 普及化，各国推行 ISO9000、流程再造（BPR）、企业资源计划（ERP），并行工程（CE），敏捷制造（AM），精益生产（LP），电子商务，互联网，供应链管理。	美国、日本和欧洲

进入 21 世纪，传统生产管理模式不断更新。例如在生产方式方面，从粗放式生产转变为精益生产；在生产组织方面，"以产品为中心"组织生产转变为"以零件为中心"组织生产；在生产运作管理手段方面，由手工管理转变为数字/智能管理；在生产品种方面，由少品种、大批量转变为多品种、小批量生产；在管理制度方面，由非制度化、非程序化、非标准化转变为制度化、程序化和标准化。个性化服务将成为生产运作方式设计与组织的主流。

阅读材料 9-5

流程再造（Process Reengineering）是 20 世纪 90 年代初期在美国兴起的管理变革浪潮。流程再造是美国 MIT 教授迈克尔·哈默和 CSC 管理顾问公司董事长詹姆斯·钱匹在他们合著的《企业再造工程——管理革命的宣言书》中首先提出的。

流程再造，又称流程管理、流程创新或流程重新设计，是指为了改善成本、质量、服务和速度而对工作、岗位和工艺过程的重新考虑和设计。流程再造通常不影响企业的组织结构或组成，也不意味着工作岗位的减少或员工的裁减。流程再造主要以众多的战术决策（短期的和具体职能的）为特征，重新构建企业的经营管理流程、组织结构、企业文化，尤其是对关键流程进行彻底重建，实现企业组织形态由"职能导向型"向"流程导向型"转变。

流程再造的核心原则是以流程为导向、以用户（顾客）为中心，实行团队式管理，流程再造是基于信息技术的、为满足用户需要服务的、系统化的、改进企业流程的一种企业哲学，是当今世界企业管理变革与创新的主要方面之一，是建立现代企业制度的重要条件，也是当代企业向学习型组织迈进的重要步骤。流程再造是"流程导向"替代原有的"职能导向"的企业组织形式，为企业经营管理提出了一个全新的理念。迈克尔·哈默博士将流程再造形象地阐释为"打破鸡蛋才能做蛋卷"，并将其定义为"重新开始"。

【本章小结】

本章着重讨论了创业企业运营中，有关战略、组织、人力资源以及财务、生产运作方面的管理问题。创业企业不是有个好创意、好模式就可以了，真正的考验是企业成立之时、经营之中。战略指引企业发展，组织要与战略相匹配，实施创业企业发展战略，而人力资源是创业企业可否持续发展的根本之源。所以，战略管理、组织设计与变革、人力资源管理是创业企业的重要任务与工作。

财务管理不仅保障企业经营所需要的资金，更重要是的提高投资效益、支撑企业持续发展。生产运作管理通过生产运作系统设计、运行与优化，实现高效率与高效益的输入—转化—输出活动。新创企业只有做好各项管理工作，才能保证企业得以成长和发展。

【思考题】

1. 请思考分析：何为战略？战略具有哪些特征？
2. 举例说明，创业企业为什么要进行战略管理？战略管理的主要内容有哪些？
3. 你认为组织与战略有何关系？举例说明：创业企业组织结构如何设计？为什么进行组织变革？
4. 请辨析：一个有三个人起步的创业企业，是否需要进行人力资源规划与管理？人力资源管理对企业重要吗？如何进行人力资源管理？
5. 企业财务、生产运作管理都要做哪些工作？

【案例分析实训】

海尔的变革：企业内部创业

海尔是中国本土诞生的世界知名家电制造企业，成立于 1984 年，是全球最大的家用电器制造商之一，大型家电零售量7次蝉联全球第一。海尔的发展历程可谓是服务转型和组织结构变革的典型代表。海尔早期以卓越的售后服务著称，为用户提供良好的配送、安装、维修维护等服务；2007年宣布转型为服务型企业，2007—2012年实行以"自主经营体"为载体的人单合一双赢模式；2012年12月，在互联网时代的大背景下，推行"企业平台化、员工创客化、用户个性化"的网络化战略，通过对平台模式的探索，海尔集团实现了稳步增长，截至2016年6月，孵化和孕育了3 800多个小微企业，有超过100个小微企业年营收过亿元，有24个小微企业引入风险投资，有12个小微企业估值过亿。

互联网给传统企业带来的影响是全方位的。海尔首席执行官张瑞敏认为，"互联网消除了距离"是互联网带给传统经济模式的最大挑战。首先，互联网带来了信息对称，把传统工业时代企业与顾客之间、员工与领导层之间信息不对称的问题解决了，因此，企业必须要进行组织变革，"外去中间商，内去隔热墙"，将内部的管理层去掉。其次，互联网时代是用户主导企业，顾客的需求更加个性化、碎片化，追求产品服务的极致完美，倒逼供应链和制造要大规模定制、灵活、高效，并且广泛对接外部一流的研发、设计、生产制造、金融等资源，通过多主体协作的方式来满足顾客的个性化需求。再次，互联网技术与自动化、机械化、信息化技术相融合，出现了人工智能、机器人、大数据、3D打印、物联网、增强现实等新技术，推动了智能制造和互联工厂的广泛应用。

根据互联网对生产技术、用户需求以及资源整合方面的影响，海尔的服务目标就是满足顾客的个性化需求，建立用户交互定制平台，通过模块定制、专属定制、众创定制三种方式为用户定制产品和服务，并且要让用户参与产品的创意、研发、设计、生产制造、物流、售后服务等产品生命周期的全流程，以及使用过程中围绕生态圈运营的相关价值共创。笔者在海尔商城订购一台Hello Kitty自清洁空调，整个制造过程都可以通过手机微信公众号上的"透明工厂"进行查看，物流信息和收货信息也被及时发送到了手机，订单发送之后的第6天送货到家并进行了安装，之后笔者又参加了海尔社区的相关讨论、赢积分并兑换了礼品。

基于服务广度和深度的变化，海尔的组织结构进行了巨大变革：用"企业平台化"颠覆科层制，用"员工创客化"颠覆雇佣制，用"用户个性化"颠覆产销分离制，成为平台型企业，使"人人都是CEO"。概括起来，海尔在互联网时代的组织结构就是"平台＋小微企业"，平台为小微企业的孵化和运营提供各种支持性资源，小微企业负责为用户提供个性化产品及全流程体验，拥有完全的会计责任和用人权、决策权、分配权。而企业成为互联网节点后，可以广泛整合外部资源，围绕顾客需求建立多方共赢的平台生态圈，现在的海尔，没有层级，只有三种人——平台主、小微主、创客，都围着用户转。

1. 小微企业的独立性及与内部资源的协作

海尔的创业平台上有大量的小微企业，他们负责挖掘用户需求，并根据用户需求进行产品研发、设计、制造、销售、生态圈的建设和维护、售后服务及产品更迭，拥有完全的会计责任和决策权。但小微企业通常不会亲自完成产品生命周期每个阶段的工作，会将制造部分外包给海尔的互联工厂或外部的模块商资源，研发、设计、销售、售后服务、生态建设和维护部分也会与海尔内外部资源协作。因为小微企业的主要职能是与用户交互，进行产品设计、销售、生态圈的建设与维护等，拥有完全的会计责任和决策权，所以小微企业可以看作是服务型制造企业中独立的服务组织。小微企业之间通过售后服务中心跟踪式、按单聚散利益共同体式、对外承诺式三种方式与内部资源进行协作。

海尔分布各地的售后服务中心通过客户服务系统向各维修服务网点分派客户的服务要求,并追踪监控服务需求是否得到了及时的回复和解决。有学者在"众创汇"平台参与洗衣机征名活动获得了免费清洗洗衣机的服务,海尔的售后电话在当天就进行了服务时间确认,在清洗人员没有按时到来时,售后电话又进行了三次联系和致歉,直至清洗服务完成。一个雷神游戏笔记本的用户收到产品后发现没有安装系统,到京东评论区发了一句牢骚,雷神小微就赶快联系海尔在用户当地的售后部门上门服务,在用户网上评论后三小时就为该用户换了一台装好了系统的同型号笔记本计算机,使用户感动不已,添加评论"雷电速度,神机服务"。有学者将此种协作方式称为"售后服务跟踪式协作"。"按单聚散利益共同体体式协作"方式是建立由多个小微企业组成的利益共同体,围绕用户需求协作进行产品研发、设计、销售、服务等活动。"海尔文化"微信公众号2016年10月报道了日日顺健康水站小微的创业案例,健康水站小微的团队只有9个人,却覆盖了全国2 000多个县市,服务3亿多农村用户,利用的就是海尔遍布全国的安装服务、物流运输、人员培训等资源。第三种方式是通过对外承诺进行内部协作,可以称之为"对外承诺式协作"。例如海尔2011年在全国推出"24小时限时达超时即免单"的服务承诺,倒逼日日顺物流"按约送达、送装同步、全国无盲区、到村入户"的服务改进,使得海尔商城的竞争力大大提升。

2. 小微企业与外部资源的协作

张瑞敏多次表示:"传统时代制造业要么成为名牌企业,要么成为名牌企业代工厂,但到了互联网时代,企业要么拥有平台,要么被平台拥有。"因为名牌是以企业为中心来管理客户,平台则是以消费者为中心管理企业。通过平台可以快速聚集多个参与者,实现供应与需求的准确匹配,建立多主体共创共赢的生态圈,才能大规模低成本地定制顾客所需的产品和服务,进而满足顾客的个性化需求。根据编码结果可以发现,小微企业采用平台模式与外部资源进行协作,可分为用户交互平台、创业孵化平台、供应链资源平台和第三方监控平台。

用户交互平台主要是用户、设计师发表创意、交流创意、分享产品使用心得、定制产品、参与线上线下多种活动以及与其他主体交流互动的社区。海尔的用户交互平台主要分三类:①众创汇、众创意、海尔社区等用户交互网站及其微信公众号、微博等,公开对所有网友开放,无论是否购买产品,都可以在此类平台上发表创意、参与活动;②线下自营店、海尔商城、京东、天猫等营销平台,主要是向顾客出售产品,听取用户反馈建议等;③小微企业建立的围绕某一类产品生态圈的智联服务平台,例如"烤圈"是海尔嫩烤箱小微建立的供用户在线交流、烘焙学习、购买烘焙用品和食品的平台。

创业孵化平台是为小微企业创立提供服务的平台,包括海尔创汇、创客实验室、海尔资源共享云等网站及其微信公众号、微博等,聚合了海尔生态圈产业资源及社会开放资源,为创客提供综合的创业服务,包括投资基金、创客学院、供应链和销售渠道、孵化基地、创新技术对接等。

供应链资源平台是为小微企业选定的项目提供模块化供应商资源、智能制造、前沿科技、设计、金融服务、人才储备等资源的平台,包括海达源、智能制造平台、海融易、HOPE开放创新平台、海尔创吧等网站及其微信公众号、微博等。平台模式的供应链管理比传统供应链管理更加便捷、高效,例如"海达源"平台上的模块化供应商,从注册到提供模块化方案,比传统的供应商管理模式节约一半以上的时间。

第三方监控平台是由独立第三方运营的举报网站——海尔合规热线,给予员工及第三方一个渠道来举报涉嫌舞弊的不合规行为。

(资料来源:简兆权,刘晓彦,李雷.基于海尔的服务型制造企业"平台+小微企业"型组织结构案例研究[J].管理世界,2017.11.)

结合上述案例资料,试进行下面分析研讨:

1. 案例对比:海尔集团发展道路上是否有过战略调整?体现在哪里?
2. 案例深探:海尔集团运行管理举措表现在哪些方面?是如何进行的?
3. 案例决策:面对信息化技术快速迭代、消费升级、个性化需求等挑战,创业企业、企业二次创业应如何应对?

【创业企业管理调查研究与设计实训】

实训导航:

请组建一个6~7人的团队,完成以下实训项目之后由各小组进行简要的汇报分享,汇报形式为PPT展示。

实训项目:

针对ofo共享单车等创业企业运行管理实际发生的问题进行深入调查研究,分析创业企业在其成长发展中主要的管理行为与特征,分析研究出现了哪些问题,能运用所学原理给出新的思路和对策。

实训建议:

1. 建议采用小组讨论、头脑风暴等方法,集思广益。
2. 开展实际调研和访谈等方式,系统把握创业企业经营中真实问题,尝试提出解决思路和措施。
3. 咨询专业人士,或对相关创业人物进行访谈。

【参考文献】

[1] MINTZBERG H. Patterns in strategy formation [J]. Management Science, 1978, 24 (9): 934-948.
[2] MINTZBERG H. The Strategy Concept I: Five Ps for Strategy [J]. California Management Review, 1987, 30 (1): 11-24.
[3] MINTZBERG H. The strategy concept II: another look at why organizations need strategies [J]. California Management Review, 1987, 30 (1): 25-32.
[4] ANDREWS K. The Concept Of Corporate Strategy [M]. Homewood, Ill: Irwin, 1971.
[5] HENDERSON B. The concept of Strategy [M]. New York: Mc Graw-Hill Book Company, 1983.
[6] ANSOFF I. Strategy for Diversification [J]. Harvard Business Review, 1957, 35 (5): 113-124.
[7] GRANT R. Contemporary Strategy Analysis: Concepts, Techniques. Applications [M]. 4th Ed. New Jersey, Black well Publishers Inc., 2002.
[8] MICHAEL P. What is Strategy [J]. Harvard Business Review, 1986, (4): 11-12.
[9] Hamel G. Strategy As Revolution [J]. Harvard Business Review, 1996 (4).
[10] 陈荣秋,马士华.生产与运作管理[M].5版.北京:机械工业出版社,2017.

[11] 明茨伯格,等.战略历程:纵览战略管理学派[M].北京:机械工业出版社,2002.
[12] 项保华.战略管理——艺术与实务[M].3版.北京:华夏出版社,2003.
[13] 王方华,陈继祥.战略管理[M].上海:上海交通大学出版社,2003.
[14] 黄丹,余颖.战略管理:研究注记与案例[M].北京:清华大学出版社,2005.
[15] 罗宾斯.管理学[M].北京:中国人民大学出版社,2008.
[16] 所罗门,斯图加特.市场营销学(实践篇)[M].广西师范大学出版社,2003.
[17] 章达友.人力资源管理[M].厦门:厦门大学出版社,2015.
[18] 科特勒,阿姆斯特朗.市场营销原理[M].13版.北京:中国人民大学出版社,2010.
[19] 冀鸿,李燕,等.运营管理[M].1版.北京:清华大学出版社,2015.